# *Anders Reisen*

## Herausgegeben von Till Bartels

Im Reisen steckt die Sehnsucht nach der besseren Welt. Wir suchen nach unverdorbener Natur, geselligen Lebensformen, gewachsener Kultur. Entweder reisen wir touristisch, konsumieren das Angebot einer Industrie, die das Ursprüngliche längst zur Ware verfälscht hat. Oder wir gehen auf den alternativen Trip, jagen voller Sozialromantik dem Unberührten, Unverbrauchten nach – und bilden doch nur die Vorhut des organisierten Tourismus.

**Anders reisen** beschreibt andere Wege. Oft nur einen Schritt abseits der üblichen Routen, erschließen sie den anderen Alltag. Anders reisen heißt, sich einzulassen auf das tägliche Leben anderswo, zu lernen, welche historischen Wurzeln und gegenwärtigen Bedingungen es hat. Die soziale Isolation und politische Enthaltsamkeit des Touristen aufzuheben, die fremde Wirklichkeit unverstellt und mit Lust zu erleben, hat verändernde Kraft über die Reise hinaus.

Martin Pristl

# GRIECHENLAND

*Ein Reisebuch in den Alltag*

Rowohlt

**Originalausgabe**

Veröffentlicht im Rowohlt Taschenbuch Verlag GmbH,
Reinbek bei Hamburg, Oktober 1995
Copyright © 1995 by Rowohlt Taschenbuch Verlag GmbH,
Reinbek bei Hamburg
Satz Times, PostScript Linotype Library, QuarkXPress 3.31
(Dolev 800)
Umschlaggestaltung Alexander Urban
(Foto: Bernd Spreckels / Transglobe)
Layout und Grafik Alexander Urban, Wiesbaden
Karten Elsner & Schichor, Karlsruhe
Druck und Bindung Clausen & Bosse, Leck
Printed in Germany 2290-ISBN 3 499 19081 8

# INHALT

*Sowie ich das amerikanische Schiff betrat, mit dem ich [von Griechenland] nach New York fahren sollte, spürte ich, daß ich in einer anderen Welt war. Ich war wieder unter den Draufgängern, unter diesen ruhelosen Geistern, die, da sie nicht verstehen, ihr eigenes Leben zu leben, die Welt für jedermann verändern wollen. (...) Ich hatte das Gefühl, als sei ich bereits wieder in New York: es herrschte jene saubere, leere, anonyme Atmosphäre, die ich so gut kenne und die ich aus tiefstem Herzen hasse.*

Henry Miller, nach einem fünfmonatigen Aufenthalt in Griechenland in seinem Buch *Der Koloß von Maroussi*

# VORAB

Obwohl das Geschäft mit dem Tourismus – nach den Zuschüssen der Europäischen Union – die wichtigste Deviseneinnahmequelle Griechenlands ist, biedert sich das Land nicht an. Im Gegenteil: So karstig und schroff seine Geographie ist, so abweisend und unzugänglich können die Bewohner auf den ersten Blick wirken. Denn Griechenland ist nach wie vor griechisch geblieben, für den Fremden hat es seine Gewohnheiten bislang noch nicht aufgegeben. Die Maßstäbe, die angesetzt werden, sind die eigenen. Dazu gehören der relativ geringe Komfort in vielen Hotels oder Speisen, die nach griechischer Sitte lauwarm und nicht heiß serviert werden, ein anderes Verständnis von Lebensqualität oder auch ein sehr individuelles Zeitgefühl. Das Faszinierende an Griechenland ist vielleicht, daß griechische Vorlieben zumeist das völlige Gegenteil von denen der Nordeuropäer sind. Eine Taverne, um nur ein Beispiel anzuführen, soll nach griechischem Geschmack möglichst an der Hauptverkehrsstraße liegen, dort, wo etwas los ist, wo man sieht und gesehen wird, keinesfalls jedoch an einem ruhigen, idyllischen Plätzchen.

Man muß sich nicht abseits der «touristischen Pfade» bewegen, um Griechenland zu erleben, denn der Tourismus hat sich nach wie vor nur punktuell entfaltet. Will man archäologische Stätten wie Olympía und Epídauros, Mykéne und Mistrá

besichtigen, kommt man um den Rummel nicht herum, es sei denn, man besucht sie zwischen Oktober und März – das ist übrigens gar keine so abwegige Idee. Zwei, drei Kilometer weiter wird Griechenland schon wieder griechisch. Am griechischsten ist es zweifelsohne in Athen. Auch hier wieder der Gegensatz: Touristen suchen Sonne und Säulen, versteckte Bergdörfer, Tavernen, Ziegenherden und Esel, die Griechen dagegen Autos, Bars, Clubs, Modernität, Fortschritt, Kinos, Geld – etwas mehr Europa eben.

In den neunziger Jahren scheint Griechenland, seit 1981 EU-Mitglied, mehr denn je von Europa isoliert zu sein. Geographisch ist es durch den Bürgerkrieg im ehemali-

gen Jugoslawien von der Union abgeschnitten, politisch sorgt sein nationaler Kurs in der Makedonien-Frage für Unruhe und Mißstimmung gegenüber den Partnerländern. Am 16. Februar 1994 verhängte Griechenland – gegen gültiges EU-Recht – ein Handelsembargo gegen Makedonien und sperrte den Hafen von Thessaloniki. Diplomatischer Druck wurde bisher ignoriert, schärfere Mittel stehen Europa nicht zur Verfügung, sieht man von einem Ausschluß aus der Gemeinschaft ab. Eine Lösung war bei Redaktionsschluß noch nicht in Sicht.

*Martin Pristl, Platsa,*
*im Sommer 1995*

# WAS FÜR EINE SZENE!

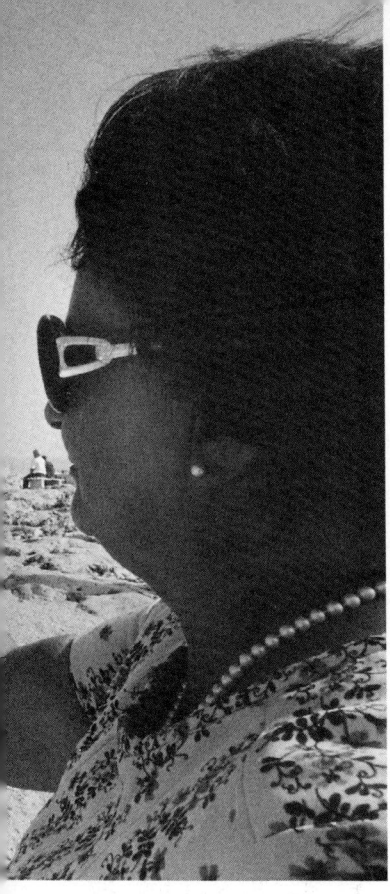

lige des 18. und 19. Jahrhunderts gönnten. Diesmal macht sich Byron als Beauftragter des «Londoner Griechischen Komitees» auf den Weg, um den Freiheitskampf der Hellenen gegen die türkischen Besatzer aktiv zu unterstützen.

Was für eine Szene mußte es gewesen sein, wenn ein romantischer Dichter 1823 aufbricht, um der Wiege Europas beim Kampf gegen den Orient beizustehen? Byron hatte nicht nur Geld und Kanonen an Bord, sondern farbenprächtige Uniformen für seine Mannschaft, und für sich selbst hatte er einen vergoldeten – homerischen! – Helm anfertigen lassen. Die «aktiven, gefährlichen, aber ruhmreichen Szenen der militärischen Laufbahn» sollten seine Phantasie neu entfesseln. Doch schon ein knappes Jahr später stirbt Byron, ohne ein einziges Mal aktiv gekämpft zu haben, in Messolóngi an den Folgen eines Fiebers.

## Verklärte Sympathie

Sein schneller Tod war das Öl im Feuer einer Geistesströmung, die seit der Französischen Revolution in Europa brannte und deren Ideen sich heute nur sehr schwer nachempfinden lassen: des *Philhellenismus*. Theoretisch ging es dabei um die politische Unterstützung einiger europäischer Länder für die griechische Unabhängigkeit. In der Praxis war es eine Mischung aus verklärter Verherrlichung der griechischen Antike und christlich religiöser Ideologie gegen muslimische Türken. «Kreuzzugsgedanken gingen durch die Welt», so beschrieb der

**A**m 16. Juli 1823 besteigt George Gordon Noel Lord Byron die Hercules und segelt nach Griechenland; am 2. August betritt er auf der ionischen Insel Kephalloniá griechischen Boden. Es war nicht der erste Kontakt des englischen Dichters mit Griechenland. Schon ein gutes Jahrzehnt früher hatte Byron als 21jähriger auf einer zweijährigen Reise unter anderem das Festland besucht. Damals unternahm er eine Bildungsreise, wie sie sich viele junge Ade-

deutsche Historiker Karl Mendelssohn-Bartholdy die Stimmung. Der Philhellenismus, den der österreichische Geheimdienst «Hellenomanie» nannte, habe «gewirkt, wie sonst nur religiöse Bewegungen zu wirken pflegen, (…) hier wie dort schwärmte man für die ‹blutende Waise der europäischen Civilisation›». Der bayerische König Ludwig I. beispielsweise wollte nicht eher ruhen, bis München so aussehe wie Athen. Ludwig hatte, wie die meisten seiner Gesinnungsgenossen, keine sehr klare Vorstellung davon gehabt, was Griechenland zu dieser Zeit darstellte. Seine Phantasie zeigte ihm Athen zu Zeiten des Perikles, und auch dieses Bild war nicht nur in Details verklärt. Als sich Lord Byron 1809 bei seiner ersten Reise der «Stadt» näherte, mußte ihn ein griechischer Führer eigens darauf aufmerksam machen: «Herr, Herr, da ist das Dorf!» Athen hatte 5000 Einwohner, München etwa 70000.

Abgesehen davon, daß man vom Glanz der griechischen Antike träumte, war es auch modern, mit humanistischem Gedankengut zu brillieren und sich gleichzeitig über die Greueltaten der Osmanen zu entsetzen.

Lord Byron hatte viele romantische Europäer von Griechenland begeistert, sei es durch seine literarischen Veröffentlichungen oder durch seinen aktiven Einsatz – und dessen Ende. Wie groß sein eigentliches Verdienst war, läßt sich kaum abschätzen. Seit nahezu vier Jahrhunderten, seit dem Fall der byzantinischen Hauptstadt Konstantinopel, war Griechenland von den Türken besetzt, seit einigen Jahrzehnten hausierten bereits griechische Emigranten an den Höfen und

appellierten an das europäische Verantwortungsbewußtsein. Gleichzeitig vermittelten sie die revolutionären Ideen der Aufklärung nach Griechenland. Auf wachsende Unterstützung stießen die griechischen Aktivisten lediglich beim Volk, die Oberen beschränkten sich auf Beileidsbekundungen und leere Versprechungen: Die einzige Ausnahme bildete der russische Zar Nikolaus I. Die religiöse Verbundenheit durch die Orthodoxie und das expansive Interesse Rußlands, sich auch mit militärischen Mitteln gegen die Türkei einen Zugang zum Mittelmeer zu erzwingen, ließen die Griechen auf einen ersten Bündnispartner hoffen, der zwar in eigenem Interesse, aber gemeinsamer Sache kämpfte.

## Stirnband, Mitra, Helm

Am 23. März 1821 band sich Theodor Kolokotrónis mit einem Tuch seine langen Haare aus der Stirn, strich sich über seinen Schnauzbart, sammelte seine verbündeten Guerilakämpfer um sich und schlug auf der südlichen Peloponnes los. Am 25. März, zwei Tage später, gab der orthodoxe Bischof Germanós auf der nördlichen Peloponnes den Freischärlern aus dem Süden seinen offiziellen Segen. Er setzte seine prächtigste Mitra auf das Haupt, trat vor das Kloster Aghía Lávra, hißte die Flagge und proklamierte den Beginn des griechischen Freiheitskampfes. Schon 1822 verkündeten die Griechen nach ersten Erfolgen in einem nationalen Kongreß in Epídauros ihre Unabhängigkeit – etwas voreilig. Denn ein Jahr später schien bereits alles wieder verloren, der Aufstand drohte trotz orthodoxen Segens als gescheiterter Versuch in die Geschichte einzugehen. Etwa zu diesem Zeitpunkt schnallte Byron das breite, silberne Kinnband seines goldenen Helms fest und segelte nach Griechenland.

Der Philhellenismus artete in Europa tatsächlich zur Hellomanie aus. Seit dem offiziellen Beginn des Freiheitskampfes wurden in Deutschland, der Schweiz, Frankreich und England zahlreiche Hilfsvereine, Geheimgesellschaften und Komitees gegründet, philhellenische Konzerte gegeben, Theaterstücke aufgeführt und Gelder für Waffen und Medikamente gesammelt: Neben Byron ließen sich Autoren wie Victor Hugo oder François René Vicomte de Chateaubriand von griechischen Ideen inspirieren, Journalisten, Offiziere und auch Wissenschaftler setzten sich in der Öffentlichkeit für Griechenland ein, Abenteurer und Idealisten – man schätzt ihre Zahl auf mindestens tausend – traten in Byrons Fußstapfen. Der griechische Historiker Apóstolos Vakalópulos zitiert aus einem Brief des Deutschen Christian Müller, den dieser 1821 aus Kalamáta schrieb: «Wenn meine Ahnung Wahrheit wird, so sterbe ich froh auf Hellas' sich freiringendem Boden, und aller Schmutz des verarmten Lebens wird heiter versinken. Die Geister all der Unsterblichen, die hier gewandelt, werden mich umschweben, mich rufen, mich hinaufheben zu den Hallen, wo sie herabschauen auf den Jammer unserer Zeit, der alles Schöne und Herrliche genommen ist.» Für die meisten seiner Gesinnungsgenossen dürfte die «Ahnung Wahrheit» geworden sein, denn die Türken reagierten auf die griechische Aufmüpfigkeit mit grausamster Vergeltung. Noch 1821 legten sie dem 74jährigen Patriarchen von

*Hellomanie: Lord Byron mit homerischem Helm*

Konstantinopel und sechs Priestern Schlingen um den Hals und hängten sie am Tor der Hagia Sophia. Ein Jahr später vergolten sie Gebietsverluste auf der Peloponnes an den Bewohnern der Insel Chíos; 23 000 wurden getötet, 47 000 in die Sklaverei verkauft. Den Höhepunkt europäischer Entrüstung löste das Massaker in Mesolóngi aus. Zwölf Monate hatte die schon befreite Stadt, jene, in der Lord Byron gestorben war, der türkischen Belagerung standgehalten. Im April 1826 fiel sie schließlich, ihre Bewohner wurden niedergemetzelt.

11

Ich nahm Witterung auf von Griechenland, ich schaute es mir an, berührte es, indem ich zu Fuß ging, ganz allein, mit einem Stock aus Olivenholz und mit einem Rucksack. Und je mehr ich Griechenland in mich aufnahm, desto gewisser wurde ich, daß der verborgene Wesenskern des griechischen Festlandes und des griechischen Meeres die Musik ist. Jeden Augenblick verändert sich schwebend die griechische Landschaft; während sie dennoch dieselbe bleibt, läßt sie ihre Schönheit wogen, erneuert sie sich. Sie besitzt die tiefe Einheit und gleichzeitig die ständig sich wandelnde Mannigfaltigkeit. Ist denn nicht auch der Rhythmus der antiken Kunst aus der liebe- und verständnisvollen Betrachtung und Gestaltung der Umwelt entstanden? Schaut euch ein griechisches Werk der großen klassischen Zeit an; es ist nicht unbewegt; ein unmerklicher Lebensschauer durchdringt es, spielt wie die Flügel des Habichts, wenn er hoch in der Luft stehenbleibt und uns unbeweglich erscheint.

**Níkos Kazantzákis**: *Im Zauber der griechischen Landschaft.*
F. A. Herbig Verlagsbuchhandlung, München 1966

Die Höfe Europas hatten bislang lediglich die Hysterie ihrer Untertanen beobachtet und als einzige Reaktion ein Veröffentlichungsverbot für philhellenische Themen ausgesprochen. Nun mußten sie reagieren, weil sich auch das Kräfteverhältnis verschoben hatte: Die Türken hatten in Ägypten einen Verbündeten gefunden.

## Wie im Film

Der Philhellenismus bewirkte, daß die europäischen Regierungen nicht auf die Griechen, sondern auf die Türken aufmerksam wurden. Den Osmanen, die ja am Rande Europas operierten, ihre Grenzen zu zeigen, wäre der einzige politisch interessante Schachzug gewesen. 1827 versicherten sich Großbritannien, Frankreich und Rußland ihrer übereinstimmenden Absichten und gründeten eine Allianz. Prinzipiell ging es darum, die Psyche ihrer Landsleute zu besänftigen. Das Blutvergießen, ließ man die Türken wissen, sollte auf der Stelle beendet und Griechenland autonom werden. Da die Türken das «Londoner Protokoll» ganz offensichtlich alles andere als interessierte, mußte die Allianz nun auch «B» sagen, ließ ihre Muskeln spielen und sandte Schiffe ins Mittelmeer. In der Bucht von Navaríno lagen sich die türkisch-ägyptischen und die russisch-französisch-englischen Flottenverbände gegenüber.

«Was für eine Szene!» hätte Lord Byron vielleicht gerufen, wenn er sie noch miterlebt hätte, denn solche Inszenierungen kennt man nur aus Hollywood. Auf einem englischen Schiff löste sich versehentlich ein Schuß, der eine Schlacht eröffnete, die niemals geplant und nach wenigen Stunden entschieden war. Von den 82 türkischen Schiffen wurden 51 versenkt; bei ruhiger See und klarem Wetter soll man sie noch heute am Grund der Navaríno-Bucht (bei Pílos) liegen sehen. Dieser Sieg verwickelte England und Rußland in einen Krieg gegen die Türkei und brachte gleichzeitig die Wende im griechischen Freiheitskampf. Am 12. September 1829 mußten die Türken im sogenannten Frieden von Adrianopel Griechenland als selbständigen Staat anerkennen.

## Der neue Philhellenismus

Heute reisen die Philhellenen mit dem Flugzeug oder dem Schiff nach Griechenland. Philhellene, also *Freund der Griechen*, nennt sich keiner mehr, vielleicht, weil es zu altmodisch ist: Tourist, was man am ehesten mit *Ausflügler* übersetzen kann, möchte keiner genannt werden, sicherlich, weil es zu abwertend klingt; und *Xenos*, was der Besucher lange Zeit für die Griechen war, kann er nicht mehr genannt werden, weil sich die verpflichtende doppelte Bedeutung – Fremder *und* Gast – in der Praxis nicht mehr verwirklichen ließ. Seit 1975 schnellten die Besucherzahlen ausländischer Gäste von einigen hunderttausend in die Höhe: 1980 waren es bereits fünf Millionen, zwölf Jahre später kamen erstmals mehr Touristen (10 700 000), als das Land Einwohner hat (9 740 000). Den größten Teil machen die Briten aus, auf Platz zwei liegen die Deutschen. Die Konkurrenz, die dem Land Anfang der achtziger Jahre durch den Ausbau der touristischen Infrastruktur beim «bösen Nachbarn» Türkei entstand, ist Anfang der neunziger Jahre aufgrund aufflammender Konflikte durch die restriktive Behandlung kurdischer Minderheiten wieder gesunken. Die Prognosen für die weitere touristische Entwicklung in Griechenland sehen also rosig aus – zumindest, wenn man die Quantität zum Maß nimmt. Trotz der Balkankrise, die den Landweg nach Griechenland nach wie vor blockiert, trotz der Flugpreise, die im Verhältnis zu den Fernzielen teurer werden, trotz der Flughafensteuer, die zusätzlich aufgeschlagen wird, um den Aus- und Neubau griechischer Flughäfen zu finanzieren, ist keine Stagnation in Sicht. Zwar sehen die Griechen trotzdem zu jedem Saisonbeginn aufs neue schwarz, aber die Zahl der Gäste steigt stetig. Für eine Enttäuschung sorgt am Ende der Saison lediglich die Tatsache, daß der Zuwachs unter den optimistischen Hoffnungen gelegen hatte.

Die Förderung des Tourismus genießt Priorität – kein Wunder. Allein zwischen 1983 und 1988 haben sich die Devisieneinnahmen des Reiseverkehrs auf knapp 2,4 Milliarden Dollar verdoppelt und decken mittlerweile über 35 Prozent des enormen Handelsbilanzdefizits. Seit 1993 arbeitet die griechische Zentrale für Fremdenverkehr EOT zusammen mit der Regierung verstärkt daran, die Voraussetzungen für den Tourismus weiter zu verbessern. Das Ziel des vorerst auf fünf Jahre angelegten Programms ist hoch gesteckt: Die Zahl der Pauschal-, Billig- und Rucksacktouristen soll zurückgehen, die Menge der jährlichen Besucher aber trotzdem wachsen. Die neuen Philhellenen, so wollen es die Organisatoren, sollen sich aus einem zahlungskräftigeren Publikum zusammensetzen.

Als Köder wünscht sich die Regierung Golfplätze, Marinas, Kurkliniken und Kasinos, bei der Ausweitung der viel zu kurzen Reisesaison (Mai – Oktober) könnten neue Kongreßzentren oder weiter ausgebaute Skiorte helfen.

## Die Griechen

Ski fahren kann man schon heute in Griechenland, nicht nur im etwas kühleren Norden, auch auf der Peloponnes bei Kalávrita oder nahe Trípolis. Aber wer will das schon? Nun, die Griechen zum Beispiel.

Griechenland ist in Bewegung, aber viele sehen nach wie vor ein verklärtes Bild vor sich, wenn sie die Koffer packen. Mögen beim Assoziieren der Klischees neben Perikles jetzt auch Begriffe wie Baden, Inselhüpfen, Gastfreundschaft, Sonne, Kafeníon oder Olivenöl auftauchen, Gletscherbrille und Skiwachs gehören sicher nicht dazu. Griechenland mag ungetrübte Badefreuden und Kulturgeschichte versprechen, für manche auch den Traum vom besseren Leben symbolisieren, aber bitte ohne Schneepflug und Pistenraupe. Doch eine solche Einstellung degradiert Griechenland zum Feriencamp. Wer das Land wirklich kennenlernen will, muß sich bewußt sein, daß seine «Urlaubswege» in der entgegengesetzten Richtung verlaufen wie die «Lebenswege» der Griechen. Das beginnt schon in Athen, der Stadt, in der die meisten Touristen ankommen und aus der sie – nach Akropolis und Nationalmuseum – so schnell wie möglich flüchten, nach «Griechenland», aufs Land, auf dem die Griechen ihrerseits kaum Perspektiven sehen. Griechenland ist zweigeteilt, rund die Hälfte seiner Bewoh-

ner wohnt in Athen, in der Stadt, die mehr Bildung, Individualität oder auch Geld verspricht, die andere Hälfte sitzt in der Provinz, dort, wo sich traditionelle Strukturen mitunter noch erhalten haben, wo die Frau nach wie vor etwas weniger zu sagen hat als der Mann, wo der Esel noch bei der Olivenernte hilft und der Doktor nach wie vor kein Auto besitzt, um Hausbesuche zu machen.

Griechenland ist in Bewegung, politisch, wirtschaftlich und gesellschaftlich. Politisch, weil die demokratische Souveränität dieses EU-Staates so jung ist, wie die keines anderen. Dem bayerischen König Otto folgten damals weitere ausländische Regenten, Dänen. Georg wurde von Konstantin abgelöst, es regierten ein Alexander, ein zweiter Georg, ein Paul und ein zweiter Konstantin, der 1967, nach einem Putsch des Militärs, emigrieren mußte. Sieben Jahre hielten die Putschisten die Macht in den Händen und stolperten erst 1974, als es wegen Zypern beinahe mit der Türkei zum Krieg gekommen wäre. Erst in diesem Jahr entschieden sich die Griechen in einer Volksabstimmung mit großer Mehrheit für eine parlamentarische demokratische Republik als Staatsform und ließen König Konstantin II. im Exil König sein – abgedankt hatte er nie.

Wirtschaftlich, weil das Land finanziell am Rande der Katastrophe balanciert. In der Europäischen Union liegt Griechenland auf dem fünfzehnten Platz. 1994 kassierten die Griechen mit 4000 Mark für jeden der zehn Millionen Einwohner die höchsten EU-Zuschüsse.

Gesellschaftlich, weil die Griechen, deren Lebensstil sich jahrhundertelang kaum verändert hat, jetzt neue Wege gehen wollen. In einer Großstadt wie Athen, in der die Alten den Lebenswandel der jüngeren Generation kaum mehr kontrollieren und damit beeinflussen können, ist ein Wandel nun auch möglich. Die Szene wechselt.

# GESCHICHTE UND POLITIK

# ZURÜCK IN DIE ZUKUNFT

*Griechenland auf dem Weg nach Europa*

**M**an kann sich leicht ausrechnen, welche Stellung Griechenland in einem Europa unterschiedlicher Geschwindigkeiten eingeräumt wird. Es liegt auf der untersten Ebene und bewegt sich am langsamsten. Und vielleicht müßte man den Griechen trotzdem noch mit Ausnahme- und Übergangsregelungen, mit Sonderbestimmungen und außerplanmäßigen Geldern helfen, mit Zugeständnissen, wie sie seit ihrer Vollmitgliedschaft 1981 die Regel sind. Der Beitritt Finnlands, Österreichs und Schwedens am 1. Januar 1995 brachte für Griechenland nur eine Veränderung: Das Land rutschte von Rang zwölf auf Rang fünfzehn ab. Es geht nicht voran in Griechenland, es fehlt der Schwung, das Land tritt auf der Stelle, die Zukunft sieht alles andere als rosig aus.

Dabei möchte Griechenland europäischer werden, so das erklärte Ziel der Regierung, wenn auch eine treibende Kraft fehlt. Nach den negativen Erfahrungen mit dem Orient, nach der nahezu vier Jahrhunderte dauernden Besatzung durch die Türken von 1453 bis 1827, will man es nun mit dem Okzident versuchen. Doch der Weg dorthin ist für ein Land, das an der Grenze zweier Kulturkreise liegt, schwierig. Den Griechen ist so wenig (nordeuropäische) Zielstrebigkeit zu eigen, dafür aber sind sie von um so mehr (südländisch) lässigem Optimismus geprägt (siehe das Kapitel *Kafeníon im Himmel*, S. 80).

## Schwarzer Peter Türkei

Seit rund 170 Jahren ist Griechenland mehr oder weniger frei – und hat doch noch immer nicht den Weg zu sich selbst gefunden. Die lange Zeit unter dem Halbmond hatte eine kontinuierliche kulturelle Entwicklung unterbrochen; statt Autonomie folgten ein bayerischer und sechs dänische Monarchen. An der Überwindung dieser langen Vormundschaft arbeiten die Griechen noch heute. Doch zu häufig suchen sie die Zukunft in ihrer glanzvollen Vergangenheit, zwischen Solon und Perikles, zwischen Knossos und Parthenon und vergessen dabei die Ge-

19

genwart (siehe *Last der Antike*, S. 54)

Die Mitgliedstaaten von EU und NATO blicken besorgt Richtung Süden, wenn sich Griechenland und Türkei mit störrischer Regelmäßigkeit warnende diplomatische Noten zukommen lassen, in denen beide Länder gegenseitig jene Punkte ihrer Uneinigkeit aufführen, die nur militärisch gelöst werden könnten. Die Türkei ist der «Schwarze Peter» der Griechen, der für viele der heutigen Probleme verantwortlich gemacht wird. Es geht nicht nur um die Erbfeindschaft der beiden Länder, es geht auch um Hoheitsgewässer in der Ägäis, mit deren Grenzen man sich nicht abfinden will, und – in diesem Zusammenhang – um Erdölvorkommen, die beide Länder für sich beanspruchen; es geht um den Luftraum, dessen fortwährende Verletzungen für ständige Provokationen sorgen; es geht um die Insel Zypern, auf der nach wie vor türkische Soldaten zum Schutz türkischer Minderheiten stationiert sind. Das Feindbild steht unverrückbar, auch in den griechischen Schulbüchern. Tatsachen, die in Griechenland selbstverständlich sind, irritieren im Ausland: z. B. als Ministerpräsident Papandréou in einer Zeit, in der die klassischen Fronten zwischen Ost und West noch standen und der sogenannte Kalte Krieg das Klima beherrschte, öffentlich formulierte, daß er sich mit dem Feindbild Sowjetunion weniger identifizieren könnte, denn der NATO-Partner Türkei stelle eine wesentlich größere Gefahr für Griechenland dar.

Das jüngste Beispiel irritierenden Kopfschüttelns, mit dem man auf Griechenland in den neunziger Jahren reagierte, war das eisige Verhältnis zum nördlichen Nachbarn

*Türkische Spuren: Grabstein bei Ioannina*

Makedonien. Griechenland weigerte sich, die neue Republik anzuerkennen, weil das Land den Namen einer griechischen Provinz mit großer historischer Vergangenheit trägt und auf der Staatsflagge eine Sonne abgebildet ist, ein Symbol, das schon der Vater des großen Alexanders führte, woraus man wiederum Gebietsansprüche der neuen Republik auf Griechenland ableitet. Lächerlich, mag ein Mitteleuropäer denken und sich fragen, was zwei Millionen Makedonen gegen zehn Millionen Griechen ausrichten wollen, die in das Verteidigungsbündnis der NATO einbezogen sind. Was aber hat es damit auf sich, daß ausgerechnet die Türkei Makedonien als erstes Land (neben Bulgarien) anerkannt hat? Wie ist diese Entscheidung angesichts der Tatsache zu bewerten, daß in Makedonien islamische Minderheiten leben? Griechische Paranoia oder ein erneuter türkischer Versuch, Griechenland von Europa abzuschneiden?

## Der letzte Philhellene: ein bayerischer Anfang

Griechenland ist zwar seit 1827 frei, steht aber erst seit gut zwanzig Jahren auf eigenen Füßen und kann seine Geschicke selbst bestimmen. Bis 1974 hatten ausländische Monarchen das Sagen und versuchten, das Land in die europäische Gesellschaft einzuführen.

Zuvor waren 400 Jahre lang die Fronten klar: Griechenland war ein Teil des Osmanischen Reiches. Dann entwickelt sich eine merkwürdige Stimmung in Europa. Man erinnert sich plötzlich romantisch verklärt daran, daß Griechenland die Wiege Europas gewesen sei, ein großartiges Volk, dem man die eigene kulturelle Entwicklung zu verdanken habe, und daß dieses Volk seit langem unterdrückt wurde und jetzt verzweifelt um seine Freiheit kämpfe. Dieser Stimmungsumschwung zwang die Regierungen Rußlands, Englands und Frankreichs zum Handeln, obwohl sie wenig Interesse daran hatten. Krieg kostet Geld, und Griechenland war relativ uninteressant. Sie schickten eine Flotte auf den Weg, und wie es der Zufall so wollte, löste sich im falschen Augenblick ein Schuß, der die drei Länder mit in den Befreiungskrieg der Griechen hineinzog. 1827 war der Kampf gewonnen, Griechenland frei und nicht, wie geplant, eine Art autonome Kolonie geworden.

Eine neue Rolle mußte nun für Griechenland in Europa gefunden werden, und Rußland, England, Frankreich und Griechenland waren sich in einem einig: Das befreite Griechenland sollte eine Monarchie werden, mit einem unabhängigen Regenten, denn jeder der drei Allianzstaaten fürchtete zu Recht die eigennützigen Interessen des anderen. Daß der König kein Grieche sein könne, darin stimmte man überein. Die Ausgangslage war einfach. Ohne die drei Allianzstaaten hätte sich Griechenland kaum befreien können, und ohne deren Hilfe würde es nicht auf die Beine kommen. Aus der Sicht der drei «Schutzpatrone» betrachtet, wollte man zumindest Einfluß auf das neue Griechenland haben. Man suchte eine schwache Figur als Regenten, jemanden, der weder viel politische Erfahrung noch starkes Militär im Rücken hatte. Die Wahl fiel auf den bayerischen Prinzen Otto von Wittelsbach – die Griechen wurden nicht gefragt.

*Otto von Wittelsbach soll mit siebzehn Jahren König von Hellas werden*

Otto I. war der letzte wahre Philhellene, denn er war der Sohn Ludwigs I., jenes bayerischen Königs, der nicht eher ruhen wollte, bis München so aussehe wie Athen. Otto seinerseits versuchte, etwas Zivilisation nach Griechenland zu bringen, gründete unter anderem die Athener Universität, die Technische Hochschule, die Akademie der Wissenschaften und Künste, die Staatsbibliothek, das Nationalmuseum, das Observatorium und führte ein dem deutschen ähnliches Schul- und Rechtssystem ein. Doch zum konsequenten Wiederaufbau Griechenlands war Otto weder fähig, noch wurde ihm dazu jemals eine Chance gegeben. Das junge Land, das aus nicht viel mehr als aus der Peloponnes, Zentralgriechenland, der Insel Euböa sowie den Kykladen bestand, befand sich in einem chaotischen Zustand. Prinz Leopold von Sachsen-Coburg-Gotha, dem die Krone vor Otto angeboten wurde, hatte dankend abgelehnt – er hatte gewußt warum; der russischstämmige Grieche Kapodístrias, der mit drakonischen Mitteln Ordnung in Griechenland schaffen wollte, war 1831 ermordet worden. Von Bevormundung hatten die Griechen genug. Dörfer und Städte waren verfallen, Straßen und Brücken zerstört, immer neue Flüchtlinge tauchten aus ihren Verstecken in den Bergen auf, zogen an die Küsten und bemühten sich um den Wiederaufbau. Piraten machten die Küsten und das Land unsicher, ausländische Kredite wurden fällig, und ein Großteil der Bauern besaß nach wie vor keinen Grund, denn die Verteilung der über 700 000 Hektar Land, das aus türkischen Händen – zur gerechten Aufteilung – erst einmal in die des

*Schmuckstück: Blick auf Nafplion*

neuen griechischen Staates übergeben worden waren, verzögerte
sich.

## Spielball der Mächte

Als der bayerische Prinz im Januar
1833 in der provisorischen Hauptstadt Náfplion an Land ging, war er
gerade siebzehn Jahre alt. König
wurde er erst 1835, bis dahin führte
ein vierköpfiger Regentschaftsrat
seine Geschäfte. Im Volk waren drei
Parteien vertreten, die jeweils mit
einem der Allianzstaaten sympathi-
sierten: Es gab die russische, die
englische und die französische Partei, eine bayerische oder gar griechische bezeichnenderweise nicht.

Otto bemühte sich redlich, aber
er blieb ein Fremder. Die eben befreiten Griechen wurden von einem
ausländischen König regiert und von
ausländischen Beamten verwaltet.
Das neue Heer bestand zu drei
Vierteln aus bayerischen Freiwilli-
gen, während Tausende von griechischen Freiheitskämpfern auf den
Straßen herumlungerten und
schließlich als Räuberbanden ein
Auskommen suchten. Die Steuern
blieben auf türkischem Niveau,
Otto und seine Frau Amalia von Ol-
denburg hielten an ihrem katholi-
schen Glauben fest, mischten sich
aber gleichzeitig mit wenig Gespür
in die orthodoxen Kirchenangele-
genheiten ein. Dabei galt die griechische Kirche als die Bewahrerin
griechischer Traditionen während
der langen Besatzungsperioden und
hatte wesentliche Verdienste
während des Befreiungskampfes
und damit hohes Ansehen in der
Bevölkerung gewonnen (siehe
S. 177). Das alles waren Fehler, die
die Griechen vielleicht noch «ver-
kraftet» hätten. Schwerer wog schon

die Tatsache, daß Otto zwar Beamte
und Soldaten mit nach Griechenland schleppte, aber keine Verfassung im Gepäck hatte. Die haben
sich die Griechen dann 1843 in einem Staatsstreich selbst erzwungen.
Dem plötzlich isolierten Otto blieb
nichts anderes übrig, als einer Verfassung zuzustimmen, seine Bayern
nach Hause zu schicken und ab sofort nicht mehr als absoluter, sondern als konstitutioneller Monarch
zu regieren.

Entscheidend an Ansehen verlor
Otto, weil er ein Spielball der drei
«Schutzpatrone» blieb. England,
Frankreich und Rußland intrigier-
ten und schadeten dem König, wo
sie nur konnten, um der Stellung ihres Landes lächerliche Vorteile ein-
zubringen. Obwohl Griechenland
nicht einmal eine dreiviertel Million
Einwohner hatte, wollten sich die
drei ihren Einfluß sichern, auch zu
Lasten der Griechen. Innenpolitisch
am Ende, versuchte sich Otto wenigstens außenpolitisch zu etablieren.
Als echter Philhellene begeisterte er
die Griechen dafür, ihr Territorium
auf byzantinische Ausmaße zu er-
weitern. Auch damit hatte er letztendlich keinen Erfolg. 1862 wurde
er schließlich von einer provisorischen Regierung abgesetzt und
zurück nach Bamberg geschickt.
Kurz vor seinem Tod, spendete er
noch einmal 100000 Gulden für die
griechische Sache, 1867 schließlich
wird er beigesetzt – auf seinen aus-
drücklichen Wunsch in griechischer
Tracht.

## König der Hellenen

Es ist nicht leicht, einen neuen König zu finden, wenn man den Vorgänger geschaßt hat. Aber während
sich vor allem die «fürsorglichen»

Engländer eifrig um einen Nachfolger bemühten, blieben die kurzzeitig unbeaufsichtigten Griechen nicht untätig: Sie wollten dem neuen König, wer auch immer es sein sollte, einen Teil der «Verantwortung» abnehmen, auf sich selbst übertragen, und konzipierten eine Art parlamentarische Monarchie.

Der «Neue» hieß Prinz Wilhelm von Schleswig-Holstein-Sonderburg-Glücksburg, war Däne und nannte sich Georg I. Obwohl auch er erst siebzehn war, als er 1863 nach Griechenland kam, bewies er Fingerspitzengefühl. König der Hellenen nannte er sich, wo Otto noch König von Hellas sein wollte. Und statt bayerischer Beamter und deutscher Gesetze brachte er die Ionischen Inseln Korfú, Kephalloniá, Zákynthos, Léfkas, Íthaka, Páxos und Antípaxos zum Einstand.

Georg lieferte bald weitere Beweise seiner Gewandtheit. Vier Jahre nach seinem Amtsantritt hatte er ein Auge auf die Nichte des russischen Zaren Alexander II. geworfen. Er bekam sie auch, die Großfürstin Olga, heiratete sie, zeugte Kinder und ließ diese noch dazu orthodox taufen. Sein ältester Sohn übernahm fünfzig Jahre später das Zepter seines Vaters als Konstantin I. Kein übler Mann, werden sich die Griechen gedacht haben, die nun nicht nur einen König, sondern ein Königsgeschlecht hatten. Leicht haben sie Georg seine Amtszeit trotzdem nicht gemacht.

In den ersten acht Jahren seiner Regierungszeit loteten die Griechen ihr erweitertes politisches Aktionsfeld erst einmal gründlich aus und veränderten neunzehnmal die Zusammensetzung ihres Kabinetts. Statt britischer, französischer oder russischer Parteien betrieben die Griechen jetzt etwas griechischere Politik und engagierten sich in einem liberalen und einem konservativen Lager. Ihre wechselseitigen Bemühungen, vor allem die von Ministerpräsident Charílaos Tricoúpis, führten zur ersten Industrialisierung, anfangs in der Textil- und Nahrungsmittelbranche. Das dürftige Straßennetz von nicht einmal fünfhundert Kilometern Länge wurde ausgebaut, die ersten Schienen für die Eisenbahn verlegt und der Kanal von Korinth, der Isthmus (siehe Titelbild), durchstochen. Doch die Aktivitäten, die vorwiegend mit ausländischem Kapital finanziert wurden, endeten 1893 in einem Staatsbankrott. Ab 1898 mußten sich die Griechen der peinlichen Auflage fügen, ihre Buchhaltung künftig unter Obhut der Schutzmächte zu stellen.

**Der erste Grieche**

Unruhen auf dem Balkan ließen Griechenland außenpolitisch Fortschritte machen. Mehr durch Zufall erhielten die Griechen 1881 Thessalien und Teile des Epirus auf internationalen Druck von der Türkei zurück. Man fand Gefallen an weiteren Expansionen, die der neue Ministerpräsident Elefthérios Venizélos (ab 1910) erstmals formulierte. Die Politik des liberalen Kreters wird nur zu oft mit der sogenannten kleinasiatischen Katastrophe gleichgesetzt, doch in den zwölf Jahren davor verhalf Venizélos Griechenland zu einer vergleichsweise stabilen sozialen und wirtschaftlichen Basis. Er modernisierte die Verfassung durch eine Erweiterung demokratischer Rechte, er reformierte das Bildungssystem, die Justiz und das Steuerwesen und setzte sich für

Verbesserungen in der Agrarwirtschaft ein. Er wagte es sogar, die Kirche von Teilen ihrer Ländereien zu enteignen und diese unter den Bauern zu verteilen. Der dänische König geriet bei diesem Engagement beinahe in Vergessenheit – die Griechen hatten in Venizélos ihren ersten «eigenen» Mann gefunden.

Seine spektakulärsten Schachzüge setzte der Kreter in den beiden Balkankriegen 1912/1913. Durch den geschickten militärischen Einsatz und durch ein blitzschnell kalkuliertes Bündnis mit Serbien ging Griechenland als Sieger aus den Auseinandersetzungen hervor, bei denen es sein Territorium beinahe verdoppelte. Der Gewinn von weiten Teilen der Ägäischen Inseln, Kretas, Südmakedoniens und Westthrakiens sowie des gesamten Epirus brachte das neue Griechenland den Grenzen des alten schon sehr nahe.

## Mut, Übermut

Venizélos' Karriere geht weiter. Konstantin I. ist mittlerweile König von Griechenland, sein Vater Georg fiel zwischen den beiden Balkankriegen dem Attentat eines Geisteskranken zum Opfer. König und Ministerpräsident kommen schlecht miteinander aus, und mit ihnen teilt sich das Volk in zwei Lager. Zu Beginn des Ersten Weltkrieges erklärte Konstantin die Neutralität Griechenlands. Doch Venizélos hatte Blut geleckt. Durch eine Beteiligung am Krieg auf der Seite der Alliierten erhoffte er sich weitere Gebietsgewinne und besonders die Rückeroberung Konstantinopels. England und Frankreich unterstützten seine militärischen Ambitionen, besetzten Teile Nordgriechenlands

und zwangen 1917 den König, abzudanken und mit seinem ältesten Sohn Georg ins Exil zu gehen. Zurück blieb sein zweiter Sohn Alexander, doch der konnte Venizélos nicht bremsen. Am 17. Juni übernahm er die Zügel, und drei Tage später mischte Griechenland im Ersten Weltkrieg mit. Und wieder hatte sich der Einsatz – zumindest territorial – gelohnt: Auf dem Siegertreppchen stehend, bekamen die Griechen im Frieden von Neuillesur-Seine das südliche Makedonien und im Frieden von Sèvres Ostthrakien, alle Ägäischen Inseln (mit Ausnahme von Rhodos) sowie Smyrna zugesprochen.

Doch die Türken zeigten Unmut und weigerten sich, die neue Situation anzuerkennen. Wieder ein Signal für den erfolgreichen Ministerpräsidenten. In Kleinasien lebten schließlich zwei Millionen Griechen (allerdings zwischen sieben Millionen Türken). Venizélos hob fragend die Augenbraue, die Entente, allen voran England, nickte bestätigend. Am 15. Mai 1919 landeten die ersten Truppen nahe Smyrna. Die *megilá idéa*, die «großgriechische Idee» von der Wiederherstellung des Byzantinischen Reichs, war einen Augenblick lang in allen griechischen Köpfen.

Aber diesmal hatte sich Venizélos gründlich verschätzt. Kemál Atatürk, der «Vater der Türken», regierte jetzt das Land und hatte sogar mit dem alten Widersacher Rußland Frieden und mit Frankreich ein Wirtschaftsabkommen geschlossen. Keiner, auch Frankreichs Verbündeter England, hatte plötzlich noch Interesse daran, die Griechen zu unterstützen und die stabile Lage dadurch zu gefährden. Und alleine hatten sie keine Chance. Das

Heer mußte weit über unwegsames Gelände nach Anatolien vorstoßen, mit eigenen Mitteln war der Nachschub nicht zu sichern. Die kleinasiatische Katastrophe wird zu Recht so betitelt: 600 000 Griechen wurden getötet, 1,5 Millionen aus den kleinasiatischen Gebieten vertrieben. Sie ergossen sich gleich einer Sintflut über Griechenland, das mit einem Schlag dreißig Prozent mehr Einwohner zu verkraften hatte. Atatürk ging als «Sieger im heiligen Krieg» in die Geschichte ein. Noch heute feiern die Türken am 30. August eines jeden Jahres diesen Sieg über die Griechen. In der Armee werden an diesem Tag die Beförderungen bekanntgegeben.

## Das berühmte «Nein»

Nicht Venizélos, sondern Konstantin wurde zum Sündenbock für diesen Fehlschlag gemacht. Man zwang ihn abzudanken und setzte seinen Sohn Georg II. auf den Thron. Im Friedensvertrag von Lausanne verzichteten die Griechen nunmehr schriftlich auf jegliche Gebietsansprüche in Kleinasien. Aus der Traum vom großgriechischen Reich.

In den folgenden Jahren schlugen die Wellen hoch. Eine Regierung löste die andere ab, die Griechen erlebten so ziemlich alles, was zwischen demokratischer Republik und Diktatur liegt. Georg wurde vertrieben und wieder zurückgerufen, worauf Venizélos wieder einmal ins Exil ging und dann dort auch 1936 starb. Im gleichen Jahr machte sich der frühere Kriegsminister, General Ioánnis Metaxás, zum Diktator. Griechenland hätte Schlimmeres treffen können. Zwar ließ Metaxás, wie es sich für einen Diktator

*Griechen gegen Griechen: Guerilla-kämpferin 1947*

Ihr Blick wanderte zu seinem Gesicht, aber es war leer, ohne Aussage – aufgelöst. Sie erkannte es nicht wieder. Nur der Körper galt. Das bleiche, ungeschützte Fleisch, ausgebreitet auf der ersten Seite der Zeitung. Weich, undurchsichtig, fast knochenlos, so schien es. Das Foto zeigte ihn stehend; aber so, wie die Zeitung da auf der Couch lag, schien der Körper auf den Rücken gefallen, verlassen. Ein Ding, ein Paket, ein Mantel, auf die Couch geworfen. Sie würden ihn zertreten, auf ihn einschlagen, ihn hin und her zerren; sie würden ihn verrenken und zerreißen. Es war nicht auszudenken, was sie ihm alles antun könnten. Konzentrisch um den Rand angeordnet, wiesen stählerne Instrumente wie Pfeile auf das Foto hin. Petros las ihr aus der Zeitung vor, und so erfuhren sie die Einzelheiten seiner Gefangennahme – dieses anarchistische Subjekt, dieses anspuckungswürdige Ungeheuer wurde von einem treuen Patrioten aufgespürt, der pflichtbewußt die Behörden benachrichtigte. Er hatte versucht, schwimmend zu fliehen.

Alexandros Panagoúlis hatte am 13. August ein Attentat auf den Präsidenten der Junta, Georgious Papadópoulos, verübt. Der Anschlag war gescheitert.

Aus: **Kay Tsitseli**: *Die Exekution des Mythos fand am frühen Morgen satt.*
Romiosini Verlag, Köln 1984

gehört, Parlament und Parteien verbieten, zwar zensierte er die Presse und erließ ein Streikverbot, aber er setzte sich vor allem für erhebliche und längst fällige soziale Verbesserungen im Land ein. In seiner fünfjährigen «Amtszeit» gelang es ihm, die Arbeitslosenquote nahezu zu halbieren. Metaxás führte die Sechs-Tage-Woche und den Acht-Stunden-Tag ein, er verbot die Kinderarbeit. Der General nahm sich der Landwirtschaft an, sorgte für einen weitgehenden Schuldenerlaß der Bauern, der vielen einen Neuanfang möglich machte, und verbesserte das Gesundheitswesen. Berühmt wurde Metaxás allerdings für ein *Ochi*, ein «Nein», das er am 28. Oktober 1940 um 3 Uhr am Morgen ausgerufen haben soll. Diplomaten Mussolinis warfen den Diktator aus dem Bett und ließen ihm mitteilen, daß italienische Truppen in Griechenland stationiert würden. Metaxás, der sich während des Krieges sorgfältig um einen neutralen Kurs bemüht hatte, lehnte ab. Heute ist der 28. Oktober in Griechenland Nationalfeiertag, an dem des Widerstands gegen den Faschismus gedacht wird.

Die Italiener kamen trotzdem, und Griechenland befand sich plötzlich in einer gefährlichen Situation. Völlig unerwartet konnte das Militär die Italiener zurückdrängen, mußte sich aber gleichzeitig darum bemühen, nicht zu siegen, denn dann, so fürchtete man, könnte Bündnispartner Deutschland den Italienern zu Hilfe kommen. Die Deutschen kamen, allen geschickten Schachzügen zum Trotz. Am 2. Juni 1940 war Griechenland nach einem achtwöchigen «Blitzfeldzug» in deutscher Hand.

## Rechte gegen Linke, Griechen gegen Griechen

Obwohl die Verwicklung Griechenlands in den Zweiten Weltkrieg schrecklich war, obwohl allein im Winter 1941 in Athen 300 000 Menschen verhungert sein sollen, waren doch seine Folgen für die Griechen noch katastrophaler. Während des Krieges hatten sich zwei Widerstandsgruppen gebildet, die sich in den unzugänglichen Bergregionen des Landes verschanzt hatten: die ELAS, die (linke) Griechische Nationale Volksbefreiungsarmee, und die EDES, die royalistische Nationale Demokratische Liga. Anfangs hatten die Briten beide Gruppen unterstützt, sowohl die linken Partisanen wie auch die rechten Truppen der EDES. Doch sehr schnell begannen die Geldgeber, die kommunistische Ideologie zu fürchten und halfen nur noch den rechten Guerillas. Diese Einseitigkeit führte zur Katastrophe. Als es 1944 in Deutschland schon an allen Ecken und Enden brannte und Hitler seine Truppen zurückziehen mußte, kamen die Briten nach Griechenland. Geórgios Papandréou, der Vater des späteren Ministerpräsidenten Andréas Papandréou, wurde Regierungschef. Papandréou behielt die «britische Linie» bei, forderte die Auflösung der beiden Widerstandsgruppen, befahl den Linken, ihre Waffen abzugeben, und wollte die Rechten in der neuen Armee etablieren. Als es bei einer friedlichen Demonstration der ELAS auf dem Sýntagma-Platz in Athen dann zu Schießereien kommt, arten diese zu einem Bürgerkrieg aus. Bis 1949, als andere europäische Länder schon lange mit ihrem Wiederaufbau beschäftigt waren, kämpften Griechen

*«Die Junta fällt durch das Volk, Brot, Bildungswesen, Freiheit». Parole der Kommunistischen Jugend Griechenlands im Gebäude der Technischen Hochschule, Nov. 1973*

gegen Griechen, bis die ELAS schließlich kapitulieren mußte. Der Krieg war vorbei, die Linken hatten zwar aufgegeben, aber aufgrund der vorausgegangenen Ungerechtigkeit war das Volk in zwei extreme Lager gespalten – die Situation blieb angespannt. Obwohl Griechenland Wirtschaftshilfe vom Ausland bekommt, erholt sich das Land nur sehr langsam. Georg II. kehrt aus dem Exil zurück, wieder einmal jagt eine Regierungsform die andere. 1964 gewinnt schließlich Geórgios Papandréou mit einer neu gegründeten Partei, der Zentrumsunion, die absolute Mehrheit im Parlament und wird Ministerpräsident. Auch diesmal steht seine Amtszeit unter einem schlechten Stern. Als er das Militär unter eine schärfere zivile Kontrolle stellen will und sich zudem zur besseren Verständigung auf Gespräche mit den Linken einzulassen beabsichtigt, gerät er in schwere Konflikte mit dem König – mittlerweile ist es Konstantin II. Um der möglichen «Gefahr» vorzubeugen, daß Papandréou bei den nächsten Wahlen gegebenenfalls mit den Kommunisten koalieren sollte, wurde mit Hilfe der USA unter dem Decknamen «Prometheus» ein Putsch vorbereitet.

### Letzter Akt: Die Nacht der Panzer

Das Unternehmen «Prometheus» lief an, bevor es überhaupt zu den Wahlen (geplant für den 28. Mai) und einer eventuellen Koalition kommen konnte. Eine Handvoll Obristen, eher subalterne Offiziere unter der Führung von Oberst Geórgios Papadópoulos, waren Generälen und Königshaus zuvorgekommen. Ironie des Schicksals: Die

*Verhaftung, Deportation, Folter: Rücken-
deckung durch den CIA?*

Redakteure der linken Zeitung *Avgí*
hatten am 20. April 1967 den großen
Leitartikel für den folgenden Tag
gerade druckfertig, in dem sie anhand von zehn Thesen nachweisen
wollten, daß Griechenland trotz eines möglichen Sieges der Linken
keine Militärdiktatur zu befürchten
habe, als die Redaktion besetzt und
die Journalisten verhaftet wurden.

Der Plan «Prometheus» war gut
vorbereitet und verlief reibungslos.
Mit nur 150 Panzern und 3000 Soldaten brachten die Putschisten die
wichtigsten Schaltzentralen in
Athen unter Kontrolle und bemäch-
tigten sich auf diese Weise in nur einer Nacht des ganzen Landes. Der
Sitz der Regierung, die Redaktio-
nen von Presse und Rundfunk, Postämter oder Telegraphenstationen

waren innerhalb weniger Stunden
von Soldaten besetzt. Bevor der
Morgen des 21. Aprils graute, waren
Tausende von möglichen Oppositio-
nellen aus den Betten geholt und
verhaftet worden. Zwischenfälle gab
es kaum. Die meisten Griechen waren völlig überrascht, als sie am
Morgen des 21. Aprils in den Nachrichten erfuhren, daß das Militär die
Macht übernommen hatte. Was das
Volk zu hören bekam, war wenig,
denn viel Ideologie hatte die Junta
nie zu bieten, auch später nicht. Vor
dem Kommunismus wollte man das
Volk bewahren, für Stabilität in Politik und Regierung, im Sozialwesen
und in der Wirtschaft wollte die
neue Regierung sorgen.

Der Preis für diese erzwungene
Stabilität war hoch. Verhaftungen,
Deportationen und auch Folterun-
gen standen auf der Tagesordnung
(sie wurden teilweise von der Eu-

ropäischen Union für Menschenrechte dokumentiert), ganze Inseln wurden in Gefangenenlager umgewandelt. Und alldem gaben die Putschisten einen legalen Anstrich. Noch in der Nacht vom 20. auf den 21. April hatte König Konstantin unter Druck einige Verlautbarungen unterschrieben, auf die sich die neue Regierung berufen konnte, beispielsweise den «Königlichen Erlaß Nr. 280 vom 21. April 1967», der vier Tage später veröffentlicht wurde. Er untersagte unter anderem Versammlungen in der Öffentlichkeit und in geschlossenen Räumen, antinationale Propaganda oder das Tragen von Waffen. Der Gegenputsch, den Konstantin acht Monate nach der Machtergreifung inszenierte, mißlang. Die Junta hatte bereits alle Zügel fest in der Hand, Konstantin mußte sich ins Exil zurückziehen.

In Armee, Polizei, in Gewerkschaften, Gemeinden, Schulen, in Presse, Funk und Fernsehen wurden wichtige Posten mit treuen Gefolgsleuten besetzt, kleinere Beamte mußten eidesstattliche Loyalitätserklärungen unterschreiben, wollten sie im Amt bleiben. Nachdem auch die Führung der orthodoxen Kirche einem Mitläufer übertragen worden war, Hierónymos Kotsónis, hatte die Junta bald auch die Kirche auf der – rechten – Seite. Kotsónis seinerseits sorgte dafür, daß die Posten der Oberschäfchen seiner Gemeinde mit schwarzen Schafen besetzt wurden.

Die Kontrolle des Regimes schien lückenlos, und doch formierte sich nach und nach Widerstand. Aléxandros Panagoúlis versuchte es mit einem Attentat auf Papadópulos, das jedoch scheiterte. Er wurde gefoltert, zum Tode verurteilt und schließlich zu lebenslanger

Haft «begnadigt». Manch bekannter Grieche war ins Exil geschickt worden, von wo aus er sich für Griechenland zu engagieren versuchte, anderen gelang die Flucht. Zu ihnen gehörten beispielsweise Andréas Papandréou, der Komponist Míkis Theodorákis, die Sängerin Maria Farantoúri oder die spätere Kulturministerin Melina Mercoúri. Doch auch außerhalb des Systems hatten sie wenig Handlungsmöglichkeiten. «Die Staaten des Westens sehen zu, entschuldigen oder unterstützen die Politik, die Griechenlands Demokratie abwürgt», klagt Mercoúri. Außer der Sperrung von Hilfsgeldern seitens der Europäischen Gemeinschaft kam es kaum zu Sanktionen gegen Griechenland und die Militärjunta, im Gegenteil, ausländische Investoren lobten sogar die hervorragenden Bedingungen im Land, die unter anderem durch das Streikverbot sichergestellt wurden.

## Ende mit Schrecken

Die Nacht der Panzer dauerte bis zum 23. Juli 1974. Eine Woche zuvor hatte die Junta einen Staatsstreich der griechisch-zyprischen Nationalgarde auf der unabhängigen Insel Zypern mit dem Ziel eines Anschlusses an das Mutterland unterstützt. Innerhalb von wenigen Tagen sandte die Türkei starke Truppenverbände zum Schutz eigener Minderheiten und drohte mit Krieg. Die Junta wollte mit einer Generalmobilisierung antworten, aber die griechischen Streitkräfte weigerten sich. Durch den drohenden Krieg hatte die Führung den Rückhalt verloren, am 23. Juli traten die Obristen zurück. Einen Tag später kehrte der frühere Präsident Karamanlís aus

*Barrikaden in Athener
Straßen 1973*

dem Exil zurück und wurde beauftragt, freie Wahlen vorzubereiten. Die lange Nacht war zu Ende, Griechenland machte einen neuen Anfang und entschied sich in einer Volksabstimmung des gleichen Jahres mit großer Mehrheit für eine parlamentarische demokratische Republik als Staatsform und betrat erstmals aus eigenem Antrieb die europäische Bühne.

Obwohl Amnesty International bereits am 27. Januar 1968 einen Bericht veröffentlicht, in dem bestätigt wird, daß «zahlreiche Gefangene ohne Gerichtsverhandlung in Gefängnissen und Polizeistationen überall in Griechenland festgehalten» werden, «daß Folter zielbewußt und in amtlichem Auftrag angewendet wird» (sogar die Techniken werden detailliert beschrieben), nahm das Ausland kaum Notiz von den Zuständen. Mehr und mehr ausländisches Kapi-

tal floß in das Land, die Zahl der Touristen stieg stetig, und der amerikanische Präsident Nixon unterstrich 1973 sogar seine «herzlichen Beziehungen zur griechischen Regierung». Im selben Jahr bezahlten zahlreiche Studenten und Sympathisanten ihren offenen Widerstand gegen das Regime mit dem Leben. Im November hatten sie die Technische Hochschule in Athen, das Polytechnikum, besetzt und über einen selbstgebastelten Radiosender freie Wahlen gefordert (siehe S. 150). Die Junta reagierte mit Panzern. Letzte Meldung des Senders: «Griechenland, die Panzer haben in diesem Augenblick ihre Kanonen auf die Hochschule gerichtet. Die Studenten haben ihre Hemden aufgeknöpft und zeigen ihre Brust, die einzige Waffe, die sie haben.»

33

# DAS ROTE SCHLUSS- LICHT DER EU

*Die Wirtschaft*

**A**ls 1987 nach jahrelangem Zögern und politischem Ringen endlich die Mehrwertsteuer eingeführt wurde, stellte die Regierung plötzlich fest, daß es in Griechenland 120 000 Kleinbetriebe gab, die zuvor nicht registriert waren. Aber zu groß kann die Überraschung nicht gewesen sein. Ökono-

men gingen davon aus, daß mit Schwarzarbeit zusätzlich etwa noch einmal die Hälfte des griechischen Bruttosozialprodukts erwirtschaftet wurde (in der Bundesrepublik etwa zehn Prozent). An diesen Zahlen hat die neue Mehrwertsteuer wenig geändert, und damit erklärt sich auch die Tatsache, daß die Griechen,

trotz ihres bescheidenen – offiziellen – durchschnittlichen Jahreseinkommens von umgerechnet 11 000 DM, die angeblich höchste BMW-Dichte der Welt haben. Als «Volkssport Nummer eins» wird die Steuerhinterziehung gern bezeichnet, aber eigentlich ist dieses Phänomen so selbstverständlich wie die Tasse Kaffee zum Frühstück. Beobachter der Szene gehen gar davon aus, daß den Griechen über 20 000 DM zur Verfügung stehen, also etwa doppelt soviel wie offiziell angegeben wird. «Griechenland ist arm, aber die Griechen sind reich» – der Volksmund trifft mit diesem Satz wieder einmal den Nagel auf den Kopf.

Daß Griechenland nicht mehr das Billigland schlechthin ist, wird auch jedem Urlauber bereits nach einigen Tagen klar. Seit dem Beitritt Griechenlands zur EU am 1. Januar 1981 haben auch die Preise begonnen, sich dem europäischen Niveau anzugleichen, seit der Verwirklichung des EU-Binnenmarktes Anfang der neunziger Jahre sogar recht zügig. Betroffen sind davon vor allem die mittleren und unteren Einkommensschichten. Zwar wurden und werden im Zuge dieser Entwicklung die meisten Konsumgüter wie Autos, Kühlschränke oder Bügeleisen billiger, die Preise für die Dinge des täglichen Lebens, seien es jetzt Fleisch, Brot, aber auch Heizöl, Benzin oder das Päckchen Zigaretten, zogen dagegen kräftig an.

## Am Ende Europas

Mit Griechenlands Wirtschaft geht es seit Mitte der siebziger Jahre stetig bergab. Daran hat auch der EU-Beitritt wenig geändert. Galt Griechenland Mitte der achtziger Jahre noch als zweitärmster EU-Staat vor Portugal, liegt es heute unangefochten auf dem letzten Platz: Das Bruttosozialprodukt je Einwohner beträgt 7290 Dollar, das von Portugal 7450 Dollar, das von Deutschland rund 20000 Dollar.

Bereits 1985 versuchte die sozialistische Regierung der PASOK unter Papandréou, die finanzielle Lage Griechenlands zu stabilisieren. Etwa zu dieser Zeit erhielt die Wirtschaft die Priorität in der griechischen Politik, die sie bis heute behalten hat. Zwei Ministerpräsidenten hat die Suche nach einer Lösung bereits den Kopf gekostet.

Papandréou versuchte es mit einer Kehrtwendung seiner bisherigen Politik: Löhne und Gehälter sollten sich nicht mehr automatisch der hohen Inflationsrate (1986: 20,4 Prozent) anpassen, die Ausgaben im öffentlichen Sektor gesenkt sowie das enorme Handelsbilanzdefizit verringert werden. Doch es stieg weiter, zwischen 1983 und 1988 allein um rund 35 Prozent auf fast sieben Milliarden Dollar. Die Exporte deckten in diesem Jahr nur noch 44 Prozent der Einfuhren. Viel mehr als kurzfristige Verbesserungen wurden mit dem Stabilisierungsprogramm nicht erzielt. Papandréou war nach neunjähriger Amtszeit letztendlich an den maroden Finanzen gescheitert, sein konservativer Nachfolger Mitsotákis konnte sich trotz seiner Appelle an die Vernunft der Wähler nicht einmal eine Legislaturperiode halten und mußte 1993 nach nur drei Jahren den Hut nehmen (siehe S. 44). Nach Beurteilung der OECD, der Organisation für wirtschaftliche Zusammenarbeit und Entwicklung, ist Griechenland ein sogenanntes europäisches Entwicklungsland.

## Veraltete Maschinen

Wer auf der Autobahn von Athen nach Korinth unterwegs ist, mag das nicht glauben. Entlang des Saronischen Golfs pflastern die riesigen Öl- und Gastanks der Raffinerien weite Teile der Küste zu, «aufgelockert» lediglich von Lagerhallen, Schornsteinen und den noch höheren Fackeln, mit deren Hilfe überflüssiges Gas verbrannt wird. Auf der etwa siebzig Kilometer langen Strecke sieht man jene Bilder, die man unweigerlich assoziiert, wenn man an das Stichwort «Industrie» denkt: riesige Fabrikgebäude, umzäunte, nachts beleuchtete Werksgelände, Smog, Lärm, Ver-

kehr und eine dicht befahrene Meerenge mit unzähligen vor Anker liegenden Frachtern und Tankern. Doch der Schein trügt. Wo früher Demeter und Persephone im antiken Eleusis verehrt wurden, liegt heute das industrielle Zentrum Griechenlands, aber eben nur dort. Schon etwas weiter südlich, dort, wo die Peloponnes von Griechenland abgeschnitten ist (Korinth, Isthmós), hören Lärm und Fortschritt, Industrie und Smog schon wieder auf, kann man wieder glauben, daß in Griechenland im Durchschnitt nur 78 Menschen pro Quadratkilometer leben.

In und um Athen drängen sich über 7000 Menschen auf der gleichen Fläche, und dank einer jahrzehntelang sehr liberal geführten Wirtschaftspolitik ballt sich hier alles, was Griechenland an Industrie zu bieten hat. Viel ist es nicht, aber der zögernd anlaufenden Industrialisierung wollte man von Anfang an keine Beschränkungen auferlegen, Hauptsache, es ging überhaupt etwas voran. Die Folgen liegen auf der Hand: Wer konnte, nutzte den infrastrukturell am besten erschlossenen Großraum Athen. Von den einhundert größten Industriebetrieben findet man heute neunzig in und um die Hauptstadt, siebzig Prozent aller Gewerbebetriebe haben sich in dieser Gegend niedergelassen und mit ihnen fast die Hälfte aller Grie-

**Exchange**
**Change**
**Wechsel**

▼

Graf Keyserling sprach im «Spektrum Europas» den Griechen das schmeichelhafte Urteil, sie seien das begabteste Volk Europas, unerreicht in der Fähigkeit, aus einem Maximum an Anlage ein Minimum von Verwirklichung herauszuholen. Dies danken sie ihrer Abneigung gegen das geplante Leben. Genauer: der Grieche ist gegen die Planung, weil er für die Pläne ist, weil er zu jeder Sekunde Orgien der Pläneschmiederei feiert. Er ist der geborene Spekulant – nicht nur an der Börse, im Handel, im Glücksspiel und in der Liebe. Nicht umsonst bedeutet «zero» (Null) im Griechischen auch die «reine Vision». Jede Idee wird schwungvoll aufgegriffen und wie ein Ball nach allen Seiten hin und her geworfen. Noch im Augenblick der Konzeption wird aber das Projekt zu Ende und oft schon zu Tode gedacht. Ist es dann an der Zeit, von der Planung zur Ausführung hinüberzuwechseln, hat sich nicht selten schon das Interesse im Spiel der Phantasie erschöpft und verzehrt; nur allzu leicht wird darüber die Realisierung vergessen, hat doch inzwischen längst ein neuer Einfall das Bewußtsein beschlagnahmt.

**Johannes Gaitanides**:
*Griechenland ohne Säulen.*
Paul List Verlag,
München 1978

chen. Die Stadt Athen und ihre Umgebung haben die höchste Verkehrsdichte, das schmutzigste Wasser und die schlechteste Luft.

Als Industriestaat kann Griechenland trotzdem nicht bezeichnet werden, denn in dieser Sparte arbeiten gerade einmal zwanzig Prozent der Beschäftigten. Und diese produzieren mit veralteten Maschinen und mangelndem Know-how nur etwa die Hälfte von dem, was in der EU üblich ist, teilweise unter Bedingungen, die eher einer Werkstatt oder Manufaktur und weniger einer modernen Fabrik entsprechen. Betriebe mit weniger als zehn Mitarbeitern sind überdurchschnittlich, Firmen mit mehr als einhundert Beschäftigten jedoch kaum vertreten.

## Kein Land in Sicht

Um die Situation zu verbessern und das Wachstum anzukurbeln, rechneten die Griechen schon lange vor ihrem EU-Beitritt mit ausländischem Kapital, das ins Land fließen sollte. Doch die Rechnung ging nicht auf, die erhofften Impulse blieben aus. Statt eigene Produkte zu entwickeln, wurde Griechenland lediglich als Billiglohnland durch ausländische Firmen genutzt. Die Griechen selbst kamen nicht weiter, die steigende Abhängigkeit von Importen verschlechterte die Bilanzen. Was die Griechen an Export zu bieten haben, deckt heute lediglich ein Drittel der Einfuhren: Ins Ausland gehen hauptsächlich Textilerzeugnisse, landwirtschaftliche Produkte, wie Futtermittel, Wein, Olivenöl, Baumwolle, Säfte, Obst- und Gemüse, auch Aluminium oder Zement. Bei den Importen ist Griechenland nicht nur auf teures Öl und elektrische Energie, sondern vor allem auf alle Arten von Konsumgütern, vom Auto bis zum Computer, von Werkzeugen und Maschinen bis zu Haushaltsgeräten, und auch auf Waffen angewiesen. Qualifizierte Produkte also, die mit Devisen teuer bezahlt werden müssen. In Geschäften und Supermärkten vergessen die ansonsten vergleichsweise patriotischen Griechen zudem ihr Vaterland, wo «Made in Germany» in den Regalen steht, wird «Made in Greece» zum Ladenhüter. Daß die Bilanzen nicht vollends ins Bodenlose abrutschen, dafür sorgen vier wichtige Deviseneinnahmequellen: Hilfsgelder aus Brüssel (26 Prozent) an erster Stelle, auf Platz zwei Einnahmen durch den Tourismus (17 Prozent), den drittgrößten Posten machen Überweisungen von Auslandsgriechen aus (14 Prozent), und auf Platz vier liegen die Deviseneinnahmen durch die Schiffahrt (12 Prozent).

In kein anderes Mitgliedsland hat die Europäische Union seit ihrem Bestehen soviel Geld investiert wie in Griechenland. Kein Wunder, daß eine Mehrheit der Griechen die Mitgliedschaft positiv beurteilt. In den neunziger Jahren dürfte es keine im Bau befindliche Straße in Griechenland geben, in die kein Geld aus Brüssel fließt; große blaue Tafeln mit dem goldenen Sternenkranz werben an den Straßenrändern für Europa. Man braucht den Text nicht lesen zu können, die endlosen Zahlenkolonnen der Milliardenbeträge sprechen eine deutliche Sprache. Aber trotz enormer Hilfen scheint auf absehbare Zeit kein rettendes Land in Sicht zu sein. Als dann Ministerpräsident Andreas Papandréou 1989 politisch über eine Reihe von Skandalen und Affären gestolpert war und Neuwahlen anstanden, avancierte die marode Wirtschaftslage Griechenlands zum eigentlichen Wahlkampfthema. Natürlich versprach der konservative Favorit Konstantin Mitsotákis, alles besser zu machen und der Korruption und Vetternwirtschaft ein Ende zu setzen. Aber der Kreter legte seinen Landsleuten auch ein neues Wirtschaftsprogramm vor, mit dem er das Land wieder auf Vordermann bringen wollte. Und er wagte es, schon vor den Wahlen unschöne Wahrheiten zu formulieren: An Einsparungen, so Mitsotákis, führe kein Weg vorbei, die Steuern würden zwar nicht erhöht, aber sie müßten endlich konsequent und ehrlich bezahlt werden.

Die Griechen haben sich nur sehr zögernd für Mitsotákis und seine *Nea Demokratía* (ND) entschieden. Ihr Mißtrauen war «berechtigt», denn Mitsotákis meinte es ernst mit der von ihm geplanten Wirtschaftsreform. Seine Ziele waren ehrgeizig. Schon ein gutes Jahr nach Amtsantritt versprach er in Maastricht, allen Vorgaben des geplanten europäischen Einigungsprozesses entsprechen zu wollen. Lediglich die Verminderung der Gesamtverschuldung von damals hundert auf die geforderten sechzig Prozent schien aussichtslos – man rechnete sich gute Chancen aus, daß die Partner, würde man die vielen anderen Kriterien erfüllen, bei diesem einen ein Auge zudrücken würden; es wäre nicht die erste Ausnahmegenehmigung für Griechenland.

## Gürtel enger schnallen

Aber bereits 1992 hatte es sich Mitsotákis aufgrund seiner bis dahin in Griechenland einmaligen, rigorosen Sparpolitik schier mit allen Bevölke-

rungsschichten verscherzt. Das begann schon mit der konsequenten Eintreibung von Steuergeldern. Da das System der indirekten Abgaben nicht funktionieren will, führte der Ministerpräsident direkte Steuern ein. Ein Grundstückskäufer beispielsweise erhält nunmehr erst dann seine Besitzurkunde, wenn er dem Gemeindeamt die Quittung für die bezahlte zehnprozentige Grundstückssteuer vorweisen kann. Da sich Käufer und Verkäufer jedoch immer auf eine wesentlich niedrigere Summe für den offiziellen Kaufvertrag geeinigt hatten (und die inoffizielle Restzahlung in einem Nebenvertrag regelten), wurde zudem der Wert eines Grundstücks kurzerhand von der Gemeinde geschätzt. Und den Stromanschluß für das auf dem Grundstück neu gebaute Haus erhielt nur der, der auch Quittungen für die Baukosten vorweisen konnte. Schleichwege zu finden wurde schwierig. Daran, daß trotz wachsender Steuern die Gesamtbelastung für den einzelnen geringer werden sollte, wollten die wenigsten glauben, vor allem diejenigen nicht, die sich bisher erfolgreich vor dem Fiskus gedrückt hatten.

Zu wenig Popularität der neuen Regierung verhalf auch die geplante Reform des Rentensystems. Arbeitnehmer sollten künftig zehn statt der üblichen drei Prozent ihres Bruttolohns für ihre Altersversorgung beiseite legen, zusätzlich wurde das Pensionsalter einheitlich für Männer auf 65 und für Frauen auf 60 Jahre festgelegt. Eine entscheidende Umstrukturierung, denn fast die Hälfte aller Angestellten im öffentlichen Dienst konnten durch Tricks und Beziehungen oft zehn bis fünfzehn Jahre früher in Rente gehen – meist mit der standardisierten

Begründung, gesundheitsschädigende Berufe auszuüben. Und als Mitsotákis schließlich sein Vorhaben wahr machte, mit der Privatisierung vieler staatlicher Betriebe zu beginnen – ein Viertel aller Arbeitnehmer ist beim Staat angestellt – legten die Gewerkschaften mit vier Generalstreiks das ganze Land für Wochen und Monate lahm. Busse und Bahnen blieben stehen, Banken zahlten kein Geld mehr aus, die staatlichen Elektrizitätswerke versorgten die Haushalte mehrere Monate lang nur stundenweise mit Strom, abends saß man zwischen Gaslampen oder Kerzen in den Kafenía und Tavernen und verzichtete sehr schnell auf die gewohnten Souvláki-Spießchen, nachdem die ersten Menschen mit Lebensmittelvergiftung in die Krankenhäuser eingeliefert worden waren. Auch die Angestellten der staatlichen Wasserwerke legten ihre Arbeit nieder. In der Hauptstadt Athen brach das Chaos aus, doch Mitsotákis blieb hart. Reale Einkommensverluste zwischen drei und sieben Prozent ließen sich nicht vermeiden, beteuerte er, man müsse wenigstens für einige Zeit den Gürtel enger schnallen, und es könne einfach nicht dabei bleiben, daß jährlich vierzig Prozent der Staatsausgaben alleine für die Renten draufgingen. In Athen mobilisierte der Ministerpräsident das Militär, ließ Busdepots stürmen und setzte Soldaten hinter das Steuer. Zusätzlich wurde die Bevölkerung in Armeelastern durch Athen kutschiert. Als sich Mitsotákis 1993 auch außenpolitisch in die Nesseln setzte (Makedonien-Frage), verlor er jeglichen Rückhalt und mußte zurücktreten.

## Krämer, Bauern und Beamte

So tiefgreifend wollen sich die Griechen nicht in ihre «Privatangelegenheiten» hineinreden lassen, nicht vom Nachbarn und vom Staat erst recht nicht. Mitsotákis hatte sich nicht einmal eine Legislaturperiode lang halten können. Egal, daß die staatliche Telefongesellschaft OTE (1990) sechzig Monate brauchte, bis sie den beantragten Telefonanschluß zum Haus legte. Hauptsache einem selbst, der Familie geht es gut. Es nützt nichts, daß Griechenland einen Solon sucht, der wie vor über 2000 Jahren, als Athen kurz vor dem Bankrott stand, alles wieder ins Lot bringt, wenn der Wille zur Konsequenz fehlt. Daß man in Griechenland nicht an morgen denken will, hat eher mit Mentalität als mit Unlogik oder Kurzsichtigkeit zu tun (siehe S. 80). Sicherlich spiegelt sich dieses Denken auch in jener Tatsache, daß die Hälfte der arbeitenden Bevölkerung selbständig ist. 174 Geschäfte kommen auf 1000 Einwohner, 98 sind es im EU-Durchschnitt. In der eigenen Werkstatt, im eigenen Krämerladen ist man sein eigener Chef, und ein Großteil der Einnahmen fließt weiterhin an der obligatorischen Registrierkasse vorbei in die Schublade unter dem Ladentisch. Vielfach beherrscht das «große Geld» noch nicht das gesamte Denken; sich und die Familie über die Runden zu bringen ist das wichtigere Ziel. Diese Idee hat auch ihre Vorteile, denn die Familienmitglieder helfen sich – noch – gegenseitig, andernfalls würde die Arbeitslosenquote wesentlich höher liegen als bei den offiziellen zehn Prozent. Andererseits fehlt es bei diesem Denken dann an Expansionen und Investitionen. Die Unternehmen bleiben winzig und sind mit lediglich zwei Angestellten nur halb so groß wie im übrigen Europa, so die Statistik. In der Landwirtschaft, in der ein Viertel der Arbeitnehmer sein Auskommen sucht, aber nur fünfzehn Prozent zum Bruttosozialprodukt beiträgt, ist es ähnlich. Nur knapp vier Hektar Land stehen jedem Bauern zur Verfügung, eine Fläche von fünfzig Hektar braucht er, um in Brüssel überhaupt die Chance zu haben, als rentabel anerkannt zu werden. Zwar haben sich die Erntemengen in den vergangenen zwei Jahrzehnten – vor allem durch den Einsatz von Kunstdünger – erheblich gesteigert, aber Engpässe in der Wasserversorgung schmälerten die Erträge vielerorts wieder. Da Ansätze zur Flurbereinigung eher zu Bürgerkriegen als zu Lösungen führen würden, werden die Bauern, außer mit europäischen Geldern von der Regierung, auch anderweitig unterstützt: durch subventionierte Pestizide beispielsweise oder durch umfangreiche Bewässerungsmaßnahmen. Daß das einschneidende ökologische Veränderungen mit sich bringt, darauf kann man vorerst keine Rücksicht nehmen: keine Zeit für Fingerspitzengefühl. Derzeit kämpft Griechenlands größter und wasserreichster Fluß ums Überleben (siehe S. 196).

## Großes Vorbild

Warum nun der «kleine Mann» seinen Staat durch fehlende Zahlungsmoral so gnadenlos hängenläßt, darüber ist schon viel spekuliert worden. Ein Sport, ein Vergnügen sei das, sagen die einen, angeboren die anderen. Vielleicht wird man irgendwann herausfinden, daß den Griechen ein Gen fehlt, das dafür verantwortlich ist, daß man Steuerformulare korrekt ausfüllt und Gebührenrechnungen prompt begleicht. Vielleicht erklärt aber auch das alte Sprichwort die Situation, welches besagt, daß der Apfel nicht weit vom Stamm falle. Denn der Vater Staat selbst ist alles andere als ein Vorbild. Was Gerd Höhler bei seiner Recherche zusammengetragen und in der *Frankfurter Rundschau* veröffentlicht hat (Nov. 1994), erklärt eigentlich alles. Als Spitzenreiter einer langen Liste von Ignoranten staatlicher Forderungen führt er das Verteidigungsministerium auf. Seit Jahren scheinen dort die Rechnungen diverser Versorgungsunternehmen im Papierkorb zu landen. Bei den Wasserwerken stand das Ministerium 1994 mit umgerechnet 7,2 Millionen Mark in der Kreide, die Telefongesellschaft OTE, ebenfalls ein Staatsbetrieb, forderte sieben Millionen, vom Innenministerium gar acht Millionen Mark. Ob die Rechnungen jemals beglichen werden, ist fraglich. Schon vor Jahren, so Höhler, hatten die Elektrizitätswerke versucht, ihren Mahnungen an die OTE Nachdruck zu verleihen, indem sie dem Amt schlichtweg den Strom abdrehten. Der Schuß ging nach hinten los, die Lichter brannten bereits nach wenigen Stunden wieder. Das Fernmeldeamt nämlich hatte die Kollegen vom Elektrizitätswerk darauf aufmerksam gemacht, daß auch das Telefonieren nicht kostenlos sei und man seinerseits angesichts der enormen Außenstände keine andere Wahl hätte, als den Stromversorgern das Telefon abzustellen.

# VÄTER DER KLAMOTTE
*Politik aus dem Bauch*

**1994** hatte Griechenland Grund zum Feiern: zwanzig Jahre Demokratie. 1974 plädierte das Land, das einst die Demokratie erfunden hatte, bei einer Volksabstimmung mit einer Mehrheit von über siebzig Prozent für eine parlamentarische demokratische Republik als Staatsform. Erst 1974, denn in den über 2000 Jahren zuvor war Griechenland nichts von dem, wofür es heute steht: weder «klassisch» noch ein – zumindest relativ – moderner EU-Staat. Von 1967 bis 1974 herrschte eine Militärjunta, von 1828 bis 1967 war Griechenlands Staatsform vorwiegend eine Monarchie – eigentlich bis 1974, aber Konstantin II. ging 1967 ins Exil und wurde bis heute nicht zurückgebeten –, anfangs eine absolutistische, später eine konstitutionelle mit Parlament. Vom Fall Konstantinopels (1453) bis 1827 war das Land von den Türken besetzt, von 395 bis 1453 als Teil des Byzantini-

*Spektakel großer Gesten: Wahlkampf 1993 in Athen*

schen Reichs wieder Monarchie und von 146 v.Chr. bis 395 n.Chr. Provinz des Römischen Reiches.

Gefeiert wurde das bescheidene Jubiläum in Griechenland nur zurückhaltend, aus zwei Gründen: Erstens hatte man bereits 1993 der «Erfindung» der Demokratie vor 2500 Jahren gedacht (Kleisthenes hatte in seiner Verfassung im Jahre 507 v.Chr. die wesentlichen Voraussetzungen für die Entwicklung zur Mitbestimmung des Volkes geschaffen), und zweitens standen im selben Jahr noch zwei weitere «Jubiläen» an: Vor zwanzig Jahren wäre es unter dem Obristenregime der Junta wegen Zypern beinahe zum Krieg mit der Türkei gekommen. Ziel der Griechen war der Anschluß an das Mutterland; kurz darauf war die Junta in direkter Folge dieser Aktion gestürzt und Griechenland wieder frei geworden. Kein Grund zum Feiern also, denn die Besetzung Zyperns war ein Verstoß gegen bestehende Verträge, und das Ende des Militärregimes war nicht durch einen heldenhaften Akt des Widerstands bedingt gewesen, sondern dadurch, daß sich die

Führung in eine politische Sack-
gasse manövriert hatte. Ein dunkles
Kapitel der neugriechischen Geschichte war damit zu Ende gegangen, aber die traditionell schwierigen Beziehungen zur Türkei hatten
sich wieder verschlechtert, und die
Spannungen dauern bis heute an.
Der frühere Staatschef Konstadinos
Karamanlís wurde aus seinem Exil
in Paris zurückgerufen, wechselte
die Junta-Verfassung gegen jene vor
der Diktatur aus, organisierte Neuwahlen und gewann diese noch im
selben Jahr an der Spitze der konservativen *Nea Demokratía*, der
«neuen Demokratie», mit 54,4 Prozent der Stimmen.

## Mischung aus Papst-Besuch und Pop-Festival

Seit nunmehr gut zwanzig Jahren
also darf das Volk wieder mitreden,
was es mit jugendlicher Begeisterung tut. Zwar läßt sich aufgrund
der Wahlpflicht aller Stimmberech-
tigten über die Höhe einer freiwilli-
gen Wahlbeteiligung nichts aussa-
gen, aber Politikverdrossenheit ist
in Griechenland ein Fremdwort, die
Wahlveranstaltungen gleichen
Volksfesten. Der *Spiegel* beschrieb
1993 eine der Kundgebungen als
eine «gespenstische Mischung aus
Papst-Besuch und Pop-Festival».
Der greise Sozialist Papandréou
hatte sich damals auf einer mit
Parteifreunden überladenen Fähre
in den Hafen von Patras einschiffen
lassen, wo er von einer unüber-
schaubaren Volksmenge und einem
prächtigen Feuerwerk empfangen
wurde. «Da ist die Hoffnung», ju-
belten die Massen, schwenkten Fah-
nen und Transparente und sangen
politische Lieder, während Papandréou versprach, das Privatisie-
rungsprogramm seines Vorgängers
Mitsotákis zu stoppen, Löhne und
Gehälter anzuheben und die Wirtschaft mit neuen Krediten aus dem
Ausland anzukurbeln – kurz: auf
Gegenkurs zu gehen. Wahlkampf ist
ein Spektakel großer Gesten.
Schon Wochen vor einem Urnen-
gang grassiert das Wahlfieber. Autos werden mit den Farben der favo-
risierten Partei geschmückt, an Fenstern und Haustüren hängen Fah-
nen und Wimpel, freiwillige Trupps
pflastern die Städte und Dörfer mit
Werbeplakaten zu, die oft noch am
selben Tag von der Konkurrenz
überklebt werden; nachts ziehen
Gruppen mit Schablonen, Pinseln
und Farbeimern los und malen die
Wahlslogans der Parteien auf
Straßen und Mauern.
Politik hat einen hohen Unterhal-
tungswert. Auch während der Legislaturperiode wird das Geschick –
oder Ungeschick – der Regierenden
mit großem Interesse verfolgt.
Wenn Nachrichten im Fernsehen gesendet werden, wird es ruhig im Kafeníon, im Anschluß geht es dafür
um so lauter zu. Politik rangiert als
Gesprächsthema auf den vordersten
Plätzen. Nachrichten dauern oft länger als eine halbe Stunde und skiz-
zieren ausführlich das Geschehen
im In- und Ausland; Parlamentsde-
batten, die in nördlichen Breiten als
Quotenkiller verpönt sind, werden
mitunter live stundenlang übertragen. Die Fernsehbilder wackeln
während eines politischen State-
ments, weil sich die Kameraleute bei
den Aufnahmen gegenseitig bedrän-
gen.

## Lebende Legenden

Andreas Papandréou und Konstantin Mitsotákis, die Väter der neu-

griechischen Politik, sind 1993 letztmals gegeneinander angetreten. Mitsotákis hat sein Versprechen wahr gemacht, im Falle seiner Niederlage den Parteivorsitz abzugeben. Beide waren damals 74 Jahre alt, beide waren während des Zweiten Weltkriegs im Widerstand aktiv gewesen, kollidierten später mit dem Junta-Regime, wurden verhaftet, konnten allerdings ins Ausland fliehen. Beide gründeten eine eigene Partei und wurden zu deren Matadoren.

Papandréou und Mitsotákis gehörten zu jenen, von deren Charisma und demagogischen Fähigkeiten es abhing, ob die Partei auf den Regierungssesseln oder den Oppositionsbänken Platz nahm. Beide waren Rechte, Verfechter eines nationalen Kurses, glühende Patrioten, obwohl der eine Sozialist und der andere ein Konservativer war. Papandréou und Mitsotákis, diese Gesichter kennt jeder in Griechenland, und doch können die Dinosaurier, wie sie von den Medien genannt werden, immer wieder die Gemüter bewegen, ob im positiven oder negativen Sinne. Politik ist in Griechenland ein Schauspiel, die Chefs der beiden großen Parteien sind die Protagonisten, ob nun ein Drama oder eine Klamotte aufgeführt wird. Und beide standen und stehen letztendlich in dem Ruf, die größten Schlitzohren der Nation zu sein – sonst hätten sie es nicht zum Ministerpräsidenten (in seinen Befugnissen vergleichbar mit dem deutschen Bundeskanzler) bringen können.

In einem Land, in dem die Tatsache, Beziehungen zu haben, durchwegs als positive Eigenschaft bewertet wird, macht Vetternwirtschaft auch vor der Politik nicht halt. Mehr

noch: Da kann es sich Andreas Papandréou leisten, wie schon sein Vater Ministerpräsident zu werden, später seine zweite Frau Mimí, eine frühere Stewardeß ohne einschlägige Vorbildung, zu seiner Bürochefin zu ernennen, deren Sohn aus erster Ehe zum stellvertretenden Kulturminister zu befördern und seinem Sohn aus erster Ehe den Posten des stellvertretenden Außenministers zuzuschanzen. Die Opposition mag mit gespielter Empörung protestieren, mit der gleichen Intention, mit der sie alle Entscheidungen der Regierungspartei verurteilt, aber die Griechen siedeln solches Handeln unter der Rubrik «Selbstverständlichkeit» an – wer würde es schon anders machen?

Eine Grundregel gibt es trotz aller politischen Begeisterung in diesem ansonsten in jeder Beziehung so unregelmäßigen Land: Die Regierung ist der Gegner und Feind, der sich auf Kosten des Volkes bereichern will, der nur seine eigenen Interessen im Kopf hat. Diese Einstellung verwundert nicht in einem Staat, der jahrhundertelang von Fremden regiert wurde und das Zepter erst seit 1974 selbst in der Hand hält. Steuern zahlt man einem Papandréou oder Mitsotákis kaum freudiger als einem Sultan oder einem bayerischen König. Einer, der vorgibt, ein Mann aus den eigenen Reihen zu sein, einer der verspricht, uneigennützig auf der Seite des Volkes zu stehen, ist ohnehin suspekt.

### Die liebe Verwandtschaft

Uneigennützig ist sicherlich das falsche Wort, denn möglichst viel Nutzen aus einer Position oder auch aus einer Bekanntschaft zu einer

Persönlichkeit zu ziehen, ist nur natürlich. Nicht umsonst werden mit Vorliebe einflußreiche Persönlichkeiten darum gebeten, die Patenschaft bei der Taufe eines Babys zu übernehmen und dadurch Mitglied einer Familie zu werden. Für seine Familie muß man sich schließlich einsetzen – und umgekehrt. Eine Hand wäscht die andere. Und es kommt auch nicht von ungefähr, daß ein Viertel aller Erwerbstätigen im öffentlichen Dienst beschäftigt, besser gesagt, unterbeschäftigt ist. Wie kann man treuen Gefolgsleuten seinen Dank besser aussprechen, als mit einem sicheren Posten beim Staat?

*Rousféti* nennen die Griechen das, wofür es kein Pendant im Deutschen gibt. Korruption würde es treffen, wenn dieser Begriff keinen so negativen Beigeschmack hätte, schließlich bringt die Vetternwirtschaft auch viele Vorteile mit sich, zumindest für die Vettern. Wer nicht zur «Verwandtschaft» der Regierung gehört, tut sich freilich schwerer, denn ein Rechtsanwalt oder Unternehmer, ein Architekt oder Arbeitsloser mit dem richtigen Parteibuch in der Tasche haben es viel leichter, den Rechtsstreit zu gewinnen, Subventionen zu erhalten, den Zuschlag für ein umstrittenes Bauprojekt oder einen neuen Arbeitsplatz zu bekommen. Daß die Opposition gegen solche Klüngelgeschäfte am heftigsten wettert, daß sie die Ungerechtigkeit solcher Strukturen bemängelt und im Falle ihrer Wahl «Unparteilichkeit» verspricht, dürfte ebenso klar sein wie die Tatsache, daß sie ihre Anhänger mit denselben Vergünstigungen belohnen wird, wie ihr Vorgänger.

Das Wort *káthársis* ließ sich der konservative Mitsotákis im Wahlkampf 1990 auf seine Plakate schreiben, «Reinigung» versprach er allen, die für ihn stimmen würden. Sein Vorgänger Papandréou hatte zurücktreten müssen, weil die Medien nach und nach Verstrickungen aufgedeckt hatten, die über das «übliche» Rousféti hinausgegangen waren. Die Liste der Vorwürfe, die gegen Papandréou erhoben wurden, war selbst für griechische Verhältnisse skandalös und reichte über Korruption bis zu Strafvereitelung und Erpressung. Trotzdem war es den Griechen nach neun Jahren Sozialismus schwergefallen, auf den konservativen Mitsotákis umzusteigen, der nicht nur reinigen, sondern auch sparen wollte.

Beim Sparen hatte Papandréou versagt. Zwar hatte er sich vor allem bei den einkommensschwächeren Schichten sozial engagiert, deren Löhne regelmäßig über die hohe Inflationsrate hinaus angehoben sowie das Niveau der gesetzlichen Mindestrente gar verdoppelt, aber die Rechnung, daß sich durch erhöhten Geldfluß die wirtschaftliche Lage Griechenlands von allein verbessern würde, ging nicht auf. Bereits zwei Jahre nach Amtsantritt begann der Sozialist, die Angleichung der Löhne und Gehälter zu vergessen, aber beim Wahlkampf 1985 versprach er weiterhin bessere Tage. Doch schon zu diesem Zeitpunkt war sein Programm gescheitert. Ein Vierteljahr nach seiner Wiederwahl blieb dem PASOK-Chef nichts anderes übrig, als einen eher konservativen Sparkurs einzuschlagen. Nicht nur, daß nun die Reallöhne sanken und die Gewerkschaften mit Streiks reagierten, die selbst für griechische Verhältnisse ungewöhnlich heftig waren, sondern durch seinen absoluten Gegenkurs hatte Papandréou das Vertrauen des Volkes und auch das vieler Parteigenossen verloren.

Nach zwei Stichwahlen hatte es Mitsotákis im Oktober 1990 schließlich geschafft, aber bereits nach drei Jahren hatte er die Mehrheit im Parlament wieder verloren. Zwar hatte er sein Versprechen der káthársis nicht wahr gemacht, vielmehr seinen Clan auf dieselbe Weise belohnt wie alle anderen Ministerpräsidenten vorher auch, aber mit dem Sparen war es ihm ernst gewesen, zu ernst, wie das Volk mißmutig erkannt hatte (siehe S. 34).

## Auferstanden von den Toten

Schon im Sommer 1992, zwei Jahre nach seinem nur scheinbaren politischen Exodus, mochte sich Papandréou erste Chancen ausgerechnet haben, zurück auf den Regierungssessel zu gelangen. Die Justiz hatte keine der gegen ihn erhobenen Anschuldigungen beweisen können und ihn nach dem Rechtsgrundsatz «im Zweifel für den Angeklagten» freigesprochen. Monatelange Generalstreiks legten unter Mitsotákis das Land lahm, um gegen die drohende Privatisierung zu demonstrieren, die Kaufkraft der Griechen war durch den konsequenten Sparkurs der konservativen Regierung um dreißig Prozent zurückgegangen. Daß man den Gürtel für einige Zeit enger schnallen müsse, um den Konditionen des Vertrags von Maastricht zu genügen, wollte kaum mehr jemand hören. Den Ausschlag für sein Scheitern gab jenes außenpolitische Problem, das patriotische Griechen in den neunziger Jahren unruhig schlafen ließ. In der Tatsache, daß sich eine ehemalige Teilrepublik Jugoslawiens plötzlich Makedonien nennen wollte, vermuteten die Griechen Gebietsansprüche der neuen Republik auf ihre gleichnamige Provinz (siehe S. 56). Da weder EU noch UNO diese Befürchtungen Griechenlands nachempfinden konnten und für eine Anerkennung plädierten, fürchtete Mitsotákis die Isolation seines Landes und signalisierte Gesprächsbereitschaft. Dadurch verlor er nicht nur die Mehrheit im Parlament, sondern auch den Rückhalt in seiner eigenen Partei. Außenminister Antónis Samarás trat aus der Partei aus und gründete den «Politischen Frühling».

Der anschließende Wahlkampf war so emotional wie immer. Die Kommunistische Partei Griechenlands hat mit 4,5 Prozent als kleinste Partei den Einzug in das Parlament geschafft, die Vereinigten Kommunisten dagegen, die 1990 noch über zehn Prozent hatten, scheiterten knapp an der Drei-Prozent-Hürde, ebenso, wie die 23 übrigen Parteien, die sich zur Wahl gestellt hatten.

Der große Sprung gelang Ex-Außenminister Samarás mit dem neu gegründeten «Politischen Frühling». Das Programm seiner konservativen Partei beschränkte sich im wesentlichen auf zwei Themen: auf die Makedonien-Frage, in der es keine Kompromisse geben dürfe, und auf sein Alter. Es sei an der Zeit, sagte der damals Zweiundvierzigjährige, daß sich die beiden Dinosaurier endlich aus der Politik zurückzögen. 4,9 Prozent der Wähler waren seiner Meinung.

Mitsotákis reiste rastlos durchs Land und versuchte es zweigleisig. Einerseits warb er für seine konsequente Wirtschaftspolitik, deren Früchte nicht mehr lange auf sich

*Stehaufmännchen der griechischen Politik: der Sozialist Papandréou*

warten lassen sollten, andererseits hackte er auf der zweifelhaften Gesundheit seines Herausforderers herum und demonstrierte seine Fitneß durch eine überbetonte Leichtfüßigkeit, die schon lächerlich wirkte. In den Medien wurde gewitzelt, daß sich der geschaßte Ministerpräsident die Orte seiner Kundgebungen nach dem Gesichtspunkt auswählte, ob es auf dem Weg zur Tribüne zwei Treppenstufen gab, die er in einem Satz überspringen konnte. Trotz seines Engagements

kam die «Nea Demokratia» nur auf 39,3 Prozent der Stimmen.

Papandréou, nach mehreren Herzoperationen noch gesundheitlich labil, hatte es am einfachsten. Der PASOK-Chef beschränkte sich auf vier Großveranstaltungen und machte genau das zum Thema, was Mitsotákis den Kopf gekostet hatte. Die Privatisierung staatlicher Betriebe würde gestoppt werden, die eingefrorenen Löhne und Gehälter sollten sich nun wieder der Teuerungsrate anpassen, und statt zu sparen, verwies er auf die Möglichkeit, neue Kredite aus dem Ausland aufzunehmen. Solche Versprechen hatte Papandréou in der Vergangenheit schon mehrmals nicht halten können. In der Makedonien-Frage natürlich würde es auch keine Kompromisse geben. Sein Charisma tat ein übriges: 46,9 Prozent.

## Auf dem Weg nach Europa

Papandréous erneutes Engagement seit 1993 verkommt zur Klamotte, wenn der greise, kranke Mann noch für kurze Auftritte vor den Kameras den Schein wahrt, aber gleichzeitig nicht mehr als ein oder zwei Stunden Regierungsarbeit pro Tag bewältigen können soll. Daß in Wahrheit die 36 Jahre jüngere Mimí, jene so oft verspottete Stewardeß, Griechenland lenkt, dürfte billige Gegenpropaganda der Opposition sein. Aber seinen Zenit hat Papandréou schon lange überschritten.

Seine Blüte hatte der Sozialist während der achtziger Jahre, als er sein Land vom Mittelalter ins 20. Jahrhundert führte, auch wenn er die Wirtschaft nicht in den Griff bekam. Papandréou schuf im gesellschaftlichen Bereich Grundlagen, die für ein Land auf dem Weg nach Europa längst überfällig waren. Er sorgte für bessere Bildungsmöglichkeiten auf dem Land und senkte die Analphabetenrate von über fünfzehn Prozent auf erträgliche Werte, er reformierte die Schrift und vereinfachte sie durch die Abschaffung der bis dahin sehr komplizierten Akzentsetzung. Papandréou versuchte den Einfluß des Militärs zu stutzen und entzog der Führung die Lizenz für einen eigenen Fernsehsender. Gegen die Kirche konnte er ziemlich wenig ausrichten, daran waren schon viele vor ihm gescheitert. Ihre Stellung scheint auch in den neunziger Jahren ungebrochen (siehe S. 173).

Von den riesigen Ländereien, die ungenutzt brachliegen, wollte er sie enteignen und bezahlt dafür noch heute teuer. Für den Teil, den der Staat erhielt, muß er nun allen Priestern ein monatliches Grundgehalt von rund tausend Mark und die spätere Rente überweisen. Die Zivilehe wollte Papandréou einführen und schaffte es doch nur, sie gleichberechtigt neben die kirchliche Trau-

ung zu stellen. Gelungen ist ihm lediglich, ein liberales Abtreibungsgesetz durchzusetzen, das Frauen erlaubt, bis zum Ende der zwölften Schwangerschaftswoche selbst zu entscheiden, ob sie ihr Kind austragen wollen oder nicht. Überhaupt hat sich die Stellung der Frau während seiner Amtsperiode verbessert. Er hat den Mutterschutz ausgeweitet, die Mitgiftpflicht abgeschafft und die Absicherung der Frauen auch nach einer Scheidung sichergestellt. Wie dramatisch all diese Neuerungen, die sich banal anhören mögen, in Wirklichkeit waren, läßt sich an einem Detail ablesen: Erst während der Regierungszeit Papandréous wurde der Paragraph gestrichen, der eine Ehefrau gesetzlich dazu verpflichtete, den Haushalt zu führen.

# LAST DER ANTIKE

*Zurück zu den Wurzeln*

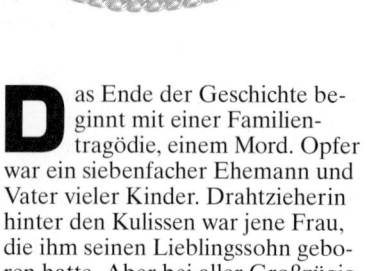

**D**as Ende der Geschichte beginnt mit einer Familientragödie, einem Mord. Opfer war ein siebenfacher Ehemann und Vater vieler Kinder. Drahtzieherin hinter den Kulissen war jene Frau, die ihm seinen Lieblingssohn geboren hatte. Aber bei aller Großzügigkeit: So viele Konkurrentinnen konnte sie einfach nicht verkraften, vor allem die letzte, die siebte Frau, die der nimmersatte Gatte im vergangenen Jahr geheiratet hatte, brachte das Faß zum Überlaufen. In einer 22 jährigen Ehe kann sich auch viel Haß aufgestaut haben. Das Werkzeug war bald gefunden, als der Königin zu Ohren kam, daß ei-

ner der Bodyguards sauer auf seinen Schützling, den König, war. Sie
entwarf den Plan, er stach zu.

Kaum aber war der König tot,
trat sein Lieblingssohn in Aktion,
ließ all seine Stiefbrüder (mit Ausnahme eines schwachsinnigen) dem
Vater folgen, darunter freilich auch
den eigentlichen Thronfolger, sowie

einige andere Personen des Um-
felds, wie beispielsweise die ver-
haßte siebte Frau und natürlich den
Mörder des Vaters. Dann setzte er
sich die Krone auf und nahm Platz
auf dem Thron der Makedonen;
man braucht kein Studium der
Kriminalistik, um gewisse Ver-
dachtsmomente auch gegen diesen

55

Lieblingssohn zu hegen. Trotzdem erwiesen die Griechen dem Zwanzigjährigen ihre Aufwartung, schließlich war er – nach besagten Vorbereitungen – der legitime Nachfolger seines Vaters Philipp II. Er selbst nannte sich übrigens Alexander III., wurde aber sehr schnell Alexander der Große. Mord und Thronbesteigung geschahen im Jahre 336 v. Chr.

König zu werden war leichter, als König zu bleiben. Der Korinthische Bund, den bereits Vater Philipp geschlossen hatte, jene Abmachung, die die Hegemonie der Makedonen über die Griechen legitimierte, war nur oberflächlich gefestigt und drohte auseinanderzufallen. Alexander reagierte rasch und verschaffte sich durch einen Blitzfeldzug die nötige Autorität. Theben hatte das Pech, als Exempel dienen zu müssen. Die Stadt wurde nahezu restlos zerstört, 6000 Einwohner kamen ums Leben, die übrigen etwa 30 000 wurden in die Sklaverei verkauft. Alexander hatte die Lage vorerst wieder im Griff.

Ein Jahr später, 334 v. Chr., machte sich der junge König daran, Richtung Osten aufzubrechen, um das zu tun, was die Griechen von ihm erwarteten, was in jenem Korinthischen Bund schon festgelegt worden war: einen Feldzug gegen den Erbfeind Persien zu führen. 35 000 Mann und 4500 Reiter begleiteten den König. Bereits 333 v. Chr. hatte er Gordion erobert, die Hauptstadt Phrygiens. Dort stand der berühmte Streitwagen, dessen Deichsel mit dem Joch durch jenen verflixten gordischen Knoten verbunden war. Nur wer ihn lösen konnte, würde das Perserreich erobern. Alexander hatte keine Zeit, sich mit Geduldsspielen

aufzuhalten: Er hieb den Knoten mit seinem Schwert entzwei und eroberte in den nächsten zehn Jahren ein Gebiet, das im Westen vom heutigen Griechenland und im Osten vom Fluß Indos begrenzt wurde, zwei Punkte, die weiter als New York und San Francisco auseinanderliegen. Auf der heutigen Landkarte bestand sein Reich aus weiten Teilen Griechenlands, der Türkei, Ägypten, dem Irak, dem Iran, Afghanistan, Teilen Saudi-Arabiens, der bulgarischen Küste, aus Teilen Indiens sowie aus Armenien, Jordanien, Israel und Syrien – die von Alexander abhängigen Staaten sind dabei nicht berücksichtigt.

Doch schon 323 v. Chr. starb Alexander, der «König von Makedonien», «Oberbefehlshaber der Griechen», «Sohn des Zeus», der «Herr über Asien» und der «Pharao», in Babylon an Fieber. Sein Reich fiel zusammen wie ein halbfertiger Hefekuchen. Alexanders kurzes Leben hatte ihm keine Zeit gelassen, für Stabilität zwischen den unterschiedlichen Völkern zu sorgen, nicht einmal seine engsten Freunde und Berater wußten, wie er sich die Zukunft überhaupt vorgestellt hatte. Pläne mußte er gehabt haben, vielleicht ähnliche wie jenen, den er noch ein Jahr vor seinem Tod realisiert hatte: In Susa ließ er 10 000 seiner Soldaten mit persischen Frauen vermählen. Die verschiedenen Völker seines Reiches sollten eines werden.

## Der Makedonien-Konflikt

2317 Jahre nach dem Tod Alexanders versuchten die Griechen, die Welt mit spektakulären Mitteln an ihren großen Feldherrn zu erinnern. Bei der Fußballweltmei-

*Alexander der Große mit seinem
Lehrer Aristoteles*

sterschaft 1994 in den USA kreiste
bei einem der Spiele mit griechischer Beteiligung ein Motorflug-
zeug über dem Stadion, eine große
Flagge mit der Aufschrift «Makedonien is only Greece» im Schlepp.
Die Reaktion der Welt beschränkte
sich allenfalls auf ein irritiertes
Kopfschütteln.

Wieder einmal, wie so oft in der
neueren griechischen Geschichte,
geht es um den Balkan und natürlich um die Türkei. Seitdem es die
Sowjetunion nicht mehr gibt,
bemühen sich die meisten der einst
moskautreuen Staaten um Indivi-

dualität und Selbstbestimmung, unter anderen eine ehemalige Teilrepublik Jugoslawiens, die nun auf Eigenständigkeit drängt und sich «Republik Makedonien» genannt hat. Was die übrige Welt mit einem wohlwollenden Achselzucken registriert hatte, brachte die Griechen auf die Palme. Die Problematik läßt sich noch am ehesten mit folgendem Beispiel aufzeichnen: Französische Separatisten gründen einen eigenen, kleinen Staat an der Westgrenze zur Bundesrepublik und nennen ihn «Republik Baden-Württemberg». Die Deutschen und erst recht die Baden-Württemberger weigern sich, das neue Land unter diesem Namen anzuerkennen und drehen schließlich durch, als eine extremistische Minderheit des neuen Staates Landkarten druckt, auf denen Stuttgart als Hauptstadt eines «Vereinigten Baden-Württemberg» eingezeichnet ist. Diplomatische Noten helfen nichts, Verweise auf die deutsche Geschichte verhallen ungehört, Drohgebärden interessieren niemanden und selbst propagandistische Flugzeuge über Fußballstadien bleiben unbeachtet. Hunderttausende gehen in Baden-Württemberg und Deutschland auf die Straße, demonstrieren gegen den unverschämten Nachbarn, und trotzdem wird der neue Staat nach und nach anerkannt, vor allem die Polen zeigen sich demonstrativ kooperativ, erinnern an die deutsche Rolle im Zweiten Weltkrieg. Selbst die Vereinigten Staaten nehmen diplomatische Beziehungen mit der Republik Baden-Württemberg auf, und als der Bundeskanzler, der bislang Gespräche zu diesem Thema verweigert hatte, für eine gewisse Kompromißbereitschaft plädiert, verliert er die ohnehin knappe Mehrheit im Parla-

*König gegen König: Alexander auf Löwenjagd*

ment, stürzt und zieht sich aus der Politik zurück. Es ist klar, mit welcher Haltung sein Nachfolger den Wahlkampf gewonnen hat: «Beim Thema Makedonien gibt es keine Kompromisse», sagte Andreas Papandréou, womit wir wieder in Griechenland wären.

«Ihr» historisches Makedonien hatten die Griechen beim Zusammenbruch des Byzantinischen Reiches verloren und erst in den beiden Balkankriegen 1912/1913 wieder zurückerobert, allerdings nur die südliche Hälfte. Um die nördliche Hälfte, die sich Serbien und Bulgarien teilten, geht es nun, aber viel mehr noch um die alte Angst eines Staates am Rand Europas. Als ob es an der Grenze zum Orient als Grenze zweier Mentalitäten und auch Glaubensformen, an der es schon seit Jahrtausenden zu Reibe-

reien kommt, nicht auf viel Diplomatie und zurückhaltenden Takt ankäme, hatte die Türkei, neben Bulgarien, die neue Republik als erster Staat überhaupt anerkannt. Die Griechen verstanden das als Provokation. Und natürlich knüpft die Türkei seit dem Zerfall des Balkans möglichst viele Beziehungen zu den islamischen Minderheiten, die nördlich von Griechenland leben und auf ihre Selbständigkeit hinarbeiten. Die Griechen, fast 400 Jahre von den Osmanen besetzt, sehen sich in einem Kessel sitzen und fürchten, von Europa getrennt zu werden. Muslimische Minderheiten im eigenen Land, die bisher immer totgeschwiegen wurden, tragen nun allein durch ihre Präsenz dazu bei, die Angst zu vergrößern. Vor zwei Jahrzehnten erst hatten die Türken Minderheiten zum Vorwand genommen, die Insel Zypern zu besetzen, bei einem Konflikt, bei dem allerdings Griechenland den ersten falschen

Schritt gemacht hatte. Der Streit ist bis heute nicht beigelegt und die Insel nach wie vor geteilt.

Ministerpräsident Konstantin Mitsotákis hatte erkannt, daß in der sogenannten Makedonien-Frage nur Gespräche weiterhelfen konnten; er fürchtete die Isolation Griechenlands, signalisierte Kompromißbereitschaft, schlug als Namen «Frühere jugoslawische Republik Makedonien» vor, obwohl im Dezember 1992 noch über eine Million Menschen in Athen gegen den neuen Staat demonstriert hatten. 1993 verlor er nach einem von Papandréou eingeleiteten Mißtrauensvotum die Mehrheit im Parlament. Sein sozialistischer Nachfolger Andreas Papandréou muß nun einen harten Kurs einschlagen: 1994 verhängte er ein Handelsembargo gegen Skopje und sperrte den Hafen von Thessaloniki, jener Stadt also, die sich übereifrige Nationalisten als Hauptstadt eines «Vereinigten Makedoniens» wünschen. Das Embargo mochte zwar gegen das gültige EU-Recht verstoßen, doch Rügen aus Brüssel halfen nichts. Der Hafen von Thessaloniki bleibt gesperrt.

## Wer kein Grieche war, war ein Barbar

323 v. Chr. ist das Jahr, das für das Ende der griechischen Geschichte steht, denn nach dem Tod Alexanders des Großen zerfiel das riesige Reich fast ebenso schnell, wie es erobert wurde. Rom nutzte die Führungslosigkeit des Landes und machte Griechenland zu einer Provinz des Römischen Reiches. Eine ähnliche Orientierungslosigkeit hatte Alexander vorher bei den Persern genutzt, um ihr Reich zu erobern, und die gleiche Situation

kam schon seinem Vater Philipp zugute, als er, ein Makedone, ein «Bauer», eine führende Rolle in Griechenland erhielt. Denn die Makedonen galten lange Zeit nicht als Griechen, sondern als Barbaren; erst im fünften Jahrhundert wurden sie erstmals zu den Olympischen Spielen zugelassen und damit als Griechen anerkannt. Noch einhundert Jahre später wetterte der athenische Redner und Politiker Demosthenes: «Aber Philipp ist überhaupt kein Hellene und hat mit den Hellenen gar nichts zu schaffen, ja er ist nicht einmal ein Barbar aus einem anständigen Lande, sondern ein verruchter Makedone, aus deren Volk man früher nicht einmal einen brauchbaren Sklaven beschaffen konnte.» Zu einer führenden Rolle im vierten Jahrhundert kamen die Makedonen nur deswegen, weil sie ein starkes, schlagkräftiges Heer besaßen und einen Rachefeldzug gegen die Perser versprochen hatten.

Der Slogan «Makedonien is only Greece» (in einer anderen Version: «Makedonien – 4000 Years of Greek Civilization») wirkt sehr beschönigend. Nach dem Tod Alexanders versuchten die Griechen sogar zweimal, ihre Unabhängigkeit von den Makedonen zurückzugewinnen. Der erste Versuch scheiterte, beim zweiten Anlauf im Jahr 197 v. Chr. klappte es schließlich mit Hilfe des Feldherrn Flaminius, zu einem Zeitpunkt jedoch, als Griechenland schon fast römische Provinz war.

Ein Barbar war früher jeder, der kein Grieche war, dessen Muttersprache folglich auch nicht Griechisch war, einer, der in einem unverständlichen Dialekt so etwas wie «bar-bar-bar» sagte. Die Sprache entschied darüber, wer als Grieche «durchgehen» konnte. Die Sprache

hatte eine enorme Bedeutung. Selbst als die Griechen schon lange lesen und schreiben konnten, wurden die Rhapsoden, die von Marktplatz zu Marktplatz zogen und Lyrik zum besten gaben, nicht durch Bücher – genauer: Rollen – verdrängt. Und wer sich eine «Rolle» mit der neuesten Komödie von Aristophanes gekauft hatte, setzte sich nicht ins stille Kämmerchen, um in Ruhe zu schmökern, sondern ließ sie sich von einem gelehrten Sklaven vortragen oder las sie zumindest laut, denn der Klang der Sprache war so wichtig.

## Minoische Kultur auf Kreta: mehr als nur Scherben

Dreimal hat Griechenland geblüht: Zwischen 2000 und 1400 v. Chr. war es die sogenannte minoische Kultur auf Kreta, zwischen 1500 und 1000 die mykenische Kultur auf der Peloponnes, und der Zeitraum zwischen dem 8. Jahrhundert (Beginn der Olympischen Spiele) und 323 v. Chr. (Tod Alexanders) heißt klassische Periode. Davor herrscht Dunkelheit, danach folgten Dekadenz (Rom), Jesus (Byzanz), schließlich die Türken und endlich die Ruinen, die man ausgegraben hat. Einige Blüten hat man gefunden; von der Pflanze weiß man kaum etwas, von den Wurzeln noch weniger.

Die Minoer waren die ersten, die mehr als nur ein paar Scherben zurückließen, die darauf hinwiesen, daß auf dieser Insel einmal Menschen gelebt hatten. Von denen, die zuvor Kreta bevölkerten, weiß man kaum etwas und nennt sie deswegen Urbevölkerung; wahrscheinlich stammten sie aus Asien, womöglich auch aus Afrika. Ihre Spuren, hauptsächlich Schutt, reichen bis

*Verkehrte Welt: Der Palast von Knossos
irritiert noch heute*

etwa 6000 v.Chr. zurück. Um 2600
kamen neue Einwanderer und ge-
sellten sich zu den Urbewohnern.
Sie waren handwerklich geschickter,
kannten sich in der Verarbeitung
von Bronze aus, wußten Kupfer zu
bearbeiten und töpferten für die damaligen Verhältnisse auf hohem Niveau. Um 2000 trieben die ersten
Knospen aus. Die Kreter wurden
sich ihrer hervorragenden Lage bewußt, mit Europa und Ägypten gleichermaßen Handel treiben zu können und bauten sich eine Flotte. Die

Rechnung ging auf. Die Insel wurde
reich, die Häuser und Paläste
prachtvoller, und man entwickelte
sogar eine Schrift, die den ägyptischen Hieroglyphen ziemlich ähnlich war und zur Beschriftung der
Waren verwendet wurde. In Sachen
Keramik passierte mehr und mehr,
denn wo es schon feine Metallbe-
cher gab, wollte nun niemand mehr
aus klobigen Henkelkrügen trinken.
Der Konkurrenzdruck zu den «Ei-
senhütten» ließ die Töpfer zu solch
hoher Kunstfertigkeit gelangen, daß
man die Produkte aus dieser Epoche heute Eierschalenkeramik
nennt. Ein Erdbeben, wie so oft die

*Siebenteiliges goldenes Diadem aus*
*Mykene (Grab III). 16. Jh. v. Chr. Athen,*
*Nationalmuseum*

beste Erklärung für plötzliche Zerstörung ohne nachweisbare Kampf-
spuren, setzte der sogenannten Vor-
Palast-Zeit um 1700 v. Chr. ein
Ende.

Was die Minoer, benannt nach
ihrem (sagenhaften) König Minos,
kaum hatten sie sich von dem
Schock erholt, wieder aufbauten,
war ungleich prächtiger, großzügiger und rätselhafter und wurde zur
ersten Blüte und zu einer großen archäologischen Überraschung. Denn
über das berühmte Troja (früher:
Ilias) hatte man schon von Homer
gehört, auch wenn man nicht an die
Existenz der Stadt glaubte, bis sie
Schliemann gefunden hatte. Knos-

sós, Festós, Mália oder Zákros dagegen waren völlig unbekannt, als
der Engländer Arthur Evans zu Beginn dieses Jahrhunderts zu graben
begonnen hatte. Allein in Knossós
fand er einen aus 1200 Räumen
bestehenden Palast, in und um den
50 000 Menschen gelebt haben sollen. Evans machte sich an die Re-
konstruktion und versuchte mit
Phantasie und Beton die steinernen
Lücken zumindest teilweise zu
schließen; mit etwas zuviel Phantasie und etwas zuviel Beton, kritisie-
ren seine Kollegen, weisen Denk-
fehler nach, ohne jedoch neue Lösungen bieten zu können.

Damals Evans, heute die British
School of Archeology, gruben eine
«verkehrte Welt» aus, die zwar
schön, aber nach wie vor unver-

ständlich ist. Daß es keine Schutzwälle, Mauern oder Verteidigungsanlagen gab, die die reiche Pracht schützen sollten, kann man sich mit dem Besitz einer starken Flotte erklären, die eventuelle Angreifer schon auf hoher See abwehren konnte. Aber warum führten so schmale Straßen zu den riesigen Anlagen? Wer auf den gepflasterten Wegen darauf zuschritt, erblickte, bei aller Pracht im Inneren, ein riesiges, unförmiges Gebilde, schier planlos gebaut, ohne repräsentative Fassade, das man, statt durch großzügige Foyers, durch schmale Türen betrat. Mochten die Gebäude auch von außen einen lieblosen Innenhofcharakter haben, präsentierten sie sich statt dessen im Mittelpunkt der Anlage: einem großen, rechteckigen Innenhof.

Durch ihre intensiven Handelsbeziehungen mit Ägypten, Kleinasien und Afrika hatten die Minoer nicht nur das nötige Kleingeld für eine luxuriöse Ausstattung, sondern auch viele Anregungen von ihren Handelspartnern gesammelt. Fließendes Wasser im Bad war selbstverständlich, auch die Toiletten waren wassergespült, eine Errungenschaft, die mehr als tausend Jahre später erst die Römer wieder nach Griechenland brachten. Gold, Alabaster und Marmor schmückten die prächtigen Räume, leuchtende Fresken verzierten die Wände. Und wieder Unstimmigkeiten: Die Kreter konstruierten zwar ein hochkompliziertes Frisch- und Abwassersystem, schafften es aber nicht, den Palast selbst logisch zu konstruieren. Der Aufbau der Paläste, die sich alle ziemlich ähnelten, war verwirrend, labyrinthisch, die Zimmer, Kammern und Säle waren durch verwinkelte Treppen und schmale Korridore miteinander ver-

bunden. Das Wort Labyrinth kommt übrigens von dem griechischen Wort *lábrys* (Axt), von jenem Symbol der Doppelaxt, einer Königsinsignie, mit der die Paläste vielfach verziert waren. Die Frauen scheinen in dieser Gesellschaft eine dominierende Rolle gespielt zu haben, denn die meisten figürlichen Abbildungen zeigen Frauen. Auf hochhackigen Absätzen stöckelten sie über gepflasterte Straßen und Wege, in engen, geschlitzten Kleidern oder bauschigen, reich bestickten und mit Goldschmuck verzierten Reifröcken, trugen verspielte Hütchen oder prächtige Hauben auf dem Kopf, feine Kolliers um den Hals und blicken noch heute sehr selbstbewußt von Vasen und Fresken auf irritierte Archäologen und beturnschuhte Touristen. Von einem namenlosen Franzosen geistert der Satz «Mais ce sont des Parisiennes!» durch die Literatur: «Aber das sind ja Pariserinnen», soll er gerufen haben. Männer wurden – wenn überhaupt – meist im Hintergrund abgebildet, lediglich mit Shorts und Stiefeln ausstaffiert.

In seiner Kunst präsentiert sich Kreta als ein Land des Lächelns. Nur das Schöne wurde abgebildet; viel Natur, Ziegen, die grasende Kuh, der Stier, Schmetterlinge, karikierte Szenen vom Leben am Hof. Immer wieder wurde versucht, Bewegung darzustellen: springende Delphine, Menschen beim Sport, aber keine Schwerter (übrigens auch keine Flotte), kein Krieg, selbst Jagdwaffen hätten das harmonische Bild gestört.

Wie auch immer der Alltag ausgesehen haben mag: Trotz allen Lächelns war Kreta eine Wirtschaftsmacht, sicher die mächtigste im weiten Umkreis. Und eine solche

*Salto mortale: Bocksprung auf Leben und Tod*

Stellung muß man sich erkämpfen und auch verteidigen. Historiker vergleichen die Rolle der Insel oft mit der Englands, das sich trotz seiner imperialistischen Aktionen ganz unmilitärisch gab. Daß es aber schlichtweg ums große Geld ging, deutete schon der Historiker Thukydides im vierten Jahrhundert v.Chr. an: «Auch Seeräuber suchte er [König Minos] natürlich nach Kräften zurückzudrängen, um seine Einkünfte zu verbessern.» Vielleicht lag auch viel kapitalistische Zufriedenheit in dem berühmten archaischen Lächeln.

## Die Ritterburgen der mykenischen Kultur

Um 1400 v. Chr. dürfte den Minoern das Lachen vergangen sein. Nur sehr mühsam hat sich der Verdacht nach und nach erhärtet, daß diesmal kein Erdbeben für das Ende Kretas verantwortlich gewesen war, sondern die Griechen, die nun erstmals in der griechischen Geschichte eine Rolle spielten.

Um 2000 v. Chr. wanderten aus dem Norden Europas über den Balkan einzelne Sippen oder auch Stämme ein. Ob diese «Protogriechen» ein spezielles Ziel hatten, bleibt ungewiß. Der Weg war für sie schlichtweg zu Ende, Meer wohin sie auch blickten. Die Griechen blieben, die übliche Urbevölkerung,

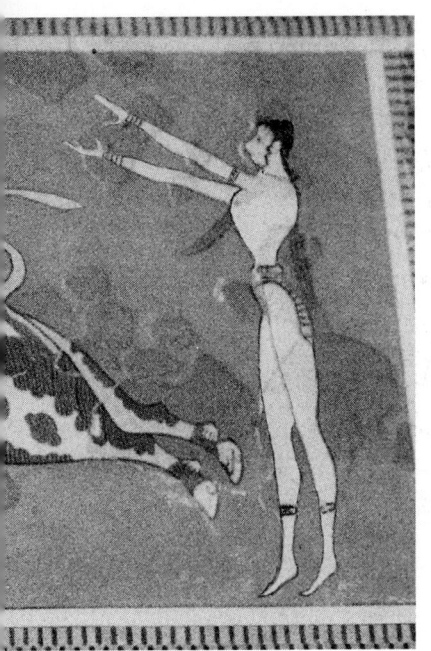

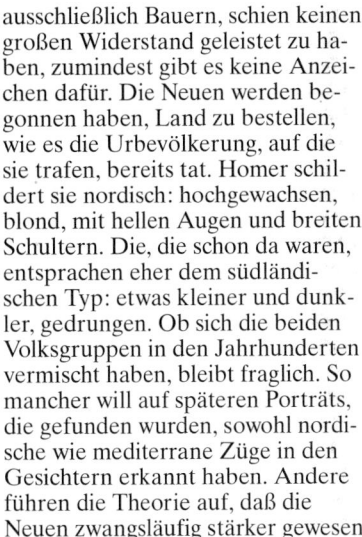

ausschließlich Bauern, schien keinen großen Widerstand geleistet zu haben, zumindest gibt es keine Anzeichen dafür. Die Neuen werden begonnen haben, Land zu bestellen, wie es die Urbevölkerung, auf die sie trafen, bereits tat. Homer schildert sie nordisch: hochgewachsen, blond, mit hellen Augen und breiten Schultern. Die, die schon da waren, entsprachen eher dem südländischen Typ: etwas kleiner und dunkler, gedrungen. Ob sich die beiden Volksgruppen in den Jahrhunderten vermischt haben, bleibt fraglich. So mancher will auf späteren Porträts, die gefunden wurden, sowohl nordische wie mediterrane Züge in den Gesichtern erkannt haben. Andere führen die Theorie auf, daß die Neuen zwangsläufig stärker gewesen

waren und die Urbevölkerung vertrieben oder versklavt hätten.

Kreta scheint auf die neue Situation aufmerksam geworden zu sein, versprach sich zusätzliche Absatzmärkte und verkaufte Luxusartikel auf der Peloponnes. Was ihre Kundschaft auszeichnete, war die Tatsache, daß sie Übernommenes weiterentwickelte und dadurch eine eigene, neue Kultur bildete. Von ihr blieben bemalte, zersprungene Vasen und Überreste von Wandbildern, ferner Schmuck, Waffen und Burgen; die berühmteste steht auf der Peloponnes in Mykene, wonach die gesamte Epoche benannt wurde: mykenische Kultur. Europa blühte ab ca. 1600 v. Chr. ein zweites Mal, diesmal griechisch. Kaum hatte sich die Blüte entfaltet (um 1400), schluckte sie Kreta, kaum war sie verblüht (um 1100), war sie bereits legendär. Wer war das, der sechs Meter dicke Steinmauern aus solchen Felsblöcken bauen konnte, fragte man sich verwundert. Zwar wußte man damals noch nicht, daß der große Türsturz am sogenannten Löwentor gut zwanzig Tonnen wiegt, daß er zu schwer für Sterbliche war, ließen allein seine Ausmaße ahnen (4,5 × 2,1 × 1 Meter). Zyklopen müssen die Burgen erbaut haben, jene einäugigen Riesen, die sich später von Odysseus' Kameraden ernährten. Mauern, die aus großen Felsblöcken bestehen, die ohne Mörtel aneinandergefügt wurden, werden auch heute noch – sogar als Fachterminus – Zyklopenmauern genannt. Auch jene, die dort lebten, wurden sehr schnell in die Sagenwelt verbannt. Bestimmt waren es Söhne von Göttern.

## «Dr. Schlaumann» findet Troja

Da auch die Mykener noch nicht schreiben konnten, kann man heute nur Vermutungen über sie anstellen. Sie hatten zwar die minoische Linear-A- zur Linear-B-Schrift verfeinert, aber auch sie war noch nicht vollendet genug, als daß sie für mehr als zum Etikettieren und zur Buchhaltung geeignet gewesen wäre. Überlieferungen gibt es trotzdem zur Genüge, eine davon schrieb einige Jahrhunderte später Homer auf. In der *Ilias* und der *Odyssee* erzählte er eine skurrile Geschichte: Ein Mann namens Páris, Sohn des Königs Priamos, soll Helena, die schöne Gattin des Menélaos, nach Troja entführt haben. Kaum daß es

Menélaos erfahren hatte, reiste er ihr nach, will Páris zur Rede stellen und seine Frau zurückfordern; doch der pfeift ihm was. Bruder Agamémnon, König von Mykene und mit Helenas Halbschwester Klytämnéstra verheiratet, sammelt Truppen und kommt dem wütenden Menélaos mit einhundert Schiffen zu Hilfe. Zehn lange Jahre wird die Stadt belagert, ohne daß es zu einer Entscheidung kommt; Unmut auf beiden Seiten. Die Götter sitzen auf dem Olymp und sehen zu. Dann einigen sich Menélaos und Páris auf einen Zweikampf: Der Sieger sollte Helena bekommen. Menélaos gewinnt die Oberhand, doch bevor er Páris endgültig besiegt, greifen die Götter, namentlich Aphrodite, ein und helfen dem Entführer. Die unfaire Einmischung teilt nun auch die Götter in zwei Lager – die Geschichte wird kompliziert, aber am Schluß gelingt es den Mykenern doch, Troja mit Hilfe einer List zu erobern. Unter der Regie des Odysseus geben die Griechen die Belagerung scheinbar auf, gehen an Bord ihrer Schiffe und segeln Richtung Griechenland – nur ein Stück freilich. Vor den Toren der Stadt lassen sie ein großes, hölzernes Pferd zurück, das sogenannte Trojanische Pferd, in dessen Bauch sich Soldaten versteckt hatten. Die Trojaner fallen auf den Trick herein. Sie öffnen die Tore, ziehen das Pferd in die Stadt, um es der Göttin Athene als Weihegeschenk darzubringen. Nachts steigen die Soldaten aus ihrem hölzernen Versteck, rufen mittels Leuchtzeichen die Flotte zurück, erobern Troja und befreien Helena.

Kein Wunder eigentlich, daß alles, was auf den Gebieten Altertumsgeschichte oder Archäologie Rang und Namen hatte, lachte, als

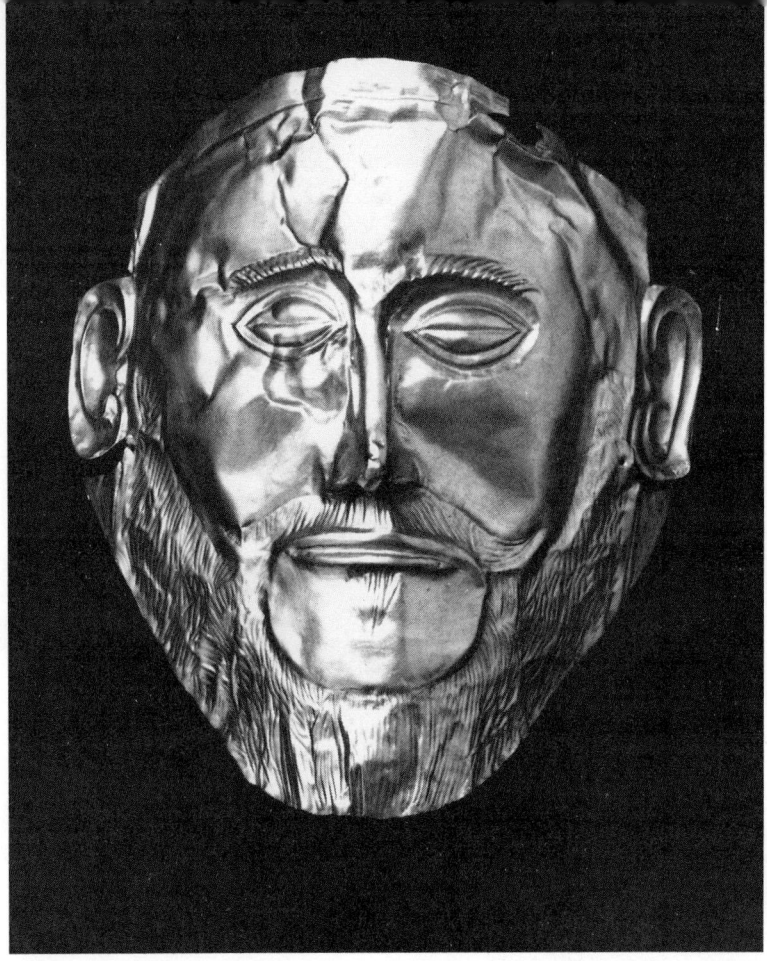

*Meisterstück: Totenmaske des legendären Agamemnon, Mykene*

der deutsche Archäologe Heinrich Schliemann loszog, um das «goldreiche» (Homer) Mykene und den legendären Schatz des Priamos in Troja zu suchen. In der Presse wurde Schliemann als verschrobener Sonderling hingestellt, das *Humoristisch-Satirische Wochenblatt* in Berlin veröffentlichte Satiren und Karikaturen über «Dr. Schlaumann», berichtete von den ägyptischen Streichhölzern, die er angeblich gefunden habe, mit denen Achilles den Scheiterhaufen des Patroclus entzündet hatte, oder von einer Bonbonniere mit der Aufschrift «Paris», einem Bild darin, das «La belle Hélène» beschriftet war, oder reimte Spottgedichte über den Archäologen: «Dies alles fand Schlie-

Und im richtigen Alter ein Weib ins Haus dir geleiten:
Laß an dem dreißigsten Jahr nicht allzu viele dir fehlen
Noch gib viele dazu; dann paßt das Alter zur Hochzeit.
Aber das Weib sei vier Jahre mannbar, freie im fünften.
Nimm eine Jungfrau zum Weib, sie richtigen Wandel zu lehren,
Und eine solche am besten, die nah bei dir selber zu Hause.
Doch schau in allem dich um, sonst schaffst du den Nachbarn Vergnügen.
Denn es erlost sich ein Mann nichts Besseres als eine Gattin,
Die etwas taugt, doch nichts so Grausliches als eine schlechte,
Gierig auf Fraß; und die ihren Mann, so kräftig er sein mag,
Absengt ohn eine Fackel und vor der Zeit ihn zum Greis macht.

**Hesiod**: *Werke und Tage*. Deutscher Taschenbuch Verlag, München 1992

mann von furchtbarem Werth / Die
‹göttliche Vorsehung› hat's ihm
beschert. / Holdrio. (...) Mein
Schatz ist gefunden, das freut mich
so sehr! / Hurrah Schliemanns
Heinrich und vivat Homer! /
Holdrio!»

Aber schon Pausanias, der erste
«Reisebuchautor» Europas, hatte
im zweiten Jahrhundert n. Chr. den
Weg nach Mykene beschrieben:
«Kehrt man von Tretos zurück und
verfolgt den Weg nach Argos weiter,
so liegen links die Ruinen von My-
kenai.»

Pausanias beschreibt das Löwentor, die Mauern, «ein Werk der Zyklopen» oder auch die «Perseia genannte Quelle». Was Dr. Schliemann zu Dr. Schlaumann machte,
war die Tatsache, daß er Homer
ernst und im wahrsten Sinne des
Wortes beim Wort nahm. Um so
größer war dann die Aufregung, als
er tatsächlich erfolgreich war: 1871
fand er erste Spuren von Troja, 1876
grub er in Mykene die alten Könige
zwischen zyklopischen Mauerresten
aus, die vorher keinen Namen hatten. Ob die Geschichte um
Agamémnon, Klytämnéstra, Hélena
und den Trojanischen Krieg tatsächlich wahr ist, bleibt bis heute unge-
klärt. Doch Schliemann und seine
späteren Kollegen entdeckten eine
Kultur, der man durchaus zutrauen
kann, Troja und auch Kreta erobert
zu haben. Die Mykener waren ein
Volk der Krieger. Auf ihren Fresken
taucht erstmals der bis dahin unbe-
kannte Streitwagen auf, ihre Könige
lebten nicht in Palästen, sondern in
Trutzburgen, von denen die in Mykene nur eine unter vielen war.

Um das elfte Jahrhundert v. Chr.,
hat man mittlerweile herausgefunden, war wieder einmal Schluß, sowohl auf der Peloponnes wie auf

*Athene. Attische Tetradrachme. Nach*
*490 v. Chr.*

Kreta. Die Dorer, ein anderer griechischer Volksstamm, kommen aus
dem Norden. Es kommt zu Kämpfen und innergriechischen Wanderungen; Alteingesessene weichen
auf die Inseln und nach Kleinasien
aus. Was sich vor dem Höhepunkt
der hellenischen Kultur abspielte,
weiß man nicht genau. Der Kulturhistoriker Egon Friedell drückt
diese Tatsache so aus: «Fast ein halbes Jahrtausend, vom zwölften bis
zum siebenten Jahrhundert, währte
die doppelte Macht der Barbarei
und des Geschichtsdunkels. Und
dann steigt golden aus schwimmen-
den Morgennebeln der kurze Sommertag der hellenischen Seele.»

## Lebensziel: Ruhm und Ehre

Der «kurze Sommertag» dauert von
460 bis 413 v. Chr., von der legendären Gesetzgebung Solons bis zum
Tod des Perikles. Rechnet man, wie
es sich gehört, die Morgen- und

Abenddämmerung mit, begann er Mitte des achten Jahrhunderts und endet mit dem Tod Alexanders des Großen. Untätig waren die Griechen in der Nacht zuvor, zwischen dem Ende Mykenes und dem achten Jahrhundert, nicht. Immerhin wurden sie sich bewußt, eine gemeinsame Sprache zu sprechen, und hatten von den Phöniziern das Alphabet abgeschrieben, verbessert und damit die erste Schrift der Welt erfunden, bei der sich nun jedem einzelnen Stimmlaut auch ein einzelner Buchstabe zuordnen ließ. Homer hatte die *Ilias* und die *Odyssee* geschrieben, die die Griechen als eine Mischung aus Schulbuch und Bibel benutzten und daraus ihre Wertvorstellungen ableiteten; wußten sie trotzdem einmal nicht weiter, gab es in Delphi ein allgemein anerkanntes Orakel, das sie befragen konnten. Sie organisierten einen früheren Totenkult zu den Olympischen Spielen um, bei denen sie sich messen konnten und die den heutigen Spielen an Aufwand und Bedeutung um nichts nachstanden. All diese Punkte vermittelten erstmals das vage Gefühl, ein Volk zu sein. Und dieses Gefühl war weder selbstverständlich noch unbedingt natürlich, denn die Griechen bestanden aus mehreren verschiedenen Volksstämmen. Der «neueste», die Dorer, hatte sich vorwiegend im Süden der peloponnesischen Hand und zwischen ihrem Daumen und Zeigefinger niedergelassen und sollte sich später zu den «Preußen» Griechenlands, so Joachim Fernau, den Spartanern, entwickeln. In direkter Nachbarschaft lebten die alten Achaier, jene, die das von den Dorern verschuldete Ende Mykenes überlebt hatten; diejenigen, die auf Attika (um Athen) und der Insel Euböa

lebten, hießen Ionier, und die Äoler siedelten nördlich von Athen auf dem südlichsten Ausläufer Nordgriechenlands. Aber der gemeinsame Name Hellas, die Sprache, die Schrift, der Sport und die Religion hatten noch lange nichts damit zu tun, einig zu sein. Im Gegenteil: Distanz hieß die Devise. Die Wiege der europäischen Kultur, das klassische Hellas, mit seinen beispiellosen Errungenschaften in der Geschichte, der Architektur, der Philosophie, der Kunst und der Kultur, bestand aus dem, was man heute eine Ansammlung hinterwäldlerischer Kleinstädte nennen würde, rivalisierend, eifersüchtig und letztendlich größenwahnsinnig. Das Idol Homer hatte die Tagesparole formuliert: Das Lebensziel eines Mannes sei, Ruhm und Ehre zu erlangen.

Die verschiedenen griechischen Stämme pflegten eher wenig Kontakt miteinander, abgesehen davon, daß sie sich in Kriegszeiten – vor allem während der Auseinandersetzungen mit Persien – miteinander verbündeten. Ansonsten blickten sie ab und zu einmal über die Grenze, beobachteten, was der Nachbar machte, und versuchten, ihn zu übertreffen. Statt eines Staates in unserem Sinne hatten sich einzelne Stadt-Staaten entwickelt, *Póleís* genannt, die eher den Charakter eines Staates als den einer Stadt hatten. Die Pólis war der Staat, als Hellene bezeichnete man sich allenfalls mit der Intention, mit der sich ein Engländer oder Deutscher heute Europäer nennt. Es gab die erwähnten Gemeinsamkeiten, aber ansonsten hatten diese Stadt-Staaten ihre eigenen Sitten und Bräuche. Auf der Kykladeninsel Kéa, in ihrer größten Ausdehnung etwa 25 Kilometer lang, existierten vier Póleís nebeneinander, mit vier (mitunter auch verschiedenen) Regierungen, vier Armeen, mit vier verschiedenen Kalendern (überregional war nur die Zählung der Olympischen Spiele), mit vier verschiedenen Währungs- und womöglich auch vier verschiedenen Maß- und Gewichtssystemen.

Warum und wie eine Pólis entstanden ist, ist einfach zu erklären. In den unruhigen Zeiten, als noch jeden Tag ein wanderndes Volk hinter dem nächsten Hügel auftauchen konnte, war es nur sinnvoll, sich zusammenzuschließen und sich zu schützen. Der Anfang der Pólis war die *Akrópolis*, wörtlich übersetzt Hochstadt, eine befestigte Burg also, in der man Zuflucht suchen konnte. Als sich das Leben nach und nach normalisierte, wechselte das Zentrum der Pólis von der Burg zum Marktplatz. Warum jedoch diese Póleís schließlich als einzelne, mehr oder weniger voneinander unabhängige Staaten über Jahrhunderte bestehengeblieben sind, ist genauso unbegreiflich wie die Tatsache, daß *nomós* – in Griechenland bedeutet das Wort noch heute Gesetz – damals sowohl Gesetz als auch Melodie hieß. Es wird wohl so gewesen sein, daß die Griechen das Leben in einem überschaubaren Staat dem Leben in einem Großreich vorzogen. Eine Pólis war für den Bürger, den Politen, beinahe so etwas wie eine große Familie, in der man sich zumindest noch vom Sehen kannte. Man muß sich die Größenverhältnisse vorstellen: Die meisten Póleís hatten weniger als 5000 Politen. Rechnet man Frauen, Kinder, Metoiken (Mitbewohner ohne Bürgerrechte) und Sklaven hinzu, kam man auf maximal 50000 Einwohner. Ausnahmen waren Athen und Sparta.

Athen hatte (zur Zeit des Perikles) etwa 20000 Politen und zählte damit zu den größten Póleís, der «Staat» Sparta dagegen besaß die größte Ausdehnung; zwei Tage war man zu Fuß von einem Ende zum anderen unterwegs. Insofern war das gegenseitige Verhältnis innerhalb einer Pólis tatsächlich ziemlich familiär. Wurde eine neue Tragödie aufgeführt, konnten alle Bürger die Premiere besuchen (Wiederholungen waren nicht üblich), hatte ein Bürger ein Anliegen, konnte er es auf dem Marktplatz vor allen Bürgern vorbringen. Das von Kleisthenes später eingeführte Scherbengericht, bei dem die Bürger per Tonscherbe über die Verbannung eines Politikers abstimmen konnten, war ohne Kleinräumigkeit kaum vorstellbar. In einer Pólis fehlte jegliche Anonymität. Um Steuern zu bezahlen, füllten reiche Politen nicht einfach ein anonymes Formular aus, sondern bekamen für eine Vorstellung die Intendantenfunktion des Theaters übertragen oder mußten ein Jahr lang ein Kriegsschiff unterhalten; auf Wunsch durften sie es dann auch befehlen.

«Wie war es möglich, daß ein so unerhörtes System auch nur länger als zwanzig Minuten bestehen konnte?» fragt der Altphilologe Kitto und gibt gleich selbst eine Antwort: durch Zufall. Die Griechen konnten aufgrund der damaligen weltpolitischen Lage relativ unbehelligt und gefahrlos im gesamten östlichen Mittelmeerraum experimentieren. Das Hethiterreich in Asien gab es nicht mehr. Ägypten war auf dem besten Weg, ihm in die Bedeutungslosigkeit zu folgen, das Königreich Lydien war nicht expansiv, Persien war noch nicht die Großmacht, die es später werden sollte, und Romulus und Remus saugten noch an der Wolfsbrust. Von außen drohte also noch wenig Gefahr; innergriechische Streitigkeiten wurden in turnierähnlichen Schlachten auf freiem Felde ausgetragen; die beteiligten Póleís selbst wurden davon in der Regel nicht betroffen.

### Póleís, Politen, Politeía – Politik

Innerhalb einer Pólis herrschte der Adel, der das Königtum verdrängt hatte, pochte auf die Tradition seiner göttlichen Abstammung. Der große Grundbesitz versprach finanzielle Unabhängigkeit und kolonialistische Feldzüge sorgten für die nötige Abwechslung. Nach und nach entstanden an allen Küsten des Mittelmeers und des Schwarzen Meers griechische Póleís. Ruhm und Ehre waren schließlich das Ziel, und geklonte Póleís waren die beste Möglichkeit, beides zu verbreiten. Geklont ist übrigens der richtige Begriff, denn die Tochterstädte wurden mit denselben Accessoires wie ihre Mutterstädte versehen: Rathaus, Gemeindeamt, Marktplatz, Theater und Gymnasium (Sportclub). Natürlich wollten die «Töchter» wiederum ihre «Mütter» übertreffen, reproduzierten sich zudem selbst und kolonialisierten weiter. Die Mutterstadt Korinth bekam die meisten Kinder und Enkelkinder.

In Athen, neben Sparta die bedeutendste Pólis, schien das System in der zweiten Hälfte des siebten Jahrhunderts zu scheitern, aufgrund von Problemen, die man heute noch kennt: Die Kluft zwischen Arm und Reich war immer größer geworden und hatte ein Stadium erreicht, das in einer sozialen Katastrophe zu enden drohte. Viele Kleinbauern in

*Inbegriff der Antike: der Wagenlenker von Delphi*

wirtschaftlichen Schwierigkeiten hatten ihr Land an reiche Adlige verpfänden müssen und waren dadurch in eine Abhängigkeit geraten. Konnten sie ihre Zinsen nicht mehr bezahlen, diente als letztes Pfand der eigene Körper. In ungünstigen Fällen wurden ganze Familien in die Sklaverei verkauft. Kurz vor dem völligen Bankrott und vor drohenden Bürgerkriegen traf man die ungewöhnliche Entscheidung, das Schicksal der Pólis in die Hände eines Mannes zu legen, der durch seine politischen Gedichte schon eine gewisse Popularität erlangt hatte; er wurde mit allen nur erdenklichen Vollmachten ausgestattet. Solon hieß er, *katartister* wurde er genannt. Für seine Funktion gibt es keinen Ausdruck im Deutschen, der Münchner Historiker Christian Meier übersetzt das Wort etwas umständlich, dafür aber treffend, mit «Wieder-ins-Lot-Bringer». Die Situation dürfte einmalig in der Geschichte sein. Ein Staat, in dem offensichtlich rein gar nichts mehr funktioniert, überträgt einem einzigen Mann die volle Verantwortung nach dem Motto: Schlimmer kann es nicht werden. Diese Entscheidung benötigte eine breite Mehrheit. Sicherlich entschied sich der Adel nur widerwillig für eine solche Lösung, und auch das Volk muß skeptisch gewesen sein. Aber so ungewöhnlich diese Verzweiflungstat schien, der Versuch, «sich am eigenen Schopf aus dem Sumpf zu ziehen» (Meier), so ungewöhnlich war die Methode, die Solon anwandte. Mit einer Art Fünf-Punkte-Programm ist ihm die Rettung tatsächlich gelungen. Er setzte einen allgemeinen Schuldenerlaß durch und befreite alle leibeigenen Bauern, er verbot, den Körper als Pfand

einzusetzen, er kaufte alle ins Ausland verschacherten Sklaven auf Staatskosten zurück, führte eine Währungsreform durch und änderte die Verfassung in eine Timokratie um. In vier Klassen unterteilt, die sich nach der Dicke des Sparbuchs richteten (*time* gleich Wertschätzung), wurden nun alle Bürger an politischen Entscheidungen beteiligt. Was sich daraus nach und nach entwickeln sollte, wird nun langsam klar. Die *Politen* einer Pólis hatten gewisse Rechte und Pflichten, die in der *Politeía*, einer Art Verfassung festgelegt waren, es gab regelmäßig Volksversammlungen, sogenannte *Ekklesien* (über weite Umwege leitet sich das Wort Kirche davon ab), oberstes Ziel war die *Homónoia*, die Eintracht aller Bürger, und das Volk war das *Démos*. Der Sprung von dem Wort Pólis zu Politik und Polizei ist nicht mehr weit, der von Démos zu Demokratie (*kratein* heißt herrschen), ebenfalls nicht. Eine Idee war geboren.

## Schön gleich gut

Außenseiter und Unikum in dieser Entwicklung, die das *Démos* nach und nach am *kratein* beteiligte, waren die Spartaner. Statt zu kolonialisieren, eroberten sie im Messinischen Krieg weite Teile der Peloponnes und ließen nun deren Bewohner für sich arbeiten. Da die Spartiaten erheblich in der Minderheit waren – mitunter machten sie nur einen Bruchteil der Bevölkerung aus –, hieß es, auf die ständige Gefahr eines Aufstandes vorbereitet zu bleiben. Diesen Vorsatz hatten sie tatsächlich mit «preußischer» Gründlichkeit verwirklicht. Schon gleich nach der Geburt wurde der kleine Spartiate von einem Rat be-

*Demokratie: Eine Idee wurde 2500 Jahre alt*

gutachtet, der entschied, ob das Kind stark genug sei, um aufgezogen zu werden, oder ob es, im anderen Falle, in eine Schlucht des Taýgetos-Gebirges geworfen werde. Ab dem siebten Lebensjahr wuchsen Jungen wie Mädchen getrennt in Heimen auf. Die körperliche Fitneß stand an höchster Stelle, bei den Mädchen, damit sie später einmal kräftigen und gesunden Nachwuchs gebären konnten, bei den Jungen, um Elitekrieger aus ihnen zu machen. Ganz Sparta lebte in einer Art Feldlager in ständiger Alarmbereitschaft. Die Macht übten zwei Könige und fünf Ephoren aus, die Jahr für Jahr neu gewählt wurden. An diesem monarchischen System hielten die Spartiaten fest und grenzten

sich dadurch von der Entwicklung, dem Volk mehr und mehr Verantwortung zu geben, ab.

Seit Solon durften die Bürger – natürlich sind mit diesem Begriff weder Frauen noch Sklaven gemeint – in Athen nun erstmals am politischen Geschehen teilnehmen. In den anderen Póleís funktionierte das alles nicht ganz so einfach, denn die meisten fanden keinen Solon in ihren Reihen, und der Adel ließ sich nicht so ohne weiteres entmachten. Oft mußte dieses Manko in Revolutionen ausgebadet werden. Mitunter nutzten auch Tyrannen die Unzufriedenheit der Bevölkerung aus und zogen alle Macht an sich. Das Wort Tyrann hatte damals übrigens keinen negativen Anstrich, denn ein Alleinherrscher kann auch weitsichtig, milde und gut regieren. Wieder einmal Athen brachte einen solchen

74

Menschen hervor, und gegen einen klugen Peisistratos würden selbst in der Welt von heute wenige Argumente zählen. Das Interesse des Volkes an der Politik jedenfalls wuchs zunehmend.

Es gab noch eine andere Idee, die sich in den Köpfen der Griechen um diese Zeit herausgebildet hatte, nämlich die, daß Schönes gleichzeitig gut sei *(kalós kai aghathós)*. Zu Homers Ruhm und Ehre kam also noch die Schönheit hinzu, ein Gedanke, der nicht nur für die Kunst, sondern auch für den Menschen galt. Sport war der Mittelpunkt der gesamten Erziehung, denn nur in einem gesunden Körper könne auch ein gesunder Geist wohnen. Die große Mehrheit der jungen Männer, die im fünften und sechsten Jahrhundert auf den Athener Straßen flanierten, muß tatsächlich jenen athletischen Körperbau besessen haben, den die Statuen überliefert haben. Weniger verwunderlich also, daß das «schöne Geschlecht» zu damaligen Zeiten nicht die Frau, sondern der Mann war. Demosthenes schreibt über Frauen, daß man sich Hetären (gebildete Prostituierte) zum Vergnügen halte, Sklavinnen zur Pflege und Ehefrauen, um rechtmäßig Kinder zu gebären.

Ruhm und Ehre also auch in einer Pólis. Wer gar in Olympia siegte, hatte «die Säulen des Herakles erreicht». «Geehrt wie ein Athlet» war eine geläufige Redewendung. Sowohl innerhalb einer Pólis als auch außerhalb, bei den Olympischen Spielen, förderte der Sport die Gleichheit. Erstens trainierte man gleichermaßen nackt und zweitens siegte, unabhängig von Status und Ansehen, nur der Beste.

Durch die weitläufigen Verbindungen mit den zahlreichen kolonialisierten Gebieten erlebte der Handel einen enormen Aufschwung; durch das große Gebiet, das griechisch war, waren die Griechen weitgehend «aufgeklärt», und es gab keine Götter, die ihnen die Klarheit verboten. Ionien ist das Beispiel mit der berühmten Pólis Milet. Homer wurde in dieser Gegend geboren, Thales, Anaximander, Pythagoras, Xenophanes und Protagoras durften hier ungestört naturwissenschaftliche Überlegungen anstellen, die ihnen beispielsweise in Athen noch den Kopf gekostet hätten.

Kleisthenes schließlich, wiederum ein Athener, führte die Ansätze Solons weiter. Die Rechte des Areopags, eines nur aus Adligen zusammengesetzten Rats, wurden weiter beschnitten und das Volk im gleichen Zug zum eigentlichen Gesetzgeber. Die Demokratie als Staatsform hatte hier ihre eigentlichen Anfänge und dauerte nur noch wenige Jahrzehnte, bis die Mitglieder des «Rats der 500» per Los «gewählt» wurden.

Den Höhepunkt seiner Entwicklung erreichte Hellas, allen voran Athen, in den fünfzehn Jahren vor dem Peloponnesischen Krieg, der 431 v.Chr. begonnen hatte und fast dreißig Jahre dauerte. Aus der Zeit davor stammt viel von dem, was Griechenland weltberühmt machte. Der Zeustempel in Olympia beispielsweise oder der Parthenon, der Tempel der Athene auf der Akrópolis, der als das vollendetste Bauwerk der Antike gilt; Phidías wurde zum berühmtesten Bildhauer, die Zeusstatue, die er für den Tempel in Olympia anfertigte, zählt zu den Sieben Weltwundern. Aus jener Zeit stammen die weltberühmten Tragödien von Aischylos (*Ödipus*

und *Antigone*) und Euripides (*Medea* und *Troerinnen*), die Komödien von Aristophanes (*Die Vögel* und *Die Frösche*). Herodot und Thukydides gehen als die ersten Historiker in die Geschichte ein, die Sophisten erkannten in ihrer Philosophie den Mensch als das Maß aller Dinge, Sokrates, Platon, Aristoteles – man könnte dieses Kapitel allein mit Namen und Beschreibungen von Kunstwerken und Persönlichkeiten füllen. In der Entwicklung der Demokratie setzt schließlich Perikles das I-Tüpfelchen, die Diäten: Wer seine Zeit für Politik opferte, sollte dafür nun finanziell entschädigt werden.

Während des folgenden Peloponnesischen Krieges kämpften die alten Rivalen Sparta und Athen um ihre Vormacht und opferten ihren einzigartigen Status für Ruhm und Ehre.

### Traumbild in Scherben

Im vierten Jahrhundert hatte sich die griechische Kultur aufgerieben. Kein Wunder, bedenkt man ihre Leistungen und ihr Konkurrenzdenken, das sie wie ein Motor getrieben hatte. Der Bauern-und-Soldaten-Staat Makedonien gewann unter Philipp II. die Hegemonie über Griechenland. Erstmals entstand eine gewisse Einheit. Als sein Sohn Alexander der Große schließlich seine sensationellen Feldzüge führte, kam auch ein gewisses Vaterlandsdenken auf. Das Experiment Pólis / Hellas war gescheitert. Die Frage ist nur, wie lange sich eine Form des Zusammenlebens bewähren muß, um bei einer Neustrukturierung nicht als gescheitert zu gelten.

Mit dem Tod Alexanders war die

*Vorbild Griechenland: römische Spuren in Korinth*

sagenhafte Geschichte Griechenlands zu Ende. Es begann eine neue Epoche, die bis zum Beginn des Römischen Reichs dauerte und Hellenismus genannt wird. Sie endete im Jahre 30 v. Chr., als der spätere römische Kaiser Augustus mit Ägypten den letzten hellenistischen Staat erobert hatte. Die Auswirkungen des Hellenismus reichten jedoch bis ins Byzantinische Reich hinein. Es war die Zeit, als die griechische Kultur Vorbild für jedermann wurde, nicht nur in Italien und dem Orient, auch am Schwarzen Meer, teilweise sogar in China. Griechenland war «in»; seine Kultur, seine Sitte, Bildung, die Philosophie, seine Erziehung, das Kunsthandwerk (ein Großteil der «griechischen» Statuen wäre heute nicht «erhalten», hätten sie die Römer nicht so fleißig kopiert), die Etikette, die Sprache (jeder bessere Römer sprach fließend griechisch), all das wurde Vorbild für jeden Nicht-Griechen. Das Griechische wurde Weltkultur.

Was ist es heute? Politisch uninteressant, aus militärischer Sicht allenfalls ein wichtiger Nato-Stützpunkt, wirtschaftlich am Rande der Katastrophe (siehe S. 34), kulturell Provinz, europäisch das Schlußlicht, ansonsten ein noch relativ preiswertes Urlaubsland mit Schön-Wetter-Garantie. Im Vergleich zur Antike jedenfalls... aber dieser Vergleich wird zu oft gesucht, ungerechtfertigt, denn die Nordeuropäer messen sich – mit gutem Grund – auch nicht ständig an jenen, die vor 2500 oder 3000 Jahren in Nordeuropa lebten. Manchmal ist es gerade in Griechenland gar nicht so einfach, diesen Vergleich nicht anzustellen, vor allem, wenn die Griechen selbst ins Schwärmen kommen. Nach der vier Jahrhunderte dauernden Besatzung durch die Türken (1453 bis 1827 n. Chr.) versuchten nicht nur konservative oder reaktionäre Gruppierungen an die antike Vergangenheit anzuknüpfen und dabei nicht nur 400 Jahre, sondern 2000 zu überspringen. Ein Beispiel dafür ist der sogenannte Sprachenstreit. Kaum waren die Griechen 1828 unabhängig, wurde eine neue Sprache entwickelt, die *katharéwussa*, eine sogenannte Reinsprache, die möglichst nahe mit dem Altgriechischen verwandt sein sollte. Obwohl sie dem Volk nie geläufig wurde, obwohl dadurch eine soziale Kluft zwischen dem Intellektuellen und dem «einfachen Mann» entstand, entschloß man sich erst 1975, alle Griechen so reden zu lassen, wie ihnen der Schnabel gewachsen war. Und nach wie vor rühmen die Schulbücher die großartige antike Vergangenheit und schieben den Türken alle Schuld dafür in die Schuhe, daß das Land heute vergleichsweise so unbedeutend ist.

Viele Länder haben ihre historischen Komplexe. Wenn es in der Bundesrepublik die Schrecken des Zweiten Weltkriegs sind, sind es bei den Griechen die lange Wehrlosigkeit gegen die Türken und der unangenehme Niveauverfall im Vergleich zur Antike. Aber auch viele Nicht-Griechen vergleichen. In Jacques Lacarrièrs Buch *...als die Säulen noch standen* schreibt der Limes-Verlag im Klappentext einer Ausgabe von 1979 folgenden Satz: «Mancher fährt nicht nach Griechenland, weil er in seiner Seele das Abbild des legendären Griechenlands trägt und fürchtet, seinen Traum zu zerstören. Andere kommen zurück, und ihr Traumbild liegt in Scherben...»

# KULTUR UND GESELLSCHAFT

**D**er Zuschauerraum des Theaters ist kahl, die Stühle sind
unbequem. Keine purpurfar-
benen Klappsessel: vier Holzbeine,

unten mit einem gekreuzten und
verzwirbelten Draht zusammenge-
halten, die Sitzfläche aus Hanf, immer öfter schon aus einem Nylon-

# KAFENÍON IM HIMMEL

*Gesellschaft im Umbruch*

strick geflochten, das Ganze so kon-
struiert, daß die Stuhlbeine zwei,
drei Zentimeter über die Sitzfläche
hinausragen und sich in die Hintern
der Zuschauer bohren. Steriles
Neonlicht, kahle Wände, ein paar
Heiligenbilder vielleicht. Aber
Tischchen! Verbogene zwar, aus

Blech, aber immerhin. Pro Tisch vier Stühle, links zwei, rechts zwei, hintereinander Richtung Bühne ausgerichtet, in der Mitte ein Aschenbecher. Der Wirt versorgt die Zuschauer mit Getränken: Kaffee, Wein, Bier, Wasser natürlich, Oúzo, Limo, Cola... Manchmal gibt es auch einen Happen zu essen, eine Kleinigkeit, oder auch nur Nüßchen. Der Eintritt ist frei, das Ensemble nicht fest engagiert, der Zuschauer selbst irgendwie Teil der Vorstellung. Ein Spielplan ist überflüssig. Die Bühne, das ist die Straße, das Dorf, die Stadt, das Land, die Welt, der Fernseher. Das Stück, das tagtäglich und allabendlich gespielt wird, ist immer dasselbe und doch jedesmal ein anderes. Titel: Kósmos; eine Übersetzung ins Deutsche gibt es nicht.

## Loge des Welttheaters

*Kósmos.* Das eigene Häuschen, das man am liebsten mitten auf die *platía*, den «Dorfplatz», bauen möchte und sich höchstens noch mit der Lage an der Hauptverkehrsstraße zufriedengibt – kósmos; die Wegweiser, die den Ortsfremden im Zickzack durch Patras (und so viele andere Städte) lotsen, um «Leben» möglichst in alle Winkel der Stadt zu bringen – kósmos; das kleine Dorf auf dem Land mit seiner mittlerweile viel zu engen Ortsdurchfahrt, das sich mit Händen und Füßen gegen eine Umgehungsstraße wehrt – kósmos; das *kafeníon*, das «Kaffeehaus», Loge des Welttheaters – kósmos. Zuschauer, männliche, die tagein, tagaus sitzen, als wäre das ihr einziger Lebensinhalt. Mag man sich nach seinem Griechenlandurlaub nicht mehr so genau an den Unterschied zwischen einer

dorischen und einer ionischen Säule erinnern, das Kafeníon wird seinen bleibenden Eindruck beibehalten. Weil es so viel Unverständnis, so viele Fragen aufwirft. Weil es mitunter einiges an Überwindung kostet, in diese Männerwelt einzudringen und den neugierigen Blicken standzuhalten.

«Oh, ihr Fremden, wer seid ihr? Woher die Pfade, die feuchten, / Kommt ihr gefahren? In welchem Geschäft? Oder treibt ihr euch ziellos / Über das salzige Meer, umher euch treibend wie Räuber, / Welche ihr Leben riskieren, den Fremden Böses bereitend?» Fragen, die seit Jahrtausenden kaum anders lauten, die schon Nestor dem Sohn des Odysseus, Telemach, bei seinem Besuch stellte. Als *xénos*, als «Fremder» ist jeder willkommen. «Wer bist du, was machst du, woher kommst du? Bist du verheiratet, wie viele Kinder, Jungen?» Mehr echtes Interesse als bloße Neugierde. Natürlich erkundigt man sich seinerseits nach den Umständen des Gesprächspartners; alles andere wäre der Ausdruck völligen Desinteresses. Und schon ist man im Gespräch, mittendrin. In Politik, Gesellschaft, Geschichte, im kósmos, den man durch seine eigene Person bereichert. Die Verständigungsbarrieren sind nicht zu hoch, notfalls hält man sich mit Armen und Beinen rudernd über Wasser. Oder es ertönt die vorsichtige Frage «Du Deutschland?» aus einer Ecke des Raums. Über den Daumen kann jeder zehnte Grieche zumindest einigermaßen deutsch sprechen, war schon in Frankfúrti, Stuttgárti oder Mónako (München) und kann Städten wie Wolfsburg spielend die richtige Automarke zuordnen. Es wird nicht verschwiegen, daß man nach

Deutschland ging, um Geld zu verdienen. Schließlich wurde man vor allem in den sechziger Jahren gerufen, als sich in der Bundesrepublik bestimmte Arbeitsplätze nicht mehr mit Deutschen besetzen ließen. Jeder zehnte Grieche, insgesamt etwa 800 000, verließ seine Heimat, jeder neunte davon ging nach Deutschland.

## Schöne neue Welt

Die beinahe schon obligatorische Frage, wo es einem besser gefalle: in Deutschland oder in Hellas? Man selbst mag herumdrucksen, der Grieche nimmt kein falsches Blatt der Höflichkeit vor den Mund. Deutschland sei wunderbar, um Geld zu verdienen. Seine Rente genieße man dann aber doch besser in Griechenland. Wem sind solche Ideen nicht selbst schon durch den Kopf geschossen, die österreichische Gruppe STS hat mit dieser Vorstellung gar einen Kultsong kreiert («Griechenland»). In Griechenland kennt man dieses Lied nicht. Wozu auch, vielfache Realität wird selten besungen. Und die Jugend hat sich ganz andere Idole auf ihre Plattencover geschrieben. Scorpions und Madonna sind zwei Beispiele aus einer Musikwelt, die der «europäischer» Jugendlicher gleicht und damit ebenso unüberschaubar ist. Mit dem großen Unterschied, daß zwischen einem Popstar wie Madonna und einem griechischen Mädchen, das die Oma mit dem Schäferjungen von nebenan verkuppeln will, mehr als nur Welten liegen.

Die Situation ist besonders für viele junge Mädchen der heutigen Generation in der Provinz schwierig. Einerseits werden ihnen vom Elternhaus noch immer sehr starre Rollenmuster vermittelt. Andererseits beginnen sie zunehmend, sich Überzeugungen und Ideale aus anderen Kanälen, und sei es nur vom Fernseher, anzueignen. Und so wird für viele das Wörtchen «weg» zum beherrschenden Motiv ihres Handelns. Weg aus der Provinz. In der Schule zu glänzen, die Eltern vielleicht vom Sinn eines Studiums zu überzeugen und damit hoffentlich den Weg in eine Stadt zu ebnen. Keine Wirtschaftsflüchtlinge wie ihre Eltern, denen es noch vorrangig um eine finanzielle Verbesserung ging, sondern «Sippenflüchtlinge», die sich vom Glanz und Glimmer und vor allem der Anonymität der Großstadt die Freiheit versprechen, ihre individuellen Bedürfnisse ausleben zu können.

Auf dem Land, im Dorf und seinen verwinkelten Gassen, haben sich patriarchische Strukturen bis heute in mehr oder minder abgeschwächter Form erhalten. Und der Vater, die Familie und der gesamte Ort kontrollieren die Einhaltung gesellschaftlicher Wert- und Moralvorstellungen. Da ist der traditionelle Einfluß der Großeltern größer als der aufklärerische des Fernsehers. Da klingt es einfach wundersam, wenn Margret Papandréou, die frühere Frau des sozialistischen Ministerpräsidenten, verkündet, die Frau sei von nun an vorrangig Frau und erst in zweiter Linie Ehefrau. Da verpufft ein Mitte der achtziger Jahre verabschiedetes Gesetz, das die Ehefrau nunmehr von der (bis dahin gesetzlich vorgeschriebenen) Pflicht zur Haushaltsführung entbindet, im Vakuum der Lächerlichkeit.

## Es war einmal...

...in einem Herbst, ganz am Ende des zweiten Jahrtausends n. Chr. in Pírgos, einem kleinen Ort auf der Peloponnes. Tassúla ist die älteste Tochter in einer Schäferfamilie mit sieben oder acht Geschwistern; grober Steinboden im Haus, kein Kühlschrank. Man könnte sie für achtzehn oder neunzehn Jahre halten, fünfzehn ist sie tatsächlich. Níkos ist Maurer, siebzehn Jahre älter, ein netter Kerl eigentlich. Er trinkt etwas viel, erzählt man im Ort, und sein Vater ist beinahe so etwas wie ein Dorftrottel. Der Mann und das Mädchen heiraten. Aus Liebe, heißt es, und beide Väter waren sich auch noch einig geworden. Glück.

Ein halbes Jahr später, 25. März, griechischer Nationalfeiertag. Das ganze Dorf ist auf den Beinen, um – wie jedes Jahr – den Beginn des Freiheitskampfes gegen die türkische Besatzung 1821 zu feiern. Auf dem Dorfplatz, zwischen Kirche und Kafeníon, kämpfen Schüler vor Publikum mit patriotischen Gedichten. Tassúla schlendert quer über den Platz, wankt, klappt zusammen, wird ohnmächtig. Von jetzt an plötzlich weiß es das ganze Dorf: Das Mädchen ist schwanger.

Kein Märchen, aber auch keine Begebenheit, die den Anspruch hätte, in einer griechischen Zeitung zu stehen. Athener, die vielleicht schon die zweite oder dritte Generation in der griechischen Hauptstadt leben, mögen vielleicht ein bißchen den Kopf schütteln über solche «archaische» Verhältnisse. Ebenso wie jene Männer, die täglich im Dorfkafeníon sitzen, den Sittenverfall beklagen, wenn sie Geschichten von jungen Pärchen hören, die in Athen ohne Trauschein ein kleines Appartement zusammen bewohnen.

Auf der Bühne vor dem provinziellen Kafeníon werden solche Skandalaufführungen selten inszeniert. Dort sind die Geschlechterrollen noch relativ klar definiert. Mann und Frau haben hier ihr genau umrissenes Aufgabenfeld in einem sozialen und gesellschaftlichen Gefüge, das seit Jahrhunderten beinahe unverändert bestehengeblieben ist. *Er* verdient das Geld, meist außerhalb des Hauses, und verbringt seine freie Zeit im Kafeníon. *Sie* hat vorrangig ihren traditionellen «weiblichen Pflichten» nachzukommen. Traditionell heißt, Kinder – möglichst natürlich Jungen – zu gebären, sie aufzuziehen, die (Groß)familie zu versorgen, den Haushalt zu führen, sich um Garten und Hausvieh zu kümmern und dabei möglichst viele Lebensmittel selbst herzustellen. Natürlich heißt es für sie auch, zumeist unentgeltlich, im Familienbetrieb, vorrangig in der Landwirtschaft, mitzuhelfen. Doch dieses Bild wird mehr und mehr unstimmig, wenn traditionelle Ideen und die neue Realität zunehmend auseinanderklaffen. Die Vorstellung von der griechischen Großfamilie verkommt mehr und mehr zum Klischee, wenn Zahlen belegen, daß die Frau im Durchschnitt nur noch eineinhalb Kinder zur Welt bringt. Und Garten und Hausvieh sind in einem Land, das einen Urbanisierungsgrad von immerhin 62 Prozent erreicht hat – Tendenz steigend – kaum mehr repräsentativ (in Deutschland: 89 Prozent).

## Der kleine Unterschied

Dennoch: Die griechische Großfamilie ist noch lange nicht ausgestorben. Und Oma und Opa, die zu Zeiten aufgewachsen sind, in denen noch alles «einfacher» war, haben ein gewichtiges Wörtchen bei der Erziehung und dem Lebenswandel ihrer Kinder und Enkel mitzureden. Vor allem auf dem Land, wo mehrere Generationen noch heute unter einem Dach leben, ist ihre Autorität unangefochten; trotz ihrer zu einfachen Antworten auf zu schwierige Fragen.

Etwa bis zur Pubertät verläuft das Leben griechischer Kinder für Jungen wie Mädchen gleichermaßen unkompliziert. Im Ort kennt jeder jeden, die gegenseitige soziale Kontrolle schützt vor Verbrechen, der Spielplatz ist das gesamte Dorf. Mit dem (ersten) kleinen Unterschied allerdings, daß das *korítsi*, das «Mädchen», von Geburt an insofern stigmatisiert ist, als sich die Eltern ja eigentlich einen Jungen gewünscht hätten. Nicht nur, weil eine Frau kein Stammhalter sein kann, nicht nur, weil sie nach ihrer Hochzeit voll in die Familie ihres Mannes übergeht. Die eigentliche Problematik läßt sich viel besser in Zahlen ausdrücken: Obwohl seit Anfang der achtziger Jahre gesetzlich nicht mehr verpflichtend, ist es für den Vater weiterhin ein gesellschaftliches «Muß», seiner Tochter eine *príka*, eine «Mitgift» zu bezahlen (im Volksmund hieß es, ein Mädchen ohne *príka* sei ein totes Mädchen). Vom Waschlappen bis zum Fernseher, vom Olivenhain bis zum Appartement in Athen – es wird gefeilscht und gehandelt und alles detailliert aufgeschrieben (von den Vätern, versteht sich). Und das sorgenvolle Gesicht des werdenden Vaters vor dem Kreißsaal ist nur zu verständlich, wenn man weiß, daß die Mitgift für jede seiner Töchter dem Wert nach bis zu fünf Jahresgehälter ausmachen kann.

Für den Jungen ändert sich nichts, auch nicht mit dem Beginn der Pubertät. Die junge Frau hingegen, ein (zweiter) kleiner Unterschied, mutiert wie nebenbei in ihre künftige Rolle als Haus- und Ehefrau. Die Eltern holen das Mädchen von der Straße, es wird behütet. Eine der Grundvoraussetzungen auf dem Land ist nämlich nach wie vor, die junge Frau unberührt in die Ehe zu übergeben. Nicht nur die Ehre des Mädchens, die Ehre der gesamten Familie steht dabei auf dem Spiel. Der gute Ruf muß gewahrt bleiben, und dazu gehören eben auch solche Extreme wie jenes, notfalls selbst den kleinen Bruder, falls es keinen älteren gibt, als Aufpasser mit in die Diskothek zu schicken. Keine Frage, daß dessen Selbstwertgefühl ebensostark steigt wie das des Mädchens sinkt. Zwielichtige Situationen müssen unter allen Umständen vermieden werden, wobei das Unangenehme für Mädchen darin besteht, daß *sie* alle damit verbundenen Einschränkungen zu tragen haben. Denn durch ein einziges Abenteuer brächte sie Unglück – und wie es nun einmal durch den (dritten) kleinen Unterschied bei Frauen bedingt ist, nachweisbares Unglück – über sich und die Familie. *Ihm* wird es dagegen nachgesehen, wenn ihn seine jugendliche Kraft dazu drängt, erste Erfahrungen zu sammeln, nach dem Motto: «Wenn er eine Dumme findet…» Nur erwischen lassen darf er sich nicht, denn dann müßte er heiraten. Eine Situation, die manche, haben sie den nötigen Mut, auch schon einmal bewußt inszenieren, um eine Liebesheirat auch gegen den Willen ihrer Eltern zu erzwingen. Zwar wird heute nur noch selten eine Hochzeit ohne Mitspracherecht der Brautleute vereinbart, aber eben auch sehr selten ohne den Segen der Eltern. Hinzu kommt, daß die Mitgift tatsächlich noch eine wichtige Rolle spielt. Und so bleibt es Frauen mitunter nicht zuletzt aus finanziellen Gründen verwehrt, sich mit einem Mann aus einer höheren gesellschaftlichen Schicht zu vermählen.

Nach und nach etabliert sich auch eine intellektuelle Alternative: die Tochter mit Ausbildung, statt mit Geld in die Ehe zu schicken. Eine Alternative, aber noch lange kein Sonderangebot; denn ein Studium und vor allem der Weg dorthin kosten Geld, um die panhellenischen, die überregionalen Abiturprüfungen zu bestehen – die Grundvoraussetzung zu den Aufnahmeprüfungen für eine der sechs Hochschulen oder acht Universitäten.

## Bildungshunger

Ohne Hilfe schafft den Weg dorthin kaum einer. Und diese Hilfe ist teuer; je nach Intensität der Ausbildung und Alter des Kindes umgerechnet 50 bis 250 Mark im Monat für jene Einrichtung, die allein durch ihr zahlreiches Vorhandensein die Qualität des Schulwesens charakterisiert: die *frontistíria*. Ein Mittelding zwischen Privatschule und Nachhilfeinstitut, das den «álfavíta-gáma-Schützen» über jene Hürden hilft, über die das staatliche Schulsystem stolpert. Vormittags Schule, nachmittags zwei- bis dreimal die Woche frontistíria.

Seit dem Ende der Militärjunta 1974 bis etwa zum Beitritt Griechenlands in die EU 1981, versuchte Athen mit viel Energie und einem Etat von bis zu neun Prozent des Staatshaushaltes, sein schier mittelalterliches Bildungsniveau auf europäischen Standard zu heben. 1971 beispielsweise lag der Anteil an Analphabeten bei Teenagern über fünfzehn Prozent; klassisch für eine patriarchische Gesellschaft dabei auch der Bildungsunterschied zwischen Mann und Frau. Lag die Quote der des Lesens und Schreibens Unkundigen bei den Männern «nur» bei 6,7 Prozent, kannte knapp ein Viertel aller Frauen kaum den Unterschied zwischen álfa und omega. Die Schulpflicht wurde 1976 von sechs auf neun Jahre angehoben, die Analphabetenquote ist mittlerweile gesunken. Die Zahl der frontistíria steigt weiterhin mit dem Bildungshunger. Mag ein Metzger oder Bäcker fehlen, eine frontistíria gibt es in beinahe jedem Dorf, in dem es Kinder gibt; Kalamata, eine Stadt mit knapp 50 000 Einwohnern bringt es auf über einhundert solcher Institute, siebzig allein haben sich auf Sprachen spezialisiert.

Die sechsklasse Grundschule übersteht man prinzipiell auch ohne frontistíria, wenngleich sich in einem Europa, in dem heute Rationalität, kritisches Denken und Dynamik verlangt ist, der Vergleich mit der Villa Kunterbunt geradezu aufdrängt. Durch den Rückgang der Kinderzahlen auf dem Land dominieren in der Provinz einklassige Schulen, in denen ein Lehrer mit Schülern aus sechs Jahrgangsstufen gleichzeitig zu kämpfen hat, während sich in Städten die Kinder in überfüllten Klassenzimmern drängen – schließlich wurde der Bildungsetat Anfang der achtziger Jahre wieder gekürzt. In dieser Beziehung braucht Griechenland den Vergleich mit dem übrigen Europa nicht zu scheuen.

*Hinterfragen unerwünscht: Patriotismus
ab der ersten Klasse*

«Menexenos, mein Junge, ich will doch nicht hoffen, daß du allen Ernstes entschlossen bist, dieses Mädchen zu deiner Auserwählten zu machen. Du, mein teurer Sohn, kennst meine Prinzipien: Ein junger Mann hat das Recht, sich mit allen Mädchen der Welt zu amüsieren, aber verlieben darf er sich nur in diejenige, die er auch zur Frau nehmen wird. Außerdem halte ich dich nicht für so dumm, ein Mädchen zu wählen, das nicht einen Heller besitzt. Andere, die weder über deine Vorzüge noch über deine gesellschaftliche Stellung verfügen, bekommen Tausende an Mitgift.»

Menexenos hörte ihr zu und plusterte sich auf wie ein Pfau. Voller Eifer verfolgte er sein Eroberungswerk und bändelte mit allen Mädchen der Nachbarschaft an.

Legte er sich dann abends, erfüllt von Stolz über seine Erfolge, zum Schlafen nieder, träumte er von der schönen, reichen Erbin, die seine treusorgende Mutter ihm verheißen hatte.

**Alexandra Papadopulu**: *Sohn und Tochter*. Auf deutsch in: *Frauen in Griechenland*. Deutscher Taschenbuch Verlag, München 1991

Ansonsten ist das zentralistisch ausgerichtete Schulsystem inhaltlich nach wie vor eher reaktionär und wenig flexibel aufgebaut. Nicht die Suche nach gemeinsamen Problemlösungen steht im Vordergrund, sondern autoritäre Vorgaben; nicht Diskussion, sondern Auswendiglernen, nicht kritisches Hinterfragen, sondern nationaler Patriotismus. Der enorme Stellenwert, den für die Griechen ihre Vergangenheit darstellt, spiegelt sich auf den Lehrplänen wider. Nicht nur, daß Fächer wie Altgriechisch oder eines mit dem Namen Odyssee Pflicht sind, die Schule engagiert sich auch sehr stark an nationalen Feiertagen. Selbst die neueren Schulbücher wirken sehr veraltet und bringen nicht nur wegen ihres unsauberen Vierfarbdrucks, sondern auch aufgrund ihres Inhalts die Augen zum Tränen. Da sind die Türken noch immer die bösen Buben der griechischen Geschichte, da steht die Mutter wie eh und je mit der Schürze hinter dem Herd, während der Vater seinen Oúzo im Kafeníon schlürft.

## Er soll es mal besser haben

Papa sitzt also im Kafeníon, nippt an seinem Oúzo, und sein Sohn soll es einmal besser haben. Nach den sechs Jahren Grundschule kommt der Junge auf die Mittelschule, in Griechenland Gymnasium genannt. Hat er die neunjährige Pflichtprogramm abgeschlossen, darf er wählen: Lehre oder Lycéum. Daß sich mehr und mehr für die zweite Möglichkeit entscheiden, also für weitere drei Schuljahre mit dem Abitur als Abschluß, liegt nicht nur an den ansonsten eher unattraktiven Berufsmöglichkeiten. Intellek-

tuelle Bildung steht hoch im Kurs; einen «Dr.» in der Familie zu haben ist etwas, worauf auch noch der Cousin vierten Grades stolz sein kann. Die Schülerzahlen an der höheren Schule sind zwischen 1976 und 1987 um mehr als fünfundzwanzig Prozent gestiegen, dreißig Prozent eines Jahrgangs treten zum Abitur an. Damit steht Griechenland mit an der Spitze in ganz Europa. Die Zahl der Berufsschüler ist dagegen gesunken.

Wer die Aufnahmeprüfung für das Lycéum bestanden hat, muß sich, ähnlich wie bei der Fachoberschule in Deutschland, von vornherein für einen bestimmten Ausbildungszweig entscheiden: für den technischen, den berufsbildenden, den allgemeinbildenden oder den humanistischen. In der gewählten Richtung darf er später auch studieren, vorausgesetzt, er hat die panhellenischen Abiturprüfungen sowie die Aufnahmeprüfung für die Uni bestanden. Letztere ist sehr anspruchsvoll und übten damit eine ähnliche Funktion wie der Numerus clausus aus, erstere bilden den Abschluß einer für die Schüler schier endlosen Prüfungskette, die es zu bestehen galt.

## Sie soll es einmal besser haben

Sie hat es ja schon viel besser. Seit Anfang der fünfziger Jahre darf sie wählen; seit 1975 ist sie gleichberechtigt, seit Mitte der achtziger Jahre braucht sie nicht mehr schon mit vierzehn, sondern erst mit sechzehn Jahren zu heiraten, hat inzwischen sechzehn, statt früher nur vierzehn Wochen Schwangerschaftsurlaub und behält nach der Scheidung den Schutz der Krankenversicherung. Auf dem Lycéum bilden

Mädchen mittlerweile sogar die Mehrheit. 1983 ist das Gesetz zur Mitgiftspflicht abgeschafft worden, und seit 1986 dürfen Frauen bis zum Ende der zwölften Schwangerschaftswoche ohne Angabe von Gründen und auf Kosten der gesetzlichen Krankenkassen abtreiben. Daß aber Gesetze allenfalls eine Basis schaffen können und noch lange nicht Garant für Verbesserungen sein müssen, zeigt der letzte Punkt. Bis 1986 war der Schwangerschaftsabbruch, außer nach Vergewaltigung oder Inzest, strikt verboten. 300 000 Frauen sahen dennoch Jahr für Jahr keine andere Möglichkeit, Frauenorganisationen gehen sogar von 500 000 Abtreibungen aus – bei 150 000 Geburten. Nach 1986 hat sich diese Zahl wenig verändert. Noch immer entscheiden sich viele Frauen für den illegalen Weg, ohne unangenehme Spuren auf dem Krankenschein, und noch immer spielen die Ärzte nur zu gerne mit, um sich ihr Gehalt mit umgerechnet ein paar hundert Mark – steuerfrei – aufzubessern. Und noch immer ist die Scheu vieler Frauen – und wohl auch Männer – auf dem Land zu groß, sich in der Apotheke mit Kondomen oder der Pille einzudecken. In Athen kann man mit dem Bus einfach ein paar Blocks weiter in eine andere Apotheke fahren. In Athen kann man relativ problemlos beinahe jeder gesellschaftlichen Kontrolle ausweichen, dort hat sich in den vergangenen Jahrzehnten ein Lebensstil entwickelt, der dem anderer Großstädte entspricht. In Athen ist alles anders, deswegen fasziniert die Stadt so viele Griechen.

Griechenland ist zweigeteilt, der Begriff «Zweiklassengesellschaft» ist nicht zu weit hergeholt. Denn all

diejenigen, die nicht in der Stadt leben, haben es nicht geschafft. Das klingt hart, ist aber Tatsache und wird sowohl von den Städtern als auch den Provinzlern unterschwellig so gesehen. Auf dem Land kann man sich wenig profilieren; da übernimmt man das schiefe Kafeníon vom Vater, wenn er einmal gestorben ist, und ist, solange er lebt, von ihm abhängig; da pflückt man die Oliven, so wie es auch schon der Urgroßvater getan hat, da jobbt man mal hier, mal da, fängt sich ein paar Fische, züchtet Bienen, macht alles und nichts zugleich. Die einzige Alternative, die etwas hergeben kann, ist das Geschäft mit dem Tourismus, der aber auch nicht in allen Regionen des Landes ein Geschäft ist.

Es ist weder eine achtlose Pauschalisierung, daß auf dem Land sehr viel Zeit für Mußestunden bleibt, noch, daß man dort mit sehr wenig Geld auskommen kann. Ein Olivenbauer beispielsweise, der genügend Bäume besitzt, um vom Erlös seines Öls zu leben, ist in der Regel lediglich vier Monate pro Jahr mit Pflege und Ernte beschäftigt. Was er in der übrigen Zeit macht, ist viel von dem, was dem Land sein Flair gibt. Denn «nur» Sonne, Sand und Säulen allein können es nicht sein, was an Griechenland so viele fasziniert.

«Die machen's richtig, die tun nichts», urteilen viele Nicht-Griechen und machen es sich damit zu einfach; «faul» kann jene nur der nennen, der lebt, um zu arbeiten. Der Grieche Johannes Gaitanides drückt es in seinem Buch *Griechenland ohne Säulen* so aus: «Auf die Gefahr hin, von meinen deutschen Lesern gesteinigt zu werden, behaupte ich: Nur ein Volk, das zum Nichtstun unfähig ist, kann die Ar-

*Das Morgen liegt in ferner Zukunft: Es zählt der Augenblick*

beit auf den Thron der höchsten Lebenswerte erheben.» In diesem Satz schwingt zweifellos Kritik mit, zu Recht, denn etymologisch betrachtet hat das Wort Arbeit sehr viel mehr mit Mühsal und Sklaverei zu tun, als mit Erfüllung oder Selbstverwirklichung, Begriffe, die im Deutschen so positiv mitschwingen. Die Muße dagegen, die (neutrale) freie Zeit, mag als Mußestunde noch geduldet sein, wird aber als müßig sehr schnell zum faul verteufelt.

## Mut zur Muße

«...Ideal der Muße zu leben. Das war eine glanzvolle Verschwendung mit dem Gegenstand Zeit, keineswegs einfach auf Inaktivität, vielmehr auf ein zumindest scheinbares Sich-Fernhalten von den Notwendigkeiten der Arbeit hinauslaufend. (...) Da Muße, wenn sie zum Lebensinhalt einer ganzen Schicht wird, eines Terrains bedarf, auf dem sie sich manifestiert, weitete sich zugleich der Bereich der Öffentlichkeit außerordentlich aus und gewann stark an Bedeutung. Öffent-

91

*Thessaloniki: Freiheit durch die Anonymität der Großstadt*

lichkeit aber war (…) ganz konkret auf der Agora, dem Platz in der Mitte der Stadt (…). Hier traf, zeigte, beobachtete, unterhielt man sich, verliebte sich auch (…). Jacob Burckhardt spricht von dem ‹aus Geschäft, Gespräch und holdem Müßiggang gemischten Zusammenstehen und Schlendern›. (…) Man könnte sagen, die Griechen sind zu sehr auf das Sein und nicht auf das Werden orientiert (…).» Von Christian Meier stammt dieses Zitat, aus seinem 1993 erschienenen Buch *Athen* ist es entnommen, und es beschreibt sehr viel von der für Nordeuropäer oft so schwer verständlichen griechischen Mentalität. Was es in diesem Zusammenhang zum Kuriosum macht, ist die Tatsache, daß Meier Althistoriker ist und Griechen aus der Zeit des siebten bis fünften Jahrhunderts v. Chr. charakterisiert hat.

Heute ist der Platz im Dorf, in der Stadt, nach wie vor Treffpunkt für jung wie alt, zum Sehen und Gesehenwerden. Dort spielt sich das Leben ab, dort sind die Kafenía, dort stehen die Stühle Richtung Bühne (Straße) ausgerichtet, dort nimmt man so intensiven Anteil an der Öffentlichkeit. Das Stichwort Freizeit in unserer Bedeutung gibt es in Griechenland nicht, wo knapp die Hälfte der arbeitenden Bevölkerung selbständig ist und ihre Arbeitszeit somit flexibel einteilen kann. Zudem ist der Job bei weitem nicht der Lebensinhalt, er mag ein Teil davon sein, nicht unwichtig, aber auch nicht unbedingt wichtig. Früher mieden die Griechen die Mühsal der Arbeit, indem sie sich Sklaven hielten. Wie hoch der Anteil der «Körper», so wurden sie neutral genannt, war, läßt sich nur schätzen; ein Drittel der Bevölkerung möglicherweise. Der nicht sehr vermögende Philosoph Platon beispielsweise hinterließ nach seinem Tod, laut Testament, fünf.

Wer also heute mit seinen Olivenbäumen – eigentlich – über die Runden käme, arbeitet in den übrigen Monaten vielleicht als Installateur, Maurer oder Fischer, repariert Autos, baut sich ein Haus oder hilft seinem Onkel dabei. Der Grieche kann im Prinzip erst einmal alles; nichts aber geschieht, mag da einer hinzufügen, der Zündkerzen für Automotoren produziert, sich jedoch beim Reifenwechsel schon schwertut. Aber Perfektionismus ist kein Ziel, das in Griechenland angestrebt wird – vielleicht bleibt deswegen auch so viel Zeit für «holden Müßiggang», für das einzige Hobby, das die meisten Griechen haben – wenn man so etwas überhaupt als Hobby bezeichnen kann: die Unterhaltung.

Die früheren Griechen seien zu sehr auf das Sein und zuwenig auf das Werden orientiert gewesen, schreibt Christian Meier, und daran hat sich bis heute nichts geändert. Der momentane Augenblick ist um so vieles wichtiger als das Morgen und Übermorgen, daß alles andere darüber vergessen wird. Im Kleinen nennen wir so etwas Unpünktlichkeit, wenn das Gegenüber bei einem Treffen zwei, drei Stunden zu spät

kommt, im Großen heißt es «mangelnde Investitionsbereitschaft» oder «Strukturdefizite», wenn ein ganzes Land *ávrio* (morgen) sagt und damit irgendwann meint. Die Griechen selbst sagen *apógefma*, wenn sie einen Termin vereinbaren, am «Nachmittag», also irgendwann – auf 15.30 Uhr wollen sich die wenigsten festlegen.

Das Gespräch ist es, dem sich Griechen mit Leidenschaft hingeben, über dem sie alles andere vergessen: die Frauen auf den sogenannten *Pesúles*, den «Steinbänken» vor Kirchen und Häusern, die Männer in den Kafenía. Hier wird über alles und jeden diskutiert, hier bekommt man als Fremder Antwort auf alle Fragen – zu allen Tages- und Nachtzeiten. Denn im Kafenío sitzen der Metzger oder Friseur auch während ihrer Arbeitszeit; jeder Kunde weiß ja, wo er sie zu suchen hat. Im Kafenío wartet man auf Kundschaft, macht man ein Päuschen, trifft sich, um zu diskutieren; wer ein Kafenío besucht, setzt sich im übertragenen Sinne an den «Stammtisch», auch wenn er eigentlich am eigenen Tisch sitzt. Im Kafenío erfährt man die aktuellsten Neuigkeiten, im Kafenío finden die vielen Alten ihre Ansprache, die in ihrem Haus (nicht im Altersheim) womöglich alleine leben. Es ist nicht übertrieben, wenn der schon zitierte Gaitanides schreibt, die größte Angst vor dem Tod hätten die Griechen deswegen, weil sie sich nicht sicher seien, ob es im Himmel ein Kafenío gibt.

**D**er Schein trügt: Griechenland ist vergleichsweise erheblich sauberer als die Bundesrepublik. Die Naivität vieler Besucher ist mitunter schon erstaunlich, wenn sich so mancher über den alten Kühlschrank beklagt, der im Straßengraben vergammelt, über die Plastiktüten, die sich in Büschen verfangen haben, und dabei die Tonnen von Schwermetallen und Lösungsmitteln vergißt, die Jahr für Jahr im eigenen Land – etwas dezenter – in die Flüsse geleitet werden. Natürlich ist es schockierend: Da steigt einer, der Glas nach Farben sortiert, Akkus statt Batterien verwendet, bei dem Biotonne und Kunststoffsammelboxen vor der Haustür stehen und der sogar Hausmüllkontrollen auf Sortenreinheit zu befürchten hat, ein solch umweltbewußter Konsument steigt in Griechenland aus dem Flugzeug und erlebt, wie der Müll – unsortiert – in die nächste Schlucht gekippt wird, gefolgt von einem brennenden Streichholz; vom Smog in Athen und den Verbrechen der Industrie, die zweifellos auch in Griechenland begangen werden, ganz zu schweigen. Dennoch: All die ökonomisch wunderbaren, aber ökologisch katastrophalen Industrialisierungsphasen, die Länder wie England oder auch die Bundesrepublik schon seit dem frühen 18.Jahrhundert verpestet haben, all die sogenannten Alt-

# KÜHLSCHRANK IM STRASSENGRABEN

*Umweltschutz – ein schwaches Bewußtsein*

lasten, mit denen man zusätzlich zu den «Neulasten» zu kämpfen hat, hat es in Griechenland kaum gegeben. Noch ist Griechenland relativ sauber, noch ist das Wasser aus der Leitung ein Genuß, noch kann man fast überall im Meer baden, ohne Ausschläge zu bekommen. Noch.

## Kein Mittel, kein Bewußtsein

Zu viele Autoreifen liegen noch nicht in den Olivenhainen. Stünden dem Staat heute die finanziellen Mittel für einen sanfteren Umgang mit seiner Umwelt zur Verfügung, hätten die Menschen jetzt schon das nötige ökologische Bewußtsein, könnte Griechenland verhältnismäßig problemlos auch sauber bleiben. Doch es hapert an beidem.

Griechenland geht den üblichen Weg, den schon so viele andere Staaten zuvor eingeschlagen haben, und mit jedem weiteren Schritt wird die Umkehr teurer, die vielen Fehler der Pioniere sind nur zu gut bekannt. Natürlich fehlt das Geld, das die Regierung heute in eine saubere Zukunft investieren müßte. Aber viel mehr noch fehlt das nötige Bewußtsein in der Bevölkerung. Keine politische Partei hat es nötig, «grüne» Themen in ihr Programm aufzunehmen, keinem investitionswilligen Betrieb werden ökologische Knüppel in Form von Auflagen zwischen die Beine geworfen. Umwelterziehung in den Schulen ist nicht vorgesehen. Niemandem wird es vorgehalten, wenn er seine ausgetrunkene Cola-Dose auf die Straße wirft, ein jeder nimmt gedankenlos die Plastiktüte an der Kasse an, auch wenn er nur Schnürsenkel gekauft hat und diese eigentlich in der Hosentasche hätte verstauen können.

Daß man gut daran tut, sorgsam mit seiner Umwelt umzugehen, hat sich schlichtweg noch nicht herumgesprochen. Die Menschen leben nach wie vor wie vor zwanzig, dreißig Jahren. Alles, was man nicht mehr braucht, wandert hinters Haus, wird verklappt, vergraben oder verbrannt – oder nicht einmal das. Wo sich auf dem Land ein Großteil der Familien selbst versorgte, war das auch kein Problem: Käse vom Schaf oder der Ziege, Eier vom Huhn, Oliven(öl), Gemüse und Obst aus eigenem Anbau, allenfalls das Brot vom Bäcker. Viel ist bei einer solchen Lebensweise, bei der man ökonomisch dazu gezwungen war, möglichst alles zu verwerten, nicht übriggeblieben. Und obwohl sich moderne Konsumgewohnheiten auch in Griechenland mehr und mehr breitmachen, ist das Land bis jetzt noch keine Wegwerfgesellschaft in unserem Sinn. Die Arbeitszeit ist bezahlbar, der defekte Kühlschrank wird repariert. Wenn er dann im Straßengraben liegt, ist trotz griechischer Findigkeit nichts mehr zu machen, dann hat das Gerät auch wirklich ausgedient. In Griechenland wird selbst beim billigen Kofferradio der durchgebrannte Kondensator ausgewechselt, die Waschmaschine bekommt ein neues Lager eingebaut in einem Alter, bei dem jeder deutsche Techniker den Kopf schütteln würde. Weggeworfen wird in Griechenland so schnell nichts. Nur weil der Rahmen des Autos (aus deutscher TÜV-Sicht womöglich unrettbar) verzogen sein soll, heißt das noch lange nicht, daß man mit dem Wagen nicht mehr fahren kann. Perfektion ist kein Ideal, warum auch. Fehlt die passende Schraube, nimmt man Draht, findet

*Europäischer Einheitsschrott: Die Müll-
lawine rollt erst an*

sich kein originaler Einsatz für den
zerbrochenen Scheinwerfer, tut's
auch ein ähnlicher, auf den Außen-
spiegel kann man souverän verzichten.

## Topf mit Deckel

Aus griechischer Sicht mag Athen
die Stadt der Rekorde sein, mit ausländischer Perspektive jedenfalls ist
sie die der negativen Rekorde.
Keine Großstadt Europas hat so
wenige Grünflächen, keine eine
solch schlechte Luft. Das liegt einerseits an der rücksichtslosen Konzen-
trierung nahezu der gesamten Wirtschaft auf Athen, andererseits an
seiner geographischen Lage. Athen
liegt in einem Becken, in einem Kes-

sel, der bei ungünstigen Wetterbe-
dingungen einen «smogdichten
Deckel» aus wärmeren Luftschich-
ten bekommt (Inversion), der eine
Zirkulation verhindert.
Über 4000 Tonnen Müll stehen
täglich an den Athener Straßenrändern und müssen weggeschafft werden; den Begriff «entsorgt» kann
man in diesem Zusammenhang nicht
verwenden; der Abfall der Athener
kommt auf Müllhalden, selbst das
Wort «Deponie» wäre zu beschönigend. Und das Seifenwasser der
Athener Waschmaschinen fließt
dorthin, wo kein Fisch mehr leben
möchte: in den Saronischen Golf.
Kläranlagen sind zwar geplant, im
Bau und teilweise auch fertiggestellt,
aber die Abwässer einer Vier-Millio-
nen-Stadt lassen sich nicht von heute
auf morgen fachgerecht aufarbeiten.
Athen hat sich zu schnell entwickelt:

Keine andere Stadt in Europa ist innerhalb von eineinhalb Jahrhunderten derart explodiert: von fünftausend Einwohnern auf vier Millionen, in den vergangenen vier Jahrzehnten waren das im Schnitt mehr als sechstausend Neuankömmlinge pro Monat. Mit der Bevölkerung wuchs alles drum herum: Hunderttausende illegal errichteter Häuser schossen ohne Kanalisationsanschluß aus dem Boden und behindern an den Hängen den ohnehin schwierigen Luftaustausch, siebzig Prozent aller in Griechenland zugelassenen Pkws stehen im Athener Stau, rund eineinhalb Millionen sind es, zehnmal so viele wie noch vor 25 Jahren. Die Folgen liegen auf der Hand: Die Stickstoffoxydkonzentration, schreibt Gregor Beushausen im *GEO*-Magazin, sei zwischen 1987 und 1992 von 460 auf 700 Mikrogramm pro Kubikmeter Luft gestiegen; der Höchstwert im Ruhrgebiet lag im Februar 1992 bei vergleichsweise bescheidenen 140 Mikrogramm. Zwischen 1984 und 1987 hat sich die Zahl der Atemwegserkrankungen in Griechenland verdoppelt, sie liegt mittlerweile auf Rang vier der häufigsten Todesursachen, die Diagnose von Pseudokrupp und Keuchhusten nimmt stetig zu.

## Europäischer Einheitsmüll

Viele landesweite ökologische Statistiken geben ein verzerrtes Bild von Griechenland wieder, weil die Situation in der Hauptstadt viel verschärfter auftritt, in der Provinz aber weit unter dem Durchschnitt liegt. Natürlich gibt es auch auf dem Land keine Kläranlagen, aber wo im Durchschnitt nur 78 Menschen pro Quadratkilometer leben (in Deutschland: 225, in Athen mehr als 7000), kann das antiquarische System hauseigener Sickergruben problemlos funktionieren. Nahe des Hauses versickern alle Abwässer eines Haushalts in einer großen, oben abgeschlossenen, aber nach unten offenen Grube. Wirft man, wozu auch jeder Tourist – oft erfolglos – gebeten wird, sein Toilettenpapier nicht in die Kloschüssel, sondern in den danebenstehenden Eimer, ist eine solche Grube praktisch wartungsfrei und muß nie entleert werden.

Natürlich beginnt sich die Welle des Fortschritts auch auf dem Land breitzumachen. Mußten die Gruben früher (in manchen Haushalten auch heute noch) ausschließlich Fäkalien sowie Spül- und Waschwasser aufnehmen, das mit selbstgekochter Seife versetzt war, steht die griechische Hausfrau heute im Supermarkt vor derselben Produktpalette verschiedenster Reinigungsmittel wie ihre deutsche Kollegin auch. Mit dem Unterschied allerdings, daß die neuesten Mittel fehlen, jene, die stets wachsende Reinigungskraft parallel zu wachsender Umweltverträglichkeit versprechen. Ausländische Firmen, auch deutsche, bieten auf dem griechischen Markt mitunter das an, was in heimischen Regalen nicht nur Ladenhüter würde, sondern gar den Ruf der Firma schädigt. Wo es die «grüne» Flasche gibt, will die «blaue» keiner kaufen. Was sich also mehr und mehr aus griechischen Sickergruben den Weg ins Erdreich oder gar ins Grundwasser sucht, sollte die Abzweigung Richtung Kläranlage nehmen, doch es fehlt nicht nur an der Technik, sondern an jeglichen Ansätzen eines Kanalisationssystems. Und an die Aufgabe, ein Netz von Rohrleitungen in der felsigen Erde Griechenlands zu verlegen (in die selbst Gräber auf Friedhöfen mit Preßlufthammer und auch Dynamit gesprengt werden müssen), mag kein Politiker denken.

Man braucht nicht Pythia zu heißen und delphische Dämpfe einzuatmen, um ein Orakel zu stellen und vorherzusagen, was auf Griechenland in den nächsten Jahren zukommen wird: Die gleiche Lawine, die die meisten nordeuropäischen Länder schon überrollt hat. Das Gefühl, seine Umwelt bewahren zu müssen, wird auch in Griechenland erst dann aufkommen, wenn es fast schon zu spät ist, wenn auf den griechischen Müllkippen derselbe europäische Einheitsschrott liegt. Selbst auf dem Land beginnt der europäische Lebensweg den traditionellen zu verdrängen. Wo es Autos und Motorräder gibt, will keiner mehr auf Eseln reiten, im alten Laden kaufen immer weniger den offenen Reis aus dem Sack, wenn der amerikanische Uncle auf seinen im Kochbeutel Gelinggarantie gibt; schon die Babys liegen in der einen (Einweg)windel, die einfach viel trockener hält als all die anderen. Der Konsumrausch beginnt erst in Griechenland.

Ein ungewöhnlicher Wesenszug kommt hinzu: Der Kühlschrank im Straßengraben stört nicht. So merkwürdig das auch klingen mag, aber die aufgeplatzten Müllsäcke am Wegesrand, die weggeworfenen Kronkorken, die die Straße vor dem Kafeníon pflastern, oder das ölgetränkte Erdreich um die Tankstelle beleidigen nicht das ästhetische Empfinden. Nichts erweckt den Eindruck in Griechenland, als sei es – nach unseren Maßstäben – sorgfältig gepflegt. Blumen werden in leere, verrostete Farbkübel ge-

pflanzt, aus den Flachdächern der gesichtslosen Betonhäuser ragen die Baueisen wie Antennen in den Himmel (für den Fall, noch ein weiteres Stockwerk aufsetzen zu wollen), neben der byzantinischen Kapelle liegen stapelweise leere Flaschen, in denen das Olivenöl für die Öllichter aufbewahrt worden war – wozu soll es Straßenkehrmaschinen geben, wenn es im kommenden Winter doch wieder regnen wird.

Dieses andere Empfinden von Ästhetik paart sich mit einem grenzenlosen Vertrauen in die Belastbarkeit der Umwelt – wenn man sich überhaupt Gedanken über deren Zukunft macht. Ökologie, ein Wort, das wir einst aus dem Griechischen übernommen haben, ist in Griechenland in Vergessenheit geraten. In einer Gesellschaft, die wie kaum eine andere an heute denkt, in der der momentane Augenblick so viel mehr als die nächste halbe Stunde zählt, haben es vorausblickende Ökologen schwer. Wo das Morgen schon Science-fiction ist, wird der Umweltschutz zum Mentalitätsproblem.

## Keine Arbeit an der Basis

Erste Details, die das Umdenken erahnen lassen, gibt es bereits. An Tagen, an denen die Smog-Belastung der Athener Luft wieder einmal jenseits von Gut und Böse liegt, dürfen seit einigen Jahren im Vierundzwanzig-Stunden-Turnus nur noch Autos mit gerader bzw. ungerader Nummer fahren. Der Nutzen dieser Regelung ist fraglich, da der höhere Lebensstandard vielen einen Zweitwagen erlaubt, jeweils mit dem anderen Kennzeichen. Das ohnehin überlastete Nahverkehrssystem würde den zusätzlichen Andrang ohnehin nicht verkraften, der Ausbau des Athener U-Bahn-Netzes wird sich noch über Jahre hinziehen. Ähnlich ist es mit dem Ansiedlungsverbot weiterer Industrieanlagen im Stadtgebiet: Alle paar Jahre vergrößert die Regierung die Schutzzone um Athen, in der keine neuen Schlote mehr die Luft verpesten dürfen, und jedesmal aufs neue wird direkt an der Grenze der tabuisierten Region weitergebaut, möglichst nahe an Athen eben. Die Subventionen der Regierung für diejenigen, die in der Provinz investieren, können den Nachteil, ab vom Schuß zu sein, nicht aufwiegen.

Erste Versuche, Sammelcontainer für Flaschen oder Weißblech aufzustellen, scheiterten zumeist kläglich. Es fehlt an der nötigen vorausgehenden Aufklärungsarbeit und am Interesse. 1990 gab es beispielsweise laut FAO, der Organisation für Ernährung und Landwirtschaft in der UNO, keinen einzigen Quadratmeter griechischer Erde, auf dem biologische Produkte angebaut wurden. Mittlerweile besitzt Griechenland – auf Drängen der EU – sogar ein eigenes Ministerium für biologische Landwirtschaft, eine Handvoll Agrarbetriebe verzichtet auf den Einsatz künstlicher Düngemittel und giftiger Pestizide. In den Regalen griechischer Supermärkte stehen trotzdem keine Bio-Produkte; die Nachfrage ist gleich Null. Einer der «grünen Pioniere» Griechenlands, ein Olivenölhändler, der ein Biokonzept für umsteigewillige Bauern erarbeitet hat und betreut, ist gar kein Grieche. Seine Firma zählt heute mit zu den (wenigen) größeren Betrieben, die die ökologische Variante praktizieren, das «grüne Öl» jedoch komplett ins Ausland exportieren.

*BIOnierarbeit: Das «grüne» Olivenöl ist bis auf den letzten Tropfen für den Export bestimmt*

Ökologische Basisarbeit wird in Griechenland nicht verrichtet. Die wenigen Umweltschutzorganisationen, meist internationale wie der World Wide Fund for Nature (WWF), der seit 1991 ein eigenes Büro in Athen hat, engagieren sich für wenige Großprojekte. International beachtet sind vor allem die seit vielen Jahren laufenden Bemühungen zur Rettung der Mittelmeermönchsrobbe auf der Insel Kephaloniá sowie der sogenannten

Unechten Karettschildkröte auf Zákynthos. Beide Tierarten sind vom Aussterben bedroht, die Robbe gehört zu den zwölf am stärksten bedrohten Spezies der Welt. Die Situation ist auf Zákynthos geradezu klassisch, die Interessen der Menschen und der großen Wasserschildkröten könnten nicht ähnlicher und zugleich gegensätzlicher sein. Die großen, oft über einhundert Kilo schweren Tiere reisen Jahr für Jahr mehrere tausend Kilometer, um am schönsten Strand der Insel ihre Eier zu vergraben, an jenem Strand ausgerechnet, den ebenfalls Tausende von Kilometern an-

gereiste Touristen zu ihrem Lieblingsgrill gekürt haben. Die einen brauchen den weichen Sand dazu, um in Ruhe ihre Eier einzugraben, die anderen, um ihre Sonnenschirme hineinzubohren und Sandburgen zu bauen. Eine Lösung war lange Jahre nicht in Sicht, die finanziellen Reize für die Tourismusbranche auf der Insel waren höher als moralische Bedenken. Mittlerweile ist es dem WWF gelungen, weite Teile des Areals aufzukaufen und unter Schutz zu stellen. 900 Millionen Drachmen hat dieses Werk gekostet.

# HOMERS HUMOR
*«Unauslöschlich Gelächter»*

**G**leich im zartesten Kindesalter gibt man den Unmündigen (...) Homer als erste Kost. Fast noch als Wickelkinder benetzen wir mit der Milch seiner Worte unsere Seelen. Er ist bei uns (...), wenn wir allmählich reifer werden, im Erwachsenen blüht er erst richtig auf und wird uns bis zum Greisenalter nie überdrüssig. (...) Man könnte sagen, daß der Mensch mit Homer erst am Ende ist, wenn er stirbt.» Herakleitos hat diese Worte vor rund 2000 Jahren über den wichtigsten Autor des antiken Griechenlands geschrieben, vielleicht, weil Wegbereiter einer Geistesströmung, den wichtigsten Mann jener Zeit überhaupt.

Und heute? Der Kulturhistoriker Joachim Fernau schätzte das kulturelle Interesse seiner Generation Tausende Jahre später ganz anders ein: «Wenn in den flauen Sommer-monaten unsere nimmermüden Zeitungen ihre berühmten Umfragen abhalten, welche drei Bücher man, auf eine einsame Insel verschlagen, um sich haben möchte, so lautet das Resultat immer: die Bibel, Homer und – jetzt folgt ein möglichst abwegiges Werk, das von der feinsinnigen Individualität des Befragten zeugt. (…) Ich will Ihnen sagen, welche drei Bücher die meisten Menschen in Wahrheit auf der einsamen Insel bei sich haben möchten: einen Radioapparat, ein Motorboot und eine Kiste Zigaretten.»

**Bibel und Fibel**

Es geht um zwei «Textsammlungen» – so könnte man die beiden Werke wohl am neutralsten bezeichnen – namens *Ilias* und *Odyssee*. Um die berühmte und noch mehr berüchtigte «homerische Frage» gleich zu

103

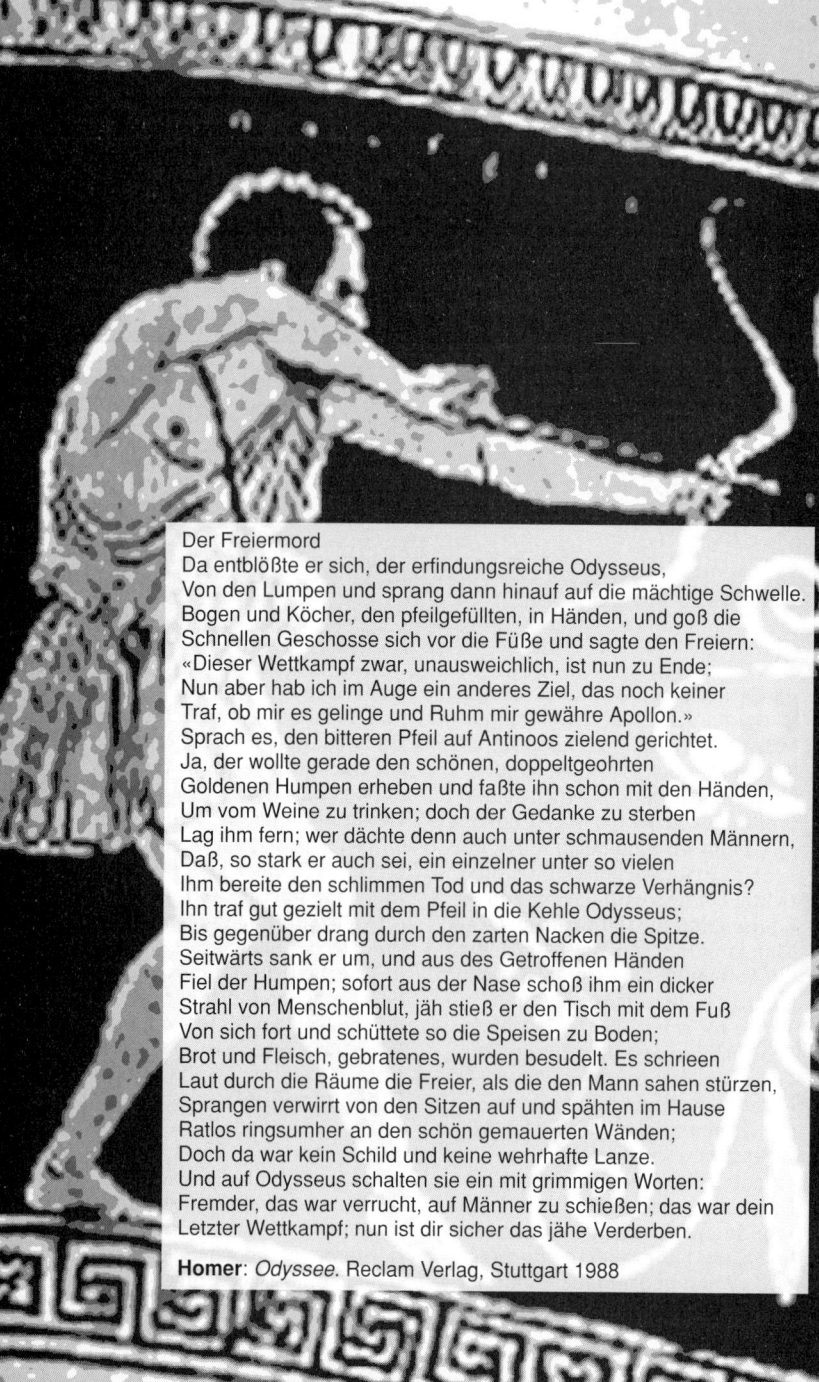

**Der Freiermord**
Da entblößte er sich, der erfindungsreiche Odysseus,
Von den Lumpen und sprang dann hinauf auf die mächtige Schwelle.
Bogen und Köcher, den pfeilgefüllten, in Händen, und goß die
Schnellen Geschosse sich vor die Füße und sagte den Freiern:
«Dieser Wettkampf zwar, unausweichlich, ist nun zu Ende;
Nun aber hab ich im Auge ein anderes Ziel, das noch keiner
Traf, ob mir es gelinge und Ruhm mir gewähre Apollon.»
Sprach es, den bitteren Pfeil auf Antinoos zielend gerichtet.
Ja, der wollte gerade den schönen, doppeltgeohrten
Goldenen Humpen erheben und faßte ihn schon mit den Händen,
Um vom Weine zu trinken; doch der Gedanke zu sterben
Lag ihm fern; wer dächte denn auch unter schmausenden Männern,
Daß, so stark er auch sei, ein einzelner unter so vielen
Ihm bereite den schlimmen Tod und das schwarze Verhängnis?
Ihn traf gut gezielt mit dem Pfeil in die Kehle Odysseus;
Bis gegenüber drang durch den zarten Nacken die Spitze.
Seitwärts sank er um, und aus des Getroffenen Händen
Fiel der Humpen; sofort aus der Nase schoß ihm ein dicker
Strahl von Menschenblut, jäh stieß er den Tisch mit dem Fuß
Von sich fort und schüttete so die Speisen zu Boden;
Brot und Fleisch, gebratenes, wurden besudelt. Es schrieen
Laut durch die Räume die Freier, als die den Mann sahen stürzen,
Sprangen verwirrt von den Sitzen auf und spähten im Hause
Ratlos ringsumher an den schön gemauerten Wänden;
Doch da war kein Schild und keine wehrhafte Lanze.
Und auf Odysseus schalten sie ein mit grimmigen Worten:
Fremder, das war verrucht, auf Männer zu schießen; das war dein
Letzter Wettkampf; nun ist dir sicher das jähe Verderben.

**Homer**: *Odyssee*. Reclam Verlag, Stuttgart 1988

Beginn zu «beantworten»: Wer die beiden Epen verfaßt hat, ist unklar. Es könnte Homer gewesen sein. Es könnte aber auch sein, daß es *den* Homer niemals gegeben hat. Alles andere wäre Spekulation.

In der Antike galt seine Existenz als gesichert: «…Hesiod und Homer haben, wie ich meine, etwa vierhundert Jahre vor mir gelebt und nicht mehr», schreibt Herodot in seinen *Historien*. Im 19. Jahrhundert glaubte die Fachwelt überwiegend nicht an die Authentizität Homers, bis sie von einem «Exzentriker» in Staunen versetzt wurde: Heinrich Schliemann nahm Homer beim Wort und grub Städte wie Troja oder Mykéne aus.

Unabhängig davon, ob Homer jemals gelebt hat, ob er im 8. Jahrhundert v. Chr. in Smýrna (heute: Izmir, Türkei) geboren wurde, ob die Epen nun tatsächlich aus seinem Kopf stammen oder inwieweit er überlieferte Einzelgeschichten «nur» in Format gebracht hat, eines steht fest: Bereits hundert Jahre nach Homer war Homer der berühmteste Mensch der abendländischen Welt. Acht Städte wollten zu diesem Zeitpunkt schon sein Geburtsort gewesen sein. Rhapsoden zogen durchs Land und rezitierten seine Verse; auf der Insel Delos und später auch in anderen Orten, so ist es überliefert, wurde die *Ilias* mitunter an mehreren aufeinanderfolgenden Tagen vollständig «aufgeführt».

Homers Texte wurden Schulbücher, mit deren Hilfe schon die Kleinen, bis zum Ende der römischen Republik, nicht nur Lesen und Schreiben übten, sondern auch Gut und Böse unterscheiden lernen sollten: Ruhm und Ehre schließlich waren der Sinn des Lebens. Griechische Schüler der Mittelschule haben noch heute ein Pflichtfach mit dem Titel Odyssee – neben einem, das Altgriechisch heißt.

## «Homer sapiens»

Kollegen Homers, die damals im Trend bleiben wollten, hatten sich an seinen Büchern, seinen Rollen, zu orientieren, deren Inhalte selbst noch Lessing oder Goethe beeinflußt haben. Die *Ilias* und die *Odyssee* galten im gesamten Altertum als Nachschlagewerke für Recht und Ordnung, als ein enzyklopädisches Lexikon für das tägliche Leben, das moralische und gesellschaftliche Grenzen absteckte, dessen Figuren als Idole oder warnend abschreckende Beispiele galten. Selbst bei einem Vorstellungsgespräch galt Homer offensichtlich als beste Referenz: «Mein Vater, darauf bedacht, daß ich ein tüchtiger Mann würde, zwang mich, alle Gedichte Homers auswendig zu lernen. Und jetzt könnte ich die ganze Ilias und die Odyssee aus dem Gedächtnis hersagen (…). Ihr wißt ja sicher, daß der so überaus weise Homer beinahe über alle den Menschen betreffende Angelegenheiten gedichtet hat. Wer nun von euch ein guter Hausverwalter oder Volksredner oder Feldherr werden will oder ähnlich einem Achilleus oder Aias oder Nestor oder Odysseus, der halte sich an mich. Denn ich verstehe das alles.» Der von dem Philosophen Xenophon zitierte Athener Nikeratos war nur einer von vielen, die ihr Selbstbewußtsein auf das Studium der 28000 homerischen Hexameter gründeten. Platon fluchte noch 400 Jahre nach Homer zynisch auf solche einfältigen Selbstgefälligkeiten, fürchtend, daß es seine Landsleute tatsächlich fertigbringen könnten, jemanden gar zum General zu wählen, nur weil er Homer gelesen habe und deswegen alles von Taktik und Kriegshandwerk verstehen müßte. So abwegig waren seine Befürchtungen nicht.

Homer dürfte anfangs nichts anderes als ein «Entertainer» gewesen sein, damals Rhapsode genannt; eine Unterhaltungsform, die weit verbreitet war. Mit den drei entscheidenden Unterschieden, daß Homers Begabung mehr als nur herausragend war, daß er den damaligen Zeitgeist getroffen und geprägt hatte und daß er wohl seine Dichtung als erster in größerem Umfang niedergeschrieben hatte. Die Voraussetzung dafür gab es, denn etwa hundert Jahre vor Homer hatten die Hellenen die phonematische Schrift erfunden, was bedeutet, daß sich von nun an jedem einzelnen Sprachlaut auch ein einzelner Buchstabe zuordnen ließ (im Gegensatz zu früheren Wort- oder Silbenschriften). Es war die erste wirklich vollständige Schrift der Welt. Daß die Hellenen genaugenommen das Alphabet von den Phöniziern abgeschrieben hatten, schmälert diese Leistung kaum. Sie erst vollendeten die phönizischen Grundlagen, indem sie einige unbrauchbare Konsonanten gegen fünf unverzichtbare Vokale austauschten und damit die Schrift perfektionierten. Homers Werke waren somit nicht mehr auf die zuvor übliche mündliche Überlieferung angewiesen. Mehr noch: Homer war der erste, der bisher mündlich Überliefertes schriftlich aufzeichnete.

## Menschliche Götter

Was Homer damals niederschrieb und welche Wirkung die Texte auf Leser und Hörer ausübten, läßt sich kaum mehr nachempfinden – es ist beispiellos in der Literatur. Was wir heute Mythologie, Geschichten und im günstigsten Falle noch Geschichte nennen, war für die Griechen vieler Jahrhunderte Vorbild und Glaube. Homer hatte aus diversen Überlieferungen, aus vielen verschiedenen Göttersagen, eine Religion geschaffen; endlich konnte man nachzählen, wenn man wissen wollte, wie viele uneheliche Kinder Zeus gezeugt hatte, endlich hatte man ein überregional anerkanntes Lexikon, in dem man nachschlagen konnte, welchem Gott sich bei welchen Gelegenheiten was zu opfern ziemte. Was dabei herausgekommen ist, war und ist auf der ganzen Erde einzigartig, denn Homer war subjektiv bei der Auswahl. So manche grausame Überlieferung hatte er unterschlagen, einige üble Wesenszüge der griechischen Götter durch menschliche ersetzt. Es dürfte keine andere Weltreligion geben, die so human wie die Homers war, die das Weltbild und vor allem das Leben – im Gegensatz zum Schattendasein nach dem Tod – nach damaligen Möglichkeiten so freudig und positiv deutete. Das Jetzt und Heute ist bei Homer alles. Daß sich Homers Diesseitigkeit über drei Jahrtausende bis ins heutige Griechenland hinübergerettet hat, ist für die meisten Nicht-Griechen kein Anlaß zum Vorbild (siehe S. 80).

Vielleicht war es kein Zufall, daß der wahrscheinliche Geburtsort Homers im damaligen Ionien lag, einem schmalen Stück Küste in der heutigen Türkei. Ionien war in den zwei, drei Jahrhunderten nach Homer das aufgeklärteste Fleckchen Erde der Welt; keine andere Gegend hatte in so kurzer Zeit so viele

106

*Homer: Vorbild für die halbe Welt*

Denker hervorgebracht: Pythagoras, Xenophanes, Hippokrates oder Heraklit. Tales durfte hier so ketzerischen Gedanken nachgehen wie dem, daß der Ursprung aller Dinge das Wasser sein könnte, hier konnte man vermuten, daß die Erde gar nicht der Mittelpunkt allen Seins sei, durfte ahnen, daß sie womöglich gar nicht flach wie eine Flunder auf dem *Ozeanos* schwimme, sondern sich rund wie ein Ball um die Sonne drehe.

Homers Götter ließen die Menschen ungestraft ihren Phantasien nachgehen, sie konnten lachen, sogar unermeßlich lachen, waren längst nicht unfehlbar und damit «menschlicher» als die meisten ihrer Kollegen. So konnten sich auch die Menschen erlauben, über ihre Götter zu lachen.

## Songs vom lieben Gott

Im achten Gesang seiner *Odyssee* beschreibt Homer selbst einen Rhapsoden, einen Alleinunterhalter, der, wie später so viele im

Lande umherzog und seine Gesänge zum besten gab und für all das zu sorgen hatte, was zwischen Kurzweil und Genuß, zwischen Walkman und Konzert lag. Demódokos heißt er, und er wird angehalten, auf der tönenden Leier zu spielen. «Der aber schlug die Saiten und stimmte den schönen Gesang an / Über des Ares Liebe zur schön mit Kränzen geschmückten / Aphrodite…», heißt es, und jeder der zahlreichen Anwesenden älter als zehn Jahre wußte spätestens jetzt, was kommen würde. Die pikantesten Geschichten sind eben doch jene, die man am besten in Erinnerung behält.

Um Ares und um Aphrodite ging es, um die Göttin der Liebe (besser: Leidenschaft), allerdings verheiratet mit Hephaistos, einem Lahmen, und um den Gott des Krieges, einen Junggesellen. Die beiden trafen sich im Haus des Hephaistos, liebten sich und wurden von Helios beobachtet, vom Sonnengott, der in dem Ruf stand, alles zu sehen. Helios, selbst das Gegenteil von dem, was man sich unter einem treuen Ehemann vorstellt (er hatte so viele Kinder, daß man sie unter dem Begriff Heliaden – Kinder der Sonne – zusammenfaßte), petzte bei Ehemann Hephaistos, Schmied von Beruf. Was macht nun ein gehörnter Schmied? Er «hob aufs Gestell den großen Amboß und schmiedete Fesseln / Unzerbrechlich, unlöslich». Dann «ging er ins Schlafgemach hin, dort wo sein eigenes Bett stand; / Und schlang im Kreise die Fesseln rings um die Pfosten / Und ließ viele von oben herab vom Deckgebälk hängen, / Fein wie Spinnengewebe; die hätte wohl keiner gesehen, / Selbst von den Göttern nicht; so täuschend war es gefertigt». Das war freilich Voraussetzung, daß das Netz selbst für Götter

nicht sichtbar war, denn für Götter war es ja geschaffen. Hephaistos wollte die beiden in flagranti ertappen. Kaum aber hatte Ares seine Aphrodite wieder mit dem Ausruf: «Komm jetzt, Liebe, zu Bett; erfreun wir uns beide des Lagers» ins Bett gelockt, «da fielen / Rings um sie die künstlichen Fesseln des klugen Hephaistos, / Und da gab es kein Regen der Glieder und kein Erheben; Und da sahen sie ein, daß kein Entrinnen mehr möglich». Und nun? Als Gott bietet sich einem ein reiches Repertoire an Möglichkeiten.

Hephaistos aber «brüllte gewaltig und rief zu sämtlichen Göttern: / ‹Vater Zeus und ihr anderen seeligen ewigen Götter, / Kommt und seht hier Dinge zum Lachen und nicht zu ertragen, / Wie mich hinkenden Mann die Tochter des Zeus, Aphrodite, / Immerfort entehrt und liebt den abscheulichen Ares.›» Sie kommen tatsächlich herbei, die Götter. Aber wie verhält man sich als Gott, neben dem Hintergangenen stehend, vor sich zwei Liebende, die sich im Lichte der Öffentlichkeit nichts sehnlicher als einen Coitus interruptus wünschen? «Unauslöschlich Gelächter erhob sich unter den Göttern.» Klar, die beiden müssen ein lächerliches Bild abgegeben haben. Und wer kann sich die herbeigerufenen Zuschauer dieser göttlichen Szene nicht vorstellen, feixend, sogar süffisant witzelnd: «Hermes, Sohn des Zeus, Geleiter, Spender des Guten», so Apollon, «lägest du nicht gern selbst, gezwängt in mächtige Fessel, / Hier im Bett zur Seite der Aphrodite, der goldenen?» – «Möchte das doch geschehen, ferntreffender Herrscher Apollon», antwortet Hermes vor versammelter Mannschaft. «‹Fesseln dreimal soviel, unendliche dürften mich halten, / Zusehen dürftet ihr Götter da und ihr Göttinnen alle, / Dennoch ruhte ich gerne bei Aphrodite, der goldenen.› / Sprach's, und Gelächter erhob sich bei den unsterblichen Göttern.»

Die Zuhörer des Demódokos, der diese Geschichte in der *Odyssee* erzählt hatte, werden zweifellos auch gefeixt und gegrinst haben, die leidenschaftliche Aphrodite und andere Phantasien vor ihrem geistigen Auge. Und Gelächter wird sich auch bei denen erhoben haben, die auf einem Marktplatz stehen und sich diesen Teil der *Odyssee* von einem umherziehenden Rhapsoden anhörten. Auch wenn womöglich ein Großteil der Zuhörer die Geschichte schon gekannt hatte – gut vorgetragen, müssen die *Ilias* und die *Odyssee* immer wieder erheitert, in Spannung versetzt oder das Fürchten gelehrt haben, müssen die beiden Werke unterhalten, als Zitatenschatz hergehalten haben und Wegweiser gewesen sein.

## Tapfer im Kampf und immer in Ängsten

Doch noch ein bißchen homerische Spekulation: Ganz unwissenschaftlich und subjektiv betrachtet, könnte eine Begebenheit dafür sprechen, daß es *den* Homer tatsächlich gegeben hat. Wie der Sophist Alkidamas überliefert, maß sich Homer bei einem Sängerwettstreit mit seinem beinahe ebenso berühmten, wohl aber nicht ganz so populären Kollegen Hesiod und unterlag. Wäre die Überlieferung von einem Homer-Hasser, wäre nicht ausdrücklich betont, daß das Publikum eindeutig für Homer gewesen sei, nur die Jury gegen ihn entschieden habe. Ginge es um einen blinden Eiferer, hätte

Homer vor Volk und Jury bestehen müssen. Wie auch immer: Vor einem breiten Publikum mußten die beiden Dichter verschiedene «Prüfungen» ablegen, unter anderem versuchten sie, sich dabei gegenseitig aus dem Konzept zu bringen. In einer Szene gab Hesiod «Satzfetzen» vor, die Homer zu Ende bringen sollte, live und spontan (kursiv jeweils Homer):

Rindfleisch gab es zum Mahl und die dampfenden Hälse der Pferde – *lösten wir unter dem Joch; sie hatten sich müde gestritten.*

Der war tapfer vor allem im Kampf und immer in Ängsten – *bangte die Mutter um ihn; ist Krieg doch hart für die Frauen.*

Sitzen wir unnütz umher am Strand, so verlassen wir lieber unsere Schiffe und gehen den Weg, um die Schultern geschlungen – *Wehrgehäng, und Schwert und Spieß in den kräftigen Händen.*

Als sie nun aber gespendet und ausgetrunken die Salzflut – *abermals zu befahrene mit gebordeten Schiffen,* rief Agamemnon laut zu den Göttern allen: «Verderbt uns – *nicht auf dem Meer!*»

So betete er und wieder beginnend: «Laßt es euch schmecken ihr Männer und trinkt! Nicht einer der unseren soll das ersehnte Gestade der Heimat erreichen – *wund und siech, nein, heil und gesund kehrt jeder nach Hause!*»

Den Ausschlag für Homers Niederlage gab übrigens die letzte Prüfung, bei der die Kontrahenten jeweils aus ihrem Werk rezitieren sollten. Homers Dichtung, so begründete Schiedsrichter Panedes seine Entscheidung, sei einfach zu kriegerisch. Schade nur, daß Alkidamas diese Geschichte erfunden haben soll.

# MIT LEIB UND SEELE

*Literatur und Musik*

**D**ie Szene ist klassisch und entspricht den Klischeevorstellungen: Ein Mensch hat die Nase voll von Intellekt und Zivilisation, von Etikette und geordneten Bahnen; er beschließt auszusteigen. Schriftsteller war er gewesen, eine «papierverschlingende Maus». Kaum ein Schauplatz hat seit dem 19. Jahrhundert zu solchen Ideen angeregt wie Griechenland. Im vorigen Jahrhundert waren es die Philhellenen, die das antike Hellas in Griechenland suchten, in den sechziger und siebziger Jahren dieses Jahrhunderts die Blumenkinder, die sich an den südlichen Stränden Kretas selbst verwirklichen wollten. Beide Gruppen sind letztendlich gescheitert, weil ihnen das Verständnis

für die einheimische Bevölkerung
gefehlt hatte.

«Der Tintenkleckser», der wieder
Mensch werden wollte, traf in Griechenland einen Menschen, der alle
Berufe beherrscht, «die man mit
Fuß, Hand und Kopf» ausüben
kann. Einen echten Griechen eben,
einen, der alles kann: Aléxis Sorbás.
Die Figur ist ebenso populär geworden, wie Níkos Kazantzákis
(1883 – 1957), der sie kreiert hatte.
Mit dem gleichnamigen Roman, nur
ein «Nebenwerk zur Entspannung»,
ist der Autor über die Grenzen
Griechenlands hinaus bekannt, sogar weltberühmt geworden. Geor-
gius Seféris (1900 – 1971) und Odys-
séas Elýtis (*1911) dagegen kennt
kaum einer, obwohl ihre Werke 1963

Sie zögerte nicht, räumte rasch Speisen und Geschirr beiseite und legte alle Kleider ab, und nackt und mit gelöstem Haar zum munteren Spiel bereit, sprach sie als Venus, die aus den Fluten des Meeres taucht, den marmornen Schoß mit rosiger Hand eher beschattend als züchtig bedeckend: «Auf zum Kampf! und tapfer gekämpft! Ich werde dir nicht weichen und nicht den Rücken kehren; ziele auf mich, wenn du ein Mann bist, greife tapfer an, stoß zu und töte mit Todesverachtung! Hier gilt kein Pardon!» Mit diesen Worten kam sie zu mir ins Bett und ließ sich auf mir nieder, um durch die schaukelnden Bewegungen ihres ranken Leibes mein Verlangen im scherzenden Spiel zu stillen, bis wir mit matten Sinnen und schlaffen Gliedern beide zugleich in gegenseitiger Umarmung hinsinkend unsere Seelen aushauchten.

**Apuleius**: *Der goldene Esel.*
Winkler Verlag, München 1983

und 1979 mit dem Literaturnobelpreis ausgezeichnet wurden.

## Die Volkssprache: dimotikí

Der Sprung in die große, weite Welt ist nur denen gelungen, die die europäische Literatur begründet haben: Homer natürlich als erstem Schriftsteller überhaupt, der Dichterin Sappho, die das (Liebes)lied schuf, Solon, der politische Empfehlungen in Versform verpackte, Aischylos, Sophokles und Euripides, die der Tragödie zu ihrer Blüte verhalfen, Aristophanes glänzte als Komödiendichter, Herodot und Thukydides gingen als erste Historiker in die Geschichte ein, Demosthenes als gewandter politischer Rhetoriker, Sokrates (obwohl er selbst nie die Feder in die Hand genommen hatte), Platon, Xenophon oder Aristoteles wurden durch die Niederschrift ihrer philosophischen Dialoge berühmt, Hippokrates und Theophrast schrieben medizinische Lehrbücher, Lucius Apuleius war der erste Romancier, dessen Werk *Metamorphosen* vollständig erhalten ist, und Pausanias schrieb den ersten Reiseführer: *Beschreibung Griechenlands.*

Die großen Vorbilder wurden den Griechen zum Problem, und anstatt sich 1827, nach knapp vierhundertjähriger Besatzung durch die Türken, auf die Suche nach einer neuen Identität zu machen, bohrten sie in ihrer Vergangenheit und suchten verzweifelt nach einer Brücke. Eine so lange Zeit der Fremdherrschaft, so wurde argumentiert, müsse die griechische Kultur verfälscht haben, das ebensolang währende Verbot, griechisch zu sprechen (das allerdings nie konsequent realisiert worden war), habe ungewollt, aber zwangsläufig zu einer Zersetzung des Griechischen geführt. Um einen möglichst nahtlosen Anschluß an die Zeit vor der Besatzung (besser noch an die glorreiche Zeit der Antike) zu realisieren, führten die Griechen eine künstliche Amtssprache ein, die sich möglichst eng am Altgriechischen orientierte (siehe S. 276). Die künstliche Sprache, die *katharéwussa* (Reinsprache), wurde dem einfachen Volk nie geläufig. Zwar blieb den Kindern in der Schule nichts anderes übrig, als die neue «Fremdsprache» zu lernen, schon auf dem Pausenhof aber quatschten sie wieder *dimotikí*, die natürliche Volkssprache.

Jene, die in dem eben befreiten Land einen neuen Abschnitt der griechischen Literatur begonnen hatten, standen vor der Überlegung, welche Sprache sie dafür verwenden sollten. In der *katharéwussa* zu schreiben bedeutete Nationalstolz, Achtung vor der Vergangenheit und einen neuen Anfang zu machen; es bedeutete Anerkennung in elitären Kreisen, bei Gelehrten, Richtern, Journalisten, kurz: in der Oberschicht, aber eben nur dort. Den breiten Massen blieb die geschwollene, bereinigte Kunstsprache jedoch fremd; der Schneider, der Bauer oder der Bäcker unterhielten sich so, wie sie es in der Wiege gelernt hatten.

Das Ringen um die richtigen Worte dauerte bis in unser Jahrhundert hinein. Erst 1975, ein Jahr nach dem Ende der Militärjunta, wurde die *dimotikí* per Parlamentsbeschluß als Volks- und Amtssprache offiziell eingeführt. Daß sich die *katharéwussa* aber kaum durchsetzen würde, zeigte sich sehr früh in der Literaturszene. Obwohl die Reinsprache vom konservativen Königshaus, von der orthodoxen Kirche sowie unter den Diktaturen Metaxás' (Zweiter Weltkrieg) und Ionnídis' (Junta) nachdrücklich unterstützt bzw. vorgeschrieben wurde, überwog schon Ende des 19. Jahrhunderts zunehmend die *dimotikí* in Lyrik und Prosa. Der in Italien erzogene und später auf der ionischen Insel Zákynthos lebende Dionýsios Solomós (1798 – 1857) gilt als der erste bedeutende Dichter, der sich kompromißlos für die Sprache des Volkes entschieden hatte. Teile seiner *Hymne an die Freiheit* sind heute Textvorlage für die griechische Nationalhymne. Die Titel seiner Werke, *Gedicht auf den Tod von Lord Byron, Die freien Belagerten*, verraten den Inhalt. Kóstas Palamás (1859 – 1943) schloß sich an und wurde mit seinem umfangreichen Werk zu einem Zugpferd in der Literaturszene, von dem zahlreiche griechische Autoren beeinflußt wurden. Mit zu den Pionieren der *dimotikí* gehört auch Andréas Karkavítsas (1866 – 1922). Seine ersten beiden Romane schrieb der studierte Mediziner noch in der *katharéwussa*, bei seinem dritten Buch *Der Bettler* (1896) hatte sich Karkavítsas schon für die Sprache des Volkes entschieden. Ähnlich wie bei Karkavítsas geht es auch in Eva Vlámis' (1920 – 1974) Erzählungen um dörfliche Atmosphäre, Brauchtum, Glaube und Aberglaube, um Vorurteile und die Dummheit des einfachen Volkes aufgrund fehlender Bildungsmöglichkeiten. Bei ersterem führt der gerissene Bettler, der sich die Leichtgläubigkeit der Menschen zunutze macht, ein ganzes Dorf an der Nase herum und schließlich in die Katastrophe, in Vlámis' *Am Webstuhl des Mondes* ist es eine wohlhabende Frau, die

den Tod ihres Sohnes verdrängt und diesen mit einem – ahnungslosen – Mädchen aus der Nachbarschaft verlobt.

## «Alles war als wie erstickt»

Wie praktisch alle Themen in Griechenland ist auch die gesamte neuere kulturelle Szene von den wechselhaften historischen Ereignissen des Landes geprägt. Wo fremde Besatzer nahezu 400 Jahre Griechisches für tabu erklärt hatten, wo selbst die Sprache verboten war, wurden Unterdrückung, Aufstand und schließlich die neue Freiheit zu den alles beherrschenden Themen. «Holde Freiheit sei gegrüßt» dichtete Solomós noch während des Unabhängigkeitskampfes und blickt auf die «Sklaverei» und die «Furcht» der Vergangenheit zurück: «Alles war als wie erstickt.»

In der zweiten Hälfte des 19. Jahrhunderts zogen die Kollegen Solomós' mit diesem gleich und etablierten die *dimotikí* in der griechischen Literatur. Die nationalen Probleme blieben weiterhin Thema, es gab deren genug: den verlorenen griechisch-türkischen Krieg (1897), den Ersten Weltkrieg, die Kleinasiatische Katastrophe 1922/23, den Zweiten Weltkrieg, den sich anschließenden Bürgerkrieg und schließlich die Militärjunta von 1967 bis 1974.

Der Sprung ins Ausland ist nur Kazantzákis gelungen, weil er als eher folkloristischer Dichter griechische Charaktere beschreibt, wie man sie selbst in Griechenland kennenlernen kann, wenn man mit offenen Augen durchs Land reist – und natürlich, weil Anthony Quinn den Sorbás im gleichnamigen Film so grandios dargeboten hat. Wer dage-

*Sprengstoff: Mikis Theodorákis machte politische Lyrik zu Hits*

gen Joánnis Rítsos (1909–1990) lesen will, muß schon wissen, daß es in Griechenland vor gar nicht allzu langer Zeit noch Indexlisten für Bücher und Gefangenenlager für Menschen gegeben hat. Rítsos wurde schon in den dreißiger Jahren als engagierter Kommunist und linksgerichteter Lyriker berühmt und berüchtigt und landete 1948 prompt für vier Jahre im Gefängnis. Zwischen zwei Guerilla-Organisa-tionen, die während des Zweiten Weltkriegs gegen den Faschismus gekämpft hatten, war es zum Bürgerkrieg gekommen, weil die Linken aufgelöst und die Rechten etabliert werden sollten. Wer die Hintergründe in Romanform nachlesen will, kann sich das Buch *Eléní* von Nicolas Gage besorgen. Der nach Amerika ausgewanderte Autor, heute Journalist bei der *New York Times*, hat das Leben und den Tod seiner Mutter Eléní rekonstruiert, die in diesem Bürgerkrieg ums Leben kam. Das Buch wurde mittlerweile in viele Sprachen übersetzt und war in Deutschland lange Monate auf Platz eins der Bestsellerliste. Zum zweitenmal erwischte es Rítsos 1967, als das Militär für sieben Jahre Griechenland in eine Kaserne verwandelte und Oppositionelle nicht nur festnahm, sondern auch folterte. Auch diese Repression ist literarisch verarbeitet, beispielsweise von Oriána Falláci. Die italienische Journalistin beschrieb in *Ein Mann* halbdokumentarisch die Liebesgeschichte zwischen ihr und Aléxandros Panagúlis, jenem Widerstandskämpfer, der ein mißlungenes Attentat gegen die Führung unternommen hatte. 1972, zwei Jahre vor dem Ende der Junta, wurde Rítsos aus gesundheitlichen Gründen freigelassen. Kein Wunder auch, daß in seinen Texten, die er teilweise im KZ geschrieben und in versiegelten Flaschen versteckt hatte, um «Freiheit oder Tod» geht, daß er «Haltet die Fahne» ruft, auch wenn «die Panzer rollen über die Knienden».

## Musikalischer Ersatz und neue Töne

Wer schon einmal bei einem griechischen Fest eingeladen war, wird es wissen: Musik und Tanz sind Ausdrucksformen, die einen entscheidenden Stellenwert in Griechenland haben. Musik und Tanz, das heißt freilich Volksmusik und Volkstanz. Natürlich haben moderne Pop-Musik und Disko-Rhythmen nicht vor den Grenzen Griechenlands haltgemacht, aber wenn man außerhalb der Reichweiten kleinerer Rundfunksender, außerhalb der Städte also, das Radio einschaltet, sind es fast ausschließlich die für uns so ungewohnten griechischen Rhythmen

und Melodien, die erklingen. Während das Land von den Türken besetzt war, waren Musik und Tanz praktisch die einzigen legalen künstlerischen Ausdrucksmittel, die es gab. Bücher zu schreiben fällt schwer in einer Zeit, in der die eigene Sprache und Schrift verboten waren. Die Melodien klingen so ungewöhnlich, weil das Volkslied auf den byzantinischen Kirchengesang zurückgeht. Griechische Ohren haben – nicht zuletzt dadurch – ganz eigene Klangvorlieben entwickelt. Die Polyphonie war verboten, die Homophonie, die Einstimmigkeit, gehört dazu, sogenannte irrationale Intervalle, die weniger als einen Halbton voneinander entfernt liegen, oder Rhythmen wie der 5/8-, der 9/8-, der 9/4- oder häufig 7/8-Takt.

Handelten Literatur und Musik lange Zeit und auch später immer wieder vom Widerstand, kamen in den zwanziger Jahren dieses Jahrhunderts neue Impulse hinzu. Für Stoff sorgten der Erste Weltkrieg, der verlorene Feldzug (1918–1922) gegen die Türkei, der als «Kleinasiatische Katastrophe» in die Geschichte eingegangen ist, und die diesem Ereignis folgende Welle von über einer Million Flüchtlingen, die Griechenland überschwemmte. Stratís Myrivílis (1892–1969) wurde mit dem Antikriegsroman *Das Leben im Grab* bekannt, der immer wieder mit Erich Maria Remarques *Im Westen nichts Neues* verglichen wird, aber längst nicht so populär wurde. Die beginnende Verstädterung wird thematisiert, soziale Konflikte treten auf, das Elend und die fehlenden Perspektiven der Flüchtlinge, die zu Hunderttausenden sich in Athen ein neues Leben aufbauen wollen, beherrschen die Szene. In den gettoähnlichen Gebieten in Athen entwickelte sich der *Rembétiko*, eine Art städtisches Volkslied, das sich aus Elementen der Emigranten und der Eingesessenen zusammensetzt. Der *Rembétiko* nahm kein Blatt vor den Mund. Es war der unterste Satz der Gesellschaft, der von den Slums erzählte, von den Hafenkneipen und Huren, von Krankheit und Tod, von Liebe natürlich, von Haschisch und der Polizei, vom Gefängnis. In letzterem landeten viele Musikanten, denn *Rembétiko* eckte an. Die *Bousoúki*, dieses gitarrenähnliche Saiteninstrument, das heute das Symbol für griechische Weisen ist, aber erst in jener Zeit aufkam, wurde damals ebenso verboten, wie die aufmüpfigen Lieder selbst. Doch Razzien und Gefängnisstrafen konnten die neue Musik nicht aufhalten, im Gegenteil: Solche Eingriffe in die Szene lieferten neuen Stoff. Entschärft wurde die Situation mit den Jahren nicht von Gesetz und Polizei, sondern von der Plattenindustrie. Der Vertrag mit dem Tonstudio brachte Komponisten und Interpreten ganz von allein dazu, ihren Songs die gesellschaftskritischen Spitzen zu nehmen.

Musik war auch später in Griechenland politisches Ausdrucksmittel, und Míkis Theodorákis (geb. 1925), der heute der bekannteste zeitgenössische griechische Musiker und Komponist ist, verbrachte mehrere Jahre seines Lebens im Gefängnis. Seine Idee hört sich zwar simpel an, barg aber Sprengstoff. Er wollte die Lyrik griechischer Autoren als anspruchsvolle Textgrundlage verwenden, die traditionelle und sehr vielseitige griechische Musik künstlerisch weiterentwickeln und diese Symbiose schließlich

einem breiten Publikum zugänglich machen. Gegen die Weiterentwicklung der Musik dürfte niemand Einspruch erhoben haben, aber Theodorákis suchte sich die «falschen» Texter aus, unter anderem Rítsos, den er im Gefängnis kennengelernt hatte.

Im Zweiten Weltkrieg und dem daran anschließenden Bürgerkrieg (bis 1949) war der ideologische Graben zwischen links und rechts größer geworden. Widerstandsliteratur linker Autoren war verboten worden. Theodorákis landete 1947 wegen Mitgliedschaft bei den kommunistischen Partisanen im Gefängnis. Es war nicht das letzte Mal, denn mit seinem antifaschistischen Engagement und seinen immer populärer werdenden Liedern zog der Komponist auch den Haß der Junta-Diktatur auf sich.

Heute ist Theodorákis der Mann in der griechischen Musikszene schlechthin, gegenüber dem alle seine Kollegen, wie Jánnis Markópulos oder Mános Chazidákis, zumindest auf internationaler Ebene, unscheinbar wirken. Theodorákis vertonte unter anderem Texte von Rítsos, Seféris und Elýtis. Berühmt geworden ist der Liederzyklus *Epitafíos* (nach Rítsos) sowie das Oratorium *Gepriesen sei* von Nobelpreisträger Elýtis.

Aufnahmen von Theodorákis gibt es selbst in deutschen Plattenläden. Einen Eindruck von seiner Kunst erhält man auch in *Aléxis Sorbás*, dessen Filmmusik er komponiert hat. Anthony Quinn schwingt nach seinen Rhythmen die Hüften und bringt auf diese Weise wohl am besten griechisches Lebensgefühl in Kinosaal oder Wohnzimmer. Quinn tanzt (einen ungefähren) Sirtáki, und er tanzt ihn wie die Griechen: mit Leib und Seele.

# BROT IN KÖRBEN, WEIN IM NAPFE

*Küchen ohne Kulissen*

**P**sári heißt das Gericht, mit dem sich viele Griechenlandurlauber vierzehn Tage lang vom Schweinebraten erholen wollen, *Psarotavérna* das Lokal, nach dem sie dementsprechend Ausschau halten. Aber so viel Fisch wird in Griechenland gar nicht angeboten, so viele Fischlokale gibt es nicht. Das Mittelmeer ist, wie die meisten Gewässer der Erde, überfischt, auch die Griechen haben die Idee, mit engmaschigen Netzen zu fangen, nicht zu Ende gedacht, von der Methode, mit Dynamit zu arbeiten, ganz zu schweigen. Hinzu kommt, daß der Salzgehalt ein paar Promille über dem anderer Meere liegt, was zu sammen mit einigen anderen Faktoren zu einem geringeren Nährstoff- und demzufolge auch Fischangebot führt. Und so kaut man dann wieder auf dem herum, was man von den vielen «Philgermanen» – alleine in Hamburg gibt es 337 griechische Lokale (1990) – zur Genüge kennt: *souvláki* (Fleischspießchen) oder *biftéki* (Hackfleischbällchen) mit *patátes* (Kartoffeln) und *choriátiki* oder *láchano* (griechischer bzw. Krautsalat), adrett auf dem überladenen Teller drapiert – hier wie dort nur Zugeständnisse an deutsche Gaumengewohnheiten und Quantitätsansprüche. Was den Unmut noch vergrößern mag, ist die

Tatsache, daß die Speisekarte in der Regel viel kürzer ist als die der gewohnten (deutschen) griechischen Küche und sich die Griechen in Griechenland zudem partout nicht davon überzeugen lassen wollen, das Essen heiß zu servieren. Nach einer Woche schließlich kommen vielen die lauwarmen *patátes* und der in den ersten Tagen so begehrte *choriátiki* schon zu den Ohren heraus – trotz sonnengereifter Tomaten, saftiger Gurken, frischem Schafskäse und delikatem Olivenöl.

Dabei ist es gerade das, womit die Küche ihre besonderen Effekte erzielt: Die kurze Speisekarte steht für die Frische und Hochwertigkeit der Zutaten. Der Geschmack der Speisen wird selten durch allzu viele Gewürze verfremdet, die meisten Köche beschränken sich in der Regel auf Salz, Pfeffer und ihr Lieblingskraut Oregano natürlich. Wo Ausnahmen die Regel bestätigen und die Vielfalt erhöhen, drängen sich Vergleiche mit der orientalischen Küche auf. Fleisch wird dann mit Muskat und Zimt gewürzt, wie beispielsweise bei der *musaká*, einem Hackfleisch-Auberginen-Auflauf, der in der Kasserolle mit einer Art Béchamelsauce überbacken wird. Die vierhundertjährige Besatzung durch die Türken hat ihre Spuren auch in den Töpfen hinterlassen.

Zur Abrundung und auch Verfeinerung dient immer und überall Olivenöl, fast ausschließlich jenes, das aus der ersten Kaltpressung stammt und ernährungsphysiologisch zu den verträglichsten Fetten überhaupt zählt. Verfeinerung heißt auch, das Essen vor dem Servieren bewußt etwas abkühlen zu lassen, lauwarm kommt der Geschmack besser zur Geltung, sagen die Griechen. Das Öl aber lediglich als

I-Tüpfelchen der griechischen Kochkunst zu bezeichnen, wäre weit untertrieben. Es ist die Grundvoraussetzung schlechthin. Wer aus dem Pommes-frites-Alter schon herausgewachsen sein mag, sollte sie in Griechenland noch einmal probieren. Wo sonst bekommt man heute Pommes nicht aus Kartoffelmehl, sondern aus echten Kartoffeln – und noch dazu in *extra vergine* Olivenöl fritiert?

## Kein Gericht ohne Olivenöl

Daß man das *tsatsíki*, diesen Quark mit Knoblauch und Gurken, daheim beim Essen für Freunde doch nicht so hinbekommt, wie er in Griechenland geschmeckt hat, liegt an zwei Kleinigkeiten: Erstens braucht man dafür Yoghurt mit einem Anteil von mindestens zehn Prozent Fett und zweitens einen kräftigen Schuß fruchtig grünen Olivenöls. Ohne Öl geht nichts. Bohnen beispielsweise werden, wie Gemüse überhaupt, in Öl (und Tomatensauce) und nicht in Wasser gekocht. Die Zubereitung ist so einfach und gleichzeitig das Ergebnis so schmackhaft, daß man das Desinteresse der meisten Köche an überflüssigen «Verzierungen» verstehen kann: Zwiebeln in viel Olivenöl andünsten, etwas Knoblauch dazu, darin die grünen Bohnen schwenken, geschälte und pürierte Tomaten hinzugeben und mit Salz und Pfeffer abschmecken, sobald das Gemüse weich ist. Nicht anders werden auch Auberginen, Zucchini oder Karotten zubereitet.

Kaum ein Gericht kommt ohne Olivenöl aus. Fleisch oder Fisch wird darin gebraten, die *lukániko*, eine Art griechische Krakauer, lagert in Olivenöl zur Konservierung,

Olivenöl in der Suppe, im *tsatsíki* und den vielen anderen Dips, in die das Fleisch getaucht werden kann; einen Schuß über den *féta*, den Schafskäse, und natürlich großzügig über den Salat. Von «light» wollen die Griechen nichts wissen, und wer nach dem Essen diese Mischung aus Olivenöl, Tomaten-, Gurken- und Zitronensaft, kleinen Brocken von *féta* und Oregano mit einem Stück frischen Weißbrot vom Salatteller aufgetunkt hat, wird wissen, warum nicht. Daß einem das Abendessen trotzdem nicht schwer im Magen drückt, liegt eben gerade an jener Zutat, die die Griechen nach nicht-griechischem Ermessen zu überschwenglich verwenden: dem Olivenöl. Das ungesättigte Fett ist sehr bekömmlich, regt den Stoffwechsel an und soll bei erhöhtem Cholesterinspiegel gar Wunder wirken.

Den ersten Ölbaum pflanzte die Göttin Athene als ein Geschenk auf der Akropolis. Besser hätte sie es nicht treffen können. Die Griechen waren dermaßen begeistert, daß sie sich bei der Göttin gleich dreifach bedankten: Sie bauten ihr einen Tempel auf dem Hügel, ließen von Phidias, ihrem besten Bildhauer, eine Statue anfertigen (die zwar verschollen ist, aber zu den Sieben Weltwundern zählt) und benannten die Stadt nach ihr, die heute die Hauptstadt Griechenlands ist und nach wie vor denselben Namen trägt: *Athíne*. Botaniker wollen wissen, daß der Ölbaum eine der ältesten Kulturpflanzen überhaupt ist und nachweislich schon seit dem dritten Jahrtausend v. Chr. in Teilen Vorderasiens angebaut wird. Bei den Olympischen Spielen der Antike wurden die Sieger (unter anderem) mit einem Kranz seiner Zweige geehrt, der Ölbaum galt als

*Handarbeit: nur zwei bis acht Kilo Öl pro Baum*

Zeichen von Glück, Fruchtbarkeit und Unsterblichkeit, bei Christen und Juden als Symbol für den Frieden. Nach wie vor reiben die Griechen den Körper des Babys vor der orthodoxen Taufe mit Olivenöl ein, Öllichter spenden Licht in der Kirche, und selbst die Knochen der Verstorbenen werden (nach fünf Jahren Ruhe im Grab) mit geweihtem Olivenöl balsamiert, bevor sie in Holzkistchen verpackt und in Gebeinhäusern aufbewahrt werden.

Die Spuren der Göttin sind nicht mehr wegzudenken, weder aus der Küche noch aus dem Land. 127 Millionen dieser knorrig verknoteten Bäume mit ihren silbrig grün schimmernden Blättern – Olivenbäume können tausend Jahre und älter werden – stehen breitbeinig auf dem mageren Boden und tragen doch so fette Früchte. Vorsicht: Direkt vom Baum in den Mund (die Ernte zieht sich von November bis Februar), schmeckt die Olive grauenhaft bitter. Die im reifen Zustand je nach Sorte grünen oder schwarzen Eßoliven müssen vor dem Verzehr erst eingeschnitten und dann mehrere Wochen in Salzwasser gewässert werden, um sie von den Bitterstoffen zu befreien. Für die weitere Behandlung hat jeder Olivenbauer sein eigenes Rezept. Die einfachste Form ist jene, sie in einer Mischung aus Salzwasser und Essig einzulegen; aber der Phantasie sind keine Grenzen gesetzt: Zutaten wie Knoblauch, Oregano und Rosmarin, Salz und etwas Zitrone lassen die kleine Frucht zur Delikatesse werden. In weit größerem Umfang wird jedoch die Ölolive kultiviert, die zwar kleiner, aber ölhaltiger und für den Laien von der größeren Eßolive kaum zu unterscheiden ist. Die Früchte werden zermahlen, der Brei

wird gepreßt, die dunkelbraune ölige Flüssigkeit schließlich mit Wasser vermischt, zentrifugiert und dadurch gereinigt. Das grüne Öl, das dabei entsteht, ist neben Tabak, Baumwolle, Wein, Obst, Gemüse, Sultaninen und Korinthen eines der wichtigsten landwirtschaftlichen Exportprodukte. Einen beträchtlichen Teil der Ernte behalten die Griechen selbst, ein Jahresverbrauch von etwa vierzig Kilo pro Kopf ist Durchschnitt.

Angesichts solcher «Rohstoffe» klingt das Sprichwort «Wo ein Esel verhungert, kommen drei Griechen noch ganz gut über die Runden» nach Blasphemie, wenn man zudem auf dem Wochenmarkt oder im Gemüsegarten hinter dem Haus sieht, was die karstige griechische Erde alles hervorbringt, wenn sie nur ausreichend bewässert wird. Aber in ländlichen Regionen war der eigene Gemüsegarten jahrhundertelang die Überlebensgrundlage schlechthin, und noch heute sind in der Provinz, dort, wo sich viele traditionelle Strukturen erhalten haben und die Versorgung von Hausvieh und Garten zu den Pflichten der Frau gehört, viele Familien mehr oder weniger autark. Jedes Kind kennt genießbare wildwachsende Kräuter, Gräser und Pflanzen, welche man gekocht oder auch roh (zum Beispiel die süßen geschälten Stiele einer Brennessel) verzehren kann; alte Frauen sammeln «Grünzeug», *chórta*, um es selbst zuzubereiten oder am Markt bündelweise zu verkaufen. Gekocht, mit Salz, etwas Pfeffer und Zitrone abgeschmeckt und – natürlich – mit Olivenöl beträufelt, ist es eine herbe Alternative zu Spinat. Eigentlich ist ein solches Gericht unbezahlbar, wenn man berechnet, wie lange sich

*Traditionell: Große Steinräder zermahlen die Oliven zu einem Brei...*

das Sammeln und auch Putzen der grünen Blätter hinzieht.

## Immer der Nase nach: Abenteuer Markt

Es muß nicht unbedingt der Markt in Athen sein, wenn man das schier orientalische Flair einer griechischen *agorá* erleben will. Doch in Athen ist die Atmosphäre sicherlich am beeindruckendsten. Seit knapp 120 Jahren haben sich die Markthallen dort halten können, wo sie eigentlich hingehören: direkt im Zentrum, dort, wo das Pflaster unbezahlbar geworden ist, zwischen Omónia-Platz und Monastiráki, in der *Odós Athinás*. Aus der lauten, hektischen Welt einer Großstadt dringt man in eine andere Welt ein,

die noch lauter und noch hektischer ist, kaum daß man eines der Eingangstore durchschritten hat.
«*Élaaa, kotópulaaa écho*», schreit es einem plötzlich ins Ohr, «kommt, Leute, Hühner habe ich zu verkaufen!» Lämmer, Zicklein, Schweine, Kälber und Rinder hängen kopfüber an Hunderten von Fleischerhaken, Berge von Hühnern türmen sich auf den Ständen, Stallhasen daneben, noch lebendes Geflügel flattert in den Käfigen oder liegt mit zusammengebundenen Beinen apathisch auf dem Boden; dazwischen preisen Metzger mit blutbespritzter Schürze, Messer wetzend, mit heiserer Stimme ihr Fleisch an. Durch die vielen Rundbogenfenster und das zum Teil verglaste Dach fällt Licht in die hohen Hallen, die an einen im vorigen Jahrhundert erbauten Kopfbahnhof erinnern; die Stände werden zusätzlich von unzähligen 25-Watt-Glühbirnen be-

*... aus dem zwischen Bastmatten das Öl gepreßt und mit Wasser vermischt wird*

leuchtet, die nackt an den Kabeln auf Augenhöhe hängen und ihr weiches Licht vorteilhaft auf die Waren werfen.

Durch mehrere Verbindungsgänge geht es in die Halle daneben, übergangslos von Fleisch und Blut zu den *psária fréska*, den «frischen Fischen». Das Kilo Seezunge kostet hier nicht mehr als nebenan die gleiche Menge Kalbsschnitzel, Seeteufel, Kalamári oder auch Scampi sind erheblich preiswerter. Ständig bespritzen die Händler ihre Ware mit Wasser, damit die Haut der Tiere glänzend bleibt, halten einem den Fisch zum Prüfen unter die Nase. In Griechenland darf man noch anfas-

sen, was man zu kaufen beabsichtigt, darf am Kopf des Fisches geschnuppert werden, um zu testen, ob er womöglich nur frisch aussieht. Kühler ist es hier von dem vielen Eis, auf dem die Barben, Meeräschen, Sardinen, Austern, Langusten, Miesmuscheln, Thunfische in großen Mengen liegen. Meeresgetier scheint es doch genügend zu geben. Aber der Schein trügt. Der Athener Markt ist der Brennpunkt der Hochseefischerei, auf dem sich all das sammelt, was die großen Kutter nach tagelangen Fahrten in ihren riesigen Netzen gefangen haben. Der kleine Fischer, der abends vor seiner Heimatküste die Netze auslegt, kommt am nächsten Morgen vergleichsweise mit leeren Händen nach Hause. Und selbst während der Fangsaison muß tiefge-

kühlter Fisch aus dem Ausland ein-
geflogen werden, um die Nachfrage
decken zu können.

Mit Taschen und Tüten beladene
Menschen drängen sich zwischen
den Ständen in den Gängen, die so
eng sind, daß der, der verweilt, um
zu kaufen, einen Stau auslöst. Ellen-
bogen fordern Vorfahrt, die Menge
ist bunt, auf der *agorá* decken sich
alle Schichten mit dem ein, was
Griechenland an frischen Nahrungsmitteln zu bieten hat. Gegenüber den Fleisch- und Fischhallen,
auf der anderen Straßenseite, preisen die Händler Obst und Gemüse
unter freiem Himmel an. Das Angebot ist nach wie vor saisonbedingt,
denn vieles von dem, was in griechischen Gewächshäusern angebaut
wird, ist für den Export bestimmt.
Die vergleichsweise magere Auswahl im Winter – vorwiegend Kohl,
Kartoffeln und grüner Salat –
gleicht ein Überfluß an Zitrusfrüchten wieder aus. Orangen, Mandari-
nen und Zitronen werden im Herbst
und Winter geerntet. Im Januar ist
der Preisverfall so stark, daß man
für den Gegenwert einer Schachtel
Zigaretten zwanzig Kilo Orangen
kaufen kann.

Im Sommer herrscht schier Überfluß. Was für ausländische Märkte
«grün» geerntet wird und dann in
den Obstkästen auf dem langen
Weg dorthin «nachreifen» soll, hat
in Griechenland noch Zeit, Aroma
zu sammeln, bevor es direkt vom
Baum oder der Staude zu den Ver-
kaufsständen kommt: Tomaten,
Wasser- und Honigmelonen, Avoka-
dos (ähnlich der Banane müssen sie
schon weich sein und Flecken haben, wenn sie schmecken sollen),
das ganze Jahr über frische Kartoffeln; Aprikosen, Kiwis, Ar-
tischocken, Knoblauch, schwarz

*Kostprobe: Das «grüne Gold» läuft gerei-
nigt aus der Zentrifuge*

glänzende Auberginen, Bohnen, Erbsen, Zucchiniblüten, Kirschen, frische Kräuter – was das Herz begehrt.

Das Einkaufen wird zum Abenteuer. Auf dem Markt herrscht Eile, seine «Infrastruktur» scheint unüberschaubar, das Geschrei der Händler mag irritieren – man sollte sich trotzdem Zeit nehmen und wie die Griechen um die zartesten Salate und knackigsten Karotten kämpfen. Zwar läßt der Konkurrenzdruck der Händler kaum Preis-, dafür aber enorme Qualitätsunterschiede zu.

Am Rande einer jeden *agorá* vervollständigen Straßenhändler und kleine Läden das Angebot, bieten die «Zutaten» an, die den Einkauf abrunden. Stände mit Gewürzen und vor allem einer guten Auswahl an getrockneten Kräutern, daneben Wein in Korbflaschen, Bottiche mit Schnecken, verschiedene Sorten von Oliven, aus großen Säcken werden Mais, Reis oder Bohnen abgefüllt. Den Weg zu den Käsetheken weist die Nase. *Féta*, der weiße, bröckelnde Schafskäse, obligatorische Krönung eines jeden griechischen Salats, ist nur eine, die bei Ausländern wohl bekannteste Form von Schafskäse. Im Kühlschrank wird er schon nach wenigen Tagen sauer; in gesalzener Molke eingelegt, hält er sich ohne Kühlung monatelang. Im Frühjahr hängen der frische *mizíthra* und *manúri* in handballengroßen Leinensäckchen an der Decke. Ein Teil davon ist stark gesalzen und bleibt hängen, bis er ausgetrocknet und fest ist; der andere wird als ungesalzener, weicher und milder Frischkäse verkauft. Am ehesten ist er noch mit dem italienischen Mozzarella vergleichbar. *Kefalotíri*, einen Hart-

käse, gibt es in allen Varianten, von mild bis hin zu einem Aroma, das schon mehr an Schafstall als an Käse erinnert. Wer darum bittet, bekommt auf alle Fälle eine kleine Kostprobe vor dem Kauf.

In den großen Supermärkten wird es internationaler. Ihr Sortiment unterscheidet sich kaum mehr von dem deutscher. Große Nahrungsmittelketten versuchen seit einigen Jahren mit Nachdruck und ersten Erfolgen, ihre Produkte mit dem Argument Zeitgeist über die Fernsehwerbung zu vermarkten. Filterkaffee beispielsweise ist keine Rarität mehr in den Regalen, aber die Krönung der schönsten Stunden feiern die Griechen nach wie vor mit ihrem *elinikós kafés*, der kleinen Tasse griechischen Kaffees.

Obwohl die Nachfrage nach ausländischen Lebensmitteln ohnehin nicht besonders hoch ist, geht es in der Gastronomieszene vergleichsweise noch konservativer zu; wo sich als Alternativen Lammkoteletts oder *souvláki* bieten, verzichten die meisten auf Wiener Schnitzel oder Pekingente. Die Mehrheit der Griechen bevorzugt die einfache Taverne oder *psistaría*, das Grillrestaurant. Zwar schwimmt McDonald's bereits auf einer Welle, die so viele – weniger internationale – Länder überschwemmt, deren Bewohner alles besser finden wollen, was aus der großen, weiten Welt ins Land hineinschwappt, überhandgenommen hat diese Entwicklung jedoch noch nicht; im Gegenteil: Fremdländische Restaurants können sich allenfalls in den wenigen Großstädten halten, selbst Fast food ist in der Regel griechisch geblieben. Nach wie vor stößt man häufiger auf die beheizten Glasvitrinen, in denen *tirópittes* oder *spanakópittes* angeboten werden (mit Schafskäse bzw. Spinat gefülltes Blätterteiggebäck), oder auf den großen *giros*-Spieß, von dem immer nur die äußerste, gare Fleischkruste abgeschabt wird, als auf Schaumstoffkästchen mit Hamburgern. Ausnahmen gibt es lediglich für Touristen: Das mittlere Maß, um das sich manche Köche zwischen griechischer Tradition und internationalem Einheitsgeschmack bemühen, schmeckt auch dementsprechend: bestenfalls mittelmäßig.

## Morgens wie ein Bettler, abends wie ein Kaiser

Wer es «echt griechisch» machen will, bleibt morgens bei der kleinen Tasse griechischen Kaffees (und einer Zigarette) und läßt dieser (und jener) im Laufe des Tages weitere folgen. Hotels bieten auf Wunsch auch ein sogenanntes «continental breakfast» *(proïnó)*, jene Art von Fertigfrühstück, wie sie alle frühstücksunerfahrenen Länder zu servieren pflegen. Eine (mutigere) Alternative für die, die nicht am Strand liegen, sondern Berge versetzen wollen, ist die *trachanás*, eine helle Suppe aus Yoghurt, Mehl und Käse.

Bescheiden geht es auch mittags noch in der Küche zu. Für große Gelage ist es einfach zu heiß im Sommer; etwas Brot und Öl, Käse und Tomaten, ein Spiegelei vielleicht, mehr geht nicht. Zwischen 14 und 17 Uhr haben die meisten Läden und viele Tavernen geschlossen – Zeit für ein Schläfchen. Dann erst beginnt Griechenland langsam aufzuwachen. Die Geschäftswelt öffnet noch einmal für drei, vier Stunden ihre Pforten, wer nicht arbeiten muß, rüstet sich für eine *vólta*, einen kleinen «Spaziergang» im Dorf, an

der Strandpromenade, setzt sich vielleicht auf einen *Oúzo* ins Kafeníon oder bestellt sich einen *frapé*, einen aufgeschäumten (löslichen) Eiskaffee. Als Imbiß gibt es oft ein *mesé*, ein kleines Tellerchen mit Leckereien aus der Küche: *féta*, Tomaten, Brot, einige Stückchen Wurst, ein bißchen Fleisch oder Fisch, je nachdem, was sich in der Küche so findet. *Oúzo me mesé* gehört zusammen wie Butter und Brot.

Daß sich viele Urlauber tatsächlich nicht überwinden können, sich uneingeschränkt auf die einheimische Küche und das «Drumherum» einzulassen, darauf haben unzählige Tavernenbesitzer schon vor Jahren reagiert. Das Netz jener Lokale, in denen sich zufrieden kauende Münder nicht mehr mit dem Ausruf «Was ist denn das?» unterbrechen müssen, ist so dicht, daß es im Umkreis touristischer Orte manchmal unmöglich erscheint, überhaupt etwas Griechisches zu finden. Doch so schwierig ist es selbst dort nicht, denn es gibt einige untrügliche Erkennungszeichen: jenes, daß vor 21 Uhr kaum Gäste anwesend sind, die zentrale Lage an der *platía* im Dorf, zumindest aber an der Hauptstraße, und ein Ambiente, das man allenfalls noch als karg, treffender jedoch als ungemütlich bezeichnen könnte. Erst das Leben und die Atmosphäre, die die Gäste mitbringen, lassen kahle Wände, nacktes Neonlicht, Papier- oder Plastiktischdecken vergessen; die Stunden in der Taverne bedeuten Geselligkeit, das Essen selbst ist Unterhaltung. Ob daheim oder im Lokal aufgekocht wird, alles ist daraufhin ausgerichtet, gemeinsam zu essen, in einer *paréa*, einer «Gruppe», einer kleinen Gesellschaft. Wer alleine

essen geht in Griechenland, macht es, um seinen Hunger zu stillen. Erst in einer Gruppe kommt die richtige Stimmung auf, erst dann kann die Mahlzeit zum Erlebnis werden. «Brot in Körben», «Wein im Napfe», «Platten gebratenen Fleisches», beschreibt Homer, von dem man weiß, daß das gemeinsame Mahl für ihn «köstlich» war, das «weit und breit Schönste auf Erden», die Szenerie vor knapp 3000 Jahren, und viel anders ist sie heute auch noch nicht. Man bestellt nicht etwa jeder für sich, sondern für die *paréa*. Auch das ist nicht schwierig – es geht wie von selbst.

## Alle zusammen an einem Tisch

Die Speisekarte ist nur ein Zugeständnis an die Griechische Zentrale für Fremdenverkehr (die Preise sind staatlich kontrolliert), man kann sie links liegenlassen. Denjenigen, die die Sprache beherrschen, zählt der Wirt seine Köstlichkeiten auf, die anderen führt er ganz einfach in die Küche *(kusína)*, ein Brauch, den oft auch die Einheimischen pflegen. Buchstaben auf der Speisekarte können niemals so verführerisch sein wie das, was in Kühlschränken, Töpfen, Pfannen und Kasserollen harrt. Vorspeisen, Hauptgerichte, Beilagen, Salate, die Griechen machen dabei keinen Unterschied, es wird alles gemeinsam bestellt, gemeinsam serviert und – was noch viel wichtiger ist – gemeinsam gegessen. Der Preis von Fisch – dem zweifellos teuersten Gericht – wird nach Gewicht berechnet, und man kann sich in der Küche schon das Tier aussuchen, das der Koch zubereiten soll. Murphys Gesetz, daß man immer glaubt, das Beste bestellt zu haben, bis man sieht, was der Nachbar auf dem Teller hat, muß in Griechenland nicht gelten. Man kann versuchen, getrennt zu bestellen: der erste möchte *paidákia* (Lammkoteletts), *patátes* (Kartoffeln) und einen *chioriátiki*, der zweite *chirinó* (Schwein), *briám* (Mischgemüse) und *tsatsíki*. So könnte es funktionieren. Sobald sich aber zwei oder drei Personen *paidákia* bestellen, serviert der Wirt jene Platte gebratenen Fleisches, die schon Homer beschrieben hat. Und genau davon lebt das gemeinsame Mahl: das Brot in Körben (darin liegt auch das Besteck), die Platten gebratenen Fleisches (vier Portionen *paidákia* sind etwa ein Kilo) und, falls es ihn vom Faß gibt, den Wein im Napfe (ansonsten in der Flasche) in der Mitte des Tisches. Faßwein bestellt man übrigens nicht liter-, sondern kiloweise – für die ganze Gruppe, wie gesagt. Dazwischen dann die vielen verschiedenen Beilagen, die den Reiz der Küche ausmachen: *Paputsákia* (Schühchen) vielleicht, das sind in Olivenöl gebratene Auberginenscheiben, mit Hackfleisch und Käse überbacken, *tiropitákia*, kleine *tirópittes* (mit Schafskäse gefüllte Blätterteigtäschchen), *bámies* (Okragemüse), *gígantes* (Saubohnen), was die Küche so zu bieten hat. Was die Griechen aus Erfahrung beherrschen, fällt Besuchern anfangs noch schwer: nämlich den Überblick zu bewahren. Man einigt sich bei der Bestellung auf die sogenannten Hauptgerichte (Fleisch, Fisch oder Aufläufe) und ergänzt die Bestellung mit einer Vielzahl von Beilagen. Sitzen viele Pommesfrites-Fans am Tisch, werden eben drei Portionen *patátes* bestellt und zwei *choriátiki*, zwei Portionen griechischer Salat. Gegessen wird von

kleinen Tellern, die der Wirt verteilt, die Gabel darf von einem Teller zum nächsten wandern, hier wie dort zulangen, kann den *táramosalata* oder die *souvláki*-Spießchen probieren. Ausnahmen bilden lediglich Fisch und Gerichte aus der Kasserolle, die prinzipiell portionsweise serviert werden.

## Das dicke Ende

Wer jetzt griechisch bestellt, griechisch gegessen und griechisch getrunken hat, würde alles wieder zerstören, würde er «deutsch bezahlen». Daß an griechischen Tischen grundsätzlich nach dem Essen ein Streit darüber ausbricht, wer denn nun die Ehre habe, die gesamte Rechnung begleichen zu dürfen, ist sicher übertrieben – obwohl es schon vorkommt. Daß alle Deutschen knausrig sind und nach dem Essen herauszufinden versuchen, wer wie viele *souvláki*-Spießchen vertilgt und wie oft vom *tsatsíki* genascht hat, dürfte ebenfalls übertrieben sein. Die Rechnung wird in Griechenland für die gesamte *paréa* geschrieben. Der Begriff «deutsch zahlen» *(sto jermanikó trópo)* ist trotzdem schon zu einer Standardformulierung in der griechischen Gastronomie geworden. Der nach einem gelungenen Essen über die – unleserliche – Rechnung gebeugte «Kriegsrat» wirkt auf die Griechen mehr als irritierend. Sollte sich kein Mäzen in der *paréa* finden, ist die souveränste Alternative wohl die, den Betrag der Rechnung durch die Anzahl der Esser zu teilen und seinen Anteil auf den Tisch zu legen.

# WASSER-
# UND
# WEINKENNER

*Berühmt-berüchtigte Getränke*

**W**asser ist knapp. Da mögen die Griechen mit einem durchschnittlichen Verbrauch von etwa 120 Litern pro Kopf und Tag weit unter dem europäischen Durchschnitt von rund 300 Litern liegen, da mag die jährliche Niederschlagsmenge fast deutsches Niveau erreichen – im Sommer reichen die Reserven für zehn Millionen Griechen und zehn Millionen Touristen nicht aus. Aber was viele Fremde in Bad und WC verschwenderisch genießen, verschmähen sie im Glas: Wasser.

Was beim Essen das Olivenöl ist, ist beim Trinken nicht etwa der Wein, sondern das Wasser. Das Glas Wasser zum Essen, zum Kaffee, in der *sacharoplastío*, der «Konditorei», um die klebrigen Törtchen hinunterzuspülen, zum Wein, zum Oúzo natürlich, auf Wunsch auch zu Limonade, zu Bier, Wasser als Zeichen der Gastfreundschaft, ob zu Hause oder in der Taverne. *Neró* ist eines der griechischen Wörter, die man schnell lernt: Es ist leicht und

essentiell. Touristen wird das Glas Wasser allerdings immer seltener vorgesetzt; zu oft ließen sie das kühle Naß unbeachtet in der Sonne warm werden.

Wasser ist das wirkliche Nationalgetränk der Griechen. Ganz klar eigentlich, denn wer kann schon im Sommer seinen hohen Flüssigkeitsbedarf von drei, vier, vielleicht fünf Litern auf Dauer nur mit Kaffee, Limonade, Bier oder Wein decken. Wer länger unterwegs ist, wird den erfrischenden Geschmack eines kühlen Glases Wassers zwangsläufig wieder schätzen lernen. Daß es in der Regel aus der Leitung stammt (abgesehen von Athen), registriert ein Großteil der Fremden erst nach einigen Tagen. Aber keine Angst, man kann es bedenkenlos genießen. Wer es kritisch über Zunge und Gaumen fließen läßt, wird den Eindruck bekommen, daß griechisches Leitungswasser mitunter frischer schmeckt als so mancher Tropfen aus der deutschen Mineralwasserflasche. Und Griechen, die in fremden Regionen ihres Landes unterwegs sind, schlürfen es wie «Hydrologen» mit Kennermiene, um es dann entweder verachtend zur Seite zu stellen, gleichgültig zu trinken oder mit Genuß zu sich zu nehmen und dem Wirt ein Lob in die Küche nachzurufen. Viele Dörfer und Städte in Griechenland haben sich mit ihrem Wasser über die regionalen Grenzen hinaus einen Namen gemacht. Wenn es eine heilende Wirkung besitzt, führen sie häufig das Wort *lutrón* (gleich Heilbad) im Ortsnamen. Schon in der Antike war beispielsweise Lutráki (damals: Therme) nahe Korinth bekannt, dessen Wasser besänftigend auf Nieren und Gallen wirkt.

## Schluck für Schluck

Auf Platz zwei der Bestsellerliste rangiert Kaffee, wenn nicht die Quantität, sondern seine Beliebtheit das Maß ist. Männer, die vom frühen Morgen bis zum späten Nachmittag (und der geht so etwa bis 20 Uhr) in und vor den Kafenía sitzen, an dem kleinen weißen Täßchen nippen, das Glas Wasser daneben, sind für viele Besucher zum Symbol für griechische Lebensart geworden. Nichts versinnbildlicht patriarchalische Strukturen besser als eben diese kleine Tasse, die so aussieht, als könnte man sie wie einen Schnaps kippen, die aber doch Muße verlangt und Schluck für Schluck genossen werden will. Das Pulver muß sich erst setzen, dann schlürft man lautstark das Schaumkrönchen, das zuerst abkühlt und als das gilt, was bei Fischen die Bäckchen sind.

Fast jeder Gasherd ist eigens mit einer kleinen Flamme für das *biríki* ausgestattet, ein langstieliges winziges Töpfchen, in dem Wasser und Kaffeepulver mehrmals aufgekocht werden, je nach Wunsch auch gleich zusammen mit Zucker (niemals mit Milch). Man kann wählen: *skéto*, *métrio* oder *glikó*, pur, mittel oder süß, und von vornehrein sagen, ob man lieber einen starken *(varis)* oder leichten *(elaphrós)* Kaffee möchte. Und um es für diejenigen, die türkische Parallelen sehen, eindeutig klarzustellen: Diese Form des Kaffees heißt in Griechenland weder türkischer Kaffee noch einfach Kaffee, sondern ganz selbstbewußt *elinikós kafés*, griechischer Kaffee!

Wenn der kleine *elinikós kafés* das traditionelle Griechenland symbolisiert, dann steht die Tasse *nes-*

*Jámas, Prost! Kein Fest ohne Retsína
und Musik*

kafés für neue Wege und Strömungen. *Neskafé* ist das Synonym für alle Arten (und Marken) löslichen Kaffees und wird vorzugsweise von der jüngeren Generation bestellt. Ein Löffel Granulat, heißes Wasser, *skéto, métrio* oder *glikó,* auf Wunsch *me gála,* mit Milch, fertig. Kalt, geschüttelt und mit viel Schaum im Glas serviert, nennt er sich *frapé,* eine kühle Erfrischung in der Sommerhitze. Auch das *komboloi* sieht man in jüngeren Händen seltener, es

ist out. Wer neue Wege sucht, muß sich auch äußerlich unterscheiden.

## Der Reiz des Lebens: Retsína

Viel berühmter ist Griechenland im Ausland jedoch für seinen Wein und berüchtigt in diesem Zusammenhang für den Retsína. Beides ist auf den ersten Blick nicht nachvollziehbar, denn mit der Masse italienischer und französischer Qualitätsweine können die griechischen nicht konkurrieren, und das anfangs so zurückhaltende Urteil über den schockierenden Geschmack des

133

Wer den Harzwein nicht mag, weiß nicht, was Attika ist. Mögen die ersten fünfzig Liter ein bißchen fremd schmecken, wie bald gibt sich das. Wer ihn trinkt, trinkt Wein und trinkt auch das attische Land. Trinkt die Weinäcker mit den schwarzen knorrigen Stöcken, die Berge, den Wald und den harzigen Duft, den die Sonne aus den hellgrünen Zwergkiefern schweißt. Der Harzwein gewährt den spirituellsten Rausch von allen Weinen der Welt. Er verweigert es, sich transportieren zu lassen, klug wie er ist; nur in Attika will er getrunken sein, sonst schlägt er um. Er gibt sich doch nicht als Exportgut her. Vom Harzwein berauscht, sieht man die Dinge geordnet; vieles Unklare wird klar.

**Erhart Kästner**: *Ölberge, Weinberge*. Insel Verlag, Frankfurt am Main 1953

Retsínas wandelt sich bei vielen nach dem zweiten und dritten Glas nur zu schnell von der «interessanten Note» zum «erfrischend würzigen Aroma», das man so schnell nicht wieder missen möchte – schwerer Kopf am nächsten Morgen hin oder her. Doch der gefürchtete Kater stellt sich überraschenderweise nicht ein: Das dem Retsína beigefügte Harz der Aleppokiefer ist sehr verträglich, und auf die Schwefelung, deren Rückstände sich in unseren Breiten am nächsten Tag oft so unangenehm im Kopf bemerkbar machen, wird verzichtet.

Das Harz ist es auch, dem der meist weiße *(áspro)*, seltener roséfarbene *(kokinéli)* Retsína seinen ungewöhnlichen Geschmack verdankt. Bis zu einhundert Gramm werden dem Wein pro Hektoliter bei der Gärung beigemischt, um – ja, warum eigentlich? Um ihn haltbar zu machen, antworten viele, aber das kann es ja nun wirklich nicht sein. Zwar läßt sich eine gewisse stabilisierende Eigenschaft, die den Wein vor dem «Umkippen» bewahrt, nicht abstreiten, doch wenn Harz ausschließlich ein Konservierungsstoff sein sollte, wäre es ein recht lausiger: nicht nur, weil er mit seinem penetranten Aroma den Rekord hielte, wie kein anderer das des Weines zu überdecken, sondern auch, weil sich Retsína im Faß allenfalls ein Jahr hält.

Das Harz ist aller Wahrscheinlichkeit nach bereits in der Antike durch einen Zufall in den Wein gelangt; sei es, daß die Fässer inwandig mit der klebrigen Masse abgedichtet oder das Spundloch mit einem Zapfen verschlossen wurde, sei es auch, daß man das Harz bewußt untermischte, weil man ihm eine sexuell stimulierende Wirkung zu-

schrieb, oder, noch weiter hergeholt, daß die später einfallenden «trockenen» Türken den Griechen die Lust am Wein durch das klebrige Zeug verbittern wollten. Sollte es so gewesen sein, dann ging der Schuß nach hinten los, denn obwohl die Osmanen bereits vor über 150 Jahren vertrieben wurden, zapfen die Griechen nach wie vor das Harz von der Aleppokiefer und den Retsína vom Faß.

Ein gutes Viertel der Landwirte praktiziert auf etwa 150 000 Hektar Ackerfläche das, was Dionysos einst den Bauern Ikarios lehrte: den Weinanbau. Etwa fünfzig Prozent des Ertrags kommen als Sultanine, Korinthe oder Tafeltraube auf den heimischen und europäischen Markt oder in Form von Tresterschnaps in die Flasche; die andere Hälfte wird zu dem vergoren, ohne das «der Reiz des Lebens stirbt und des Menschen ganze Welt wüst und freudenleer ist» (Euripides). Die Pionierarbeit von Ikarios endete jedoch in einer Tragödie, denn der Gott des Weines und der Ekstase klärte seinen Schüler nicht über die bei übermäßigem Genuß möglichen ekstatischen Folgen des neuen Getränks auf. Vielleicht hatte der Bauer eine dunkle Ahnung: er trank den ersten Heurigen nicht selbst, sondern gab ihn erst einmal zwei Wanderern zu kosten. Überlebt hat er das Experiment trotzdem nicht: Ikarios wurde von den beiden Fremden im ungewohnten Rausch erschlagen.

Der Siegeszug des Weins, der bereits im vierten Jahrtausend v. Chr. in Teilen Asiens und in Ägypten kultiviert wurde, ließ sich trotz der Anfangsschwierigkeiten nicht aufhalten. In der griechischen Antike war das «göttliche Getränk» (Homer) bereits in aller Munde, selbst Sklaven durften sich täglich zwei Schoppen genehmigen. Tagsüber war das Trinken eher verpönt, mit Ausnahme vielleicht des in Wein getauchten Brots zum Frühstück; abends, beim Symposium, bekam es mitunter kommersartigen Charakter mit festen Trinkregeln. Der Wein, den die Griechen ansetzten, muß sehr viel schwerer und süßer als heute gewesen sein und wurde mindestens im Verhältnis eins zu eins verdünnt, oft kamen sogar drei Teile Wasser auf einen Teil Wein. Wie in allen Kulturen, in denen sich Alkohol etabliert hat, galt ein Schwips als akzeptabel, ein Rausch jedoch als verpönt, denn «wenn wir das Getränk massenweise in uns hineingießen, werden uns Leib und Seele gar bald ins Wanken geraten, und wir werden nicht einmal frei zu atmen, geschweige denn zu reden vermögen», formulierte der maßvolle Sokrates.

*Willkommen! Erster Blickfang nach der Grenze*

Schwärmerisch fügte er hinzu: «Ei ja, daß wir trinken, ihr Männer, ist auch meine Meinung; denn in der Tat erquickt der Wein die Seelen und schläfert die Sorgen ein wie der Alraun [ein Wurzelstock, dem man Zauberkräfte zuschrieb] die Menschen (...)» Auch wenn Sokrates und seine Freunde zu diesem Zeitpunkt schon einen Schwips gehabt haben sollten (Phílippos hatte eingeworfen, wer Wein ausschenke, solle sich die Wagenlenker als Ideal vorhalten, damit die Becher schneller die Runde machten), waren sie noch nicht so trunken, um nicht ihre intellektuellen Gespräche wiederaufzunehmen und jedem «mitzuteilen, was ihm von seinem Wissen am wertvollsten erscheint» (Kallias). «Ist es nun nicht», so Sokrates, «eine Schmach, wenn wir auch nicht einmal den Ver-

such machen, uns bei unserem Zusammensein untereinander zu fördern und zu erheitern?»

Etwa der Hälfte des griechischen Weines wird heute Harz beigesetzt. Gegen die häufige Meinung besteht die andere Hälfte in der Mehrzahl aus leichten, trockenen Weißweinen. In Attika und auf der Insel Euböa wächst die Salvatiáno-Rebe, aus der vorwiegend der Retsína gewonnen wird, für «richtigen» weißen Wein haben sich die Ausläufer des Erymanthos- und Chelmós-Gebirges auf der Peloponnes, die Inseln Kephalloniá, Rhodos und Sámos einen Namen gemacht, rote Trauben werden in den Provinzen Achaía und Neméa und im Norden Makedoniens angebaut; alles höhere Lagen, denn in der Ebene ist es dem Wein schlichtweg zu heiß.

Wo Kleinwinzer noch ihre eigenen Weine herstellen, wo das im Gegensatz zu dem kühlen Silber der Olivenbäume so saftig frische Grün der Stöcke von jedem freien Stückchen Erde an Häuserwänden emporrankt und sich an Spalieren über Terrassen hangelt, liegt der Reiz in der Abwechslung. In vielen Tavernen auf dem Land wird der Retsína noch vom Faß *(apó varéli)* in kupferfarbene Näpfe gefüllt, die dann zwischen dem Fleisch und den Beilagen auf den Tischen stehen, das Essen abrunden und gleichzeitig die richtige Stimmung aufkommen lassen. Kein Fest ohne Retsína: Irgend jemand aus der Familie keltert sicher noch selbst und spendiert ein paar dickbauchige Flaschen; wenn nicht, dann holt man ihn aus der Taverne im Dorf – mit Retsína kann man sich das Feiern noch leisten, mitunter ist er preiswerter als Bier. Von Taverne zu Taverne hat er ein anderes Aroma, spielt alle Farbtöne von Elfenbein bis Honig, von hellem Rosé bis zu Bernstein durch, ist mal stärker, heute in der Regel aber weniger stark reziniert. EU-Beamte wollten auch hier mitreden und haben festgelegt, daß dem Retsína – im Jargon ein «Traditionswein» – maximal ein Prozent Harz beigefügt werden darf – früher waren es bis zu sieben.

**UNTERWEGS**

**D**ie letzte Kurve über dem aus dieser Höhe trotz allem leuchtend blauen Meer, dann geht es geradeaus auf die Landebahn zu. Der Athener Flughafen liegt mitten im Wasser, in einem Meer aus Beton, Teer und Blech. Ganz Attika ist Athen, ein Blick aus dem Fenster bestätigt das. Athen kennt keine Grenzen. Selbst derjenige, der auf der nahen Insel Euböa lebt, ist fast schon Athener. Die flachen Dächer der meist sechsstöckigen Häuser kommen bedrohlich näher, man wagt sich nicht vorzustellen, was hier alles passieren könnte. Kurz bevor die Maschine aufsetzt, donnert sie über den Campingplatz Voúla. Wer Flugzeuge detailgetreu von unten fotografieren will, kann später dort sein Zelt aufstellen. Den Lärm und die Abgase der Flugzeuge und der stark befahrenen Possidónos-Straße, die die Hauptstadt mit dem Kap Súnion verbindet, kann man noch einigermaßen verkraften; die meisten Touristen bleiben ohnehin nur eine Nacht. Viel nervenaufreibender sind die Autos der vielen Athener, die dort Urlaub machen. Eine Alarmanlage gehört schon fast zur Grundausstattung, und nach jedem Landeanflug hupen und heulen die durch die Vibrationen verunsicherten Sirenen, bis die Automatik nach sechzig Sekunden abschaltet.

Wer mit der griechischen Olympic Airways fliegt, landet am West-Terminal, auch Olympic Airport genannt. Internationale Fluggesellschaften fliegen den East-Terminal (International Airport) an. Die

# AM PULS
# DER GRIECHEN

*Anziehungspunkt Athen*

Drucktüren öffnen sich, Hitze, Lärm, Staub, die Stewardeß, bei der man sein erstes *efcharistó* («danke») anbringen kann, wenn sie einem ein *kalós irthate*, ein «Willkommen», mit auf den Weg gibt, die Gangway. Dann geht alles recht zügig. Der Athener Flughafen, wichtiger Umschlagplatz zwischen Orient und Okzident, ist überschaubar. Ein paar Minuten Aufenthalt an den Kofferbändern, die früher oft sehr langwierigen Paß- und Zollkontrollen, die vor allem jüngere Reisende mit unkonventioneller Kleidung über sich ergehen lassen mußten, haben sich auf Stichproben reduziert. Dann die Flughafenhalle, gläserne Schiebetüren: Athen.

## Gegen den Strom

Der Sýntagma-Platz ist das erste Ziel, der Platz der Verfassung ist das Zentrum Athens. Hier verkündete König Otto 1849 vom Balkon seines Schlosses aus, daß das Parlament künftig mehr Mitspracherecht habe und wandelte die Monarchie von einer absolutistischen in eine konstitutionelle um. Zwar mußte er dazu gezwungen werden, aber immerhin. Hier ist neben dem Omónia-Platz der wichtigste Verkehrsknotenpunkt Athens, hier wird nach wie vor Politik gemacht, sei es im ehemaligen Schloß Ottos, dem heutigen Parlamentsgebäude, oder von Transparente schwenkenden Mengen auf dem Platz selbst. Und hier ist auch, im Gebäude der Greek National Bank, ein Schalter der Griechischen Zentrale für Fremdenverkehr (EOT). Ein Stadtplan, eine Hotelliste, ein Papier mit den wichtigsten Sehenswürdigkeiten, ein kurzes Kopfnicken der polyglotten Damen und Herren hinter der Glas-

scheibe, wenn man fragt, ob das alles an einem Nachmittag zu schaffen sei. Zeit ist Urlaub, es muß schnell gehen, viel mehr als einen halben Tag haben die wenigsten für Athen eingeplant. Zuerst die Akropolis, dann ein Abstecher ins Nationalmuseum, schließlich sucht man sich ein Hotel in der Pláka, in deren engen Altstadtgassen es sich nach dem Abendessen so hübsch bummeln läßt. Die Zeit drängt, Griechenland ruft. Ein paar Stunden nach dem Frühstück am nächsten Morgen kann man schon in Náfplion, Delphi oder bei den Metéora-Klöstern sein, am Strand liegen oder Volleyball spielen.

Athen ist die Stadt, vor der man als Besucher gewarnt wird. Auf diesen kleinen Teil Griechenlands könne man gut und gerne verzichten. In Athen mag in der Antike einmal das Volk geherrscht haben, heute herrsche das Chaos. Zudem sei Athen für den Fremden schwer zu entdecken.

Die Mehrheit der Touristen, die nach Griechenland fliegt, landet erst einmal auf dem Athener Flughafen Ellinikó. Athen hat die beste Infrastruktur, von dort aus kann es weitergehen, per Flugzeug, Schiff, Bus, Bahn, Taxi oder Mietwagen, in den Norden, auf die Peloponnes oder eine der zahlreichen Inseln. Und dementsprechend gleicht sich auch der Ablauf der meisten Touren: Athen ist der Ausgangspunkt, den man eben noch schnell «mitnimmt». Dann geht es weiter, aufs Land, nach Griechenland. Den griechischen Lebensstil verpaßt man auf dieser Route, denn er verläuft in der entgegengesetzten Richtung: von den Inseln, von der Provinz nach Athen, nach «Griechenland». Es mag paradox klingen,

*Stillgestanden: Ehrenwache vor dem Parlament am Sýntagma Platz*

aber für Touristen ist Griechenland das völlige Gegenteil von dem, was es für Griechen ist: erstere suchen Sonne und Säulen, pittoreske Armut, versteckte Bergdörfer, Tavernen, Ziegenherden und Esel, die anderen Autos, Bars, Clubs, Modernität, Fortschritt, Kinos, Geld – etwas mehr Europa eben.

In einem Land, das im europäischen Vergleich allenfalls negative Rekorde vorzuweisen hat, scheint Athen für viele die einzige Chance. Was ein Mitteleuropäer im Urlaub sucht, ist für die meisten Griechen peinliche Rückständigkeit, wo wir über zivilisatorischen Überdruß klagen, werden in Griechenland Fortschritt und Entwicklung noch weitgehend kritiklos aufgesogen. Enge, kurvige Bergstraßen sind nicht romantisch, sie kosten Zeit; Autos mögen zwar lärmen und stinken, aber sie sind ein praktisches individuelles Fortbewegungsmittel und zudem Statussymbol; Fleisch und Wurst kann man heute abgepackt im Supermarkt kaufen und sich den Weg zum Fleischer sparen. Athen ist neben Thessaloniki der Teil Griechenlands, in dem Veränderungen überhaupt möglich sind, denn auf dem Land zwingen traditionelle Strukturen häufig noch zu einem Leben im Gleichschritt. Neuerungen, vor allem solche, die Fragen der Moral, der Religion oder der Lebenseinstellung berühren, werden mit Argwohn betrachtet. Und wo jeder noch seinen festen Platz in einem klar umrissenen Gesellschaftsgefüge hat, ist für Individualismus kein Raum. Versteckte Entwicklungen kann es aufgrund der Überschaubarkeit – jeder kennt jeden – in einem griechischen Dorf schwer geben, und mit Städten sieht es mager aus: Auf Platz zwei nach Athen folgt Groß-Thessaloniki mit einer Million Einwohnern, dann kommt schon Pátras mit nur noch

*Tradition: Ostern feiern die Griechen auf dem Land*

150 000, Lárissa und Iráklion (Kreta) gelten mit knapp über 100 000 gerade noch als Großstadt, Vólos hat 70 000, Kavála 60 000 und Chaniá, Tíkala, Ioánina, Kalamáta oder Rhodos-Stadt liegen bereits unter der 50 000-Einwohner-Marke.

In Athen bemühen sich vier Millionen Menschen um ein – besseres – Leben, weit über 7000 auf jedem Quadratkilometer. Athen ist nicht nur für den Fremden unüberschaubar, sondern auch für den Athener selbst. Man kennt sich nicht, derjenige, der in einem Wohnblock im Parterre wohnt, muß nicht wissen, wie der Mieter in der Mansarde heißt. Keiner kann mehr kontrollieren, ob man sonntags in die Kirche geht, welche Restaurants man besucht und wie man seine Kinder erzieht. Und daß die Tochter nächste Woche mit ihrem Freund zusammenziehen will, mag die Eltern zwar nach wie vor verunsichern, aber sie brauchen sich nun wenigstens nicht mehr vor der Verwandtschaft, vor den Nachbarn, vor dem ganzen Ort zu rechtfertigen.

Daheim, das ist für viele noch das Dorf auf dem Land, wo weiterhin Teile der Familie leben, die alten Freunde, Nachbarn und Bekannten oder wo man sich das Haus der verstorbenen Eltern zum Ferienwohnsitz umgebaut hat. Die wenigsten Familien leben schon länger als zwei Generationen in der Hauptstadt, viele sind erst in den fünfziger und sechziger Jahren zugezogen. Oft sind es die Jungen, die aufgebrochen sind und die Alten zu Hause gelassen haben, jene schwarz gekleideten Witwen, jene greisen Männer im abgetragenen Anzug und mit der dicken Hornbrille auf der Nase, die so schöne Fotomotive abgeben. Aber zweimal im Jahr ändert sich diese Konstellation schlagartig: zu Ostern, weil es der höchste kirchliche Feiertag ist, weil der Frühling beginnt, weil man gemeinsam, im Kreise der Familie, die im übrigen Jahr in ganz Griechenland, in alle Welt verstreut lebt, ein Lamm am Spieß grillen will; und am 15. August, an Mariä Entschlafung (nicht: Himmelfahrt), weil den Sommer in der Stadt keiner aushalten will. Athen wirkt in solchen Zeiten wie ausgestorben. Wer als Tourist auf diese Situation nicht vorbereitet ist, mag sich fragen, warum ein solches Aufhebens um die Metropole gemacht wird: Die Luft ist erträglich, der Verkehr hält sich in Grenzen, auffällig nur, daß so viele Geschäfte geschlossen sind. Auf dem Land dagegen, auf der Peloponnes beispielsweise, will man nicht glauben, daß dort nur 45 Menschen pro Quadratkilometer leben sollen. Das Kafeníon ist überfüllt, die engen Straßen sind zugeparkt, im kleinen Dorfladen an der *platía* gibt es plötzlich frische Milch, Butter, verschiedene Wurstsorten, mehr Süßigkeiten, Kinderspielzeug, Dinge eben, die von jenen, die das ganze Jahr dort leben, nicht gekauft werden. Auffällig sind solche Veränderungen besonders in Regionen, die vom Tourismus noch nicht entdeckt wurden, die also noch ausgestorbener sind, weil das Geschäft mit dem Fremdenverkehr, meist die letzte Bremse für potentielle Landflüchtige, dort noch nicht angelaufen ist. Manche Dörfer, die im Winter sechzig, siebzig Einwohner zählen, kommen im Sommer für einige Wochen auf drei- oder vierhundert oder noch mehr. Man lebt wieder im Elternhaus, die Hotels sind ausgebucht, und mancherorts kampieren jene, die Urlaub von Athen machen.

## Zweiklassengesellschaft

Nach solchen Feiertagen sind Busse, Bahnen, Flugzeuge und die Straßen überfüllt, die nunmehr ausgeruhten Athener strömen zurück in ihre neue Heimat, dorthin, wo Zeit Geld zu werden beginnt. Diejenigen, die zurückbleiben, sind entweder zu alt für einen neuen Anfang oder haben den Sprung ins zwanzigste Jahrhundert nicht geschafft. Wer will heute noch Landwirt werden, wer will das Kafeníon des Vaters übernehmen und an alte Männer für umgerechnet fünfzig Pfennig jenes Täßchen Kaffee verkaufen, an dem sie dann zweieinhalb Stunden nippen, wo es doch in Athen Laufkundschaft gibt und der Kaffee das Dreifache kosten darf? Was macht ein Arzt auf dem Land, der so wenige Patienten hat, daß er sich nicht einmal ein Auto leisten kann? Was macht der Lehrer, zum Dorfschulmeister verdammt, der 25 Kinder aus sechs Jahrgangsstufen gleichzeitig unterrichten muß? Er, um bei diesem Beispiel zu bleiben, sammelt Punkte. Je tiefer in der Provinz er lehrt, desto mehr bringt er Jahr für Jahr zusammen, bis er jene Summe erreicht hat, die es ihm erlaubt, sich überall zu bewerben, auch in Athen. Jeder Arzt wird gezwungen, dorthin zu gehen, wohin freiwillig kaum einer gehen würde. Zwei Jahre lang muß jeder junge Mediziner als Staatsangestellter praktizieren, bevor er «frei» ist und sich dann dort niederlassen kann, wo er will – wo wohl? Und selbst der Berufsfeuerwehrmann, der zwar in Athen geboren wurde, aber noch jung und ungebunden ist, muß mit einer zeitweisen Verbannung rechnen – es brennt nicht nur in Athen.

Die Folgen liegen auf der Hand:

*Klassik: Nike-Tempel auf der Akropolis*

Der junge Arzt im Dorf gilt nicht nur als unerfahren, er ist es auch. Sobald er sein erstes Wissen beisammen hat, sagt er *sto kaló*, «alles Gute», und zieht nach Athen, wo er zumindest die Chance auf ein besseres Auskommen hat. Trotz erster staatlicher Versuche zur Dezentralisierung kommen im Verwaltungsbezirk Phrokis (Attika) gerade einmal 72 Ärzte auf 100 000 Einwohner (wer so nahe bei Athen wohnt, läßt sich von vorneherein in die Hauptstadt fahren, wenn er Hilfe braucht), in Ioánnina sind es 282 Ärzte, in Thessaloniki schon 480 und in Athen schließlich 513. Die Konzentration von Fachärzten ist noch deutlicher auf Thessaloniki und Athen beschränkt. Ähnlich ist das Verhältnis von Krankenhausbetten. In Zentralgriechenland kommt ein Bett auf 553 Menschen, im nördlichen Thrakien auf 462, in der Provinz Epirus teilen sich 397 Patienten ein Bett, während es in Athen nur 124 sind.

Extreme in allen Bereichen: Natürlich hat das moderne Athen die niedrigste Geburtenrate (griechischer Durchschnitt: 1,47 Kinder pro Frau), natürlich ist gerade hier die Chance am größten, an Herz-Kreislauf-Erkrankungen oder an denen der Atemwege zu sterben, wenn neunzig der hundert größten Industriebetriebe in und um Athen stehen, wenn sich siebzig Prozent aller Gewerbebetriebe in dieser Region niedergelassen haben, wenn sich mehr als sechzig Prozent aller in Griechenland zugelassenen Pkws auf den Athener Straßen schieben, an deren Rändern tagtäglich aufs neue 4000 Tonnen Müll auf den Abtransport warten. Wohin nur? Athen hat die schlechteste Luft im Vergleich zu allen europäischen Großstädten und gleichzeitig die wenigsten Grünflächen, in Athen stehen die meisten in Griechenland illegal gebauten Häuser auf einem Fleck (man schätzt knapp fünfzig Prozent). Andererseits besitzt Athen den wichtigsten Flughafen und den wichtigsten Seeverkehrshafen (Piräus), in Athen sitzt die Regierung, in Athen gibt es die besten Schulen und Universitäten, demzufolge besucht hier auch der höchste Prozentsatz das, was wir Gymnasium nennen und was in Griechenland *Lyceum* heißt.

Athen ist zu schnell gewachsen, um es sinnvoll planen zu können. Als der bayerische Prinz Otto 1835 König von Griechenland wurde, lebten in Athen gerade einmal 5000 Menschen. Otto, Sohn Ludwigs I., jenes philhellenischen Königs, der gesagt hatte, er wolle nicht eher ruhen, bis München so aussehe wie Athen, verspürte, mit dem tatsächlichen Bild Athens konfrontiert, die dringende Notwendigkeit, ein bißchen München und Deutschland in das verwahrloste Griechenland zu importieren, und quartierte sich vorerst provisorisch im peloponnesischen Náfplion ein. Er bestellte bayerische Architekten, unter anderem Eduard Schaubert und Leo von Klenze, um das verfallene Dorf etwas königlicher zu gestalten und für 50 000 Einwohner zu konzipieren. Die Spuren finden sich noch heute: prächtige Gebäude in einem Stil, den man für (neo)klassizistisch hielt, wie zum Beispiel das Parlamentsgebäude am Sýntagma-Platz. Seine breitangelegten Prachtstraßen wurden so bombastisch, daß sie nur der Autoverkehr des zwanzigsten Jahrhunderts – auf sechs Fahrbahnen – verstopfen konnte. Otto veranlaßte erste Renovierungsarbeiten

an der Akropolis, gründete die
Athener Universität, die Technische
Hochschule, die Akademie der Wissenschaften und Künste, die Staatsbibliothek, das Nationalmuseum,
das Observatorium und führte ein
dem deutschen ähnliches Schul- und
Rechtssystem ein.

1834 beförderte Otto Athen zur
Hauptstadt, zwei Jahre später lebten dort bereits 15000 Menschen,
1896, als die ersten Olympischen
Spiele der Neuzeit ausgetragen wurden, war Athen schon doppelt so
groß, wie Otto es geplant hatte. Bereits 1920 lebten in der Hauptstadt
eine viertel Million Menschen. Im
gleichen Jahr begann Griechenland
einen Krieg gegen die Türkei, der
als Kleinasiatische Katastrophe in
die Geschichte einging. Der Traum
von der *megáli idéa*, der «großen
Idee» eines griechischen
Großreichs, das sich bis nach Istanbul ausdehnen sollte, wurde zum
Alptraum. 600000 Menschen kamen
bei den Auseinandersetzungen ums
Leben, 1922 wurden die Griechen
schließlich von Kemál Atatürk aus
Kleinasien vertrieben. Ein Jahr später wurde zwischen der Türkei und
Griechenland ein Austausch von
Minderheiten vereinbart: 500000
Türken verließen Griechenland, im
Gegenzug kam über eine Million
Griechen aus Kleinasien, 120000
ließen sich in Athen nieder. Mochte
Otto in Athen den Grundstein für
eine geplante Stadt gelegt haben,
legte die plötzliche Flut von Flüchtlingen den Grundstein zum Chaos.

## Rundgang durch Tausend-und-eine-Stadt

Der Sýntagma-Platz soll das erste
Ziel in Athen sein. Nur: wie dort
hinkommen? Auf keinen Fall mit

*Moderne Kulisse: Dionysos Theater aus
dem 5. Jahrhundert v. Chr.*

dem eigenen Wagen. Wer mit seinem
Pkw auf Athen zusteuert, für den
stellt sich als erstes Problem, einen
Abstellplatz für die Dauer seines
Aufenthalts zu finden, denn legale
Parkplätze gibt es (fast) nirgends.
Zwar kann man einen eventuellen
Strafzettel (Minimum: 8000 Drachmen) getrost in den nächsten Gully
werfen (Mülleimer gibt es nicht),
aber die frustrierten Athener Polizi-

sten funken immer häufiger die ohnehin bereits florierenden Abschleppunternehmen an. Wer im Hotel wohnt, kann den Portier um Rat fragen, aber die Chance, ein geeignetes Plätzchen zu finden, ist in der Innenstadt sehr gering. Eine Alternative sind reine Wohngebiete, zum Beispiel die Gegend südlich der Akropolis oder nordöstlich der großen Elefthériou-Venizélou-Straße. Auch an der Uferstraße Odós Possidónos, die von Piräus Richtung Kap Súnion führt, liegt

eine Reihe von Marinas (Yachthäfen) mit großen Parkflächen. Die Gelände sind so groß, daß es für die Besitzer unmöglich ist, festzustellen, ob man nun die Segel setzt oder in ein Taxi steigt – in Athen kann man nur mit Tricks und auf Schleichwegen überleben, das ist einer der Schlüssel zu dieser Stadt.

Nach den unangenehmen Vorarbeiten nun also auf ins Taxi. Die Tarife sind im Vergleich zu deutschen Gebühren preiswert: Für umgerechnet zehn Mark kommt man tagsüber durch die halbe Stadt, auch beispielsweise vom Flughafen zum Sýntagma-Platz. Die Fahrt dauert je nach Chauffeur und Verkehr zwischen fünfzehn und dreißig Minuten. In der Broschüre *Athen – Attika – Griechenland*, die es in der EOT-Zentrale am Sýntagma-Platz gibt, ist einer der übersichtlichsten Stadtpläne abgedruckt, daneben eine Liste wichtiger Anlaufstellen und Sehenswürdigkeiten: fünfzehn Adressen unter dem Stichpunkt Information, fünfzehn archäologische Sehenswürdigkeiten, sechsundzwanzig Museen, dreizehn Punkte unter der Rubrik «Öffentliche Gebäude / Sehenswürdigkeiten», sieben Theater, neun byzantinische Kirchen sowie sieben Kirchen anderer Glaubensrichtungen. Volles Programm – für einen Nachmittag.

Von dem kosmopolitischen Platz führen zwei Parallelstraßen zum Omónia-Platz: die Odos Stadíou und die Odos Panepistimíou, die Universitätsstraße, die heute Eleftheríou Venizélou heißt, benannt nach jenem ersten bedeutenden Ministerpräsidenten (1910–1935), dem die Griechen wichtige liberale Reformen und die Kleinasiatische Katastrophe zu verdanken haben. Von ihr kann man nach rechts einen Abstecher ins Kolonáki, ins Schickimicki-Viertel Athens machen, eine der besten Adressen der Innenstadt. Hier kann man souverän seine Kreditkarte an der Kasse vorlegen, wenn einem das nötige «Kleingeld» beim Bezahlen fehlt.

## Helden des Polytechnikons

Weiter auf der Straße des Ministerpräsidenten Richtung Omónia: Was hier von Bedeutung ist, liegt auf der rechten Seite. Erst das Iliou Mélathron, das Haus des deutschen Archäologen Heinrich Schliemann (heute ein Münzmuseum), dann die Kirche des heiligen Dionysius, Bischofssitz für die etwa 40 000 Katholiken, die es in Griechenland gibt, und schließlich die neoklassizistischen Fassaden der sogenannten Athener Trilogie: Die Akademie der Wissenschaften, die Otto-Universität und die Nationalbibliothek liegen direkt nebeneinander, erbaut zu Zeiten Ottos, als «deutsche» Fassaden Athen wieder klassisch werden lassen sollten.

Jenseits der Trilogie, zwischen dem Lykabettos-Hügel und dem Nationalmuseum und in der Nachbarschaft des noblen Kifisiá, liegt das Exárchia-Viertel. Die Gegend ist Treffpunkt für Studenten und Künstler, um die Platía Exárchia haben sich Cafés, Kneipen, Tavernen, Buchläden und kleine Antiquariate angesiedelt. Wer Glück hat, trifft abends auf junge Musiker, die sich um eine Weiterentwicklung der griechischen Musik bemühen und sich nicht mit zu oft gehörten Volksliedern oder simplen Schlagern begnügen.

Geschichte auf Schritt und Tritt, das läßt sich in Athen gar nicht vermeiden: Im Westen wird das Viertel von der Straße des 28. Oktobers begrenzt, benannt nach jenem Tag im Jahre 1940, an dem der damalige Diktator Metaxás die Stationierung italienischer Truppen auf griechischem Territorium verweigert hatte. Die Italiener kamen trotzdem, später auch die Deutschen, und Griechenland war, trotz aller Bemühungen um Neutralität, in den Zweiten Weltkrieg verwickelt worden. Seit diesem «Nein» gedenkt man am Ochi-Tag, am «Tag des Neins», des Widerstands gegen den Faschismus.

*Mit bloßer Brust gegen Panzer: Studenten besetzten 1973 das Polytechnikum*

An der «Straße des 28. Oktober», neben dem Nationalmuseum, liegt das Polytechnikon, das dreißig Jahre später, während der Militärdiktatur (1967–1974), zu einem anderen Symbol des Widerstands wurde. Bereits Anfang der siebziger Jahre hatten Studenten öffentlich ihren Widerwillen gegen das diktatorische Regime formuliert. Die Zensur der Lehrpläne, die Reform genannt worden war, erregte Unmut, Professoren waren als linientreu verpönt, und die Studentenvertreter wurden nicht von den Studenten, sondern vom Staat «gewählt». Immer wieder kam es zu Unruhen, Streiks und Demonstrationen, die im November 1973 im Polytechnikon eskalierten. Studenten hatten sich im Hochschulgebäude verbarrikadiert und forderten auf Transparenten und mit Hilfe eines schwarzen Radiosenders Freiheit und Demokratie für Griechenland. Während der drei Tage, die die Uni belagert wird, werden die Studenten von vielen solidarisch eingestellten Athenern mit Nahrungsmitteln und Medikamenten versorgt. Dann, am 17. November, reagiert die Junta mit Panzern und erstickt den Aufstand. Die Bilanz dieser Aktion wurde nie veröffentlicht; man geht von etwa fünfzig Toten und zweihundert Verletzten aus. Heute wird am 17. November den «Helden des Polytechnikons» im Rahmen einer Demonstration vor der US-Botschaft gedacht. Die Duldung und sogar Unterstützung des Militärregimes durch die Vereinigten Staaten bleibt unvergessen. Das Botschaftsgebäude (Vasilíssis-Sofías-Straße, bei der Konzerthalle) verdient noch in anderem Zusammenhang erwähnt zu werden: Es ist aus architektonischer Sicht der einzige moderne Bau von internationaler Bedeutung und

151

Ich ließ meinen Blick über den warmen, sonnendurchtränkten Marmor gleiten, sich an ihm festsaugen; er berührte, ertastete ihn wie eine Hand, enthüllte seine Geheimnisse. Niemals schaffte flimmerndes Wogen eine so makellose Gerade; niemals verbanden sich so innig Zahl und Musik; ich blickte auf die Säulen, die gerade zu sein schienen. Die eine neigte unmerklich ihre höchste Spitze der anderen zu, auf daß alle gemeinsam mit Zärtlichkeit und Kraft die heiligen Giebel hielten, die man ihnen anvertraut hatte.

**Níkos Kazantzákis:** *Der Zauber der griechischen Landschaft.* F. A. Herbig Verlagsbuchhandlung, München 1966

wurde Ende der fünfziger Jahre von dem Architekten Walter Gropius und The Architects Collaborative entworfen.

## Tourisneyland für Besucher: Pláka

Vom Sýntagma-Platz zum Platía Omonías ist es nur ein Katzensprung. Die beiden Zentren der Stadt liegen keinen Kilometer voneinander entfernt: der erste rechteckig, der zweite rund. Dieser «Platz der Einheit» sollte den Zusammenhalt der nach dem Freiheitskrieg zerstrittenen Bevölkerungsgruppen beschwören. Viel Flair hat in den neunziger Jahren keiner der Plätze. Beide sind noch auf Jahre hinaus Großbaustellen für die Athener Untergrundbahn, deren einzige Linie (Piräus – Monastiráki – Kifisías) nun ausgebaut wird.

Wieder sind es nur fünfzehn Gehminuten vom Omonía über die Athinás Richtung Süden zu einem dritten Platz, dem Monastiráki. Die an den Spitzen des Dreiecks gelegenen Plätze machen die Orientierung leicht. Daß ihr Inneres seit Anfang 1995 Fußgängerzone ist, dürfte nach wie vor kaum auffallen. Auf engem Raum präsentiert sich die Stadt der tausend Dörfer: Eben noch der ständig kreisende Verkehr am Omonía-Platz, jetzt die antike Akropolis vis-à-vis, zur Linken das orientalische Flair des Marktes mit seinen riesigen Fleisch- und Fischhallen (siehe S. 123), rechts das Psirí-Viertel, enge Gassen, in denen Handwerker und Krämer in dunklen Geschäften ihre Waren feilbieten, und noch vor der Akropolis die Pláka, das touristische Eldorado Athens. Das Gassengewirr zwischen der Akropolis und der Odos Er-

moú, der Straße, die das Dreieck schließt und den Monastiráki- mit dem Sýntagma-Platz verbindet, sollte eigentlich Sperrbezirk für Anders-Reisende sein, doch gehört es zum Pflichtprogramm. Wo sich im befreiten Griechenland des neunzehnten Jahrhunderts nach und nach die betuchteren Griechen angesiedelt hatten, drohen im ausgehenden zwanzigsten Jahrhundert die Fassaden der klassizistischen Wohnhäuser hinter Schmuckvitrinen, den Lichtblitzen der Diskotheken, T-Shirt-Läden und Postkartenständern, hinter billigen Imitaten klassischer Amphoren und Skulpturen, Rindslederhandtaschen oder dem Smog der Autoabgase und Souvláki-Grills zu verschwinden. Seit 1975 wurden der ausufernden touristischen Entwicklung Grenzen gesetzt, anfangs von Kulturminister Trítsis, später von seiner auch über Griechenland hinaus bekannten Nachfolgerin Melina Mercoúri. Seitdem sind weite Teile der Pláka, vor allem der obere Abschnitt direkt unterhalb der Akropolis, der genaugenommen Anafiótika heißt, für den Autoverkehr gesperrt, das Gelände steht unter Denkmalschutz, und die Gewerbelizenzen der Diskotheken wurden nicht mehr verlängert. Ein Tourisneyland für Besucher aus aller Welt ist die Pláka jedoch geblieben, mit «Griechenland» hat die Athener Altstadt wenig zu tun und ist vielleicht deswegen – wegen ihrer Einmaligkeit – einen Besuch wert. Nirgends sonst auf dem griechischen Festland warten so viele Souvenirs auf ihre Käufer, nirgends sonst ertönt die immer gleiche Volksmusik aus so vielen verschiedenen Lautsprechern. Nicht einmal in Delphi oder Olympia versuchen so viele Kellner mit untrüg-

*Souvenirs, Kitsch und Trödel: Flohmarkt in der Plaka*

licher Sicherheit in der jeweiligen Landessprache die Touristen zu einem Oúzo oder einer Mousaká zu überreden.

## Gipfel der Antike: die Akropolis

Da mag Athen die Großstadt Europas sein, die so schnell wie keine andere gewachsen ist; die Türken mögen sie geprägt haben, König Otto mit seinen bayerischen Architekten nicht weniger, spätere Stadtplaner haben ihre Handschrift hinterlassen, und noch weit charakteristischer ist für Athen die Tatsache, daß sich die Stadt verselbständigt hat

und nicht geplant wurde. Die berühmte Krönung ist, vor 2500 Jahren nicht anders als heute, der Parthenon auf der Akropolis, ein der Athene geweihter dorischer Tempel, den die Athener zumindest indirekt der gleichnamigen Göttin zu verdanken haben. Der pubertierende Zeus hatte sie, die ewig kühle Jungfrau, in grauer Vorzeit gezeugt, zusammen mit der klugen Titanin Metis, seiner ersten Geliebten, der noch so viele folgen sollten, und auf ganz ungewöhnliche Weise wird sie geboren: Sie ist seinem Kopf entsprungen, als fix und fertige junge Frau, mit Schild, Speer und Helm gerüstet, so, wie man sie von den vielen Statuen kennt. Wem es schwerfällt, sich solch eine Kopf-

*Das vollendetste Bauwerk der Antike:*
*Parthenon auf der Akropolis*

geburt vorzustellen, kann sich die
Szene in London ansehen. Athenes
Geburt war im östlichen Giebelfeld
des Parthenon in Stein gehauen,
heute stehen die Figuren im Britischen Museum. Auf der anderen
Seite des Giebels, dem westlichen
Teil, kämpft Athene bereits, allerdings nicht mit Waffengewalt, sondern mit ihren Mitteln als Göttin
der Weisheit und der Künste. Sie
hatte, ebenso wie Meeresgott Poseidon, ein Auge auf die Stadt geworfen und wollte wie er ihr Schutz-
patron sein. Um ihre jeweiligen
Qualitäten unter Beweis zu stellen,
vollbrachten die Götter «Wunder».

Athene gewann mit dem Oliven-
baum, den sie aus der Erde sprießen
ließ – dem Vorfahren aller 127 Millionen Ölbäume, die heute auf griechischem Boden stehen. Zum Dank
wurde die Stadt *Athíne* genannt,
und der Göttin wurde ein Tempel
erbaut; Poseidon bekam als Trost-
preis einen etwas kleineren am Kap
Súnion.

Was heute vom Parthenon übriggeblieben ist, wurde 432 v. Chr. nach
nur fünfzehn Jahren Bauzeit fertiggestellt und gilt als das vollendetste
Bauwerk der Antike. Fünfzehn
Jahre lang hatten Sklaven und
Handwerker geschuftet, mehr als
2000 Talente soll der Bau verschlun-
gen haben. Der Preis entsprach dem
gesamten Steueraufkommen von

zwei Jahren und den Tributzahlungen, die Athen als Vorsitzender des Delisch-Attischen Seebundes kassierte.

Für die Organisation und Durchführung der Arbeiten sorgte eine wahre Starbesetzung: Perikles als Bauleiter, Iktinos als Architekt, Kallikrates als der verantwortliche Bauchef und Phidias, der für die künstlerische Gestaltung des Projekts verantwortlich war. Besseres hatte die damalige Zeit nicht zu bieten. Das Ergebnis kann sich auch heute noch sehen lassen, wenngleich man die eigentlichen Kunstgriffe eben nicht sofort entdecken kann. Wer unvoreingenommen um den Tempel schlendert, wird schlicht und ergreifend den Eindruck bekommen, daß hier alles paßt. Doch in Wirklichkeit ist das Bauwerk, das man der Göttin Athene zum Dank für den Ölbaum hingestellt hatte, krumm und schief. Zwar nicht so extrem wie der berühmte Turm im italienischen Pisa, dafür aber nicht versehentlich, sondern aus souveränem Kalkül. Der Parthenon hat weder Lot noch rechten Winkel – das ist es, was ihn vollkommen macht.

Dorische Tempel hatte es viele gegeben. Der des Zeus in Olympia, ein Prachtbau, der mit einer Grundfläche von 28×64 Meter kaum kleiner als der Parthenon (34×72 Meter) war. Die Säulen haben sogar die gleiche Höhe (10,5 Meter), nur daß die des Parthenons nicht mehr ganz so wuchtig ausgefallen sind. Das Verhältnis vom Durchmesser der Basis zur Höhe hat das schlankere Verhältnis von 1:5,5 statt 1:4,5. Und die Säulen selbst stehen nicht etwa senkrecht, sie neigen sich um sieben Zentimeter nach innen, die an den Ecken sogar noch stärker. Nichts an diesem Athene-Tempel ist

gerade, nicht einmal der Fußboden, der an den Ecken um einige Zentimeter ansteigt. Kein Stein ist rechtwinklig, jeder einzelne hat seinen speziellen Zuschnitt, um das für griechische Kunst unzulängliche menschliche Auge zu überlisten. Was nützt es, hatten Architekten und Künstler erkannt, wenn zwei Säulenreihen exakt parallel und genau senkrecht stehen, das Auge jedoch dem Betrachter suggeriert, sie würden sich leicht nach außen neigen. Ein ähnliches Phänomen ist heute geläufiger: Zwei parallel verlegte Schienenstränge eines Zuggleises scheinen sich in der Ferne zu treffen.

## Göttin aus Gold

Das Prunkstück stand im Inneren des Tempels: die Athene Parthenos, eine von Phidias gefertigte zwölf Meter hohe Skulptur der Göttin. Holz, Elfenbein und mehrere Tonnen Gold hatte der Künstler in seiner ungewöhnlichen Konstruktion verarbeitet. Die Statue bestand aus mehreren Einzelteilen, die an einer im Kern der Göttin stehenden Holzsäule befestigt waren. Erhalten ist von dem Kunstwerk lediglich der 6,5×2,6 Meter große Sockel mit einer Vertiefung in der Mitte, in der der Holzpfahl stak. Die Statue war 426 n. Chr. von Kaiser Theodosius II. nach Konstantinopel geschafft worden und ging dort verloren. Pausanius, der im zweiten nachchristlichen Jahrhundert durch Griechenland reiste, hatte sie noch gesehen: «Das Kultbild selbst ist aus Gold und Elfenbein gemacht. Mitten auf dem Helm sitzt eine Figur einer Sphinx (…). Das Kultbild der Athena ist aufrechtstehend mit einem Chiton bis zu den Füßen, und

an ihrer Brust ist das Medusen-
haupt aus Elfenbein angebracht.»
Eine kleinere Kopie der Statue
steht im Nationalmuseum, im Saal
zwanzig.

## Parthenon: Fort Knox der Polis Athen

Für die Griechen und die Besucher
des Landes ist die Akropolis *die*
Ausgrabungsstätte schlechthin. Den
Bauherren mochte es einerseits
darum gegangen sein, der Göttin einen neuen Tempel zu errichten, vielmehr aber noch darum, Athen als
unumstrittene Großmacht und kul-
turelles Zentrum Griechenlands zu
repräsentieren. Seit der erfolgreichen Abwehr der Perser glänzte die
Pólis Athen – und nicht mehr Sparta
– als führende Macht im Lande und
auch als Vorsitzender des wichtigsten militärischen Verteidigungs-
bündnisses der damaligen Zeit, des
478 gegründeten attisch-delischen
Seebundes. Im Jahre 430, zwei Jahre
nach Vollendung des Parthenons,
hatte das Bündnis mit rund 400 für
ihre Sicherheit zahlenden Poleis
seine größte Bedeutung erreicht,
und viel Geld floß in die Bundes-
kasse, die nicht nur im Parthenon
stand, sondern aus der auch der Bau
mitfinanziert wurde – sehr zum Un-
willen der Mitglieder des Bundes.
Der erste Tempel, der vollständig
aus Marmor gefertigt wurde, war in
Wirklichkeit ein Schatzhaus, wurde
zum Fort Knox der Griechen, denn
der eigentliche Kult wurde im benachbarten Eréchteion gefeiert.
Parthenon, Eréchteion, Nike-Tempel und Propyläen, jene prunkvol-
len Eingangshallen, durch die man
in die Anlage gelangte, waren Symbol für Reichtum, Stärke und Kultur, waren eine gezielte Demonstration von Macht und Kraft, mit der
Perikles imponieren wollte.

Es ist ihm gelungen. Auch wer
ansonsten eher weniger am Hut hat
mit Archäologie und antiker Kunst
– den nackten Fels inmitten der
Stadt, der schon seit Jahrtausenden
besiedelt ist, lassen sich auch heute
noch die wenigsten entgehen. Gra-
bungsfachleute haben dort Spuren
aus dem Neolithikum gefunden, in
mykenischer Zeit war der Hügel
zum Schutz der Bewohner gegen
einfallende dorische Stämme mit
einer Mauer umgeben, die sogar die
Mykenes in den Schatten gestellt
hatte. Die olympischen Götter «kamen» erst um etwa 700 v. Chr., als
man einer aus Olivenholz geschnitten Statue der Athene, die damals
vom Himmel gefallen war, einen ersten Tempel gebaut hatte.

Etwa an der Stelle dieses alten
Tempels steht seit 421 v. Chr. das
Eréchteion, leicht zu erkennen an
der sogenannten Korenhalle, jenem
Anbau, dessen Dach anstatt von
Säulen von sechs Mädchen, den Koren, gestützt wird. Die Anlage besteht aus mehreren Gebäudeteilen
und gilt ebenfalls als ein vollendetes
Kunstwerk, diesmal im ionischen
Stil, und das, obwohl der Bau auf
den ersten Blick zerstückelt wirkt.
Das war es gerade, was für die Architekten die eigentliche Herausforderung darstellte. Auf dem
Fleckchen Erde, auf dem der Tempel errichtet wurde, ballen sich Geschichte und Mythos, und es galt,
ein ganzes Bündel kultischer Spuren
unter Dach und Fach zu bekommen.
Die Kerbe beispielsweise, die Poseidons Dreizack hinterlassen hatte,
den der wutentbrannte Gott in die
Erde gestoßen hatte (Nordhalle),
als ihm zu Ohren gekommen war,
daß Athene den Wettkampf um die

Vorherrschaft gewonnen hatte, oder den Ölbaum (Pandroseion), den sie den Athenern geschenkt hatte. Der mußte freilich im Freien stehen, ebenso das Grab Kekrops (mystischer König Attikas), für das die südwestliche Ecke des Eréchteions ausgespart wurde, und eigentlich auch die Dreizack-Kerbe Poseidons. In diesem Fall bediente sich der Architekt eines Tricks und ließ schlichtweg eine Öffnung in der Kassettendecke über der Nordhalle.

## Klassisches Bruchwerk

Seit rund 2500 Jahren steht die Akropolis, und die Bauwerke haben zum Teil eine wüste Vergangenheit hinter sich. Im Laufe der Jahrtausende mußte der Parthenon nicht nur als christliche Kirche, sondern auch als Moschee und sogar Pulvermagazin herhalten, welches zu Zeiten der Türken auch prompt in die Luft geflogen ist. Die Koren des Eréchteions hatten den Sultan offensichtlich dermaßen fasziniert, daß er dort einen Harem untergebracht hatte, und der Nike-Tempel, der von allen Bauwerken noch am besten erhalten war, wurde 1687 von den Türken abgerissen und als Baumaterial für Befestigungsanlagen verwendet.

Da nach der Explosion des Magazins die antike Kunst in handlichen Brocken herumlag, deckten sich in den folgenden Jahrhunderten Reisende mit Originalstücken ein und exportierten mit ihren Souvenirs das klassische Bruchwerk in alle Himmelsrichtungen. Berühmt und berüchtigt wurde in dieser Beziehung vor allem der britische Gesandte Lord Thomas Elgin, der zwischen 1799 und 1803 mitunter mehrere hundert Arbeiter eingestellt hatte, um Schmuck und Skulpturen auszugraben und nach England zu verfrachten. Sein größter Fang war der Ostgiebel des Parthenons, der die Geburt Athenes zeigt und heute im Britischen Museum ausgestellt ist.

Was sonst noch in London zu sehen ist, beispielsweise eine der Koren des Eréchteions, ist in der Regel in besserem Zustand als das, was Elgin zurückgelassen hatte. Zwar war es dem Gesandten mehr um Einzelstücke als um das Gesamtwerk gegangen, und er hatte beim Herauslösen des Frieses das Gebälk zerstört, aber die Exemplare, die den Weg nach England gefunden hatten, gelten im nachhinein eher als bewahrt und weniger als gestohlen – ein wichtiger Trumpf des Britischen Museums, das die Rückgabe der Schätze an Griechenland verweigert. Die Exponate, so wird argumentiert, seien in London besser aufgehoben, das bewiese ihr derzeitiger Zustand.

Als 1833 König Otto in Griechenland Einzug hielt, mußte die Akropolis eine erste Restaurierungswelle über sich ergehen lassen. Historie wurde damals anders als heute definiert. Die Griechen wollten nach der Befreiung von den Türken direkt an die Antike anknüpfen und betrachteten alles Dazwischenliegende als «Fälschung», was sich auch in ihren archäologischen Bemühungen niederschlug.

## Aus Marmor wird Gips

Mittlerweile versuchen Archäologen bei den Arbeiten etwas besonnener vorzugehen und die Fehler früherer Restaurierungsversuche zu beseitigen. Zwischen 1898 und 1939 hatten die Archäologen Eisenklammern verwendet. Aber Eisen rostet, quillt auf und sprengt den Stein, was bereits die Bauherren der Antike wußten, die das Metall mit einem korrosionsfesten Bleimantel umgaben.

Rund einhundert Arbeiter und ein elfköpfiges Team, bestehend aus Archäologen, Chemikern, Ingenieuren und Architekten, bemühen sich seit 1976, das Nationaldenkmal der Griechen zu erhalten. Die Auswirkungen der Explosion von 1687, die das Gestein sprengenden Eisenklammern oder die Millionen von Touristen, die den klassischen Hügel jede Saison aufs neue erschüttern, sind längst nicht mehr das Hauptproblem. *Ta néfos*, jene berühmt-berüchtigte Wolke aus Abgasen, bereitet die eigentlichen Kopfschmerzen. Die klassische Kunst, die Jahrtausende überdauert hat, droht im wahrsten Sinne des Wortes den Bach hinunterzufließen. Schwefeldioxid nämlich wandelt den berühmten Marmor in einer chemischen Reaktion in Gips um, den der nächste Regen abwäscht, Schicht für Schicht.

Wann welche Statue ins Museum umziehen und durch ein Duplikat ersetzt werden soll, darum geht es bei den Beratungen der Wissenschaftler. Ob fehlende Teile von Mauern und Säulen ersetzt werden dürfen oder ob auch Lücken zur Geschichte gehören. Und natürlich wie man Marmor gegen Umwelteinflüsse schützen kann, ob man ihn mit einem Klarlack überziehen soll. Selbst eine Glaskuppel, die den ganzen Hügel überdacht, war schon im Gespräch. Doch die Ursachen der Zerstörung zu beseitigen, daran denkt niemand. Zwar wurden durch Aufklärungskampagnen und finanzielle Anreize die Bewohner um den Akropolishügel davon überzeugt,

ihre rußenden Ölöfen durch eine Gasheizung zu ersetzen, und auch Autos und Reisebusse dürfen heute nicht mehr direkt vor der Akropolis parken. Spricht man aber den Direktor der Akropolis auf weitere Maßnahmen an, winkt er ab. Die Regierungen wechselten zu oft in Griechenland, was seien da schon ein paar Jahre Amtszeit einer umweltengagierten Regierung im Vergleich zur langen Geschichte der Akropolis?

Die Deutschen graben am Kerameikós, auf Rhodos und in Olympia, an ihrem Prestigeobjekt Akropolis jedoch arbeiten die Griechen selbst. Was sie dort tun, könne sich sehen lassen, es werde äußerst umsichtig gehandelt, so der Leiter des Deutschen Archäologischen Instituts in Athen. Man mache sich über die Langzeitwirkung neuer Methoden Gedanken, bevor diese eingesetzt würden. Auf dem Gebiet der Konservierung von Marmor seien die Griechen mittlerweile weltweit führend. Einmal im Jahr laden die griechischen Wissenschaftler die besten internationalen Kollegen ein und hoffen auf Kritik, Anregung – und natürlich auf Lob.

Wann das Renovierungsprojekt abgeschlossen sein wird, ist fraglich. Rechnet man frühere archäologische Bemühungen mit ein, wird auf der Akropolis schon länger als einhundert Jahre geforscht und restauriert. Als das laufende Projekt 1976 begonnen wurde, hatte man das Jahr 2000 als Zeitpunkt für eine neue Präsentation der alten Steine anvisiert. Heute sieht es so aus, als würde sich das Projekt zu einer unendlichen Geschichte ausweiten. Kein Wunder eigentlich bei dem Anspruch, den man sich gesetzt hat: Die Akropolis soll ewig stehen.

# BONBONS OHNE GOLDPAPIER

*Makedonien und Thessaloniki*

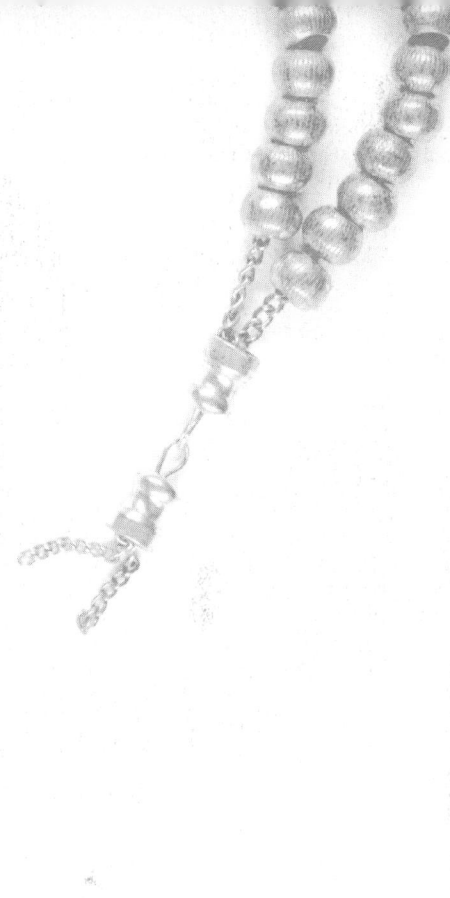

**D**ie Zuschauer werden ungeduldig, es ist bereits 21.15 Uhr. Rhythmisch fängt eine kleine Gruppe an zu klatschen, «hey-hey-hey» rufen sie im Takt. Die anderen fallen ein, es soll endlich losgehen. Die meisten sitzen bereits eine halbe Stunde auf der hölzernen Tribüne, was es zu sehen gibt, haben alle eingehend studiert: die viel zu vielen Polizisten, die übereifrig ihren Dienst versehen, die hölzerne Kulisse, die ein bißchen an Onkel Toms Hütte erinnert, die kreisrunde Bühne aus festgestampfter Erde, die mit einem dünnen Tuch bedeckt ist, die verschiedenfarbigen Stromkabel, die kreuz und quer auf dem Boden liegen. Das «Vorprogramm» hatte noch kurz für Abwechslung gesorgt: Der schwitzende Dicke im zu engen Sakko, der éna, dío, tría in verschiedene Mikrophone zählt, und sein leptosomes Gegenstück am Schaltpult, das an diversen Knöpfen dreht, bis es

pfeift, und die bunten Bühnen-
scheinwerfer ein- und ausknipst.
Zwanzig nach neun, Langeweile und
Unmut breiten sich aus, die ersten
Chipstüten sind bereits leergefut-
tert.

Vor zwanzig Minuten hätte das
Stück beginnen sollen. Aristóphanes steht auf dem Programm, mit einer seiner berühmtesten Komödien,
den *Acharnern*. Die Zuschauer wollen lachen, und je länger sie warten
müssen, desto unbequemer werden
die Holzbänke.

## Arena in der Provinz

Die Aufführung war Teil des 23. Internationalen Festivals des Olymp.
Jedes Jahr werden im Rahmen dieser Veranstaltung abwechselnd
Theater, Tanz und Musik der unter-
schiedlichsten Stilrichtungen im antiken Theater von Dion und zwischen den Mauern der mittelalterlichen Burg von Platamónas aufgeführt. *Die Acharner, Die Frösche*
und *Die Hennen* von Aristóphanes
standen unter anderem auf dem
Programm, *Die Trojaner* von
Eurípides, *Die Perser* von Aischylos, aber auch Mozarts *Requiem*,
byzantinische Kirchenmusik, ein
Popkonzert mit Haris Alexíou, ein
archäologischer Vortrag über die
Region Pieria oder die Opera buffa
*Der Barbier von Sevilla*, letztere
präsentiert von einem bulgarischen
Kammerorchester.

Der Begriff «Internationales
Festival» klingt aber etwas vollmun-
dig. Schwerpunkt an Themen und
Darstellern ist Griechisches, auch
das Publikum setzt sich vorwiegend
aus Einheimischen zusammen. Da
mag die Küste zwischen Kateríni
und dem Tembi-Tal am Fuße des
Olymp eine Touristenhochburg

nicht nur für erholungssuchende
Städter aus Thessaloniki sein, aber
die vielen ausländischen Urlauber
schrecken vor der Sprachbarriere
zurück und lassen sich lieber auf
ihrem Campingplatz von der Ani-
mationsband *Zwei Herzen im Drei-
vierteltakt* vororgeln, wie zum Beispiel in Pandeleímonas, Camping
Poseidon. So verkommt das Internationale dann doch zum Provinziellen, woran aber nicht nur die
scheuen Fremden schuld sind. Das
Programm ist zwar auf kartonier-
tem Hochglanzpapier, jedoch nur in
griechischer Sprache gedruckt, und
Eintrittskarten sind schwer aufzu-
treiben. Wer sich nicht an der
Abendkasse anstellen will, muß
nach Kateríni fahren, zum einzigen
Kiosk, der Tickets verkauft und un-
regelmäßig geöffnet hat.

Um 21.30 beginnt endlich die
Vorstellung unter dem erlösten Bei-
fall der Zuschauer. Der Anfang ist
dramatisch, und effektvoll bleibt das
ganze Stück. Die Inszenierung ist
ein großes Entgegenkommen an das
Publikum, auch auf die Gefahr hin,
daß die Komödie zur Posse verkommt und ein zappelnder Spartaner mit Michael Jackson verglichen
wird. Aber das Stück kommt an.
Selten sind weniger als zwanzig
Akteure auf der Bühne, auf die
Akustik, in der Antike eine Herausforderung für den Architekten,
vertraut die Regie heute nicht mehr.
Zwei kleine Lautsprecher flankie-
ren die Bühne, nach der Hälfte des
Spektakels funktioniert nur noch
einer, auch der andere fällt aus,
woran auch der junge Mann am
Schaltpult nichts ändern kann.
Doch die Stimmung entschädigt für
vieles. Natürlich können die hölzernen Tribünen von Dion nicht mit
dem Kalksteinhalbrund in Epídau-

*Klassische Atmosphäre: Aristóphanes-Inszenierung im Theater von Dión*

ros mithalten, dem bekanntesten Theater der Antike. Zwar sind in Dion lediglich fünf Sitzreihen erhalten, aber der Durchmesser der Orchestra, der Bühne, ist mit 26 Metern knapp sechs Meter größer als der in Epídauros. Und der berühmte Eurípides, geboren 480 v. Chr., soll in Dion seine Tragödien uraufgeführt haben. Wie auch immer: Wer Atmosphäre sucht, findet sie hier wie dort.

## Der böse Nachbar und der Kampf um die Anerkennung

Makedonien ist ins Gespräch gekommen. Bis Ende der achtziger Jahre assoziierte man vielleicht Alexander den Großen mit dieser größten Provinz Griechenlands, Thessaloniki als ihre zweitgrößte Stadt, die Chalkidiki als sandiges Ferienparadies für Pauschaltouristen und die Mönchsrepublik Athos als Hort orthodoxen Glaubens; der Olymp, höchster Berg Griechenlands, gehört ebenfalls zu Makedonien.

In den neunziger Jahren wurde die Provinz plötzlich zum Krisengebiet. Der neue Nachbar und Griechenland selbst sorgten gemeinsam für Unruhe. Die Griechen weigerten sich, den jungen Staat, an der Grenze ihrer Provinz Makedonien gelegen, anzuerkennen, auch nicht unter dem sperrigen Kompromiß «Ehemalige Jugoslawische Republik Makedonien», den die UNO nach fünfzehnmonatigen Verhandlungen im April 1993 als vorläufige Bezeichnung gefunden hatte. Der Begriff Makedonien im Staatsnamen suggeriere Gebietsansprüche auf ihre gleichnamige Provinz, argumentieren die Griechen; der Stern von Vergína, der auf der Flagge abgebildet ist, sei ein Symbol Alexanders des Großen, eines Griechen (siehe S. 21 und S. 54).

Keine Frage, Makedonien ist tatsächlich eine der geschichtsträchtigsten Provinzen Griechenlands, wenngleich der Zugang etwas schwieriger ist als beispielsweise zur Peloponnes. Olympia, Epídauros oder Korinth scheinen vertrauter als Vergína, Pella oder Dion. Makedonien steht nicht für die mykenische oder klassische Epoche, sondern für Philipp II. und für Alexander den Großen, der sich mehr mit dem Aufbau eines Weltreiches beschäftigt hatte, als in Makedonien sichtbare Zeichen zu setzen.

Auch auf den zweiten Blick zeigt sich Makedonien als eine Region, auf die die Bezeichnung «Provinz» im doppelten Sinne des Wortes zutrifft, klammert man ihre Hauptstadt Thessaloniki einmal aus. Touristisch kämpft das Land nach wie vor um Anerkennung, ähnlich wie vor zweieinhalb Jahrtausenden schon Philipp II. Er hatte – mit Erfolg – versucht, die Makedonier als «richtige» Griechen zu etablieren, ein Status, der dem «Bauernvolk» im Norden lange Zeit verwehrt wurde. Anfangs durfte kein Makedonier an den Olympischen Spielen teilnehmen. Obwohl sich die Vormachtstellung des Landes unter Philipp (359 bis 336 v. Chr.) schon herauskristallisiert hatte, wurde er von vielen nicht ernst genommen und sogar beschimpft. Als einen «Barbaren» verhöhnte ihn der Athener Demósthenes, als «einen verruchten Makedonier, aus dessen

Volk man früher nicht einmal einen brauchbaren Sklaven beschaffen konnte».

Ein «Bauernstaat» ist die Provinz bis heute geblieben – manche mögen sie vielleicht gerade deswegen. Die Menschen leben von der Landwirtschaft. Wein, Oliven, Mais, Baumwolle, Zitrusfrüchte, Äpfel, Pfirsiche, Tomaten, Paprika, auch Erdbeeren und vor allem Tabak werden angebaut, eine wichtige Rolle spielen auch Schafe und Ziegen. Das soll keine kitschige Idylle vorgaukeln, sondern ein gewöhnliches Landleben beschreiben, in dem bäuerliche Einfachheit noch nicht zu pittoresker Armut für fotografierende Touristen verkommen ist. Und da fast alle in der bevölkerungsreichsten Provinz vom Anbau dessen leben können, was in der EU im Überfluß vorhanden ist (z. B. Baumwolle), zieht es immer mehr nach Thessaloniki, auch wenn der fruchtbare Boden und das gute Klima mitunter drei Ernten pro Jahr zulassen würden. Was sich an Industrie herausgebildet hat, konzentriert sich vor allem auf Thessaloniki und Kosáni: Braunkohle, Lignit und Marmor werden abgebaut, Asbest, Tabak und Erdöl weiterverarbeitet und Düngemittel, Textilien, Lederwaren produziert.

In Makedonien gibt es noch «ganz normale» Dörfer und Kleinstädte, die nichts zu bieten haben oder in denen die Menschen noch nicht auf die Idee gekommen sind, ihre «Bonbons» in glitzerndes Papier zu verpacken – die Entdeckung des Alltags ist die eigentliche Herausforderung an Makedonien. Geprahlt wird lediglich mit den zwei Großen: Vater Philipp und Sohn Alexander.

Trotz böser Worte aus Athen war

*«Makedonien is Greece»: Aufgebrachte Fischer sperren den Hafen von Thessaloniki*

es dem «makedonischen Bauern» Philipp dank eines starken Heeres gelungen, das bis dahin unbedeutende Makedonien in eine führende Rolle zu katapultieren, eine Grundlage, die Alexander dann als Ausgangspunkt für die Eroberung seines Weltreiches nutzte (siehe S. 54). In welchem Kafeníon in Makedonien man heute auch sitzen mag, es findet sich immer jemand, der von den Zusammenhängen der beiden Großen mit ihrem Heimatdorf erzählt. Zum Beispiel rühmt sich Dion nicht nur, daß Alexander vor seinem Feldzug gegen die Perser im Zeus-Heiligtum geopfert habe, nein, schon als achtjähriger Junge habe er hier seine wahre Größe bewiesen. In Dion war Alexander dem schwarzen, edlen Roß Bukephalos begegnet, das unter den härtesten Männern als unzähmbar galt. Dem Schüler Aristoteles' war aber aufgefallen, daß sich das Tier vor seinem eigenen Schatten fürchtete. Geschickt hatte Alexander daraufhin das Pferd gegen die Sonne gedreht, war aufgestiegen und davongeritten.

Größten Anteil am historischen Erbe haben die beiden Orte Pélla und Vergína. Pélla wurde Anfang des vierten Jahrhunderts v. Chr. zur Hauptstadt des makedonischen Königreiches erkoren, und den Palast, der erst 1985 freigelegt wurde, halten die Archäologen für den von Philipp II. und damit für den Geburtsort Alexanders des Großen. Die Reichtümer, die in der Stadt entdeckt wurden, sprechen dafür: Wieder daheim, soll der römische Konsul Aemilius Paulus, der die Stadt 168 v. Chr. erobert hatte, einen ganzen Tag damit beschäftigt gewesen sein, seine Beute in einem Triumphzug den staunenden Römern zu präsentieren.

In Vergína hat man das Grab Philipps und zwei seiner Familienmitglieder aufgespürt. Die reichen Funde sind im Museum von Thessaloniki ausgestellt. Die Entdeckung der Gräber war übrigens Pech für die Ortschaft Edessa: Bis dahin nämlich gingen die Archäologen davon aus, daß dieser Ort mit dem ehemaligen Namen Aigaí schon vor Pélla Hauptstadt von Makedonien gewesen war. Aber nach den spektakulären Grabfunden darf jetzt Vergína diese Ehre für sich in Anspruch nehmen. Das Orakel von Delphi hatte seinerzeit verkündet, daß das makedonische Königsgeschlecht aussterbe, würde nur ein König nicht in Aigaí bestattet werden.

Das westlich von Thessaloniki gelegene Städtchen Edessa wird hauptsächlich wegen des mächtigen Wasserfalls besucht, der am nördlichen Ortsrand aus einer Höhe von über 25 Metern in die Tiefe stürzt, und wegen der kleinen Tropfsteinhöhle, die ihren Eingang hinter den

herabstürzenden Wassermassen hat. Wer sich auch ein bißchen Zeit für den Ort selbst nimmt, wird schnell merken, daß Edessa einer der schönsten von ganz Makedonien ist.

Makedonien sorgt für viele Überraschungen. Flórina ist beispielsweise ein guter Ausgangspunkt für Ausflüge zum Vegoritis- und zum Préspa-See, und Kastoriá, ebenfalls an einem See gelegen, verfügt über einen erstklassigen Ruf – allerdings nicht bei Touristen. Wer dagegen in Mailand, Paris oder New York in einem Pelzgeschäft diesen Ortsnamen erwähnt, wird auf Reaktionen nicht warten müssen. Die «Griechen aus Kastoriá» werden in einschlägigen Kreisen seit dem achtzehnten Jahrhundert in der ganzen Welt für ihre Biberzucht und Pelzverarbeitung hoch eingeschätzt. Zwischen den vornehmen Herrenhäusern reicher Kürschner stößt man alle hundert Meter auf Felle, die an langen Leinen zum Trocknen aufgehängt sind. Einen Malus hat der idyllische Ort: Der gleichnamige See wurde zu lange als Auffangbecken für die Abwässer der Stadt, insbesondere die der Gerbereien, mißbraucht.

Trotz schöner Küsten und malerischer Bergdörfer gehen nur wenige Besucher auf Entdeckungstour. Wer nach Makedonien reist, kommt in der Regel, um Urlaub zu machen, wobei sich der Tourismus auf drei «Refugien» konzentriert: die Sportler auf dem Weg zu einem der Gipfel des Olymp und die Sonnenanbeter entweder zu Füßen des Götterberges an der Küste zwischen Kateríni und Platamónas oder im Norden auf der Halbinsel Chalkidiki. In den letzten Jahren sind die Besucherzahlen zurückgegangen, denn vor den Veränderungen im nördlichen Nachbarland kam jeder

*Magnet Thessaloniki: Nur weg aus der Provinz*

zweite Besucher aus Jugoslawien. Andere Gäste aus dem Ausland können nicht mehr nach Makedonien über den Autoput anreisen. Und wer das Fährschiff benutzt, landet weiter südlich in Igouменítsa oder Pátras.

## Thessaloniki: Die ewige Zweite

Mag Makedonien Provinz sein, Thessaloniki hat das Flair einer Weltstadt, vielleicht mehr noch als Athen. Ein Lob, das die Einwohner der Stadt verdient haben. Denn im Vergleich mit Athen landet Thessaloniki immer nur auf Platz zwei: Es ist die zweitgrößte Stadt mit dem zweitgrößten Hafen, der zweitgrößten Universität, der zweitgrößten Industriedichte und der zweitgrößten Zuwanderungsrate.

Allein zwischen 1961 und 1981 hat sich die Einwohnerzahl verdoppelt; mittlerweile sind es rund eine Million Menschen. Thessaloniki gilt als das Wirtschaftszentrum Nordgriechenlands und als der Verkehrsknotenpunkt zwischen dem Balkan und dem Nahen Osten. Bereits in der Antike lag die Stadt an einer der wichtigsten Achsen überhaupt: der Via Egnatia, die von Italien nach Konstantinopel führte und von einem Handelsweg aus dem Balkan gekreuzt wurde.

Begonnen hat die Karriere der Stadt 315 v. Chr., als König Kássandros mehrere kleine Siedlungen zusammenschloß und sie nach seiner Frau Thessalonike, einer Stiefschwester Alexanders des Großen, benannte. Der Aufschwung verlief rasant, denn unter römischer Herrschaft wurde sie im zweiten Jahrhundert v. Chr. zur Hauptstadt Makedoniens. Von dieser Zeit an versuchten immer wieder fremde Völker Thessaloniki, einen der wichtigsten Knotenpunkte im Byzantinischen Reich, zu erobern. Den Angriffen der Goten, Awaren und der Slawen war man noch Herr geworden, 904 n. Chr. fiel Thessaloniki dann zum ersten-, aber noch nicht zum letztenmal. Die Sarazenen hatten die Stadt nach dreitägiger Belagerung eingenommen und über 20 000 Einwohner versklavt. 1185 fielen die Normannen ein, nach dem vierten Kreuzzug wurde Thessaloniki Sitz des fränkischen Königreichs und erst 1223 von den Griechen wieder zurückerobert. Nach den Venezianern kamen 1430 bereits die Türken und blieben, mit wenigen Unterbrechungen, bis zum Ende des Befreiungskrieges 1828.

Die berühmteste Persönlichkeit, die im damals türkischen Thessaloniki geboren wurde, ist zu einem der verhaßtesten Gegner Griechenlands geworden: Kemál Atatürk. Der türkische Reformer hatte 1922 den Eroberungsfeldzug der Griechen gestoppt und die schwer angeschlagenen Truppen in die Flucht getrieben. Um Grenzstreitigkeiten künftig nicht mehr mit dem Schutz eigener Minderheiten im anderen Land begründen zu können, hatten sich die beiden Rivalen zu einer gigantischen Umsiedlungsaktion hinreißen lassen: Gegen den Willen der Betroffenen, die dort seit Jahrhunderten lebten, wurden 500 000 Türken aus Nordgriechenland in die Türkei geschickt, rund 1,5 Millionen Griechen kamen im Gegenzug vor allem aus Ostthrakien und Kleinasien «heim» nach Griechenland (siehe S. 26). Die Folgen des Austausches bekam Thessaloniki, im Gegensatz zu Athen, verhältnismäßig schwach zu spüren, denn die Stadt lag zu Beginn der zwanziger Jahre nach dem verheerenden Großbrand von 1917 noch in Schutt und Asche und war dementsprechend unattraktiv.

Die Spuren dieser Katastrophe sind heute noch sichtbar. Besonders in der Unterstadt, jenem am Hafen gelegenen Viertel, das dem Besucher als erstes ins Auge fällt und am schwersten vom Brand betroffen war. Auf den ersten Blick mag es stattlich, weltoffen, großzügig und elegant erscheinen, ist aber das Resultat eines planvollen, modernen und dadurch auch sterilen Wiederaufbaus. Nur wenige Bauwerke, die der Brand verschonte hatte, geben eine Ahnung davon, daß auch dieser Teil der Stadt einmal natürlich gewachsen war. Dazu gehört auch das Wahrzeichen Thessalonikis, der dreißig Meter hohe «Weiße Turm», Überbleibsel einer Festungsanlage aus dem fünfzehnten Jahrhundert. Die Türken hatten ihn später als Kerker benutzt, weshalb er auch unter der Bezeichnung Blutturm in die Geschichte einging. Die Oberstadt, der alte Teil Thessalonikis, beginnt dort – das zeigt ein kurzer Blick auf jeden Stadtplan –, wo die im rechten Winkel angeordneten Straßen auf ein Netz enger Gassen stoßen: spätestens oberhalb der Ághios-Dimítrios-Straße, die vom Stadion an der gleichnamigen Kirche bis zur Zwölf-Apostel-Kirche führt.

Am Ufer gibt sich Thessaloniki modern, teuer und großzügig, dort finden sich weite, gepflegte Parks, vornehme Cafés und stilvolle Restaurants. In der Oberstadt wechselt die Atmosphäre schlagartig, es wird griechisch und türkisch, geht bergauf und bergab. Über Treppen gelangt man von einer in die nächste Gasse, und die Millionenstadt wird plötzlich wieder zum Dorf. Wer sich einen Tag lang Zeit nimmt, kann mit dem Bus oder Taxi hinauf in die Altstadt fahren und zu Fuß langsam bergab schlendern. Dabei lassen sich einige der Kirchen besichtigen, für die Thessaloniki in kunstgeschichtlichen Kreisen berühmt ist. Vor dem großen Brand sollen es 365 gewesen sein, einige überstanden die Feuersbrunst, andere wurden rekonstruiert. Insgesamt sind es noch immer mehr als genug, um bei Kulturinteressierten das Herz höher schlagen zu lassen – sieben «Auserwählte» finden sich in den *Regionalen Tips* (siehe S. 294). Die hohe Anzahl von Gotteshäusern ist dem Apostel Paulus zu verdanken. Von Philíppi und Kavála kommend, hatte er 49/50 n. Chr. in Thessaloniki eine der ersten christlichen Gemeinden auf europäischem Boden gegründet. Seine Lehre kann man noch heute in den «Briefen an die Thessaloniker» nachlesen.

Geprägt hat Thessaloniki viele Jahrhunderte lang eine ganz andere Bevölkerungsgruppe. Im fünfzehnten Jahrhundert fanden Juden, die in Südwesteuropa und vor allem in Spanien nicht mehr geduldet waren, im leeren Thessaloniki eine neue Heimat. Die Türken hatten vorher fast alle griechischen Einwohner ermordet oder in die Sklaverei verkauft. Etwa 20 000 Juden waren es insgesamt, die vor der Inquisition geflüchtet waren.

Alle 45 000 Juden, die Mitte des zwanzigsten Jahrhunderts in Thessaloniki lebten, wurden zwischen März und Mai 1942 von deutschen Besatzern nach Auschwitz deportiert, keine zweitausend sollen den Holocaust überlebt haben. Heute wohnen noch etwa tausend Juden in der Stadt. Der Brand und die Deutschen waren gründlich: Von der bedeutenden jüdischen Kultur ist nur eine Synagoge übriggeblieben.

Sie schweben zwischen Himmel und Erde, die Wahrzeichen der griechisch-orthodoxen Kirche: die Metéora-Klöster in der nordwestlichen Ecke der Provinz Thessalien, auch als «Schwalbennester» auf den «Wipfeln» des «Steinernen Waldes», als «Adlerhorste» auf «Felsnadeln» umschrieben. Der Phantasie sind angesichts der phantastischen Symbiose zwischen Himmel und Erde, zwischen Buße und Verzückung, zwischen Gott und der Welt und neuerdings auch zwischen Einsamkeit und Touristenrummel keine Grenzen gesetzt, auch nicht den Hollywood-Phantasien lizenzierter Agenten

# ZWISCHEN HIMMEL UND ERDE

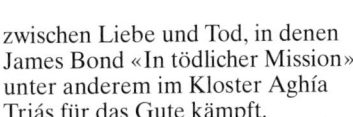

*Ορθοδοξία*

*Bei den Metéora-Klöstern
in Thessalien*

zwischen Liebe und Tod, in denen James Bond «In tödlicher Mission» unter anderem im Kloster Aghía Triás für das Gute kämpft.

## Kompromiß für die Massen

Kalambáka, am Fuße der überragenden Metéora-Felsen gelegen, ist auf seine historische Vergangenheit stolz. Gleich auf den ersten Seiten einer griechischen Broschüre wird ein Schwede namens J.J. Björnstaal zitiert, der 1779 in seinen Reisenotizen festgehalten hatte: «Nach dreistündigem Ritt erreichten wir das griechische Dorf Stagoi, das die Türken ‹Kálampak› nennen und in

171

dem es zehn christliche Kirchen, aber keine Moschee gibt (...).»

Angesichts der im wahrsten Sinne des Wortes überragenden Klöster von Metéora verkommt das am Fuße der Felsen gelegene Kalambáka zu einer Raststätte für Touristen, seine Kirchen werden zugunsten der «schwebenden» aus dem Besichtigungsprogramm gestrichen, auch die Metropoliten-Kirche Kímisis Theotókou, die, 1309 erbaut, noch ein Stückchen älter als das erste Metéora-Kloster ist (Metamórphosis, 1356). Ob man auf der Platía sitzt oder auf einem der Campingplätze vor Zelt oder Wohnwagen liegt: Der Blick richtet sich in die Höhe, hinauf zu Felsen und Klöstern, die in ihrer Einmaligkeit sicherlich zu den beeindruckendsten Landschaften der Welt gehören. Geformt hat die Felskegel, die aus sogenanntem Konglomeratsandstein bestehen, das Wasser eines großen Inlandsees, der im Tertiär die Ebene bedeckt hatte. Irgendwann haben seine Wassermassen einen Ausgang gefunden und weichere Gesteine weggeschwemmt oder abgeschliffen. Zählt man die kleineren Felsen dazu, sollen es über tausend «Stalagmiten» sein, die stehengeblieben sind.

Das eigentliche Aushängeschild der griechisch-orthodoxen Christen ist damals wie heute der heilige Berg Athos. Ganz im Norden des Landes, auf dem östlichen Finger von Chalkidiki gelegen, ist er mit Stacheldraht und Zäunen von der profanen Welt abgeschnitten, der Zutritt wird nur wenigen Auserwählten gestattet, und das auch nur, wenn sie männlichen Geschlechts sind. Nationaldichter Nikos Kazantzákis war unter anderem dort gewesen; auch ihm kam es irgendwie

unwirklich vor, daß seit tausend Jahren, da der Berg der Jungfrau Maria geweiht worden war, kein einziges weibliches Wesen seinen Fuß auf den heiligen Boden gesetzt haben soll, nicht einmal ein weibliches Tier. «Und niemals hat eine Frau den heiligen Berg betreten?» gibt er eine Unterhaltung wieder. «‹Niemals, niemals›, antwortete der Ältere und spie in die Luft. (...) ‹Manchmal›, sagte der Jüngere, ‹wagt eine Frau sich als Mann zu verkleiden, um an Land zu gelangen; doch die wachhabenden Mönche erkennen sie sofort und verjagen sie.› – ‹Woran erkennen sie sie›, fragte mein Freund und lachte. ‹Am Geruch›, antwortete der Jüngere. (...) ‹Riechen denn Frauen anders?› (...) ‹Wie Stinktiere›, antwortete der Alte und beschleunigte seinen Schritt.»

Höchstens zehn männlichen Besuchern pro Tag wird eine Lizenz für einen maximal vier Tage umfassenden Aufenthalt gewährt, nachdem sie vorher ihr tiefreligiöses Anliegen, mindestens aber ein kunsthistorisches oder wissenschaftliches Interesse nachgewiesen haben (siehe *Regionale Tips*, S. 296). Nicht mehr als vierzig Mann können die rund 2000 Mönche im «Garten der Jungfrau Maria» verkraften, sonst fühlen sie sich in der Ausübung ihres täglichen Pensums an Glaubensarbeit gestört. Die in Bussen anreisenden Massen werden nach Metéora geschickt, ohne viele Auflagen zu erfüllen, nur die Kleidung muß «orthodox» sein: Shorts und Miniröcke sind tabu, Schultern und Knie müssen bedeckt sein, und langhaarige Männer sollten ihre Mähne besser mit Klammern zusammenhalten oder unter einem Sonnenhut verbergen. Sechs Klöster

*Starke Lobby: Knapp 98 Prozent aller Griechen sind orthodox*

können besichtigt werden, vier sind noch aktiv, eines, das um 1400 gegründete Kloster Stéfanos, wird seit 1961 von Nonnen bewohnt. Gebet, Keuschheit und Armut sowie die Meditation zur geistigen Vereinigung mit Gott sind das Ziel orthodoxer Ordensbrüder und -schwestern, doch angesichts des Touristenandrangs haben manche der Klöster tagtäglich von neun bis achtzehn Uhr ihre Pforten für Besucher aus aller Welt geöffnet. Viel

mehr Zeit als für ein kurzes Brevier kann da nicht bleiben – auch die Kirche muß Kompromisse schließen.

## Orthodoxie: alles beim alten

Das Wort orthodox wird in der «westlichen Welt» häufig als Sprichwort verwendet und steht für Andersartigkeit und Strenge. Man braucht nur einen orthodoxen Gottesdienst zu besuchen, um zu merken, daß die «orthodoxe Strenge» kein Paradoxon ist. Mit seinem langen, oft schon grauen Rauschebart

173

und den zu einem Knoten zusammengebundenen Haaren entspricht
der Pope den Vorstellungen eines
mystischen Szenarios. Auf das Ambiente wird viel Wert gelegt, ohne
die unverzichtbaren Accessoires wie
Weihrauch, Brokat, Kerzen, Gold
und großartige, symbolhaltige Gesten geht nichts. Wo die Katholiken
beispielsweise schon lange zurück-
gesteckt haben, trumpfen die Orthodoxen theatralisch auf. Die
Nacherzählung der Leidensge-
schichte zu Ostern allein genügt
nicht, eine hölzerne Christusfigur
wird ans Kreuz geschraubt und
anschließend in einem vorbereiteten
Sarg durch das Dorf getragen. Und
bei der Kindstaufe begnügt man
sich nicht mit drei Spritzern Wasser,
das ganze Baby wird dreimal vollständig im Taufbecken unterge-
taucht.

Während des Gottesdienstes geht
es auf seiten der Gemeinde vergleichsweise locker zu. Die im
Kunstlicht so blasse Würde der
grauen Eminenzen vor dem Aller-
heiligsten erscheint noch um ein
gutes Stück mehr vergeistigt angesichts der lebhaften Gemeinde.
Keine Spur von scheuer Distanz, die
so viele Kirchenbänke in Deutschland kalt bleiben läßt. Kinder sind
Kinder und benehmen sich auch
dementsprechend. Männer sind
Männer (und rauchen, vor allem
während längerer Gottesdienste,
zwischendurch eine Zigarette vor
der Tür), und Frauen sind Frauen,
rufen die Kinder ab und zu zur Ordnung, können sich ihr Geschnatter
nicht verkneifen, sind aber – mit zunehmendem Alter in zunehmendem
Maße – bei weitem die Frömmsten
vor dem Altar.

Besucht man werktags ein Kafeníon, wo Hirte und Herde zusam-

*Popen mischen mit: Bewahrung der
griechischen Kultur*

mensitzen, wechselt das Bild wieder.
Da ist der Pope dann plötzlich einer
von allen, in Soutane zwar und mit
Kalimáfki, dem runden, schwarzen
Tönnchen auf dem Kopf, aber dem
Glas Oúzo in der Hand und welt-
lichen Themen auf den Lippen.

Worüber soll er auch reden. Missionierung ist in einem Land, in
dem sich 97,6 Prozent der Menschen
– zumindest auf dem Papier – zum

orthodoxen Glauben bekennen, kein Thema. Und über die Kirche an sich gibt es schon lange nichts mehr zu sagen, seitdem sie orthodox, also rechtgläubig geworden ist. Vor rund tausend Jahren war unter den Christen ein Streit ausgebrochen: An Glaube und Kult, sagten die einen, die Anhänger der späteren Ostkirche, dürfe sich unter keinen Umständen etwas ändern, wolle man der apostolischen Urkirche Christi möglichst verwandt bleiben. Anlaß war unter anderem die plötz-

liche Idee der anderen Seite, der späteren Westkirche, daß der Heilige Geist nicht nur von Gottvater, sondern auch von seinem Sohn ausgegangen sei. Wie könne man nur Jahrhunderte nach Christi auf solche Ideen kommen, sagten die künftigen Orthodoxen und schüttelten den Kopf. Zum berühmten Schisma im Jahr 1054, der Teilung der Glaubensgemeinschaft in die West- und die Ostkirche, kam es aufgrund eines päpstlichen Dogmas, nach dem die Jungfrau Maria leibhaftig gen

*1000 Jahre Orthodoxie: Reformen sind überfällig*

Himmel aufgefahren sein soll. Nein, sagten die Anhänger der konservativen Strömung, spalteten sich ab und bekreuzigen sich seitdem konsequent nur mit drei Fingern, lassen den Ringfinger (für Maria) und den kleinen (für den Papst) weg – und alles bleibt beim alten.

Mehr und mehr hat sich die Kirche von der Realität entfernt und schwebt zwischen Himmel und Erde, schimpft die Welt ein Jammertal, wartet auf ein besseres Leben nach dem Tod und sucht zwischenzeitlich in Einsamkeit und Buße einen sogenannten Verzückungszustand zu erreichen. Welcher Ort wollte sich besser zur Weltabkehrung eignen als der auf den Metéora-Felsen. Auf die ständig wechselnden weltlichen Probleme kann die Kirche nicht eingehen, abgesehen davon, daß sie Neuerungen verdammt – und zwar nachdrücklichst. Vor allem wenn über moralische Themen debattiert wird, um Abtreibungsrechte beispielsweise oder über ein neues Eheschließungsgesetz, pochen die jährlich neu gewählten zwölf Metropoliten an die weltlichen Türen zur Politik und fordern die Bewahrung von Tradition. Der hohe Bevölkerungsanteil, der hinter ihnen steht, ist in der Regel Druckmittel genug, da muß selten noch zusätzlich mit der Exkommunikation ganzer Parteien gedroht werden. So weltabgewandt ist die Kirche dann doch nicht.

Natürlich entfernt sich eine im Wandel begriffene Gesellschaft weiter und weiter von den reaktionären Vorsätzen ihrer Kirche, und ein Großteil der Mitglieder registriert, daß überfällige Reformen nicht zu bremsen oder völlig zu behindern sind. Lange Zeit hatte die sozialistische Regierung in den achtziger Jahren darum gekämpft, ein Eheschließungsgesetz nach deutschem Muster zu verabschieden, aber ihre Vorlage wurde abgeschwächt. Gab es vor der Neuregelung in Griechenland ausschließlich die Möglichkeit, vor dem Altar zu heiraten, dürfen die Griechen nun zwischen Bürgermeister und Pope als Institution wählen. Die alleinige Entscheidungsgewalt, die der Staat angestrebt hatte, funktioniert eben nicht ohne den Segen der Kirche.

Das Glaubensbild der orthodoxen Kirche steht in einem geradezu unglaublichen Gegensatz zum «Lebensbild» der Griechen. Verspricht die Kirche das wahre Leben erst jenseits der irdischen Welt, ist der Grieche wie kaum ein anderer auf den momentanen Augenblick fixiert. Ihren nach wie vor starken Rückhalt in der Gesellschaft hat die orthodoxe Kirche einer ganz anderen, viel weltlicheren Tatsache zu verdanken: Als die Türken in Griechenland während der Besatzung Sprache und Kultur auszulöschen versucht hatten, tat sich die Kirche als Bewahrerin des kulturellen Erbes hervor, und bezeichnenderweise war es ein Bischof, der am 25. März 1821 zum großen Befreiungskrieg

gegen die Türken aufgerufen hatte (siehe S. 249). Neben vielen anderen Orten, an denen vor allem Mönche in isolierten Klosterschulen das jahrhundertealte Wissen weitervermittelten, zählen die Metéora-Klöster mit zu den bedeutendsten.

## Schwebende Stadt

Obwohl sich heute zwischen den teilweise über vierhundert Meter steil aufragenden «Felsnadeln» eine asphaltierte Straße emporwindet, die sogar von Reisebussen befahren werden kann, braucht es nicht viel Phantasie, um sich vorzustellen, daß die Klöster praktisch uneinnehmbar waren. Die Gebäude gleichen Festungen und waren bis in die zwanziger Jahre dieses Jahrhunderts nur per Seil oder Strickleiter zugänglich. Immer wieder haben Reisende in jener Zeit notiert, die Stricke und Netze, in denen Besucher hochgehievt wurden, seien ihnen mehr als abgenutzt vorgekommen. Die Mönche, darauf angesprochen, hätten mit größtem Gottvertrauen erwidert, das Seil habe beim vorletzten Besucher gehalten, und sollte das Seil einmal reißen, werde man es auf jeden Fall durch ein neues ersetzen. Wer ein bißchen die griechische Mentalität versteht, wird diesen Geschichten Glauben schenken. Erst 1923 hat man damit begonnen, Treppen zu den Klöstern zu bauen oder in den Fels zu schlagen – und damit auch den Weg für den Tourismus zu ebnen.

Ab dem neunten Jahrhundert hatten sich Eremiten in Felshöhlen niedergelassen, um Gott in Einsamkeit und Gebet näherzukommen. Mitte des vierzehnten Jahrhunderts wurden es mehr, und sie mußten höher klettern, um den Unruhen zwischen dem Byzantinischen Reich und den Serben aus dem Weg zu gehen. In diese Zeit, genau in das Jahr 1356, fiel die Gründung der ersten Anlage, des Metamórphosis-Klosters, auch Megálo Metéoro genannt, Großes Metéora-Kloster. Mönch Athanásios der Meteorite hatte es gegründet, und nach ihm wurde die Anlage benannt: *Metéora* bedeutet «zwischen Himmel und Erde schwebend». Das Metamórphosis-Kloster blieb der größte und am höchsten gelegene Bau auf den Felsen. Es liegt 613 Meter über dem Meeresspiegel, rund 400 Meter über Kalambáka, dehnt sich auf einer Fläche von 60 000 Quadratmetern aus und wurde in seinen Glanzzeiten von mehr als einhundert Mönchen bewohnt. Nach und nach erlangte es die Oberaufsicht über die Metéora-Felsen, denn immer mehr Mönche zogen sich in die abgehobene Einsamkeit zurück und gründeten bis ins sechzehnte Jahrhundert hinein eine ganze «Stadt» auf den «Felsnadeln», die schließlich aus 24 Klöstern, mehreren Kirchen, Kapellen, alten und neuen Eremitagen und sogar zu Gefängnissen umgebauten Felsspalten bestand, in die Mönche verbannt wurden, die die strengen Vorschriften der Gemeinschaft mißachtet hatten.

## Asyl für Leib und Seele

In solcher Abgeschiedenheit entstanden über die Jahrhunderte hinweg Meisterwerke byzantinischer Kunst: Ikonen, Fresken, reichverzierte Altarwände, Handschriften von Heiligenbüchern; hier wurden die Votivgaben gesammelt, die reiche Gläubige als Geschenk mitgebracht hatten und die heute teilweise in Museumsräumen innerhalb der Klöster untergebracht sind. Viele Privilegien und ein durch Schenkungen begründeter großer Landbesitz ließen sogar das Ende des Byzantinischen Reiches (1453) mehr oder weniger spurlos an den Gemeinschaften vorübergehen. Die Mönche konnten sich durch gezielte «Aufmerksamkeiten» in Form von Bargeld auch die türkischen Besatzer des Landes weitgehend von Leib und Seele halten. Das sprach sich herum. Immer mehr Asylsuchende fanden ihren Weg auf die Felsen, um dort in Ruhe ihren Studien nachgehen zu können. Nicht zuletzt dadurch erreichten die Klostergemeinschaften in dieser Zeit ihren höchsten Bildungsstand und erstellten umfangreiche Archive mit wertvollen Handschriften, die heute teilweise in der Athener Nationalbibliothek untergebracht sind. Als dann im siebzehnten Jahrhundert die Forderungen der Türken immer unverschämter wurden, ließ die Anziehungskraft der Klöster nach. Viele Anlagen verwaisten, verfielen, andere wurden im Zweiten Weltkrieg von deutschen und italienischen Soldaten geplündert und durch Bomben zerstört.

Die sechs zu besichtigenden Klöster beeindrucken durch ihre architektonische Kühnheit, mit der die Mauern auf die Spitzen der Felsen gesetzt wurden: Metamórphosis, Ághios Nikólaos, Aghía Triás, Rousánou, Ághios Stéfanos und Varlaám. Selbst heute ist es kaum vorstellbar, wie das Baumaterial in solch schwindelnde Höhe transportiert worden war. Am besten kann diese Leistung noch nachempfinden, wer auf Bus oder Auto verzichtet und die Klöster zu Fuß erreicht. Schmale Pfade zwischen den Felsen verbinden viele Anlagen unterein-

ander, die oft in schwindelerregender Höhe an beeindruckenden Überresten alter Bauten vorbeiführen. Alpinisten werden selbst auf die schmalen Pfade verzichten und versuchen, an den senkrechten Wänden hochzusteigen – Klettern ist in dieser Region Griechenlands ein beliebter Sport, und Übermütige tragen für den «Abstieg» einen Paragleitschirm auf dem Rücken (Informationen dazu auf dem Campingplatz Vráchos).

Gegen neun Uhr öffnen die sechs Klöster am Morgen ihre Tore. Es lohnt sich, um diese Zeit schon auf der Türschwelle zu stehen, denn die Metéora-Felsen zählen zu den Touristenzielen mit der größten Anziehungskraft. Nachmittags kommt es in dem in den Fels gehauenen Tunnel, der zum Kloster Metamórphosis führt, immer wieder zu Staus und längeren Wartezeiten. Trotz des lärmenden Massenansturms in der Hochsaison herrscht auf dem Gipfel der Felsen erstaunlicherweise Ruhe. Die Atmosphäre verschlägt den meisten die Sprache.

# AUF ZU DEN GÖTTERN

*Eine Besteigung des Olymp*

Geologen sind nüchtern. Der Olymp, sagen sie, mit 2917 Metern der höchste Berg Griechenlands, hätte sehr viel mehr mit den Kykladen zu tun als mit den Göttern. Denn Inseln sind für die Wissenschaftler nichts anderes als aus dem Wasser ragende Berggipfel, und da bildeten die Kykladen keine Ausnahme. Kein Wort davon, daß diese «Perlen von Hellas», wie sie früher genannt wurden, mehr als nur Felsbrocken sein könnten, die ihre – mittlerweile – kahlen Schädel über Wasser halten. Kein Wort davon, daß man Berge versetzen kann, ohne auf Vulkanismus oder tektonische Verschiebungen, auf Erdbeben, Flutwellen oder sonstige sogenannte Naturkatastrophen angewiesen zu sein. Im Spättertiär und im Altdiluvium habe sich die Erde in Griechenland im rechten Winkel

aufeinander zugeschoben. Dabei sei unter anderem eine Bergkette entstanden, die sich nun vom Olymp über den Pílion und die Insel Euböa bis hin zu den Kykladen erstrecke.

Ganz so einfach ist das nicht, denn es kann auch ganz andere «Naturkatastrophen» geben. Wenn Göttergattin Hera den sexuellen Bedürfnissen ihres Zeus nicht mehr genügt und er der schönen Asteria nachstellt, kann das einem Vulkanausbruch schon sehr nahekommen. Dem armen Mädchen war damals nichts anderes übriggeblieben, als ins Meer zu springen und sich in eine Insel zu verwandeln. Ziellos trieb sie auf hoher See umher und gewährte, trotz ihrer eigenen Not, der hochschwangeren Leto Asyl, ebenfalls eine Geliebte des Zeus und auch auf der Flucht. Allerdings nicht vor ihm, sondern vor seiner eifersüchtigen Frau. Auf der Insel schließlich konnte Leto in Ruhe Apollon und Artemis gebären, und dabei fand auch Asteria ihre Ruhe. Vier Säulen wuchsen aus dem Meer und hoben sie etwas an, damit sie sichtbar wurde. Sichtbar heißt auf griechisch *delos*, wie die Insel heute noch genannt wird. So hat die Kykladeninsel tatsächlich etwas mit dem Olymp zu tun, aber eher durch die Eingriffe des Zeus als aufgrund tektonischer Verschiebungen.

## Liebe macht blind

Meteorologen erhalten bei ihrer Auseinandersetzung mit dem Olymp keine besseren Noten, wenn sie mit Hilfe von Großwetterlage, Strömungsverhältnissen und dem durch die Nähe zum Meer bedingten extremen Höhenunterschied die Tatsache erklären wollen, daß die Gipfel des Olymp meist von Wolken verhangen sind. Was da die alten Hellenen von ihrem Berg zu erzählen haben, klingt einleuchtender. Er sei der Sitz der Götter. Die Horen, für die Jahreszeiten verantwortlich, achten peinlichst darauf, die Tore des Olymp mit ihren goldenen Wolken verschlossen zu halten, um die Götter vor den neugierigen Blicken vorwitziger Menschen (und Meteorologen) zu schützen. Geöffnet werden die Pforten nur, wenn eine der zwölf Gottheiten ein oder aus zu gehen beabsichtigt.

Ob man im Himmel ist, hat man den höchsten Gipfel des Olymp, den 2917 Meter hohen Mýtikas, bezwungen, ist die Frage. Zwar sollen dort der Thron des Zeus und die Paläste des Hephaistos stehen, die dieser den Göttern gebaut hatte, doch die meisten der Besucher, die Jahr für Jahr hinaufsteigen, sehen nichts

davon. Vielleicht, weil sie plattentektonische Verschiebungen im Kopf haben, weil sie an Kalkstein und Dolomiten denken oder weil sie nach den 1800 verschiedenen Pflanzenarten Ausschau halten, die auf dem Berg registriert worden sind, nach Adlern, Geiern, Bussarden, Falken, Wölfen, Füchsen, Kojoten, Rehen, Steinböcken, Wildschweinen, Schakalen, Dachsen, Mardern, Iltissen, Hasen oder Smaragdeidechsen. Wer den Kopf nicht frei hat, wird auch die Götter nicht sehen, das ist spätestens seit Otos und Ephialtes bekannt. Die Zwillinge, Söhne des Poseidon und der Iphimedeia, zweier Giganten, waren bereits mit neun Jahren sechzehn Meter groß und hatten nichts als Unsinn im Kopf. Kriegsgott Ares wurde das prominenteste Opfer ihrer Streiche, die Burschen hielten ihn dreizehn Monate lang in einem Bronzekrug gefangen, bis Hermes den Unglücklichen aus seinem Gefängnis rettete. Wenig älter, ließen sich die Zwillinge zu ihrer vermessensten Tat hinreißen. Unsterblich in Hera und Artemis verliebt, wollten sie die Göttinnen entführen. Als sie auf dem Olymp keine göttlichen Spuren fanden, kamen sie zu dem Schluß, daß der Himmel noch höher liegen müsse. Sie türmten den Ossa und den Pílion auf den Olymp und versuchten, den Himmel zu stürmen. Es sollte ihnen nicht gelingen. Während des Aufstiegs ließen Apollon und Artemis eine Hirschkuh zwischen beiden hindurchlaufen. Otos und Ephialtes warfen ihre Speere nach dem Tier, verfehlten es und trafen sich selbst. Für ihre Vermessenheit leiden sie seitdem im Reich des Totengottes Hades, an einen Pfahl gebunden und von Schlangen umwunden.

## Chaos und Kannibalen

Am Anfang aller Dinge stand nicht das Wort, sondern das Chaos. Gaia, die Erde (von Gaia zu Geo ist es nicht weit), war die erste, die dem Chaos entsprungen ist, zusammen mit Tartaros, der Unterwelt, Nyx, der Nacht, Erebos, der Finsternis, und Eros, der Liebe (Erotik). Gaia schuf aus sich selbst den Himmel Uranos, das Meer Montos und die Gebirge. Weil es weitergehen mußte und noch kein anderes weibliches Wesen zur Hand war, vereinigte sich Uranos mehrmals mit seiner Mutter Gaia, woraus zwölf Titanen, riesenhafte Urwesen, hervorgingen, die anfangs die Welt beherrscht hatten, sowie drei einäugige Zyklopen. Letztere waren sozusagen ungewollt, Vater Uranos fürchtete gar, sie könnten ihn entmachten, und so stieß er sie dorthin zurück, woher sie gekommen waren: in den Leib von Gaia. Halb ohnmächtig vor Wut und Schmerzen, gab Gaia Kronos, einem ihrer ersten Söhne, eine Sichel und befahl ihm, seinem Vater das Geschlecht abzuschneiden, was dieser auch brav befolgte und die abgetrennten Geschlechtsteile ins Meer warf. Aus dem Blut, das dabei auf den Boden tropfte, entstanden unter anderem die schrecklichen Erinnyen (Rachegöttinnen), das Glied selbst trieb im Meer und strandete auf der Insel Kythira. Aus dem Schaum, der sich bildete, stieg die Liebesgöttin Aphrodite hervor.

Die beiden wichtigsten Kinder von Gaia und Uranos waren Kronos und Rhea, denn sie zeugten – Geschwisterliebe hin oder her – sechs Kinder, unter ihnen Zeus. Uranos war wenig besser als sein Vater. Auch er fürchtete, seine Kinder könnten ihn entmachten, und ver-schlang sie nacheinander. Gaia und Rhea konnten lediglich den kleinen Zeus retten und ihn in einer Höhle auf Kreta verstecken, wo ihn die Ziege Amaltheia mit ihrer Milch aufzog. Die Befürchtungen Uranos' erfüllten sich: Kaum war Zeus erwachsen, gab es für ihn kein Halten mehr. Er entmachtete seinen Vater, verabreichte ihm ein Brechmittel (unversehrt zutage kamen Poseidon, Hades, Demeter, Hestia und Hera) und verbannte ihn und jene, die mehr zum Vater als zum Sohn hielten, ins Reich der Toten.

Simpel ist die griechische Mythologie nicht, denn es gibt eine Vielzahl von Haupt-, Halb-, Neben- und Naturgöttern. Aber vergeistigt, kühl oder unmenschlich scheint es weder auf dem Olymp noch auf Erden zugegangen zu sein. Natürlich wurden Götter geehrt, und man vermied es, Hades, den Gott des Totenreiches, bei seinem Namen zu nennen, und sprach euphemistisch von Plouton, dem Reichen. Freilich fürchtete man den Zorn der Götter, die Donnerkeile des Zeus oder die Fesseln des Hephaistos, ihren Egoismus, ihre Skrupellosigkeit und ihre Launen. Aber letztendlich waren die Götter denn doch zu menschlich, um als ehrwürdig im eigentlichen Sinne zu gelten. Liebschaften zwischen Göttern und Sterblichen beispielsweise waren eher die Regel als die Ausnahme, und wer eine aufregende Nacht mit Zeus oder Aphrodite verbracht und vielleicht sogar einen Halbgott gezeugt hatte, wird in ihrem oder seinem Tempel bei der nächsten Andacht an anderes als nur an Opferriten gedacht haben. Keine Spur von Distanz, auch nicht von abstraktem Glauben. Die Griechen glaubten nicht, sie wußten.

Jedermann mit dem nötigen

Kleingeld konnte über ein Orakel einen Gott um Rat fragen, und viele ließen sich nur zu gerne auch auf kausale Versprechungen ein. Wenn du mir bei dieser oder jener Angelegenheit hilfst, dann, lieber Zeus, liebe Artemis, werde ich dir einhundert Ochsen opfern. So mancher Gott konnte solchen Angeboten nicht widerstehen. Denn für Götter gibt es nichts Schöneres, als sich am wohlriechenden Duft gebratenen Fleisches, der Götterspeise Ambrosia, zu erfreuen, Nektar zu trinken, vom Olymp auf die Erde herabzublicken und ein bißchen in den Geschicken der Menschen mitzumischen. Wer die Nähe der Götter sucht und den Olymp besteigt, kann sich darauf einstellen, daß Bratenduft, Witz und Charme viel mehr Wohlgefallen erzeugen als Demut und Kriecherei. Gewarnt sei nur vor Vermessenheit: Gehorsam verlangen die Götter, und Berge versetzen wollen sie selbst.

## Die liebe Verwandtschaft

Die zwölf wichtigsten Götter in der Mythologie sind jene, die den Olymp, den *Olympós*, wie ihn die Griechen nennen, bewohnen. Zeus an erster Stelle, der sich zum Chef der Runde inthroniert hatte. Vier seiner bereits erwähnten fünf Geschwister gehören dazu, nämlich Poseidon, Demeter, Hestia und Hera (nur Hades nicht, der später Chef des Totenreiches wird), ferner seine Kinder Apollon, Artemis (Apollons Zwillingsschwester), Ares, Hermes und seine Lieblingstochter Athene sowie Aphrodite und Hepheistos, erstere Tante (denn irgendwie ist sie trotz der Penisgeschichte eine Tochter des Uranos), zweiter ein Stiefsohn des Zeus.

Das Präsens – «gehören dazu» – ist bewußt gewählt, denn unter den wirklich göttlichen Eigenschaften, die den griechischen Göttern zugeschrieben werden, ist, neben der Tatsache, nie hungrig sowie allmächtig zu sein, auch die der Unsterblichkeit.

*Zeus*, Vater der Götter und der Menschen, Herr über Himmel und Erde. Er entscheidet über Recht und Unrecht, Leben und Tod. Donner und Blitz gelten als seine Insignien. Über ihn gibt es immer etwas zu erzählen, und meistens geht es dabei um Liebe und Leidenschaft. Ein besonderes, ausnahmsweise nicht sexuelles Verhältnis hat der Göttergott zu seiner Tochter *Athene*. Sie ist die Göttin des Krieges, den sie eher mit Köpfchen als mit Waffen führt; sie ist die Schutzpatronin des Handwerks, der Künste und der Wissenschaften und machte sich bei den Menschen durch wertvolle Geschenke beliebt: Der Ölbaum stammt von ihr, der Pflug und der Webstuhl sowie das Knowhow zum Schiffs- und Wagenbau. Sie müßte nach wie vor Jungfrau sein, zumindest ist bis dato nichts Gegenteiliges bekannt. Die Zwillinge Apollon und Artemis wurden Zeus von seiner Geliebten, der Titanin Leto, geboren. *Apollon*, Gott des Lichts, der Weisheit, der Musik, Dichtung und Heilkunst (Asklepios, Arzt der Ärzte, war sein Sohn), wurde durch das Orakel populär, das er in Delphi gegründet hatte. Er blies der Schlange Python, die dort eine dampfende Erdspalte bewachte, mit seinem göttlichen Atem das Lebenslicht aus und ersetzte sie durch eine Priesterin, die sogenannte Pythia, die den Menschen die Zukunft weissagte. Seine Schwester *Artemis* ist für die Tiere und die

Jagd zuständig, gilt als Beschützerin der Schwachen und der Kinder und hält sehr viel auf ihre Jungfräulichkeit, die sie eisern verteidigt. Ihr Verhältnis zu Vater Zeus ist angespannt, seit er ihre beste Freundin Kallisto vergewaltigt hatte.

Aus Zeus' Beziehung zur Nymphe Maia entstand der Götterbote *Hermes*. Als einen freundlichen Schurken bezeichnete man ihn, Kaufleute baten um seinen Segen und auch Diebe. Überall, wo es um Schabernack geht, ist der geflügelte Hermes mit von der Partie und verteilt nebenbei Botschaften und Weisungen von Zeus an Kollegen und Menschen. Hermes ist übrigens der Erfinder der Leier, die er aus dem Panzer einer vertrockneten Schildkröte gebastelt hatte.

*Allgegenwärtig: Göttergott Zeus auf römischer Münze*

## Leidenschaft statt Treue

Das einzige eheliche Kind von Zeus und Hera in der Runde der Olympier dürfte *Ares* sein. Auch er wird als Gott des Krieges verehrt, ist allerdings bei weitem nicht so beliebt wie Athene geworden, da er mehr auf Brutalität und weniger auf Klugheit setzt. Erzählt wird über ihn immer wieder jene süffisante Geschichte, als Hephaistos ihn bei einem Liebesspiel mit seiner Frau Aphrodite ertappte (siehe S. 108). Bleiben wir gleich bei Hephaistos und Aphrodite. Daß die Göttin der Liebe mit ihrem Gatten alles andere als zufrieden war, ist kein Wunder. Der arme *Hephaistos* war schon von Geburt an so häßlich, daß ihn Mutter Hera, die ihn ohne Partner gezeugt hatte, vor Schreck und Grauen ins Meer warf. Hephaistos wurde gerettet und versöhnte sich später sogar mit seiner Mutter. Als Gott des Feuers und der Schmiedekunst

ist er ein Meister seines Fachs geworden. Er baute prächtige Hallen und Paläste auf dem Olymp, in denen die Götter ein wahrhaft göttliches Leben führen konnten. Daß *Aphrodite* ihm keine treue Ehefrau sein konnte, war naheliegend. Die Göttin der Schönheit, Fruchtbarkeit und Liebe ist eher der Leidenschaft als der Treue verbunden. Sie gilt den Göttern und Menschen gleichermaßen als unwiderstehlich. Den berühmten goldenen Apfel mit der Aufschrift «der Schönsten», den Iris, die Göttin der Zwietracht, bei einem großen Fest einmal zwischen die Gäste (dabei unter anderem zwischen Hera und Athene) geworfen hatte, gewann sie souverän. Für die Früchte, die die Liebe mit sich bringt, ist *Demeter* zuständig. Als Göttin der Erde wurde sie besonders in Eleusis (nahe Athen) verehrt, wo ihr zur Ehre und den Menschen zum tieferen Verständnis von Leben und Tod alljährlich die sogenannten Eleusischen Mysterien, ein

185

*Wegskizze mit Aufstiegsrouten und
Schutzhütten am Fahrbahnrand*

geheimer Fruchtbarkeitskult, ausgerichtet wurden. Auch ihr Verhältnis
zu Bruder Zeus war gespannt, da er
ihre Tochter Persephone ohne ihr
Wissen mit Hades vermählt hatte,
ausgerechnet mit Hades, dem düste-
ren Gott der Toten.

Bruder *Poseidon* hat Zeus als
Herrscher über die Meere eingesetzt. Der bärtige Gott mit dem
berühmten Dreizack in der Hand
galt als aufbrausend, war gefürchtet
und wurde speziell von Seeleuten
um Schutz angefleht. Sein größter
Wunsch war es gewesen, Schutzpa-
tron der Pólis Athen zu werden, die
in diesem Falle heute Poseidonia
heißen würde.

*Hestía* ist schnell vorgestellt: Sie
ist das Aschenputtel unter den Göttern, zuständig für Haus und Herd.
Gerade deswegen aber war sie den
Menschen eher nahe, auch wenn es
keine bedeutenden Kulte um sie gab
und gibt.

*Hera*, die Schwester und Ehefrau
des großen Zeus, hat es mit ihm
nicht leicht. Obwohl sie sich um eine
konservative Ehe bemüht und alle
Liebschaften ihres Mannes ihre Rache zu fürchten haben, ist Zeus ihr
immer wieder durchgebrannt. Groß
und stattlich sei sie, sagen jene, die
sie gesehen haben, stolz und un-
beugsam und trotz ihrer persönlichen Probleme – oder gerade deswegen – nach wie vor eine leidenschaftliche Verfechterin der Mono-
gamie.

## Klettern oder fliegen

Wenn der Berg ruft, müssen die meisten klettern. 25 000 Besucher sind es Jahr für Jahr. Der Olymp ist trotz seiner Höhe von knapp 3000 Metern nicht schwierig. Manch einen läßt Zeus sogar fliegen, wie beispielsweise den schönen Ganymedes, den Sohn des Tros (des Gründers von Troja), der den Götterchef durch seine Schönheit dermaßen betört hatte, daß er ihm einen Adler sandte und ihm die göttliche Ehre zuteil werden ließ, sein Mundschenk und Bettgefährte zu werden; heute sieht man den Jüngling als Sternbild des Wassermanns am Himmel verewigt. Für die übrigen – nicht auserwählten – ist Litóchoro bester Ausgangspunkt für einen Aufstieg. Der kleine Ort liegt etwa neunzig Kilometer südlich von Thessaloniki (400 Kilometer nördlich von Athen) am östlichen Fuß des Olymp auf einer Höhe von etwa 300 Metern. In Litóchoro kann sich noch der mit der nötigen Ausrüstung eindecken, der nur mit Sandalen und Badeshorts nach Griechenland gereist ist. Feste Wanderschuhe, warme Regenkleidung, Rucksack und Hut sind Voraussetzung für einen Aufstieg, ferner können Bergführer und Lasttiere gemietet werden (siehe S. 299).

Für die klassische Tour muß man mindestens drei Tage einplanen. Sie führt direkt von Litóchoro auf dem Europawanderweg Nummer vier durch eine tief eingeschnittene, bewaldete Schlucht am Fluß Enípeas entlang nach Prionia (vier bis fünf Stunden). Holzfäller haben sich mit Maultierkarawanen einen Weg gebahnt. Prionia, auf einer Höhe von 1100 Metern gelegen, heißt übersetzt bezeichnenderweise «Sägen». Von hier aus sind es noch einmal rund zweieinhalb Stunden bis zur Hütte Spilios Agabitos (2100 Meter), kurz «Refuge A» genannt. Wer zu Saisonbeginn, Anfang Mai, zusammen mit Costas Zolotas als erster aufsteigt, kann dem Wirt und Bergführer beim Freischaufeln der Hütte helfen, die meist bis zum Dachfirst eingeschneit ist. Abends gibt es zur Belohnung eine griechische Brotzeit, Rákí (Schnaps) und Retsína. Verständigungsbarrieren braucht keiner zu fürchten. Das «Kufsteinlied» oder die «Bergvagabunden» kennt Costas nicht nur von seinen Gästen, sondern auch von seiner deutschen Frau, mit der er seit vierzig Jahren verheiratet ist.

Am nächsten Morgen kann es dann auf zu den Göttern gehen. Der Panoramagipfel Skolío (2911 m) oder der Mýtikas, mit 2917 Metern der höchste Gipfel des Olymp, sind in einem Tagesausflug zu erreichen. In einem Detail also haben sich die alten Griechen getäuscht. Sie hielten den Olymp für unbezwingbar, sie fürchteten, die Luft dort oben sei so dünn, daß Sterbliche einen Aufstieg nicht überleben würden. Trotzdem: Die Götter leben noch, auch wenn es in den letzten Jahrhunderten ruhig um sie geworden ist. Ihnen fehlt nur der Duft gebratener Opfertiere, der an den Hängen des Olymp hochzieht und ihnen ihre Vitalität zurückgeben würde. Dabei wäre das Opfer an sich gar kein Opfer: Ein am Spieß gegrilltes Lamm und ein paar Gedenkminuten würden genügen, denn die Götter begnügen sich mit dem Duft und überlassen den Menschen das Fleisch.

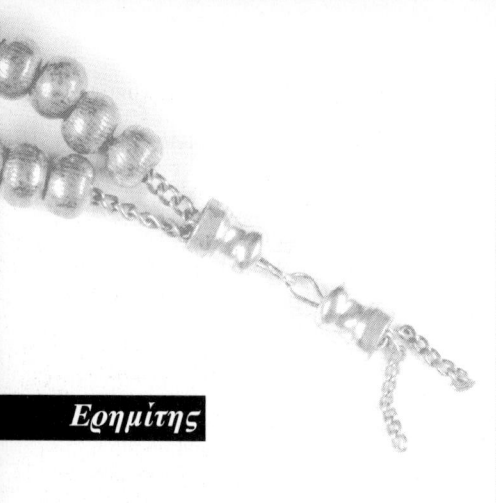

Valia kálda ist ein relativer Name: «Warmes Tal» heißt er übersetzt. Auf 1300 Meter Höhe gelegen, mag es dort im Sommer nicht heiß, sondern nur sehr warm sein, und im Winter, aufgrund der geschützten Lage, nicht sehr kalt, sondern nur kalt, eben etwas wärmer als in der Umgebung. Aber wer im Winter in dieser Gegend unterwegs ist, hat Schneeketten im Kofferraum oder fährt mit einem vierradgetriebenen Geländewagen. Die Menschen, die in dieser Gegend wohnen, decken die Dächer ihrer Häuser mit Blech, damit die Schneemassen besser abrutschen können. Ziegel halten die Temperaturschwankungen und den Druck kaum aus, die traditionellen Steinplatten zu verlegen macht heute zuviel Arbeit und ist zu teuer.

Wer in dem peloponnesischen Gýthion wohnt, einem Städtchen mit weniger als zehntausend Einwohnern, lebt vom Tourismus oder möchte nach Athen. Grevená, Verwaltungshauptstadt in Nordgriechenland, in deren Bezirk auch das Valia Kálda liegt, hat zehntausend Einwohner und lenkt die Geschicke von siebzig Dörfern mit weiteren 35000 Menschen. Wer in Grevená oder Umgebung lebt, möchte zu-

# HIRTEN UND FLÜCHTLINGE

*Ein Wintermärchen im Nordwesten*

mindest nach Thessaloniki, wenn nicht auch nach Athen. Denn Grevená bietet als Alternative zur Ziegen- oder Schafzucht nicht einmal den Tourismus. Grevená, das läßt sich auf den Punkt genau und in einem Wort ausdrücken, bietet: nichts. Nichts außer einem kleinen Nationalpark, dessen Status nur auf dem Papier existiert, nichts außer unbegradigten Flüssen, einer wunderschönen Landschaft, spitzwinkligen Brücken, die ihre Funktion schon seit Jahren verloren haben und von aus Beton gegossenen Klonen ins Abseits gedrängt wurden, nichts als einen Sessel- und drei Schlepplifte, den halbfertigen Europa-Fernwanderweg Nummer vier, Albaner, einige byzantinische Kapellen und Kirchen, nichts außer 200000 Schafen und Ziegen im Sommer und verlassenen Dörfern im Winter. Nichts, das man unter einer Rubrik «Sehenswert» auf der Landkarte einkreisen würde. Es folgt kein «aber».

Das müsse und werde sich ändern, versichert der Bürgermeister, denn «sein» Verwaltungsbezirk sei «einer der schönsten und abwechslungsreichsten von ganz Griechenland». Zehn Dörfer hätten sich bereits zusammengeschlossen, um sich gemeinsam um die Ankurbelung des Fremdenverkehrs zu bemühen. Ihr Hauptaugenmerk richteten sie dabei (noch) auf den Wintertourismus, Hauptkundschaft seien (noch) Griechen. Gleich neben dem Rathaus befindet sich der «Verein zur Förderung des Alpinismus» *(chionodromikós oriwatikós sillogós)*. 650 Mitglieder hat der Club, Hauptanliegen sind das Skigebiet und die Förderung des Tourismus allgemein. Auf die Frage, wie man letzteren ankurbeln wolle, gibt es keine Ant-

worten. Das werde sich zeigen, die Umgebung biete schließlich alles. Und auf die zweite Frage, ob man denn, ähnlich wie österreichische oder deutsche Alpenvereine auch, nicht nur touristisches, sondern auch ökologisches Engagement habe, kommt ein entrüstetes «Nein!» Den Tourismus wolle man fördern, die Gegend sei arm und brauche das Geld!

Der Bezirk Grevená liegt am südöstlichen Ende der Provinz Makedonien, ihm fehlen Ruinen klassischer Kultur und Strände am Meer gleichermaßen. Schon in der Hafenstadt Igouменítsa teilt sich der touristische Strom, fließt entweder viel zu weit nördlich, Richtung alexandrinischen Erbes, nach Pélla und Vergína oder zu den Metéora-Klöstern im Süden. Ende der achtziger Jahre sollten mit vier Skiliften erste Touristen angelockt werden. Aber daß ausländische Besucher zum Skifahren nach Griechenland kommen, halten selbst Optimisten für unwahrscheinlich. Dabei kann, wer hier unterwegs ist, in dieser Gegend an einem Nachmittag bei Schnee und Sonne bequem die Pisten hinunterwedeln. Skiausrüstung und Liftkarte sind preiswert und die Kapazitäten der Lifte nicht ausgelastet.

Ein Skigebiet am 2249 Meter hohen Vassilítsa dürfte das letzte sein, was man in dieser Gegend erwartet. Siebzig Menschen leben im Durchschnitt in Griechenland auf jedem Quadratkilometer, zusammen mit gut achtzig Schafen und Ziegen; in Grevená sind es etwa viermal so viele – Schafe und Ziegen. Die Straße Ioánnina – Kalambáka (Metéora) – Siátista – Kónitsa begrenzt dieses Quadrat, in dessen Innerem nur Nebenstraßen und Wanderwege führen.

*Wo der Schneepflug scheitert, bahnt ein Bagger den Weg*

## Basislager Grevená

Demjenigen, der von der durch die Türken berühmt gewordenen Stadt Ioánnina nach Grevená fahren will, dem wird im Winter die Entscheidung über die beiden möglichen Anreisewege oft abgenommen: Der Katáras-Paß, der sich bis auf eine Höhe von 1705 Metern über das Píndos-Gebirge windet, ist wegen starker Schneefälle oft gesperrt. Hinweisschilder machen dann auf die nördliche Umgehung über Kónitsa und Siátista aufmerksam. Die Route sieht auf der Karte zwar länger aus, schneller kommt man dort aber sommers wie winters voran, und romantisch sind beide Strecken gleichermaßen. Grevená selbst bietet sich als Ausgangspunkt für Erkundungen an. Die Bewegungsfreiheit ist im Winter oft stark eingeschränkt, das eigentlich relativ dichte Netz von «Fahrwegen» oft unter meterhohem Schnee verborgen. Das Wetter bestimmt hier den Lebensrhythmus wie in vielleicht kaum einer anderen Region Griechenlands. Wenn es stark schneit, geht nichts mehr auf dem Land, nicht einmal «in der Stadt», denn Grevená kann in dieser Gegend als Stadt durchgehen: Nicht nur Kafeníon und Taverne, auch Cafés, Bars, Pizzerien, eine «Wienerwald»-Nachahmung und Spielhallen sind hier zu finden. Zwei, drei Wochen zusätzliche Schulferien im Winter sind für die Kinder keine Besonderheit.

In Grevená kann man erfahren, welche Straßen befahrbar sind, ob die Lifte in Betrieb sind, welche Hotels geöffnet haben. In dem Städtchen kann noch schnell das erworben werden, was man üblicherweise nicht im Gepäck hat, wenn man in Griechenland Urlaub macht: Mütze, Handschuhe, einen Schal, Schneeketten. Ohne die schützende Kleidung hat man praktisch keine Chance. Viele der Verbindungswege sind nicht asphaltiert und häufig unter einer hohen Schneedecke begraben. *Alisídes* ist das erste Wort, das fällt, wenn man fragt, ob die Straßen frei sind, «Schneeketten». Das blaue Schild, das einen auffordert, Ketten anzulegen, steht überall am Straßenrand.

Am westlichen Ende des Landkreises liegt Philippéi. Den Weg dorthin findet nur der, der sich mit Hilfe griechischer Straßenschilder orientieren kann, denn Landkarten, auf denen das Gewirr von Feldwegen zuverlässig verzeichnet ist, stehen nicht zur Verfügung. Zwei Pensionen gibt es in dem Bergdorf, eine, *To stéki tu Bélka* («Zum Stammtisch beim Bélka») hat geöffnet. Gefärbte Teppiche aus Schafwolle bedecken Boden, Bänke und Wände, die Wirtin legt gerade mit Hilfe ihres Mannes Holz im offenen Kamin nach; Scheite, so groß wie ein ganzer Ofen, einen Zentner auf einmal. Ein Nachbar, der Jahrzehnte in Deutschland gearbeitet hat und jetzt mit seiner Frau «die letzten paar Jährchen», wie er sagt, in Ruhe in seinem Heimatdorf genießen will, hat ein Wasserleitungssystem verlegt und den Kamin zur Zentralheizung aufgepäppelt, die die übrigen Zimmer der Pension heizt. Trotz der angeblich sechzig Tonnen Holz und des Ölbrenners, der sich regelmäßig zuschaltet, sitzen die Wirtsleute selbst in klobigen Moonboots am Tisch, und es ist nur in unmittelbarer Nähe des Kamins gemütlich warm. In einer Ecke lehnt die Abzugsvorrichtung einer österreichischen Steyer MP 42, die die Deutschen im Zweiten Weltkrieg vergessen hatten, an den Wänden hängen ausgestopfte Wildschweinköpfe; draußen ein amerikanischer Dodge mit einem Schneepflug vor dem Kühler und einem Motorschlitten auf der Ladefläche.

Vergangene Woche hatte es geschneit, weit über einen Meter in 48 Stunden, der erste wirklich schwere Niederschlag in diesem Winter, der erst spät kam, im Januar. Seit gestern erst konnte man Philippéi wieder erreichen. Die Straße sei sechs Tage nicht befahrbar gewesen, das ist hier kein Gesprächsthema, das ist die Regel. Die Lebensmittelvorräte reichen immer für drei Monate. Costas, ein anderer Nachbar, kommt durch die Tür, dick vermummt, und schüttelt sich die Nässe aus den Haaren. Der viele Schnee hat die Hauptwasserleitung beschädigt, aber Costas hat die Stelle nicht finden können. Wasser gibt es trotzdem, kanisterweise aus der Quelle hinter dem Haus.

In Philippéi leben während des Winters nur er, zwei, drei Forstangestellte und einige ältere Menschen. Neun oder zehn Männer, rechnet er nach, und nur eine Frau – seine. Philippéi ist ein großes Dorf. Die anderen tausend, die im Sommer dort leben, ziehen während der kalten Jahreszeit an die milderen Küsten, nach Vólos, Lárissa, dorthin, wo die Tiere genügend Weidegrund finden. Wirklich abgeschnitten sind andere Dörfer. Perivóli, Samarína, Avdélla, Dotsikó, Mesolúri zählt er auf, Orte, in denen im Winter allenfalls zwei oder drei Wächter zurückbleiben, um das Dorf zu bewachen, weniger vor Bären und Wölfen als vielmehr vor Albanern. Straßen werden dorthin keine geräumt, anrufen könne man auch nicht, die Verbindung funktioniere schon seit Wochen nicht mehr.

Die Straße nach Spíleo ist frei, doch am nächsten Tag könne schon wieder alles anders aussehen, könnten die vierzig Kilometer bis Grevená selbst für den Dodge unbezwingbar sein. Hundert Menschen leben hier, zwischen fünf- und sechs-

*Wächter: mit Schrotflinten gegen albanische Flüchtlinge*

hundert sind es im Sommer, die zwei Pensionen haben geschlossen, die schönste der vier Kirchen, die am Ortseingang, ist ebenfalls versperrt. Im Kafeníon sitzen einige alte Männer, mehr als um diese Jahreszeit in ganz Philippéi wohnen, und trinken Zíppouro-Schnaps aus der Fünfliterflasche. *Jámas, sto kaló*, Prost. Der Bullerofen brennt Tag und Nacht. Ein alter Hirte steht auf und kramt einen verknitterten Brief aus seinem Portemonnaie. Vor zwei Jahren habe er ihn bekommen, ein wenig Deutsch könne er auch, aber diese Schrift sei zu schwierig; Deutsche aus Böblingen bedanken sich für seine Gastfreundschaft.

Der Pope kommt herein, trinkt eine Limonade und erzählt von der Kirche am Ortseingang. 1633 sei sie erbaut worden, wunderschön solle sie sein, aber aufsperren will er sie nicht. Es sei schon zuviel gestohlen worden, er habe die Nase voll. Als das Glas leer ist, zieht er doch den Schlüssel aus der Soutane, der so groß ist, daß er Diebe damit erschlagen könnte. Der Weg durch den kniehohen Schnee lohnt sich: zwei Kreuzkuppelgewölbe, dunkle Fresken an Wänden und Decke, eine geschnitzte Altarwand, die den Raum von den drei Apsiden trennt, rote und grüne Wollteppiche auf dem Boden. In der Mitte steht der obligatorische Ofen, kalt. Geheizt wird hier nur an den seltenen Tagen, an denen Gottesdienste gefeiert werden. Der Namenstag der heiligen Panajía, der Namenspatronin der Kirche, fällt bereits in den heißen August. Bis 1934 war der Kirche ein Männerkloster angeschlossen, von dem man heute nur noch die Grundmauern sieht. Während der Türkenzeit lehrten die Mönche die von den Besatzern verbotene griechische Sprache und Schrift. Aus acht Dörfern pirschten sich Kinder zahlungswilliger Eltern auf Schleichwegen an und trafen sich in einer Höhle unter dem Altarraum. Heute werden der heiligen Panajía zu ihrem Festtag Weihegeschenke gebracht, die der Kirche mittlerweile beinahe museale Züge verleihen: gehäkelte Deckchen, aus Silber geformte Körperteile, mit denen um Heilung gebeten wird, Ketten, eine Armbanduhr.

## Vier Männer und drei Lämmer

Am nächsten Tag soll es dorthin gehen, wohin im Winter eigentlich kein Weg führt. Zwei Forstbeamte wollen in Samarína nach dem Rechten sehen. Das Dorf hat seit Wochen keinen Strom und kein Telefon, die Leitungsmaste sind durch die Schneelast gebrochen. Doch die Einwohner, die seit vier Wochen von der Welt abgeschnitten sind, sollen noch einen weiteren Tag ihre Ruhe haben. Der Bagger, der die zwei Meter hohen Schneewehen beiseite schaufeln soll, springt nicht an. Die Batterie ist leer. *Avrio*, morgen.

Samarína liegt auf etwa 1600 Meter und ist eines der höchstgelegenen Dörfer Griechenlands. Seine Bewohner, die noch nichts von dem baldigen Besuch ahnen, sind Vlachen, Hirten, die vor Jahrhunderten romantisiert wurden und aus dem Balkan eingewandert sind. Wer auf die Schaf- und Ziegenzucht angewiesen ist, kann im Winter in dieser Region nicht leben, die Tiere finden keine Weideflächen. Fast alle Einwohner dieser vlachischen Dörfer, heißen sie Smíxi, Perivóli, Avdélla, Dotsikó oder Mesolúri, verlassen ihre Häuser. Sechstausend Menschen sind es alleine in Samarína, zusammen mit knapp 40 000 Tieren. Sieben bleiben zurück: vier Männer und drei Lämmer.

Am nächsten Tag springt der Bagger tatsächlich an und bahnt den Weg nach Samarína, der Dodge quält sich hinterher. Man fühlt sich

wie in einer Bobbahn zwischen den zwei Meter hohen Schneewänden links und rechts des schmalen Weges – von der Straße kann man zumindest nicht abkommen. Das «ganze Dorf» kommt zur Begrüßung. Wem in vier Wochen keine Zivilisationsgeräusche zu Ohren gekommen sind, hört Baggerlärm auf Kilometer. In Perivóli sitzt ein Wächter, in Dotsikó sind es zwei, in Samarína dieses Jahr vier, denn Samarína liegt exponiert nahe des Europa-Fernwanderwegs Nummer sechs. Und der wird im Winter nicht von Wanderern, sondern von Albanern genutzt. Albanern, die um ihr Leben laufen.

Treffpunkt im Dorf ist die Schreinerei, ein kahler Betonbau: ein Ofen, ein offenstehender Kühlschrank, zwei Tische und ein paar Stühle. Die Maschinen dominieren im Raum. Die Werkbank ist einen Winter lang Küchenzeile, ein Gaskocher, ein paar Gläser, Geschirr; vier Flinten und vier Patronengurte nahe der Türe. Im ersten Stock stehen die Betten, zwei nur, die beiden anderen Männer schlafen am entgegengesetzten Ende dieses großen Dorfes mit eintausend Häusern.

Vier Männer wie aus dem Bilderbuch: verschlossen, mit einer gestrickten Mütze wie eine Schüssel auf dem Kopf der eine, ein anderer mit einer Stirn wie ein Waschbrett, ständig irritiert blinzelnd, als sei er gerade aufgewacht. Der dritte erzählt. Er ist der «hilfsbereite Nachbar» und «Kneipenwirt», der sich mit an den Tisch seiner Gäste setzt. Der vierte schließlich, der älteste, mit schneeweißen Haaren, Schnauzer und Kinnbart, trägt eine Baskenmütze auf dem Kopf, hält den Hirtenstab in der Hand und hat zwei goldene Ringe an den Fingern.

Zwei von den vieren sprechen deutsch, ein dritter versteht zumindest die groben Zusammenhänge.

## Flinte und Fernglas

Als das Gespräch auf die Flüchtlinge kommt, die sich in Griechenland ein besseres Leben erhoffen und für umgerechnet zwanzig Mark am Tag arbeiten, holt der eine sein Tagebuch und blättert. Beim 15. November stößt er auf die erste Eintragung. Mit dem ersten Schnee kommen die ersten Albaner. Vier Tage später nehmen die Niederschläge zu. 72 Stunden schneit es ununterbrochen. «Sechs Albaner» hat er sich notiert und die Namen derer, deren Häuser beschädigt wurden. November, Dezember. Mal sind es zwei, mal fünfzehn, fast ausschließlich Jugendliche und junge Männer zwischen zwölf und dreißig Jahren. Ältere und Frauen würden den Weg über die Berge nicht schaffen. Im vergangenen Jahr blieben drei auf der Strecke; zumindest fand man drei Leichen, als im Frühjahr der Schnee geschmolzen war. Samarína ist für die meisten die erste Anlaufstelle nach einem zwei- bis dreitägigen Marsch. Tagsüber halten die vier Männer Wache, von acht Uhr morgens bis acht Uhr abends, ausgerüstet mit Flinte und Fernglas. Doch die meisten Albaner kommen in der Nacht, brechen die Häuser auf, um ein Dach über dem Kopf zu haben, zumindest für eine Nacht. Wenn es sehr kalt ist, müssen Möbel und Fußbodendielen als Brennholz herhalten. «Die machen alles kaputt», sagt der mit dem Tagebuch. «Was sollen wir machen?» 300 000 Albaner hielten sich, nach albanischen Schätzungen, 1994 in Griechenland auf. Dort weiß man sich vor der Flut ungeliebter Fremder kaum zu schützen. Regelmäßige Razzien und Massenabschiebungen sind das einzige Mittel.

Der Mann blättert weiter. Am 5. Januar, hat er sich notiert, sind Telefon und Strom ausgefallen. Am 27. Januar fällt wieder Neuschnee, und mit ihm kommen dreißig Albaner. «Was sollen wir machen?» Vier gegen dreißig, das kann trotz Schrotflinten gefährlich sein. Die Telefonleitung funktioniert noch immer nicht. Mittlerweile dienen zwei schon vorher aufgebrochene Ställe als «Flüchtlingslager». Eine Nacht wird den Albanern gewährt, etwas Brot und Obst für den größten Hunger und am nächsten Tag eine Wegbeschreibung nach Grevená. Wohin auch immer: weg aus Samarína. Angst spielt eine große Rolle. Einer bringt es in seinem gebrochenen Deutsch auf den Punkt: «Schlafen: gut; kaputtmachen: nix gut.» Dann holt er Gewehr und Patronengurt. «Gewehr: nix gut.» Ob er es im Notfall gebrauchen würde, braucht man nicht zu fragen.

Knapp vier Monate Einsamkeit stehen den vier Vlachen noch bevor, erst im Mai kommen die Hirten mit ihren Herden und Familien wieder zurück in ihre Dörfer. Tausende von Menschen, mehr als 200 000 Schafe und Ziegen. Eine gigantische Karawane, die sich alljährlich im Mai von den Küsten Richtung Grevená wälzt.

Zurück in Philippéi, wird der Dodge gleich am Ortseingang angehalten. Costas winkt, sein achtzigjähriger Vater ist eben gestorben. Der Dodge und seine Ladefläche werden gebraucht, denn auf dem Friedhof in Philippéi kann man derzeit niemanden beerdigen. Der Schnee ist zu hoch.

# ACHELÓOS KONTRA HERAKLES

*Wo ein Fluß ums Überleben kämpft*

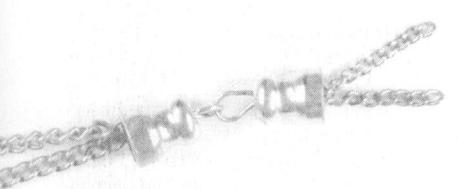

**E**s ging um eine Frau. Deianeira hieß sie, eine Tochter des Königs Oineus war sie, und wahrhaft göttlich schön soll sie gewesen sein. Wen wundert es, daß die Freier Schlange standen. So viele waren es, daß die ununterbrochene Brautwerbung der jungen Frau schon lästig geworden war. Ihr Unmut wandelte sich in Verzweiflung, als ihr Vater ausgerechnet Achelóos in die engere Wahl zog, den widerlichsten und penetrantesten unter den Bewerbern, der, kaum abgewiesen, jedesmal wieder in verwandelter Gestalt aufgetaucht war: erst als Stier, dann als Drache und schließlich als Mensch mit Stierhaupt. Zwischen seinen zottigen Haaren strömte Quellwasser wie Geifer an ihm herab – ekelhaft. Dieser behaarte Wasserkopf sollte ihr Gatte werden,

das konnte Deianeira nicht verkraften und flehte die Götter an, sie sterben zu lassen.

## Supermann hilft

Das Schicksal wollte es anders. Herakles, Sohn des Zeus, hatte gerade erfolgreich seine zwölf berühmten Heldentaten vollbracht, hörte von dem bedrängten Mädchen und beschloß, sich einzuschalten, nicht nur als Befreier, sondern – wenn schon, denn schon – als Freier in eigener Sache. Das Herz der jungen Frau begann wieder höher zu schlagen,

denn Herakles war nicht nur irgendeine Alternative, sondern der beste Fang. Der tapfere Muskelmann war der heimliche Favorit vieler Frauen. Als gutmütig galt er, als tapfer, edelmütig, ausdauernd und trotzdem als sanftherzig. Die Wollust, die Völlerei und sein Draufgängertum, das ihm nachgesagt wurde, wollte das Mädchen angesichts eines solch strahlenden Helden gerne tolerieren. Doch Acheloós, der sich kurz vor seinem ersehnten Ziel glaubte, ließ sich auch von dem antiken Supermann nicht ohne weiteres abwimmeln. Es kam zum Kampf.

Als König Oineus die beiden sich gegenüberstehend sah, wagte er keine Entscheidung zu treffen: der eine, in ruhiger Konzentration, mit hervorquellenden Augen in seinem gesenkten Stierhaupt, der andere mit Wurfpfeilen im Köcher und einer mächtigen Löwenhaut übergeworfen, die im Wind vor dem Palast auf seinem Rücken flatterte. Der Sieger, so der ängstliche König, werde seine Tochter zur Frau bekommen.

Die beiden Freier kämpften verbissen. Immer wieder holte Herakles zum entscheidenden Schlag aus, aber ständig wechselte Achelóos seine Gestalt, verwandelte sich in eine Schlange schließlich in einen Stier. Herakles behielt die Nerven, und irgendwann gelang es ihm, den Stier bei den Hörnern zu packen und mit solcher Wucht auf den Boden zu schleudern, daß diesem ein Horn abbrach. Achelóos gab sich geschlagen und erbat sein Horn zurück. Als Gegenleistung schenkte er Herakles das berühmte Füllhorn, das er von der Ziege Amaltheia erhalten hatte und das alles seinem Besitzer an Baum- und Feldfrüchten brachte, was der sich wünschte. Herakles wurde mit Deianeira vermählt, und Achelóos verkroch sich wieder in seinem Flußbett.

Lange Zeit ist es ruhig geblieben um Achelóos; keine neuen Heiratsabsichten, keine Kämpfe, keine Skandale. Ab und an erinnern sich die Menschen an die alte Geschichte oder auch daran, daß der Fluß mit einer Länge von 240 Kilometern der längste und wasserreichste Griechenlands ist. Die Gegend, durch die er sich windet, vom Píndos-Gebirge in Thessalien durch die Ebene von Agrínio bis zu seinem Mündungsgebiet bei Messolóngi in Mittelgriechenland (nordwestlich von Patras), ist mehr oder weniger unberührt geblieben; besonders in seinem Mündungsgebiet im Ionischen Meer. In diesem Feuchtgebiet tummeln sich Mönchsgeier und Schlangenadler, Dünnschnabelbrachvogel und Krauskopfpelikan, Gänsegeier, Stelzenläufer und viele andere Tierarten, die man sonst oft nur noch auf Fotos in Büchern bewundern kann. Mit einer Größe von rund 67 000 Hektar zählt das Lagunensystem zu den größten und bedeutendsten Europas.

## Ein (Halb)gott und seine Lobby

Jetzt ist Herakles wieder auf Achelóos getroffen, und wieder kämpfen die beiden miteinander, doch es sieht so aus, als ginge es diesmal um Leben und Tod. Herakles hat sich gewaltig verändert, es geht ihm nur noch um seinen eigenen Vorteil und um einen satten Profit. Die Lobby, die hinter ihm steht, ist mächtig: Die PASOK, die sozialistische Regierungspartei Griechenlands, fördert ihn seit 1983. Die Opposition, die konservative Nea Demokratía (ND), wettert zwar gegen den Gott, aber das nur, weil sie gegen alles ist, was die Regierung unterstützt. Zwischen 1990 und 1993, als sie selbst kurzzeitig das Steuer in der Hand hielt, war auch sie ein Förderer des Herakles. Die staatliche Elektrizitätsgesellschaft DEI setzt sich ebenfalls für den Helden ein, und die Europäische Union soll ihm mit Milliardenbeträgen unter die Arme greifen, so wünschen es sich zumindest die Griechen.

Auf der Seite des Flusses steht kaum jemand. Einige Menschen, die an seinen Ufern leben, bemühen sich, doch es scheint, als hätten sie kaum eine Chance. Nationale und internationale Naturschutzorganisationen wie der World Wide Fund for Nature (WWF) können kaum Erfolge für sich verbuchen. Es sieht so aus, als ginge es dem Fluß Achelóos nun wirklich an den Kragen. Diesmal hat Herakles für den Kampf sein Äußeres verändert: Er nennt sich Heraklit und tritt als Betonbaufirma auf. Seine Waffen: Staudämme und Tunnelsysteme. Sollte Achelóos in dieser Auseinandersetzung gewinnen, bliebe er einer der letzten nahezu unverbauten Flüsse

*Paradiesisches Biotop: wie lange noch?*

Europas und könnte weiter an seinem Jahrtausendwerk, der Deltalandschaft, basteln und seinen Haustieren und -pflanzen den geeigneten Lebensraum bieten. Setzen sich Heraklit und Konsorten durch, winken Geld und Strom, Arbeitsplätze und bewässertes Ackerland als zweifelhafte Prämie.

## Verrat in Messolóngi

Das größte Städtchen im Delta des Acheloós liegt praktisch «inmitten der Lagunen», so der Name: Mes-

199

solóngi. Die rund 12 000 Einwohner leben vom Fischfang, von Landwirtschaft und vom Tourismus mehr schlecht als recht. Doch die wenigen Fremden kommen nicht, um den sterbenden Ausläufern des Flusses beizustehen. Der erst im sechzehnten Jahrhundert gegründete Ort kann seine eigene Geschichte erzählen, eine, die wie so häufig von den Türken handelt. Die Gegend um Messolóngi zeichnete sich damals durch zwei Kriterien aus: Einerseits galt das sumpfige Gebiet als ungesund, andererseits bot es Siedlern durch seine reichen Fischgründe ein Auskommen und damit die besten Voraussetzungen, sich vor den leidigen Besatzern zurückzuziehen. Die Geschichte hat kein glückliches Ende, denn Messolóngi gewann für die Türken zunehmend an strategischer Bedeutung. Außerdem hatten sich in den Jahren der Fremdherrschaft nicht nur unschuldige Fischer in das Städtchen zurückgezogen, sondern zunehmend auch aufständische Griechen, die sich zu Widerstandsgruppen formiert hatten. Internationale Bedeutung kam Messolóngi schließlich zu, als am 5. Januar 1824 der englische Dichter und Philhellene Lord Byron in den Ort zog. Er versuchte, die verschiedenen Widerstandsgruppen unter einen Hut zu bekommen, was ihm fast gelungen wäre, aber dem engagierten Romantiker fehlte die nötige Zeit: Bei einem Ausritt war er von einem Unwetter überrascht worden, bekam kurz darauf Schüttelfrost und starb, knapp vier Monate nach seiner Ankunft in Messolóngi, am 19. April an den Folgen des Sumpffiebers.

Die Türken kamen 1825 mit einer dreifachen Übermacht von 15 000 Mann. Wieder einmal sah es

so aus, als sollte ihnen eine Eroberung mißlingen. Nach einem halben Jahr der Belagerung erhielten die Truppen Verstärkung und blockierten die Versorgungswege. Kurz vor dem Hungertod, planten die Bewohner einen nächtlichen Ausbruchsversuch, der jedoch verraten wurde. Nur knapp zweitausend Menschen konnten fliehen, viele andere kamen ums Leben. Der harte Kern der Verteidiger sprengte sich und die Befestigungsanlagen angesichts der ausweglosen Situation in die Luft. Erinnerungen auf dem Friedhof: eine Büste des Freiheitskämpfers Márkos Bótsaris, eine Statue Byrons, ein Ehrengrab für die Gefallenen und ein großes Mahnmal gegen den Krieg.

So abseits, wie es auf den ersten Blick den Anschein hat, liegt Messolóngi gar nicht. Von Patras (Peloponnes) ist es nur ein Katzensprung zu dem Städtchen. Fünfzehn Kilometer westlich der Hafenstadt pendeln zwischen Ríon und Antírion praktisch ununterbrochen Fähren und verbinden die Peloponnes mit Nordgriechenland. Wer weiter nördlich, in Igoumenítsa, angelegt hat und in den Süden will, wählt die kürzeste Route und kommt automatisch durch Messolóngi. Dieser schnellere Weg führt über Árta, Amfilochía und Agrínio. Ein Stopp lohnt sich auf jeden Fall in Árta, einem Ort mit heute rund 20 000 Einwohnern. Er wurde bereits 640 v. Chr. von den Korinthern unter dem Namen Ambrakía gegründet, blühte aber erst im dreizehnten und vierzehnten Jahrhundert als Hauptstadt des Desponats Epirus. Aus dieser Zeit sind eine ganze Reihe sehenswerter Kirchen erhalten geblieben; die älteste im Ort, mit Fresken aus dem zwölften Jahrhundert ausgestattet, ist die des Heiligen Dimítrios Katsúri.

Die längere Route aus dem Norden führt westlich über Prévesa, Vónitsa und von dort südlich an der Küste entlang über Astakós nach Messolóngi. Vor allem das letzte Stück ab Vónitsa ist sehr einsam und genau das richtige für jemanden, der seine Fahrt gerne unterbrechen möchte, um sich in einer einsamen Bucht zu sonnen. Astakós liegt am Meer und trägt den verheißungsvollen Namen «Languste», hat aber keine Langusten zu bieten. Patrick Leight Fermor, 1965 als Reiseschriftsteller auf dem Weg nach Messolóngi und auf der Suche nach einem Paar Schuhen, die Lord Byron getragen haben soll, wurde von einem Wirt bei seiner Bestellung keines Blickes gewürdigt. «Ein lustiger Name für eine Stadt ohne Hummer», sagte Fermor schließlich, und eine alte Frau in Holzschuhen antwortete: «Ich habe nicht einen einzigen gesehen, nur einmal als eine Fotografie in einem Buch, und ich bin über siebzig.»

Wer auf Delikatessen aus dem Wasser scharf ist, braucht trotzdem nicht enttäuscht zu sein. Nach Messolóngi ist es mit dem Auto noch etwa eine knappe Stunde Fahrt, und dort gibt es an allen Ecken und Enden gegrillten Aal, eine Spezialität dieser Region.

Fermor hat Byrons Schuhe – Pantoffeln waren es übrigens – nicht nur ausfindig gemacht, sondern anhand ihres Abtritts sogar eindeutig identifiziert. Er traf in Messolóngi auch Byrons Enkelin, Lady Wentworth, damals noch im Besitz vom Nachlaß des Dichters, der heute in einem kleinen Museum ausgestellt ist. Jene Schuhe sind nicht unter den Ausstellungsstücken, der Besitzer wollte sie seiner Tochter als Mitgift zur Hochzeit schenken, mit der Auflage, sie an ihre künftige Tochter weiterzugeben etc. Byrons Engagement wird in Griechenland nach wie vor hochgeachtet, und mit guter Ortskenntnis kann man sogar ganz Griechenland bereisen und dabei ausschließlich in verschiedenen Hotels mit dem Namen «Lord Byron» übernachten (nur in Messolóngi nicht).

Hohe Gummistiefel eignen sich am besten, will man im Delta des Achelóos auf Pirsch gehen. Das Schwemmgebiet des Flusses besteht aus Lagunen, Inseln, Schilfgürteln und Wasserläufen. In den letzten Jahren ist auch das Netz von Fahrwegen, die Mais- und Baumwollfelder miteinander verbinden, dichter geworden; sogar mit dem Pkw kommt man relativ weit. Finanziert wurde der Straßenbau mit EU-Geldern des Fonds für Strukturausgleich, der versucht, schwächere Regionen der Union durch gezielte Hilfe zu fördern. An diesem Punkt beginnt das Kapitel, das Achelóos seinen Stierkopf kosten könnte, denn eigentlich steht sein Delta seit 1971, neben zehn anderen Feuchtgebieten in Griechenland, unter dem Schutz der EU. Von den 64 000 Hektar geschützter Fläche tragen 14 000 sogar den Status «Special Protection Area», eine Tatsache, die den einst so edelmütigen Herakles kaltläßt.

## Kampf gegen das Schildbürgertum

Seit 1983 beginnt der Achelóos für Griechenland zunehmend interessant zu werden. Bis dahin hatte man lediglich gegen europäische Schutzbestimmungen, aber mit Hilfe europäischer Gelder, einige Fischfar-

Skourojannis kam zu uns, vorgestern kam er, um sich von uns zu verabschieden. Er kehrt in die Heimat zurück.

Irgendwann in meiner Geschichte hab ich schon von ihm erzählt. Er gehörte zu den ersten Gastarbeitern, zu einem der ersten großen Schübe, zwanzig Jahre lang war er hiergeblieben. Seinem Vertrag gemäß schnitt er Drähte, Drahtseile bei der AEG. Man steht vor einer eisernen Bank mit einem Messer, man braucht weder Arme noch Fertigkeit, noch Verstand, man braucht nichts, man braucht nur zu schneiden. Achteinhalb Stunden jeden Tag, eine halbe Stunde Pause für das Mittagessen, und dann wird einem alles nach Norm berechnet. – «Wenn man sie hintereinanderlegen würde, würden sie mehr als vierzigmal die Strecke Stuttgart–Dobrinovo ausmachen, die Drähte, die ich geschnitten habe», sagte er einmal im griechischen Café.

**Dimitris Chatzis**: *Das doppelte Buch*. Romiosíni Verlag, Köln 1983

men in seinem Delta errichtet. Jetzt aber geht es ans Eingemachte: Mit Hilfe von Stauseen und Tunnelsystemen in einer Gesamtlänge von bis zu 38 Kilometern soll einerseits Elektrizität erzeugt werden, andererseits Wasser vom Westen Griechenlands in die Ebene von Thessalien umgeleitet werden. Dort fehlt den Bauern das lebenswichtige Naß, um jene Felder zu bewässern, die in den fünfziger Jahren durch die Trockenlegung von Seen und Sumpfgebieten geschaffen worden waren. Und als ob das nicht schon schildbürgerhaft genug wäre, sollen in Thessalien zusätzlich noch eineinhalb Millionen Quadratmeter neues Ackerland angelegt werden, auf dem angebaut werden soll, was in der EU ohnehin schon im Überfluß vorhanden ist: Baumwolle, Mais, Tabak.

Seit 1992 sammelt Vasílis Katsúpas Material, sichtet Gutachten und fungiert als Koordinator zwischen den verschiedensten Interessengruppen, die sich gegen die Verwirklichung des Milliardenprojekts engagieren. Wieviel Geld das gesamte Vorhaben letztendlich verschlingen wird, weiß niemand so genau. Von den vierzehn geplanten Staudämmen stehen drei, jeder von ihnen ist ein erhebliches Stück teurer geworden, als ursprünglich veranschlagt worden war. Der vierte Damm, bei Messochóra, hat bereits seine Höhe von 135 Metern erreicht und soll ab 1997 in Betrieb gehen. Und da alles rasch gehen muß, weil man Bevölkerung und EU-Partner zwar nicht vor vollendete, aber zumindest begonnene Tatsachen stellen möchte, baut man schneller, als geplant werden kann: Nachdem Arbeiter nahe Pigés monatelang gebaggert, planiert und gesprengt hat-

ten, fanden die Ingenieure weiter südlich eine geeignetere Stelle für den Damm.

Wer die Arena besuchen möchte und den Kampf des bedrängten Gottes gegen Herakles verfolgen will, braucht Zeit und ein robustes Fahrzeug, denn Acheloós lebt zurückgezogen. Am besten nähert man sich ihm von Norden, fährt von Lárissa westlich Richtung Tríkala und von dort aus anfangs südwestlich über Píli, Eláti und Pertoúli nach Messochóra. Genauere Informationen können weder Karten noch die regionalen Tips am Ende dieses Buches geben, nur ein Kompaß weist den Weg nach Süden. Auch wer von Messochóra gen Südwesten hält und auf Árta zielt, muß allein für den Abschnitt zwischen Tríkala und Árta mehr als einen Tag reine Fahrzeit rechnen, obwohl die beiden Orte Luftlinie nur hundert Kilometer auseinanderliegen.

Die Mühe lohnt sich, denn nirgends kann man besser anders reisen als dort, wo kein anderer reist. Die Gegend ist abgelegen, dünn besiedelt, und von den wenigen, die dort leben, verlassen weit mehr als die Hälfte im Herbst ihre Bergdörfer, ziehen an die milderen Küsten und kommen erst im Frühjahr wieder zurück. Daß man sich abseits der Hauptverkehrswege und abseits touristischer Routen bewegt, erkennt man in Griechenland spätestens daran, daß die Wegweiser an den Straßenkreuzungen nur noch auf Griechisch beschriftet sind. Aber südlich von Messochóra gibt es nicht einmal mehr Wegweiser.

Zwischen 1975 und 1983 stieg in Griechenland der Stromverbrauch von rund vierzehn Milliarden Kilowattstunden auf das Doppelte. Wer vor dieser Exkursion womöglich durch das Städtchen Megalópolis auf der Peloponnes gereist ist und gesehen hat, wie die zwei Braunkohlekraftwerke, das dritte ist im Bau, die Luft in dem Gebirgskessel einnebeln, ertappt sich bei dem Gedanken, daß vielleicht einige künstlich aufgestaute Seen zur Elektrizitätsgewinnung das kleinere Übel sein könnten.

Die Menschen in Mirófilo haben jedoch ganz andere Probleme: Ihr Dorf wird in den Fluten versinken, wann genau, weiß keiner. Wie ihre Zukunft aussehen wird, ob sie entschädigt werden, sind weitere unbeantwortete Fragen. Athen schweigt, Briefe werden nicht beantwortet. In den beiden staatlichen Fernsehsendern ERT 1 und ERT 2 fühlen sich die Betroffenen als Verbrecher dargestellt, wenn sie gegen das Projekt demonstrieren. Ihre anfängliche Angst ist mittlerweile dem Ärger und der blanken Wut gewichen. Wer als Fremder nach dem Weg zum nahe Mirófilo gelegenen Kloster Ághios Geórgios fragt, bekommt nicht nur eine Wegbeschreibung, sondern auch eine Mahnung. Man solle sich beeilen, wolle man es noch besichtigen, denn auch das im siebzehnten Jahrhundert errichtete Kloster werde demnächst in den Fluten versinken.

Die Betroffenen haben sich inzwischen informiert und wissen genau, was auf sie zukommen wird. Manche sagen auch, daß sie nicht gehen werden. Einer holt sein Gewehr und schwört, daß er sich in seinem Haus verbarrikadieren werde, wenn die Räumungskommandos der Regierung anrücken. «Und der da», sagt er und zeigt auf seinen achtjährigen Sohn, «wird bei mir bleiben.» Keiner der anderen widerspricht ihm, keiner appelliert an

seine Vernunft. Mit Vernunft hat dieser Kampf schon lange nichts mehr zu tun.

## Ökonomisch unsinnig, ökologisch katastrophal

Mehrere lokale Bürgerinitiativen wurden gegründet, die von internationalen Umweltschutzorganisationen unterstützt und koordiniert werden. Dabei geht es nicht ausschließlich darum, die Zukunft der von der Flutung betroffenen Menschen zu sichern. Mehr und mehr kristallisiert sich für die Verbände heraus, daß das Vorhaben nicht nur ökologisch unverantwortlich, sondern auch ökonomisch unrentabel ist. Je mehr Fakten ans Licht kommen, desto unsicherer werden die Lobbyisten selbst und beginnen bereits, sich untereinander zu streiten. Einzig die Regierung bleibt nach wie vor auf ihrem Standpunkt, daß der Stau der Gewässer und die Ableitung von eineinhalb Milliarden Kubikmeter Wasser pro Jahr Richtung Thessalien keine negativen Folgen haben werde.

Bereits seit Jahren beginnt durch den abnehmenden Druck des Süßwassers vom Acheloós zunehmend Meerwasser in die Lagunen zu fließen, und das Delta droht zu versalzen. Neuerliche Eingriffe, vor allem die Ableitung des Wassers nach Thessalien, werden die Situation weitaus verschlimmern, wie neueste Zahlen belegen. Auf Gutachten der Regierung vertrauen mittlerweile nicht einmal mehr die Befürworter des Projekts, denn die Zahlen stammen mitunter aus den fünfziger Jahren. Über fünf Milliarden Kubikmeter Wasser führe der Acheloós pro Jahr, wird darin behauptet, doch in Wirklichkeit sind es weniger als die

Hälfte. Wenn davon eineinhalb Milliarden Kubikmeter pro Jahr ausbleiben, würde der Rest als dünnes Rinnsal im Delta angelangen. Die Konsequenzen kann sich jeder Laie ausmalen: eine Katastrophe für das Feuchtgebiet.

Daß es Probleme geben könnte, ist auch der anfangs so begeisterten staatlichen Stromgesellschaft DEI aufgefallen. Sie rechnet neuerdings mit den Zahlen der Gegner, legt dar, daß die bereits in Betrieb gegangenen Kraftwerke durch die geplante Ableitung niemals ihre Nennleistung erreichen werden, und droht dem Staat mit Entschädigungsklagen in Milliardenhöhe.

Die Betroffenen verfassen Memoranden, formulieren Briefe an EU-Experten oder schreiben dem obersten Patriarchen der orthodoxen Kirche, bitten ihn um eine Stellungnahme – er steht übrigens auf der Seite des bedrängten Gottes. Und sie hoffen vor allem darauf, daß Brüssel ein Einsehen hat, obwohl viele fürchten, daß «bei denen da oben» die eine Hand nicht weiß, was die andere macht. Denn alleine, ohne europäische Hilfe, kann Griechenland das Projekt keinesfalls verwirklichen: Nach den günstigsten Schätzungen liegen die Kosten bei umgerechnet etwa 3,5 Milliarden Mark. Bleibt die Frage, ob die Europäische Union durch finanzielle Hilfe tatsächlich eines der letzten europäischen Feuchtgebiete dieser Größe zerstören wird, das sie ja selbst einst unter Schutz stellte. Die ersten 560 Millionen Mark sind schon in Griechenland angekommen, doch die reichen nur für Teilphasen. Und vor weiteren Zahlungen hat Brüssel, von den widersprüchlichen Standpunkten verunsichert, 1995 ein aktuelles Gutachten von der griechischen Regierung gefordert, ein Schritt, den die Gegner des Projekts als ihren Erfolg verbuchen. Die Hoffnung bleibt.

Wie es aussieht, wird Herakles dem Achelóos auf keinen Fall vollends den Garaus machen. Auch wenn er tot ist, wird er noch fließen. Und die vielen Sedimente, die er mit sich führt, werden nur zu bald die Staubecken versanden lassen. Selbst die Regierung rechnet sich keine höhere Lebensdauer als maximal fünfzig Jahre aus. Was dann sein wird, wissen die Götter.

Wer befürchtet, ein Besuch dieser abgelegenen Gegend Griechenlands könne zuwenig abwechslungsreich werden, dem sei die Zeit um den 15. August empfohlen. Wenn die Griechen Mariä Entschlafung feiern, machen sie das meist dort, wo sie geboren und aufgewachsen sind. Für einige Tage kehren sie aus den Städten, in denen sie leben und arbeiten, in ihre Heimatdörfer zurück. Dann wird gefeiert, gegessen, getrunken und getanzt. Am besten kann man diese Atmosphäre in den Teilen Griechenlands erleben, in denen sonst wenig los ist. Die Tavernen sind überfüllt, die Hotels und Pensionen bereits Wochen vorher ausgebucht, und da selbst die Betten in den Häusern der Verwandtschaft bei weitem nicht ausreichen, kommen die Städter mit dem Wohnwagen und schlagen auf den Wiesen vor den Dörfern die Zelte auf. Keiner wird etwas dagegen haben, wenn man sich ihnen anschließt.

# INS HERZ DER ANTIKE

*Stein für Stein:*
*Korínth, Epídauros,*
*Mykéne und Delphi*

**P**elops grüßt den Besucher und streckt ihm seine runzelige Hand entgegen, der ein Finger fehlt und zwischen deren zerfurchten Linien so viele Geschichten geschrieben stehen. Ob Mykéne, Klassik oder Byzanz, ob Meer, Sand oder Berge – auf gerade einmal 21000 Quadratkilometern drängt sich fast alles, wofür Griechenland steht; einige Inseln sind mit den Flying Dolphins, den Tragflügelbooten, innerhalb weniger Minuten zu erreichen.

Apropos Insel: Festland oder Insel – das ist die erste Frage, die sich stellt und die jeder für sich selbst beantworten kann, der sich der Provinz auf dem Landweg nähert: Es gibt nur die E 65 sowie einen Schienenstrang nach Korínth.

Da sich diese Frage viele stellen, ist an der Straße vor und nach der Brücke ein Parkplatz angelegt. Ein Blick über das Geländer, und schon hat man die Frage fast wieder vergessen: In 79 Meter Tiefe leuchtet türkisblaues Wasser zwischen steil aufragenden Felswänden. Die Brücke überspannt einen 23 Meter breiten und mehr als sechs Kilometer langen Kanal: Die Peloponnes ist vom Festland praktisch abgeschnitten. Ein grandioser Anblick, der vielen einen Schauder über den Rücken jagt, wenn der erste Sattelschlepper über die Brücke donnert

und das Bauwerk in unheimliche Schwingungen versetzt.

In gewissem Sinne ist die Peloponnes, die Insel des Pelops, seit 1893 tatsächlich eine Insel. In diesem Jahr ist ein von den Griechen seit Jahrtausenden ersehnter Traum Wirklichkeit geworden, denn sie wünschten sich bereits seit der Antike eine Durchfahrt durch den Isthmós. Die alten Hellenen haben zwar berühmte Seeschlachten gewonnen, gute Seefahrer sind sie jedoch nicht gewesen. Immer wieder haben Historiker berichtet, daß ein heftiger Sturm ganze Flotten vernichtet hatte.

## Schnittpunkt Korínth

Bereits im sechsten Jahrhundert v. Chr. träumten die ersten Korinther davon, die Landbrücke zu durchstechen, wußten aber nicht, wie das Problem technisch zu lösen war. Statt dessen zogen sie kleinere Schiffe über die Landzunge auf die andere Seite des Meeres, was mühsam, aber sicherer als die langwierige Umschiffung war. Die ersten konkreten Pläne ließ Kaiser Nero ausarbeiten. Sie waren so exakt, daß sie mit jenen, nach denen die Idee schließlich von französischen Ingenieuren verwirklicht wurde, praktisch identisch sind. Wirkliche Vorteile brachte die Abkürzung nur kurzfristig. Der Kanal von Korínth wurde zu einer Zeit fertiggestellt, in der die Umrundung der Peloponnes lange nicht mehr so gefährlich wie früher war und die technische Entwicklung auch beim Schiffbau rasant schnell verlief. Mit einem Tiefgang von nur acht Metern kann der schmale Kanal nach heutigen Verhältnissen nur von kleineren Kuttern und Ausflugsschiffen für Touristen genutzt werden. Für die ist der Kanal jedoch nach wie vor eine Attraktion.

Korínth mag ein guter Startpunkt für eine Reise in die Antike sein, denn Korínth treibt einem die Flausen von «klassischen Statuen» gleich von vornherein aus dem Kopf. Die Menschen damals, das wird oft vergessen, bestanden nicht aus Marmor, sondern aus Fleisch und Blut und haben gelebt – nirgends sicherlich so exzessiv wie in Korínth. Der zynische Philosoph Diogenes, immer auf der Suche nach wahren Menschen, fand in Korínth keine und blieb mehr oder weniger unbeachtet in seinem Faß

*Unglaubliche Akustik: Theater in Epídauros*

sitzen. Der Apostel Paulus vergaß sich und seine guten Vorsätze und fluchte, was das Zeug hielt, als er die Stadt verließ, die sich nicht Maria, sondern Aphrodite, der Göttin der Liebe, verschrieben hatte. Die war sich ihrer Klientel so sicher, daß sie auf dem später wegen seiner strategischen Lage heiß umkämpften Berg von Akrokorínth (Römer, Byzantiner, Slawen, Bulgaren, Franken, Florentiner, Türken) einen Tempel baute, in dem tausend Mädchen auf lebensfreudige Korinther warteten. Wer den äußerst mühevollen Aufstieg schafft, kann sich die Szene so richtig vorstellen, wie täglich Hunderte oder noch mehr liebeshungrige Korinther, angetrieben von sinnlichen Gelüsten,

schwitzend und keuchend auf den steilen Berg pilgerten. Heute treibt Besucher lediglich die Aussicht (und ein paar Mauerreste) nach oben.

Vielleicht begegnet der eine oder andere beim Anstieg auch Sisyphos, dem legendären Gründer der Stadt, der seine ewige Strafe verbüßt, weil er vor lauter Übermut sogar den Tod verleugnet hatte. Man erkennt den zur unendlichen Sisyphosarbeit Verdammten leicht an dem riesigen Felsbrocken, den er versucht, den Berg hinaufzurollen, und an Zeus, der ihm immer kurz vor dem Gipfel ein Bein stellt.

### Ruhe in Epídauros

Laut ist es in Epídauros nur im Theater. Dafür ist der auf dem «Daumen» der Peloponnes gelegene Ort heute berühmt, denn das

Halbrund ist das besterhaltene der Antike und hat nach wie vor eine unvergleichliche Akustik, die jeder ausprobieren möchte. Zwei Möglichkeiten gibt es dafür: Entweder macht man die klassische Papierprobe, zerreißt ein Blatt und läßt sich von seinem Partner bestätigen, daß das Geräusch tatsächlich auch in der obersten Reihe zu hören ist, oder man besucht abends eine Vorstellung des jährlichen Epídauros-Festivals (siehe *Regionale Tips*, S. 318).

Das Theater ist nur ein Teil der großen Anlage, die in der Antike ein dem Gott der Heilkunst Asklepios geweihtes Sanatorium war. Den Patienten Ruhe, Entspannung und Seelenfrieden zu bieten stand an erster Stelle auf dem Behandlungsplan, denn ein körperliches Gebrechen habe seinen Ursprung

Jetzt überschreiten wir die kleine Brücke über dem eingestürzten Gewölbe von Klytämnestras Ruhestätte. Beseelte Blitze durchzucken die Erde, und es scheint uns, als setzten wir den Fuß auf einen unsichtbaren Kompaß, dessen Nadel zitternd leuchtet, wenn ein Sonnenstrahl auf sie fällt. Wir wenden uns nun zu Agamemnons Grab, über dessen Gewölbe nur noch eine ganz dünne Erdschicht liegt, einer Daunendecke gleich. Die Nacktheit dieser göttlichen Gruft ist großartig. Bleibe stehen, bevor dein Herz vor Glut zergeht! Bücke dich, um eine Blume zu pflücken! Überall nur Tonscherben und Schafmist. Die Uhr ist stehengeblieben. Die Erde schwankt den Bruchteil einer Sekunde, wartet darauf, ihr ewiges Pochen wiederaufzunehmen.

**Henry Miller**: *Der Koloß von Maroussi*. Rowohlt Taschenbuch Verlag, Reinbek 1965

häufig in psychischen Störungen. Der Arzt der Ärzte – der Äskulapstab ist noch heute das Symbol der Ärzte – heilte seine Patienten, wenn sie schliefen, und legte großen Wert auf das passende Ambiente. Nur dort, wo man sich wohl fühlte, könne man auch gesund werden, so seine Theorie, weswegen er sich auch für das geistige Wohlergehen seiner Patienten einsetzte. Bestes Beispiel ist das Theater. Wer würde da nicht genesen: tägliche Spaziergänge in einer herrlichen Landschaft, reines Quellwasser gegen den Durst, entspannende Bäder in den Thermen und ein kurzweiliger Abend im Theater. Die steile Karriere des großen Arztes wurde ganz plötzlich durch einen kleinen «Kunstfehler» beendet: Der geniale Asklepios erweckte «versehentlich» einige Tote wieder zum Leben, worauf ihn der verärgerte Zeus mit einem Blitz aus heiterem Himmel in die ewigen Jagdgründe schickte.

## Die mykenischen Festungsanlagen in Tiryns und Mykéne

Wer nicht schon von Paleá, Epídauros oder weiter südlich von Ermióni einen Abstecher auf eine der Saronischen Inseln gemacht hat, kann es sich in Náfplion noch einmal überlegen. Schließlich ist das Städtchen selbst eines der schönsten in Griechenland, trotz all der negativen Folgen, die es mit sich bringt, daß diese Tatsache vielen Reisenden bekannt ist. Die lange venezianische Herrschaft hat deutliche Spuren im Ort hinterlassen, die unzähligen Tavernen und Souvenirläden in den malerischen Gassen tun dem kaum Abbruch. König Otto residierte einst in Náfplion und ließ unterdessen Stadtplaner und Architekten an

der Verschönerung Athens basteln. Von der Palamídi-Festung (999 Stufen, in Wirklichkeit sind es nicht ganz so viele) hat man einen wunderbaren Blick auf bunte Ziegeldächer und den türkisblauen Saronischen Golf.

Geht es nach dem klassischen Programm einer Peloponnes-Rundreise weiter, wird es kriegerisch, blutig und tragisch: Mit Mykéne ist nicht allein die Burg gemeint, sondern eine ganze Epoche (1600 bis 1200 v. Chr.). Die ersten Griechen, die um 2000 v. Chr. aus dem Norden einmarschiert waren, hatten der Zeit ihren Stempel aufgedrückt und sich hier mit mächtigen Mauern gegen die Urbevölkerung geschützt (siehe S. 64). Zyklopisch wird ihr Bollwerk genannt, weil sich spätere Generationen lange Zeit nicht vorstellen konnten, daß Menschen solche Mauern zustande gebracht hätten.

Im Hotel Belle Hélène, eine 1862 erbaute Pension, erholte sich der deutsche Archäologe Heinrich Schliemann abends von seinen Grabungen (Zimmer Nr. 3). Mykéne ist heute ein unbedeutendes Kaff, in dem Souvenirs und Erfrischungsgetränke verkauft werden, das Hotel ist ziemlich heruntergekommen. Das Ausgrabungsgelände dagegen liegt etwas außerhalb des Ortes in einer wunderschönen Landschaft: «Die Ebene von Argos lag wohlbestellt da, in einem Kranz von Gebirgen (…). Nur zwei Farben: Saatengrün und das edelsteinerne Blau. Bergluft weht. Eine Luft wie am Inn im Voralpenland. Hügel an Hügel. Zum Burgberg hinüber, der in seiner maßlosen Zerstörung etwas Verfluchtes hat, blicke ich über ein Kornfeld hinweg. Helles Grün, über das der Morgenwind lief, war von blutrotem Mohn übertropft. Königskerzen wankten im Licht. Majoran, Majoran.» So wie Erhart Kästner Anfang der fünfziger Jahre Mykéne gesehen hat, zeigt sich der Berg nur im Frühling; im Sommer ist das Grün zwischen den Felsen von der Sonne verbrannt. Würden keine Touristenscharen auf den Berg strömen, könnte man die über dreitausend Jahre alte Burg dann fast übersehen, so wenig hebt sie sich vom Fels ab.

König Pelops war hier zu Hause, besaß weite Ländereien, unter anderem Elis (Olympia) und das arkadische Bergland, so daß man gleich ganz Südgriechenland nach ihm benannte: Peloponnes. Wer die Halbinsel besucht, sollte sich vor Menschen in acht nehmen, die ein weißes Mal auf der Schulter tragen und damit direkte Nachkommen des Halbgottes sind. Noch als Jüngling hatte er sich in die Prinzessin Hippodameia verliebt, mußte sich aber vorher mit ihrem unangenehmen Vater Oinamaos auseinandersetzen. Der pflegte jeden Freier zu einem Wagenrennen zu verpflichten, bei dem bisher alle Bewerber überholt und mit einem Speer abgestochen wurden. Moralisch war es daher kaum verwerflich, daß Pelops den Wagenlenker Myrtilos bestach. Als «Bezahlung» erhielt der junge Mann einen Gutschein für eine Nacht mit Hippodameia. Kurz nach dem Start brach Oinamaos' Wagen wie geplant zusammen, und Pelops machte dem Brautvater den Garaus. Dann aber beging er einen schweren Fehler: Statt seinem Mitwisser den versprochenen Lohn zu gewähren, stieß er ihn ins Wasser und ließ ihn ertrinken. Dem sterbenden Myrtilos blieb gerade noch Zeit, den jungen König

und alle seine Nachkommen zu verfluchen.

Mord und Totschlag kennzeichnen seitdem das Geschick seiner Familie, die berühmteste Geschichte seiner Nachfahren, sie dreht sich um Agamemnon, in Kurzform: Agamemnon, König von Mykéne, ermordet den Ehemann von Klytämnestra, um diese zu heiraten. Unterdessen bricht der Trojanische Krieg aus, weil die schöne Helena, die Frau von Agamemnons Bruder Menelaos (König Spartas), von Paris entführt worden war. Agamemnon eilt seinem Bruder zu Hilfe und unterstreicht seine Bitte um günstigen Wind, indem er den Göttern seine Tochter Iphigenie opfert. Als er nach zehn Jahren Kampf endlich zurückkehrt, hat seine Frau einen anderen, und der müde Krieger wird von ihr und ihrem Geliebten ermordet. Das könne nicht ungesühnt bleiben, meinten einige Götter und forderten Orest auf, seinen Vater zu rächen. Andere Götter schalten sich ein, pochen auf ihren Standpunkt, ein Muttermord sei durch nichts zu begründen, und treiben Orest in den Wahnsinn – das Ende Mykénes.

## Das Orakel von Delphi

Die Route nach Delphi führt nicht zurück über Korínth und den Isthmós, sondern per Fähre über die westlich von Patras gelegene Meerenge zwischen Ríon und Antírion. Ab Itéa geht es dann erst durch den größten Olivenhain Griechenlands und anschließend in unzähligen Serpentinen hinauf zum Ausgrabungsgelände.

Der Glaube, das Heiligtum sei der Mittelpunkt der Welt, bezog sich nicht nur auf seine geographische Lage, sondern auch auf seine politi-

*Mittelpunkt der Welt: Rundtempel in Delphi*

sche Bedeutung. Herrscher aus fast allen Ländern reisten nach Delphi, um die wissende Pythia um Rat zu fragen. Die Priesterin kauerte über einer Erdspalte, atmete berauschende Dämpfe ein und erhielt in ihrer Ekstase Einblick in das göttliche Buch des Schicksals. Mehr als achthundert Jahre lang fragten die Menschen hier den Gott Apollon um Rat. Zu der Blütezeit des Orakels, im siebten und sechsten Jahrhundert v. Chr., beeinflußten die Priesterinnen mit ihren oft auch doppeldeutigen Antworten nicht selten den Lauf der Geschichte. Und da die Götter gnädig gestimmt werden wollten, häuften sich im Laufe der Jahrhunderte die Schätze im Heiligtum. Bedeutendere Poleis hatten ihre eigenen Schatzhäuser am Nabel der Welt errichtet, in denen sie vor jeder Befragung prächtige Weihegaben abstellten. Viele der Schätze sind heute im Museum untergebracht, darunter auch der berühmteste Fund, der Wagenlenker von Delphi, eine klassische Bronzestatue aus dem fünften Jahrhundert v. Chr. Sie ist so beeindruckend, daß ein griechischer Reiseleiter einmal vor einer deutschen Gruppe enthusiastisch verkündet hatte, er würde sterben wollen, wenn er dieses Kunstwerk nicht mehr regelmäßig bewundern könnte.

Der berühmteste Spruch der Pythia, der überliefert wurde, galt dem Lyderkönig Kroisos. Auf die Frage, ob sein geplanter Feldzug gegen das mächtige Perserreich erfolgreich sein werde, erhielt er die Antwort, er werde ein großes Reich zerstören. Die Vorhersage erfüllte sich, nur zerstörte er sein eigenes Reich.

213

**N**ach der letzten der unzähligen Kurven fährt man auf einer langen Geraden, und plötzlich glaubt man, nicht mehr in Griechenland zu sein. Irgendwo in Österreich vielleicht. Überhaupt: der Schnee, die verkrüppelten Kiefern, die vom Wind zerzausten Tannen, die von Streusalz geweißte Straße, das orangefarbene

Schneeräumfahrzeug, ein riesiger Parkplatz, der Sessellift und die Schlepplifte, die man weiter oben am Hang ausmachen kann, fügen sich so schwer in das Bild der mediterranen Landschaften ein.

*Kalávrita*, im Sommer Touristenziel nicht nur wegen der Schmalspurbahn, die sich vom Golf von Korínth über 700 Meter hoch in den

214

# VOM KAFENÍON AUF DIE PISTE

## Kalávrita – ein gemartertes Dorf

2000-Einwohner-Ort hinaufwindet, wird im Winter von griechischen Skiläufern im wahrsten Sinne des Wortes überrannt, denn die Einheimischen haben sich auf die Tausende von Besuchern pro Saison noch lange nicht eingestellt. Gerade zweihundert Betten stehen dem Ansturm der Sportler gegenüber. Und die Unterkünfte gab es beinahe alle schon, bevor der Pistenboom begann. Nach knapp vier Jahren Bauzeit war das Skizentrum Xerócambos (trockenes Feld) im Chelmós-Gebirge fertiggestellt – vor allem für die Athener eine Alternative zu den zwar weitaus großzügiger angelegten, aber ziemlich überlaufenen Pisten im Parnassós-Gebirge bei Delphi und für die Wintersportler

215

aus Trípolis eine zusätzliche Möglichkeit zu den Anlagen im Ménalo-Gebirge.

Fremde Autokennzeichen fallen auf dem großen Parkplatz kaum auf. Der lange Anreiseweg – nur um des Skifahrens willen – aus unseren Breiten wäre doch etwas zu aufwendig, zumal Xerócambos mit den viel näher gelegenen österreichischen Alpen gewiß nicht konkurrieren kann: Ein Sessellift führt von der 1650 Meter hoch gelegenen Talstation aufwärts, ein daran anschließender Schlepplift zum Gipfel (2100 Meter). Zwei weitere Lifte verlaufen etwa auf halber Höhe parallel. Ganz unten dröhnt ein kleinerer, der von einem stinkenden Dieselaggregat angetrieben wird. In der Hochsaison, also um Weihnachten und Neujahr, zu Fasching und, wenn genügend Schnee liegt, auch noch zu Ostern, stehen die Autos dicht an dicht auf dem riesigen Parkplatz. Wer keine Skiausrüstung besitzt, kann sie sich vor Ort ausleihen. Teuer ist das nicht. Inklusive einer Tageskarte bezahlt man knapp fünfzig Mark.

Fährt man im Winter von Kalávrita aus die knapp zwanzig Kilometer zur Piste, taucht man in eine andere Welt ein – von der griechischen in eine internationale. Eben noch im Kafeníon, jetzt auf der Piste; verspiegelte Gletscherbrillen, neonfarbene Overalls, Stirnbänder, Snowboards, rote Planierraupen. Die halb gemütlich, halb funktional gestaltete Skihütte könnte an jeder anderen Talstation Europas stehen, sieht man von dem großen Ölbild an der Wand ab, auf dem ein Fischer mit einer starken Gaslaterne am Bug seines Bootes in der Abenddämmerung Fische anzulocken versucht. Die Szene ist gar nicht so unpassend, denn der Korinthische Golf zwischen der Peloponnes und Nordgriechenland ist keine dreißig Kilometer Luftlinie entfernt, und bei klarem Wetter bietet sich vom Gipfel ein großartiger Blick auf die Meerenge. Allein dafür schon lohnen sich Skiausrüstung und Liftkarte.

Auch die «Dreiklassengesellschaft» auf der Piste gleicht der, die man überall findet: Da gibt es den für den Pistenverkehr so hinderlichen Anfänger, den unauffälligen Fortgeschrittenen und den rücksichtslosen Könner. Nur das Gesamtniveau liegt um Klassen niedriger. Der Anfänger rutscht, Skier und Stöcke als störende, aber notwendige Accessoires bemühend, auf dem Hosenboden herunter, der Fortgeschrittene übt sich im eleganten Pflugbogen, und der Profi versucht den Parallelschwung. Skifahren hat eben noch keine Tradition in Griechenland.

Ein griechischer Worldcup-Sieger wäre nicht schlecht für den Skisport, träumt der Manager des Skizentrums und muß bei diesem Gedanken selbst lächeln. Er gibt sich professionell, aber das «lockere Gespräch» wird sehr schnell zum Statement. Beklagen könne er sich nicht, mittlerweile würden an die 100 000 Tageskarten pro Saison verkauft, das sei nicht schlecht. Dann kommt er sehr schnell auf Deutschland zu sprechen, fragt, ob die «Geschichte» bekannt sei; natürlich, es wäre peinlich, wäre sie es nicht. Die wenigsten Ausländer, die im Sommer kämen, wüßten etwas von jenem Tag, dessen Datum in Griechenland jedes Schulkind kennt. *Katastrofí* wird der Jahrestag des 13. Dezember 1943 hier genannt, ein Wort, das man nicht zu übersetzen braucht. «Jetzt haben uns die Deutschen dafür geholfen», sagt er und fügt schließlich hinzu, daß man Unterstützung nach wie vor dringend benötige. Es klingt so, als müsse er das sagen. Eine deutsche Gemeinde habe mehr als 100 000 Mark und einhundert Paar Skier gespendet, im Namen des damaligen Bundespräsidenten Richard von Weizsäcker wurden Baugeräte und Maschinen beigesteuert. Er deutet auf einen großen, blauen Lastwagen, der völlig zugeschneit am Rande des Parkplatzes steht, und erzählt dann dessen Geschichte, über die in Kalávrita nach wie vor viel gewitzelt wird. Man habe ja alles versucht, aber funktioniert habe der «Weizsäcker», wie er scherzhaft genannt wird, nie. «Der Weizsäcker fährt nur bergab», sagt er und prüft, ob dieser Witz auch als ein solcher verstanden wird.

## Im Zeichen des 13. Dezember

Ausländische Touristen kommen nur im Sommer nach Kalávrita. Versteckte Klöster locken viele an, unter anderem das Kloster Agía Lávra, eines der berühmtesten ganz Griechenlands (siehe S. 249), eine große Tropfsteinhöhle gibt es in der Umgebung, unzählige Schafe und Ziegen grasen auf dem dünnen Grün, die Einheimischen verkaufen dunklen Waldhonig und selbstgemachte Nudeln – viel griechischer geht's schon fast nicht mehr. Und der Clou bei alledem ist die Schmalspurbahn, mit der Touristen und die Einwohner zwischen dem an der Küste gelegenen Diakoptó und dem auf 756 Meter Höhe gelegenen Kalávrita pendeln. Zwei Waggons, mit einem Dieselaggregat dazwischen, verbinden beide Orte fünf-

mal täglich. Die Fahrt dauert eine Stunde und ist ein Erlebnis. Ein Eisenbahner aus Franken, der seit zwei Jahren in Pension, aber eben noch immer Eisenbahner ist, sitzt zufällig mit im Abteil, obwohl er vor der Abfahrt mit prüfendem Blick den technischen Zustand des Zuges inspiziert hatte. «Also, ich will ja nicht ins Detail gehen, aber ich sage nur, in den über vierzig Jahren...» setzt er an – und sagt dann gar nichts auf den folgenden 23 Kilometern, die es teilweise mit einer Steigung von 28 Prozent bergauf geht. Aber die Bahn fährt schließlich schon seit 1895.

Sie fuhr auch am 13. Dezember 1943. Damals saß die deutsche 117. Jägerdivision im Abteil. Der Befehl war eindeutig: Kalávrita sollte zerstört, alle Männer erschossen werden. Partisanen der griechischen Volksbefreiungsarmee hatten sich in der Gebirgsregion verschanzt und 81 deutsche Soldaten in ihre Gewalt gebracht. Eine Austauschaktion mit griechischen Widerstandskämpfern war im Sommer gescheitert; auf einen Befreiungsversuch am 8. Dezember antworteten die Partisanen mit der Hinrichtung der Gefangenen. Nun also sollten die Deutschen Rache nehmen. Generalfeldmarschall Keitel hatte schon zwei Jahre zuvor festgelegt, wie in solchen Fällen zu verfahren sei: Der Tod jedes deutschen Soldaten müsse an einhundert Zivilisten gerächt werden.

Die Chancen, daß man als Deutscher in Kalávrita mit Spirídon ins Gespräch kommt, stehen nicht schlecht. Er hat ein kleines Souvenirgeschäft an der Hauptstraße mit einem Schild neben der Türe: «Man spricht deutsch». Darüber klebt das ovale D-Schild. Spirídon geht es nicht nur um Kundschaft, er will neugierig machen, er will reden, über den Tag der *katastrofí*, über den 13. Dezember 1943. Neben der Kasse steht eine Videokassette, die er jedem zeigen möchte. Den Film hat 1993 ein österreichisches Fernsehteam gedreht, erzählt er, über Kalávrita, übers Skifahren, über den 13. Dezember und auch über ihn. Spirídon war 1943 zwei Jahre alt, und später war er einer jener vierzig jungen Männer, die zur Wiedergutmachung einen Ausbildungsplatz in der Bundesrepublik erhalten hatten. Als Wiedergutmachung unter anderem für die sechzehn Toten, die alleine seine Familie zu beklagen hatte.

Als die deutschen Soldaten kamen, läuteten sie die Glocken. Die Frauen und Kinder wurden ins Schulhaus getrieben, Spirídon war unter ihnen, nur seine Großmutter nicht. Sie war zufällig in den Bergen unterwegs und brachte später die erste Nachricht von den Massenerschießungen ins Dorf. Der gesamte Ort brannte mittlerweile, in der Schule breitete sich Panik aus, da die Türen dort nach innen aufgingen, was der Druck der Menge verhinderte. Spirídons Mutter warf den Zweijährigen zum hohen Fenster hinaus, die Eingesperrten konnten sich nur mit Müh und Not retten. Die Soldaten saßen zu diesem Zeitpunkt schon wieder im Zug und sollen zum Abschied «Lili Marleen» angestimmt haben. Die Kirchturmuhr steht nach wie vor auf kurz vor halb drei: Zu diesem Zeitpunkt hatte das Uhrwerk ausgesetzt.

Wie viele Menschen genau am 13. Dezember in Kalávrita ums Leben kamen, weiß keiner genau. Da der Krieg mehr in den umliegenden Dörfern wütete, waren viele nach Kalávrita geflüchtet, erzählt Vize-bürgermeister Charilaos Ermidis. Die Frauen, die die Leichen später begruben, hätten rund 1300 Tote gezählt, 680 aus Kalávrita, diese Zahl steht fest. Überlebt haben den Vergeltungsschlag nur zwei Männer, einer von ihnen, Spirídons Onkel, lebt noch in der Gegend. Sprechen möchte er jedoch nicht über dieses Thema, er hat die Geschichte schon zu oft erzählt und versucht zu vergessen – wie die anderen Kalávritaner auch.

## Licht der Freiheit

Die Deutschen «erinnerten» sich 1972 an das Blutbad, als die Staatsanwaltschaft Bochum gegen zwei beteiligte Soldaten ermittelte. Ein Auszug aus dem Gerichtsurteil: «In dieser Situation waren Repressalien notwendige und auch zulässige völkerrechtliche Mittel. (…) Daß die ergriffenen Repressalien damals in einem unangemessenen Verhältnis zu den vorausgegangenen Völkerrechtsverletzungen standen [damit ist der Mord an den 81 deutschen Soldaten gemeint], haben die Ermittlungen nicht ergeben.»

Übersehen kann man die Vergangenheit nicht. Gleich auf der gegenüberliegenden Seite des Bahnhofs fällt ein großes Wandgemälde ins Auge. Der Ort ist Mitglied einer Vereinigung, die es eigentlich nicht geben dürfte: die der gemarterten Städte. Neben London und Warschau steht auch Kalávrita auf der Liste und wirbt gemeinsam mit den anderen für Versöhnung. Einige hundert Meter weiter, auf dem Weg zum Skizentrum, wurde ein Mahnmal errichtet – aus Beton. Zwischen dunklen Tannen stehen auf einem Hügel mehrere meterhohe Blöcke, auf denen die Namen und das Alter

*Deutsche Vergangenheit: Mahnmal für
1300 Tote in Kalávrita*

der Toten eingeprägt sind. Fast noch
beklemmender ist jedoch die Atmosphäre auf dem Friedhof. Kaum ein
weißes Marmorkreuz, kaum eine
Grabplatte, auf der nicht das Datum
«13 – 12 – 43» steht und darunter:
«Ermordet von den Deutschen».

Als Deutscher kann man sich
trotzdem nach Kalávrita wagen; die
Volksschule wurde mittlerweile re-
noviert und 1993, zum fünfzigsten
Jahrestag, als Museum eröffnet.
Wenn man hier vor jemandem
Angst hat, dann vor den Türken.
Gerade in den neunziger Jahren ha-
ben sich die Beziehungen durch den
Makedonien-Konflikt erneut ver-
schlechtert. Der Vizebürgermeister

spricht aus, was viele denken: Die
Kalávritaner hätten mit der Ermor-
dung der 81 deutschen Soldaten damals nichts zu tun gehabt, das seien
die Partisanen gewesen. Bleibt die
Frage, warum sich die Deutschen
für die Vergeltung ausgerechnet diesen Ort ausgesucht hätten: «Die
Deutschen wollten die Kalávritaner
umbringen, weil hier das Licht der
Freiheit leuchtete.» Es leuchte noch
immer, und sollten die Türken wie-
derkommen, werde Kalávrita die erste Stadt sein, die sie niedermetzeln,
sagt er und nickt.

## *Αθλητισμός*

**D**ie Augustsonne in Griechenland wird vor 2500 Jahren nicht weniger gebrannt haben als heute. Im Stadion halten sich Touristen selten länger auf, hier sengt die Sonne unbarmherzig. Auf dem übrigen Teil des Geländes ist es viel schattiger, und dort gibt es auch mehr zu sehen. Olympia gilt mit seinen mächtigen Bäumen und den vielen pinkfarbenen Oleanderbüschen als eine der schönsten und grünsten Ausgrabungsstätten Griechenlands. Das Stadion präsentiert sich vergleichsweise spartanisch: ein langgestrecktes Oval, verbranntes Gras auf den Zuschauerrängen und die in den Boden eingelassenen Marmorblöcke, exakt 192,28 Meter voneinander entfernt, eine Entfernung, die zu einem Maß wurde: ein Stadion.

Es hat keinen Sinn, die Strecke abzulaufen und die Zeit zu stoppen. Die Athleten sind damals gegeneinander angetreten, gesiegt hat nur der, der zuerst am Ziel war, einen zweiten und dritten Platz gab es nicht. «Bestzeiten» konnte es ohne Uhren nicht geben, und wie schnell die Sprinter damals wirklich waren, wird nie in Erfahrung zu bringen sein.

Aber wer sich an den Rand des Stadions setzt und ein bißchen Zeit

# KRANZ ODER TOD

*Nur der Sieg zählt in Olympia*

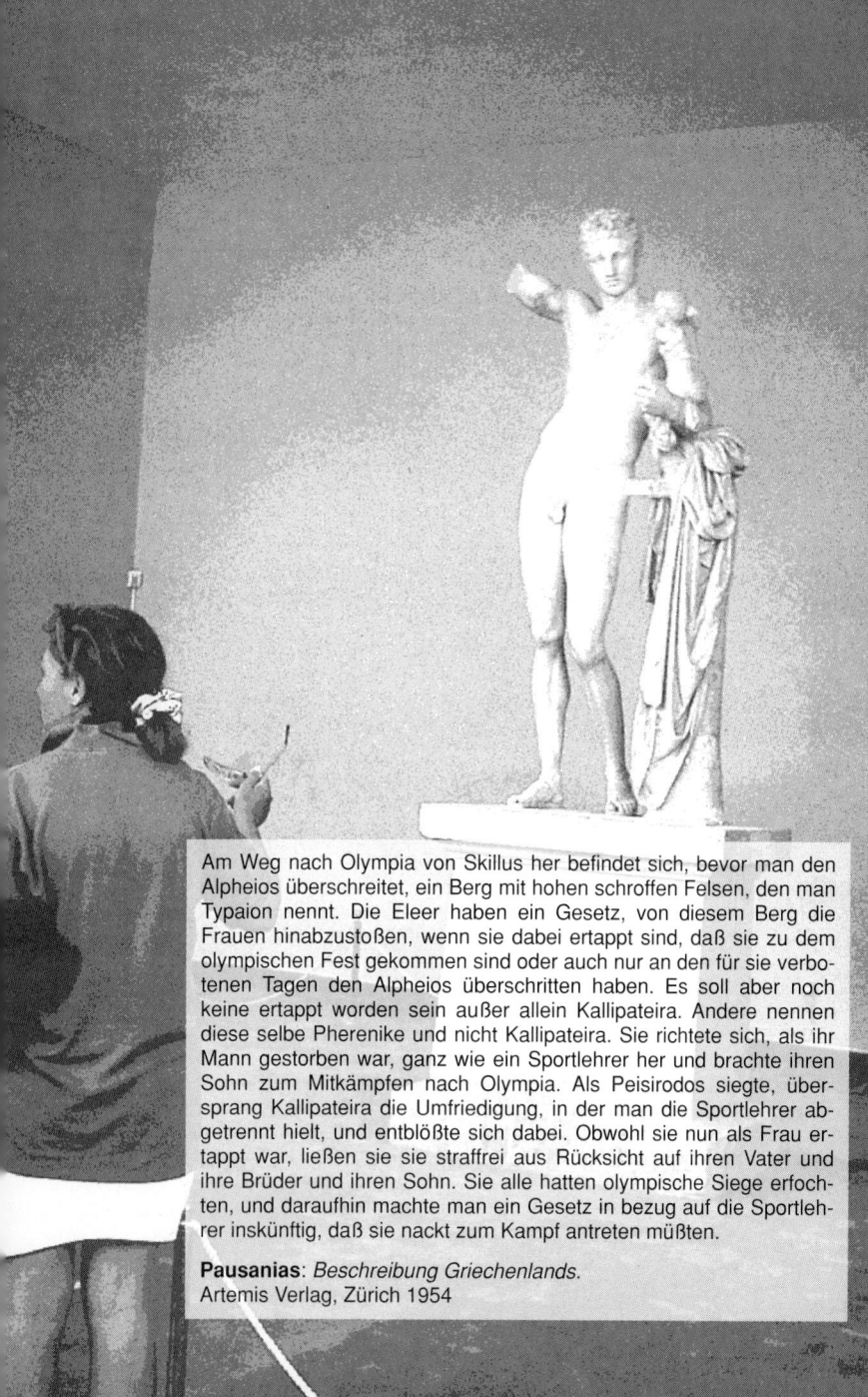

Am Weg nach Olympia von Skillus her befindet sich, bevor man den Alpheios überschreitet, ein Berg mit hohen schroffen Felsen, den man Typaion nennt. Die Eleer haben ein Gesetz, von diesem Berg die Frauen hinabzustoßen, wenn sie dabei ertappt sind, daß sie zu dem olympischen Fest gekommen sind oder auch nur an den für sie verbotenen Tagen den Alpheios überschritten haben. Es soll aber noch keine ertappt worden sein außer allein Kallipateira. Andere nennen diese selbe Pherenike und nicht Kallipateira. Sie richtete sich, als ihr Mann gestorben war, ganz wie ein Sportlehrer her und brachte ihren Sohn zum Mitkämpfen nach Olympia. Als Peisirodos siegte, übersprang Kallipateira die Umfriedigung, in der man die Sportlehrer abgetrennt hielt, und entblößte sich dabei. Obwohl sie nun als Frau ertappt war, ließen sie sie straffrei aus Rücksicht auf ihren Vater und ihre Brüder und ihren Sohn. Sie alle hatten olympische Siege erfochten, und daraufhin machte man ein Gesetz in bezug auf die Sportlehrer inskünftig, daß sie nackt zum Kampf antreten müßten.

**Pausanias**: *Beschreibung Griechenlands.*
Artemis Verlag, Zürich 1954

zum Träumen hat, dem wird es nicht schwerfallen, sich in die Szenerie von damals hineinzuversetzen. Die Spiele fanden alle vier Jahre im August statt. Auch vor Jahrtausenden wird die Luft über dem staubigen Boden geflimmert haben. Aufgeregtes Geschiebe, die letzten Zuschauer drängten von den Brunnen ins Stadion. Bis zu 50 000 Mann fanden auf den Rängen Platz. Abgesehen von einer Priesterin der Göttin Demeter, der ein Platz auf der Ehrenloge freigehalten wurde, drohte jeder Frau, die das Stadion betrat, die Todesstrafe. Olympia, das stand nicht nur für Sport, sondern auch für Religion und Kult.

## Profis und Sponsoren

Die letzten Zuschauer haben ihr Plätzchen gefunden, das übrige Gelände ist menschenleer. Geschäfte und Tavernen liegen wie ausgestorben da, keiner will das große Ereignis verpassen. Die meisten haben eine lange Reise hinter sich, kommen aus Italien, vom Schwarzen Meer, aus Kleinasien, selbst aus den Kolonien in Afrika. Ein «Internationales Olympisches Komitee» war damals überflüssig, die Spiele wurden im nationalen Rahmen ausgetragen und von den Einwohnern des benachbarten Städtchens Elis organisiert. Grieche zu sein war neben der Forderung des männlichen Geschlechts die zweite Voraussetzung für die Teilnahme an den Spielen – sowohl für die Zuschauer als auch für die Sportler. Barbaren hatten keinen Zutritt.

Dann laufen die Athleten durch den damals noch vollständig umwölbten Gang in das Stadion ein. Sie kommen aus dem Gymnasium, dem Ort, an dem sie sich mit gymnastischen Übungen vorbereitet haben. Sie alle sind, wie das Wort *gymnós* schon sagt, nackt. Es wird ruhig, Schweiß strömt, die Sprinter warten in ihrer Startposition auf das Signal der Fanfare. 384 Meter stehen ihnen bevor, eine Strecke, die Sieg oder Niederlage bedeutet – dabeisein heißt noch gar nichts.

Die Archäologen lächeln nur müde, wenn sie alle vier Jahre die Kritik an den neuen Olympischen Spielen in den Medien verfolgen. Seit 1896, als die ersten Spiele der Neuzeit in Athen auf Anregung von Baron Pierre de Coubertin ausgetragen wurden, hört die Diskussion über den moralischen Verfall, über die Dekadenz unserer Gesellschaft nicht auf. Lediglich ums große Geld ginge es Veranstaltern wie Sportlern, und letztere seien in Wirklichkeit als Amateure getarnte Profis, die von der Werbung vermarktet und zum Teil mit unlauteren Methoden zur Höchstleistung gezwungen werden. Immer neue Sportarten drängten sich ins Geschehen, um die Sensationslust der Zuschauer zu befriedigen. Wie konnte, fragen Kritiker, das edle Vorbild der Antike nur so in Vergessenheit geraten, wie konnte die «klassische» Einstellung zum Sport nur dermaßen verkommen?

Sie alle haben noch nicht mit Ulrich Sinn gesprochen. Der Professor an der Universität in Augsburg ist Grabungsleiter in Olympia und interessiert sich nicht nur für den Durchmesser der Säulen des Zeus-Tempels. Der berühmte Kranz aus dem Zweig eines Ölbaums auf dem Kopf, mit dem der Sieger unter dem Toben des Publikums eine letzte Ehrenrunde im Stadion drehte, war nur Symbol, weiß er, und in der

Hitze der Augustsonne schnell verdorrt. Den so hochgeachteten Amateursportler hat es in Olympia nie gegeben. Wer überhaupt eine Chance haben wollte, als erster durchs Ziel zu gelangen, mußte Profi gewesen sein. Und da so mancher trotz des harten Trainings eine Niederlage fürchtete, standen Schiebungen und Bestechungen in Olympia fast schon an der Tagesordnung. Das ist keine Theorie, sondern eine überlieferte Tatsache, denn wer erwischt wurde, mußte nicht nur eine Säule oder ein Monument stiften, sein Vergehen wurde unter Namensnennung auch detailliert in Stein gemeißelt.

## Antikes Disneyland

So rückt die moderne Archäologie nach und nach ins rechte Licht, was die Pioniere dieser Wissenschaft, die in Olympia seit 1875 graben, falsch gesehen haben. Damals war ihr Blick mehr oder weniger romantisch und wissenschaftliche Erkenntnis vom Stimmungsbild der Zeit (siehe S. 8) gefärbt. Das wahre Olympia, dessen ist sich Sinn mittlerweile sicher, war ein «clever geführtes Wirtschaftsunternehmen». Für einen sekundenkurzen Sprint (anfangs ging er nur über eine Stadionlänge), das ist nicht schwer nachzuempfinden, werden kaum so viele Menschen eine mitunter wochenlange Anreise auf sich genommen haben. Bereits nach vierzehn Olympiaden wurde die Laufstrecke auf zwei Runden verdoppelt; nach und nach kamen der Langstreckenlauf hinzu, der Ringkampf und später der Boxkampf. Weil auch das noch nicht genügte, wurde 648 v. Chr. das Pankrátion eingeführt, etwas, das man auch als brutale

*Standbild eines Stieres um 160 n. Chr. im Museum von Olympia*

Schlägerei bezeichnen könnte. Liebling des Publikums wurde, neben dem klassischen Diaulos, dem Sprint über zwei Stadionlängen, der Penthatlon, bei dem der Sportler seine Fähigkeiten im Laufen, Springen, Ringen, Diskus- und Speerwerfen unter Beweis stellen mußte – keine Frage, daß der, der in so vielen Disziplinen fit sein wollte, sich um keine so profanen Dinge wie den täglichen Broterwerb kümmern

224

konnte; und hinter den Pferde- und Wagenrennen wird damals wie heute das große Geld gestanden haben.

Doch der Sport allein machte Olympia nicht zu dem, was es in einer jahrhundertelangen Entwicklung geworden war: ein Disneyland der antiken Welt. Im Alpheiós-Tal waren im Laufe der Zeit viele Heiligtümer und Altäre für die Götterwelt gebaut worden, 456 v. Chr. schließlich von einem mächtigen Zeustempel gekrönt. Das riesige Kultbild darin, das Phidias errichtet hatte, ging verloren, gehört aber trotzdem zu den Sieben Weltwundern. Durch zwei Orakelfeuer blicken Seher in die Zukunft und machen den Fragenden Mut, unter anderem ihre Kolonisationsideen zu verwirklichen. Da die orakelnden Priester ganz offensichtlich tatsächlich etwas von ihrem Handwerk verstanden hatten und mit ihren Tips in der Regel richtig lagen, ließ überschwenglicher Dank nicht lange auf sich warten. Bald standen Triumph-

*Stadion in Olympia: Amateure hatten keine Chance*

bogen neben Siegessäulen. Auch zwischen den Olympiaden war für fortwährende Abwechslung gesorgt. Jeden Monat organisierten die Veranstalter für Besucher aus aller Welt eine Wallfahrtsprozession über das Tempelgelände, die abends in einem rauschenden Fest und am Spieß gegrillten Ochsen ihren Höhepunkt erreichte. In Olympia wurden Hochzeiten und Taufen gefeiert, und wenn Zeus, Demeter oder einer ihrer Kollegen gar Namenstag hatte, pilgerten bis zu 100 000 Menschen in das grüne Tal. Festsäle und Unterkünfte waren praktisch 365 Tage im Jahr ausgebucht, in Tavernen schwer ein Sitzplatz zu finden, und vor den Imbißbuden standen die Massen in Schlangen an – das Geld floß über die Theken und die Pacht- und Mietanteile in die Schatullen der Organisatoren.

Da begnügten sich die Sportler nicht mit einem dürren Olivenkranz. Wer in Olympia siegte, hatte für den Rest seines Lebens ausgesorgt und wurde so berühmt, daß auch die Heimatstadt davon profitieren konnte. Beinahe jeder Athlet wurde von der Pólis, in der er lebte, gesponsert, damit er sich voll und ganz auf sein Training konzentrieren konnte. Großzügige Siegesprämien und Pensionen standen in

lange vor den ersten Wettkämpfen Kultstätte war. Und da Sport im alten Griechenland sehr viel mit Religion zu tun hatte, wird der Übergang zu den ersten offiziellen Spielen fließend gewesen sein. Nach der Überlieferung war es im Jahre 776 v. Chr. (nach neuesten Erkenntnissen erst einige Jahrzehnte später), als die ersten Sportler durch das Stadion rannten.

Über tausend Jahre lang fanden die Olympischen Spiele mit ganz wenigen Ausnahmen regelmäßig statt. Dann, im vierten Jahrhundert n. Chr., zerstörte ein Erdbeben weite Teile der Anlage, die nicht wieder aufgebaut wurde: 393 n. Chr. entschied sich der byzantinische Kaiser Theodosius für die christliche Religion als die einzig wahre, stempelte die griechischen Götter zu Götzen und stellte heidnisches Brauchtum unter Strafe. Ein weiteres Beben im sechsten Jahrhundert tat ein übriges: Die Säulen des mächtigen Zeustempels liegen heute noch so beeindruckend auf dem Boden, wie sie in sich zusammengestürzt sind.

Wie verläßt man nun Olympia, nachdem die klassische Maske gefallen ist? Mit der Vorfreude natürlich, die nächsten Olympischen Spiele der Neuzeit und ihr ganzes Spektakel ohne ein schlechtes Gewissen genießen zu können. Und mit der Gewißheit, daß die alten Griechen auch nur Menschen waren – eine gute Basis für den Besuch anderer Stätten der Antike.

Aussicht, der Status eines Ehrenbürgers und natürlich unvergleichliche Popularität. Nach jeder Olympiade zogen Rhapsoden durch das Land und priesen auf den Marktplätzen singend die Leistungen der Sieger, Steinmetze schlugen die athletischen Körper in Stein, und die Historiker maßen sogar den Lauf der Zeit an ihren Siegen: «Im Jahr der 32. Olympiade, als XY siegte, begann der Krieg…» Kein Wunder, daß der Ausspruch «geehrt wie ein Athlet» zur Redewendung wurde.

Wie genau es zum Beginn der Spiele und dem Spektakel, zu dem es sich entwickelt hat, kam, ist bis heute nicht geklärt. Sicher ist, daß die Gegend um Olympia schon

*Βυζαντιον*

# WANDERER, KOMMST DU NACH MISTRA

### *Abstecher nach Lakonien*

ren Männer einziges Ziel es war, Kampfmaschinen zu werden; die ein Leben lang spartanisch lebten und dem Tod diszipliniert ins Auge sahen; die, bevor sie starben, riefen: «Wanderer, kommst du nach Sparta, verkündige dorten, du habest uns hier liegen gesehn, wie das Gesetz es befahl.»

Beeindruckend, bedrückend, berühmt – nur: Der Wanderer kommt nicht nach Sparta. Der antike Historiker Thukydides hatte so etwas schon geahnt und geschrieben, daß diejenigen, die Jahrhunderte später über die Ruinen der Pólis stolperten, Schwierigkeiten haben würden, sich deren einstige Größe und Macht auch nur ansatzweise vorzustellen. Recht hatte er, und lebte heute noch ein echter Spartaner, würde er kurz, bündig und «lakonisch» sagen: In Mistra gibt es mehr zu sehen.

### Wie das Gesetz es befahl

Über Sparta gibt es Interessantes zu erzählen, zu sehen gibt es dort wenig. Einen Besuch lohnt nur das 1875 errichtete Museum, ein neoklassizistischer Bau gegenüber der Platía in einem kleinen Park gelegen, das dokumentiert, daß die Spartaner zwar in der Regel Soldaten waren, aber Ausnahmen die Regel bestätigen. Das wenig andere

**W**o Klassik und Byzanz in enger Nachbarschaft leben, wird ersterer meist der Vorzug gegeben. Nur acht Kilometer liegen Sparta und Mistra im Verwaltungsbezirk Lakonien voneinander entfernt.

Spartaner – das waren doch jene, die schon mit Helm und Lanze bewehrt auf die Welt kamen; deren Frauen halbnackt umherliefen; de-

Sehenswerte dieser Gegend stammt meist aus hellenistischer und römischer Zeit. Auf dem Weg zur antiken Akropolis, die auf einem Hügel am nördlichen Rand der Stadt liegt, kommt man am sogenannten Grab des Leonidas vorbei; ein paar Fundamente nur, die nichts mit dem berühmten Feldherrn zu tun haben, wie man jetzt herausgefunden hat; sie trugen einst einen hellenistischen Tempel, dessen Namenspatron unbekannt blieb. Die Befestigungsmauern, auf die man weiter oben stößt, stammen aus dem dritten und vierten Jahrhundert n. Chr. Was an Spuren zurückblieb, wirkt «spartanisch». Die alte Agorá (Markt) ist spurlos verschwunden, sie befand sich auf dem Gelände des heutigen Sportplatzes, auf der Spitze des Akropolis-Hügels liegen die wenigen Überreste des Tempels der Athena Chalkioikos, dessen Bau im sechsten Jahrhundert v. Chr. abgeschlossen wurde.

«...wie das Gesetz es befahl», starb dort König Pausanias einen qualvollen Tod. 479 v. Chr. noch ein erfolgreicher Feldherr, der die Perser bei Platää besiegt hatte, fiel er zwölf Jahre später in Ungnade und wurde des Hochverrats angeklagt. Er flüchtete sich vor der drohenden Strafe in jenen Tempel, in dem ihm kein Mensch etwas anhaben durfte. Man ließ ihn tatsächlich in Ruhe – in Ruhe verhungern.

Und «...wie das Gesetz es befahl», wurden Knaben vor dem Heiligtum der Artemis Orthia, dem zweiten spartanischen Überbleibsel am westlichen Stadtrand, zu Männern geprügelt. Die Geißelung war eine Mischung aus Mutprobe, Wettkampf, Reifeprüfung und Opferritual (das Blut spritzte dabei auf das Kultbild der Göttin), ein «Fest», an dem jeder junge Spartiate teilnehmen mußte, wollte er «erwachsen» und in den Kreis der Vollbürger aufgenommen werden. Gewonnen hatte jeweils derjenige, der unbeeindruckt von den Schmerzen als einziger zwischen seinen unterdessen bewußtlos geschlagenen Kameraden stehen geblieben war – möglichst noch mit einem Lächeln im Gesicht.

## Griechische Preußen

In der Eurotas-Ebene, benannt nach dem gleichnamigen Fluß, mag man an Geschichten von früher denken. Da von den Gesetzen und dem Lebensstil, jenen Besonderheiten, die Sparta einst mächtig und berühmt gemacht hatten, nichts mehr zu sehen ist, legen die wenigsten hier einen Stopp ein und fahren gleich weiter nach Mistra. Das moderne Spárti verlockt erst recht nicht zu einem Aufenthalt. 1834 von König Otto neu gegründet und langweilig im rechten Winkel durchstrukturiert, reizt es kaum zu einer Pause. Seine rund 12 000 Einwohner leben von der Landwirtschaft, vor allem vom Anbau von Zitrusfrüchten. Die Eurotas-Ebene, im Westen durch das mächtige Taýgetos-Gebirge von Messenien abgegrenzt, ist die größte in der weiteren Umgebung und sehr fruchtbar; einer der Gründe dafür, warum sich die Dorer auf ihrer Wanderung vom Norden gerade hier niedergelassen und um 950 v. Chr. aus vier Dörfern Sparta gegründet hatten. «Ohne Zweifel ist der Gedanke an die spartanische Suppe daran schuld», schrieb der reisende Fürst von Pückler-Muskau im neunzehnten Jahrhundert, «daß nicht nur ich, sondern auch viele andere sich Sparta immer als ernst und öde dachten; es ist aber zugleich die lachendste und grandioseste Gegend Griechenlands.»

Völlig reibungslos war die Übernahme dieser grandiosen Gegend nicht vonstatten gegangen, denn die lachende Ebene war bereits besiedelt. Aber die Neuen bekamen die Lage vor Ort in den Griff und schafften es, die Verhältnisse zu klären: Sie selbst nannten sich Spartiaten, stellten (sicherheitshalber) zwei Könige an ihre Spitze und gaben sich den Status eines Vollbürgers. Für die Bewohner der Umgebung, oft Händler von Beruf, wurde der Name «Umwohnende» *(Perioiken)* gefunden. Sie sollten keine Rechte mehr haben, wurden zum Wehrdienst verpflichtet, ansonsten aber mehr oder weniger in Ruhe gelassen. Und jene, die schon da waren, die von ihrem Landbesitz enteigneten Ureinwohner, wurden kurz und bündig Helioten genannt, durften das Land, das sie früher besessen hatten, pachten und einen gehörigen Teil der Erträge an die Vollbürger abführen.

Will man ein bißchen seinen «spartanischen» Gedanken nachhängen, ist der höchste Gipfel des Taýgetos-Gebirges und der gesamten Peloponnes, der 2407 Meter hohe Profitis Elias, sicherlich das schönste Plätzchen dafür. Der Gipfel läßt sich von Sparta aus in einem Tagesausflug besteigen und bietet bei klarem Wetter sowohl auf Sparta als auch auf das westlich der Gebirgskette gelegene Messenien einen einzigartigen Blick (Informationen im Serviceteil, S. 320).

## Blutsuppe für alle

Hinter dem «...wie das Gesetz es befahl» steckt ein Mann namens Lykurgos, Synonym für all die Schauergeschichten, die heute noch über die Spartiaten im Umlauf sind, und Begründer des knallharten Drills, der Sparta im siebten Jahrhundert zur mächtigsten Pólis in Griechenland machte. Lykurgos hatte nicht nur die Macht der beiden Könige zugunsten der Spartiaten beschnitten, sondern auch die Tagesordnung und den gesamten Lebenslauf jedes Mannes klar definiert, mit dem Ziel, Kämpfer heranzuziehen und die Eurotas-Ebene in ein Garnisonslager umzuwandeln. Gleich nach der Geburt beispielsweise wurde das eben abgenabelte Baby einem Rat vorgestellt, der darüber entschied, ob sich die Aufzucht überhaupt lohne oder ob man sich von dem lästigen Schwächling nicht besser gleich befreien und ihn in eine Schlucht des Taýgetos-Gebirges werfen sollte. Schien das Kind kräftig, durfte es lediglich bis zu seinem siebten Lebensjahr bei seiner Mutter bleiben. Dann nahm sich der Staat seiner an. Wenn es ein Junge war, begann für ihn ab diesem Zeitpunkt der Ernst des Lebens. Er wurde in ein Internat gesteckt, aus dem er dreizehn Jahre später als «Rambo» wieder herauskam; mündig wurde er erst im Alter von dreißig Jahren. Die Ausbildung zum todesmutigen, gehorsamen und perfekten Soldaten, der abends seine Blutsuppe schlürft, nachts auf dem Boden schläft und jede Art des Kampfes, der Anstrengung und der Entbehrung verkraften kann, war so gut, daß die Spartaner für lange Zeit als unbesiegbar galten. Frauen hatten ein vergleichsweise liberales Leben, mußten aber, wie die Männer auch, äußerst gewissenhaft auf ihre körperliche Fitneß achten; schließlich könne nur ein kräftiger Körper auch kräftige Kinder zur

Also reichlich hatten es die Spartaner, nun kam es auf einmal heraus. Wie war es möglich, daß sie mit ihrer Blutsuppe und ihrem Kargtun der Welt bis auf den heutigen Tag vormachen konnten, sie seien harte Söhne eines harten Bodens gewesen? Das war doch nichts als der Bauernpfiff, hinter Klagen den Wohlstand ein bißchen weniger auffällig zu machen. Das war doch bloß Puritanermanier, sich nichts zu gönnen und anderen auch nichts zu gönnen und zu dem ausgemacht reichsten griechischen Land auch noch das zweitreichste, Messenien, unbedingt dazuhaben zu müssen. Lustig: Attika, das sich so aufs Genießen verstand, lag in steiniger Dürre, und dieses Sparta lag so in der Frucht.

**Erhart Kästner**: *Ölberge, Weinberge.*
Insel Verlag, Frankfurt am Main
1953

Welt bringen. Die Spartiatinnen standen nicht nur im Ruf, die schönsten Frauen Griechenlands zu sein, sie ließen die Betrachter auch Anteil daran haben und schlitzten ihre Röcke so hoch, daß die prüden Athenerinnen nur entrüstet den Kopf schütteln konnten.

Sie schüttelten nicht nur die Köpfe, die gesamte Pólis schüttelte die drohende Faust in Richtung des südlichen Nachbarn. Athen, der Name der Stadt muß einfach erwähnt werden, wenn der Spartas fällt, denn Athen und Sparta waren wie Feuer und Wasser, so gegensätzlich und so verfeindet. Jede wollte die beste sein, jede die Vorherrschaft in Hellas erlangen; Sparta hielt sie lange Zeit, trotz der vielen Kämpfe gegen Athen und (in Zeiten der Gefahr tatsächlich auch gemeinsam mit Athen) gegen die Perser, die dafür zu schlagen waren. An den Kragen ging es den Elitetruppen erst im vierten Jahrhundert v. Chr. und schließlich auch 146 v. Chr., als Sparta von Rom erobert worden war. Den Garaus machte der einst so bedeutenden Stadt aber letztendlich jener Nachbar, der ihr heute noch das Leben so schwer macht: Unter der Führung von Guillaume de Villehardouin wurde die Stadt 1248 von den Franken erobert, und die verbleibenden Einwohner zogen sich nach und nach ins mehr und mehr blühende, gut befestigte und damit sicherere Mistra zurück. Ausgerechnet nach Mistra.

## Letzter Akt: Nach uns die Sintflut

Am selben Tag der Spartaner zu gedenken und anschließend den Hügel von Mistra zu erklimmen ist für den «Wanderer» fast unmöglich. Mistra ist nicht nur das letzte Glied einer kulturell so andersartigen Kette (byzantinisches Mittelalter). Mistra war das oberste Deck eines sinkenden Schiffes, auf dem eine Handvoll Passagiere ein letztes rauschendes Fest feierten.

Lange nämlich hatte der fränkische Kreuzritter seine Aussicht nicht genießen können. 1263 bereits war de Villehardouin von den Byzantinern geschnappt worden und nur durch die Übergabe der Burg Mistra (und jener in Monemvasia) wieder freigekommen. Damit begann der Aufschwung der Stadt, der auch dann noch ungerührt andauerte, als das übrige Byzanz seinen Zenit schon überschritten hatte und immer heftiger von den Türken bedrängt wurde. Die vielen, teils restaurierten Kirchen und Burgen und die künstlerische Vielfalt ihrer Ausschmückung geben heute noch ein wenig von der Euphorie wieder, die damals trotz aller Widrigkeiten im Umkreis geherrscht haben mußte. Und wenn es nicht ein so gräßliches Wort wäre, könnte «mistraisch» heute nicht treffender denn als das Gegenteil von spartanisch verwendet werden.

Am Ende war dann auch die Rivalität zwischen Sparta und Mistra für beide Städte wesentlich einschneidender als die zwischen Sparta und Athen. Denn die Eroberung Mistras 1423 durch die Türken mochte zwar der Bedeutung der Stadt ein Ende gesetzt haben, den Dolch aber rammte König Otto dem Burghügel durch die Neugründung Spartas zwischen die Rippen. Die Menschen wandten dem «Mittelalter» den Rücken, die Stadt verwaiste, verfiel, und ihre letzten Bewohner zogen ins moderne Sparta. Ausgerechnet nach Sparta.

**25.** März, 11 Uhr. Die Menschen strömen im Sonntagsstaat aus der Kirche Richtung platía, auf den Dorfplatz. Vorneweg die Kinder in regionaler Tracht. Der 25. März ist ein großer Tag in Griechenland, gleichermaßen wichtig für Staat und Kirche. Am 25. März 1821 hatte sich das unterdrückte Land erhoben und die knapp vier Jahrhunderte zuvor eingefallenen Türken vertrieben. Der Befreiungskrieg

dauerte sieben Jahre, das offizielle Signal zum Aufstand hatte die Kirche gegeben.

Knapp zwei Stunden hat der Gottesdienst gedauert, und wie immer, wenn ein wichtiger Anlaß auch jene in die Kirche lockt, die ansonsten eher weniger religiöses Engagement zeigen, waren die Stühle aus Platzmangel beiseite geräumt worden. Die Gemeinde steht. Daß trotzdem nicht alle Platz im Gottes-

234

# AUF DEN SPUREN DES WIDERSTANDS

## *Πατριωτισμός*

### *Máni, Dimitsána, Aghía Lávra*

haus finden, spielt kaum eine Rolle. Vor allem Männer ziehen sich nur zu gerne auf einen *kafedáki*, ein Täßchen Kaffee, ins benachbarte Kafeníon zurück. Da mag das Hochamt noch so festlich, eine Zeremonie noch so feierlich sein, zum Feiern gehören Menschen. Und es ist nur zu menschlich, wenn man dem Popen nicht die vollen zwei Stunden lang seine ungeteilte Aufmerksamkeit schenkt. Orthodoxe Gottesdienste mögen pompöser und auch mystischer als die der Westkirche sein, sie sind aber auch weltfremder und laufen ständig nach denselben starren Mustern ab. Predigten beispielsweise, mit denen Brücken zwischen der jahrhundertealten Lehre und zeitgemäßem Leben geschlagen werden könnten, fehlen. Die Orthodoxie bezeichnet sich als die der christlichen Urkirche am nähesten verwandte Glaubensform. Seit 1054, als sie sich von der Westkirche getrennt hatte, hat sich in bezug auf den Glauben nichts verändert. Die Ostkirche hat keinen Papst, es gibt keine Dogmen.

Der Dorfplatz ist geschmückt, die Häuser sind beflaggt, Frauen haben einen Eintopf gekocht, der Bäcker bringt ein Spanferkel. Bevor das Buffet eröffnet wird, wird erst noch des Krieges gegen die Türken gedacht. In Athen werden an diesem Tag Paraden abgehalten, eine Gruppe nach der anderen marschiert um den Sýntagma-Platz, das Militär, Lehrer, Schüler, auch die Kirche – in Trachten und im Gleichschritt. Auf dem Land feiern Dörfer und Gemeinden selbständig. Auf der *platía* ist ein Podium aufgebaut, die Kinder der Grundschule tragen Gedichte vor, die sie im Unterricht einstudiert haben. Gedichte über tapfere Griechen, die sich nach der langen Knechtschaft erhoben haben, aufs Pferd gesprungen sind und den Türken mit ihren funkelnden Schwertern die Köpfe abgeschlagen haben; über den Bischof Germanós, der an besagtem 25. März vor dem Kloster Aghía Lávra den Startschuß dazu gegeben hat; über die griechische Erde, die mit türkischem Blut getränkt wurde. Das Publikum applaudiert, die stolzen Väter filmen ihre Sprößlinge mit der Videokamera, zwischendurch soufliert die Lehrerin.

Im wesentlichen hat es drei Arten von Widerstand gegen die Besatzer gegeben. Erstens das Engagement der Migranten, die im Exil zu operieren versuchten und sich erfolgreich darum bemühten, «Europa» für die Freiheit der Griechen zu begeistern (siehe S. 8). Zur zweiten Gruppe zählen jene, die sich mit Waffengewalt zur Wehr setzten oder

*Patriotismus: Kriegsgedichte für den Frieden*

sich in unwegsame Regionen Griechenlands zurückgezogen hatten, um dort ein möglichst unauffälliges und eigenständiges Leben zu führen. Exemplarisch steht dafür im folgenden die Máni, die mittlere Halbinsel der Peloponnes. Die dritte Gruppe repräsentiert die Kirche, die während der Osmanenzeit relativ unbehelligt geblieben war. In versteckten Klöstern, in geheimen Krypten versuchte sie, das verbotene griechische Kulturgut zu über-

liefern. Beispiel hierfür soll die Gegend um Dimitsána im Zentrum der Peloponnes sein. Ganz im Norden der Halbinsel, vor dem Kloster Aghía Lávra nahe Kalávrita, rief Bischof Germanós am 25. März 1821 offiziell zum Befreiungskrieg gegen die Türken auf.

## Im Land der Rebellen: Máni

Jahrtausendelang war der «letzte Zipfel» Griechenlands eine Art Politbarometer: Je größer die Unruhen, je expansiver sich fremde Eroberer in Griechenland breitmach-

ten, desto mehr Menschen zogen sich dorthin zurück, in die Máni, auf den «Mittelfinger» der peloponnesischen Hand, den südlichsten Teil des griechischen und den zweitsüdlichsten des europäischen Festlands nach dem spanischen Gibraltar. Heute hat es niemand nötig, sich dort zu verstecken: Wer heute in der Máni lebt, hat entweder mindestens achtzig Sommer auf dem Buckel oder er ist verrückt. Das sagen jene, die dort nicht leben.

Im zwölften Jahrhundert v. Chr. sah die Situation ganz anders aus, denn die Máni ist nicht nur karg, sondern auch ziemlich schwer zugänglich. Zwischen Sparta und Kalamáta liegt das bis zu 2407 Meter hohe Taýgetos-Gebirge, dessen Ausläufer sich bis an die Südspitze der Halbinsel ziehen. Geteerte Straßen, Strom- und Telefonmasten gibt es hier erst seit Beginn der siebziger Jahre. Vor rund dreitausend Jahren versteckten sich die Ureinwohner des Landes auf der Máni vor den südwärts drängenden Dorern, die sich auf der Peloponnes niedergelassen hatten. Später retteten sich einige hundert Spartaner nach ihrer Niederlage bei Leuktra auf die nur einen Katzensprung entfernte Landzunge; für sie, die an das karge Leben gewöhnt waren, dürfte die Umstellung nicht zu groß gewesen sein. Und die, die heute dort leben, können zweifach prahlen: echte Spartaner zu sein und niemals von den Türken untergebuttert worden zu sein. Auch vor immer größer werdenden Unruhen im Römischen Reich bot die Máni Flüchtenden Schutz, später vor den Goten, den Slawen, den Franken und schließlich, zwischen 1453 und 1821, vor dem Erzfeind Türkei.

So richtig unter Kontrolle brachten die Türken die Manioten, die sich mit den Venezianern verbündet hatten, tatsächlich nie. Drei große Burgen waren von den Türken besetzt, aber gegen die unzähligen kleinen Burgen der Manioten war wenig auszurichten. Von den drei Festungen kann man heute noch die Mauern besichtigen: Passavá steht wenig südlich von Gýthion, auf der anderen Seite, bei Itilon, liegt Kelafá, nördlich davon, nahe Stavropigí (bei Kámbos in der Éxo Máni), Zarnáta. Auch ein anderer Versuch der Türken scheiterte. Sie suchten einen loyalen Manioten, verliehen ihm die Würde eines Beys, statteten ihn mit Privilegien aus, machten ihn zum Herrscher über die Máni und hofften, er würde die Streitigkeiten schlichten, die Steuern eintreiben und beim Sultan abliefern. Diese Rechnung ging nicht auf: 1815 ernannten die Besatzer den Falschen, Pétro Mavromichális. Bereits 1818 solidarisierte er sich mit dem *philikí etería*, einem griechischen Geheimbund, der sich die Befreiung des Landes zum Ziel gesetzt hatte, und knüpfte Kontakte zu dem schon zu Lebzeiten legendären «Alten von Morea», Theodor Kolokotrónis. Am 23. März 1821, zwei Tage vor dem offiziellen Signal des Bischofs Germanós, schlug Mavromichális los und versetzte den Türken bei Kalamáta den ersten Stich im Kampf um die Freiheit.

Heute ist die Máni wieder «in», allerdings nicht für schutzsuchende Volksstämme, sondern für Individualtouristen. Kein Wunder, denn Lust auf die Máni zu machen und die Manioten zu Exoten zu küren fällt leicht. Vom Land der Höhlen und Kirchen kann man berichten, den halbverfallenen, nahezu verlassenen Dörfern, die eine so seltsam morbide Atmosphäre ausstrahlen, von den wenigen Alten, die dort noch leben, von der Piraterie, mit der sich viele Manioten erfolgreich ihr karges Taschengeld aufgestockt hatten. Und ganz besonders freilich von den Häusern, jedes für sich ein uneinnehmbarer Wohnturm, eine eigene Festung.

Nur knapp 400 Kilometer oder sechs Stunden mit dem Auto trennen die Máni von der Hauptstadt, und doch liegen Welten zwischen beiden Punkten. Die kleine Halbinsel mit ihrer großen Vergangenheit ist auch für die Griechen, allen voran für die Athener, eine Touristenattraktion. Wer sie besucht, den warnt der Volksmund: *Stin Kríti ke stin Máni, plirósis me stefáni* – «in der Máni und auf Kréta bezahlst du mit der Hochzeit». Doch so groß ist die Gefahr – oder die Chance – auf ein Abenteuer nicht mehr. Nicht weil die Sitten sich gelockert hätten, sondern weil die Gelegenheit fehlt. Hübsche Mädchen, junge Leute überhaupt, finden in der Máni wenig vor, was sie halten könnte. Die Aussicht, dort den Rest des Lebens zu verbringen, ist selbst für jene, die dort aufgewachsen sind, alles andere als erstrebenswert. Die Gegend ist kahl, bergig und unwirtlich, rauh und verschlossen sind die Menschen. Noch heute tragen viele Männer ein Gewehr über der Schulter, zum Jagen sagen sie, obwohl es höchstens noch ein paar Füchse gibt, die keinen Hasen mehr finden, um ihm «Gute Nacht» zu sagen. Die wenigen Wachteln, die den Fehler machen, auf der Halbinsel einen Zwischenstop auf ihrer Reise gen Süden einzulegen (speziell in Pórto Kágio), sind den wartenden Jägern zahlenmäßig unterlegen.

### Filmkulisse oder Wirklichkeit?

«Echte» Manioten, das sind jene, die südlich von Areópolis leben. Und deswegen ist das 600-Einwohner-Dorf, der größte Ort nach Kalamáta (knapp 50000 Einwohner) und Gýthion (7000), der strategisch beste Ausgangspunkt für Ausflüge in die Umgebung. Seinen Namen hat das Städtchen seinem früheren Einwohner Pétros Mavromichális zu verdanken. Ihm zu Ehren wurde der Ort 1841 von Tsímova in «Stadt des Ares» umbenannt. Weil das kleine Dorf das größte im lakonischen Teil

der Máni ist, fungiert es als «Verwaltungshauptstadt» und Touristenzentrum, denn in Areópolis gibt es die meisten Betten, einige Tavernen, enge Altstadtgassen, Schmuckläden, ein paar Ledergeschäfte. Der Teil des Fingers, der nördlich von Areópolis liegt, heißt Éxo Máni (äußere Mani), der südliche Teil wird Mésa Máni (innere Mani) genannt. Der Bruch dazwischen könnte nicht härter sein: Fährt man auf der Straße von Gýthion Richtung Areópolis, wechselt das Landschaftsbild von einer Kurve zur anderen von fruchtbar grünen Orangenhainen zu schroffem, nacktem Fels. Von Kalamáta kommend, vollzieht sich der Wechsel etwas sanfter. Tauchen die Wohntürme im Norden eher vereinzelt auf, stehen sie südlich von Areópolis noch heute dicht an dicht, zu Dörfern zusammengedrängt, auf Bergkuppen, an Häfen, strategisch günstig plaziert, warnende Finger, die zwanzig Meter und höher in die Luft ragen. Die innere Máni gleicht einer Festung. Was nach einem kollektiven Bollwerk aussieht, waren in Wirklichkeit einzelne autarke, voneinander unabhängige Wohntürme.

Wohnturm, das hört sich erheblich komfortabler an, als es in Wirklichkeit ist. Die Manioten brüsteten sich nicht nur damit, Nachkommen der Spartaner zu sein, sie führten auch ein dementsprechendes Leben. Drei mal drei, maximal fünf mal fünf Meter maß die Grundfläche der Häuser, die ab dem siebzehnten Jahrhundert zu Türmen wurden. Die Türken waren zu dieser Zeit schon im Land. 1453 hatte Sultan Mehmet Konstantinopel, die Hauptstadt des Byzantinischen Reiches, das Zentrum der griechisch abendländischen Kultur und des orthodoxen Glaubens, erobert. Drei Jahre später war Athen gefallen, nach weiteren vier Jahren Mistrá, die letzte Bastion dieses abendländischen Reichs, das als einziges ein Jahrtausend überdauert hatte.

Mit dem Einfall der Türken war es so, als hätte sich der Vorhang auf der griechischen Bühne geschlossen, der Niedergang von einem geistigen und kulturellen Zentrum zu einer tributpflichtigen Provinz konnte nicht steiler sein. Einige, vornehmlich Intellektuelle, hatten die Heimat verlassen, um der Knute des Orients zu entgehen. Berichtet wird immer wieder von einem gewissen Kaloméro, dessen Name übersetzt «guter Teil» bedeutet, der dann in Italien als Bonaparte aufgetaucht sein soll. Andere suchten ihr Heil in unzugänglichen Regionen des Landes, auch in der Máni, im Land der Rebellen, in dem man glaubte, ein Sohn würde geboren werden, wenn ein Familienmitglied von einem Gewehr träumte. Natürlich waren Gewehre wichtiger als Kochtöpfe, die Menschen mußten sich nicht nur vor den Osmanen, sondern auch vor ihren eigenen Nachbarn schützen. Je stärker die Türken, vor allem im siebzehnten und achtzehnten Jahrhundert, die Steuerschraube anzogen, je willkürlicher die Übergriffe der «Gläubigen» auf die «Christenhunde» wurden und je häufiger Geschichten von der Aufklärung und der Französischen Revolution kursierten, desto stärker schlug das «Barometer» in der Máni aus. Das karge Land, das sich immer mehr Menschen teilen sollten, wurde mit einer Verbissenheit «belagert», als wäre das bißchen Erde zwischen dem Fels aus purem Gold. Tausende von Terrassen wurden angelegt, geschützt durch trockene Steinmauern, die wie die Linien eines Finger-

*Demonstrative Stärke: Jedes Haus war eine autarke Festung*

abdrucks auch noch heute die gesamte Máni durchziehen. Sie schafften Anbaufläche für Getreide an den steilen Berghängen, schützten die rare Krume vor der Erosion. Hauptsache war die Unabhängigkeit – von den Türken und den Nachbarn: die eigene Zisterne unter dem Fundament, darüber die mitunter auf sechs Stockwerke verteilten, nur wenige Quadratmeter großen Kammern, die Raum für Lebensmittel, Munition und zum Schlafen bieten sollten, ein bißchen Tageslicht durch Öffnungen, die mehr Schießscharten als Fenster waren. Freunden und Bekannten mußte eigens eine Leiter hinuntergelassen werden, denn die einzige Türe der «Häuser» befand sich in der Regel nicht im Parterre, sondern im ersten Stock. Sicher ist sicher.

## Jahrzehntelange Duelle

So sehr die Manioten in Zeiten der Gefahr und des Krieges zusammenhielten, so schnell brachen die

Bande, kaum daß Eindringlinge vertrieben worden waren. Die ausgeprägte Individualität des einzelnen und seiner Familie schufen dafür die Voraussetzungen. Zwischen den Clans entbrannten Kämpfe, die bis ins späte neunzehnte Jahrhundert andauerten. Man kann es sich kaum vorstellen, aber Feindschaften hielten sich auch innerhalb eines Dorfes über Jahrzehnte hinweg; manchmal lagen die Türme zweier Streithähne direkt nebeneinander, nur durch eine schmale Gasse voneinander getrennt. Eine Beleidigung, ein falsches Wort konnten genügen, Zwist nicht nur zwischen den Betroffenen, sondern zwischen den gesamten Familien zu stiften. In abgeschwächter Form lebt diese starke Identifikation mit der Verwandtschaft noch heute fort, nur daß es heute nicht mehr um Leben und Tod geht. Hatte das Mitglied einer Familie dem Nachbarn Blutrache geschworen, schwiegen die Musketen nicht, bevor die gesamten Männer einer der betroffenen Familien in die ewigen Jagdgründe eingegangen waren. Damit die beiden Parteien in der Zwischenzeit nicht verhungerten, sorgten die Frauen dafür, daß die Männer etwas zwischen die Zähne bekamen, stockten die Munitionsvorräte auf und sammelten Steine, die sie nachts dem Kontrahenten aufs Dach warfen. Zu Erntezeiten schwiegen die Waffen, wenn die Gegner ihre Felder bestellten. Hatte einer der «Duellanten» während des «Krieges» etwas außerhalb seines Hauses zu erledigen, mußte er sich einen *xevgáltis* suchen, ein Mitglied einer unbeteiligten und möglichst starken Familie, der ihn begleitete. Würde der Gegner jenen «Begleiter» angreifen, wäre künftig auch dessen Familie in die Streitigkeiten verwickelt.

Bei so viel Mord und Totschlag ist es kein Wunder, daß auch die einzige Kunstform, für die die Máni berühmt geworden ist, etwas mit dem Tod zu tun hatte. Nirgendwo sonst in Griechenland ist die *mirología*, die gesungene «Totenklage», so reich ausgebildet wie in der Máni. Bis in unser Jahrhundert wurden bei Begräbnissen professionelle Sängerinnen engagiert, die den Verstorbenen gegen Honorar in den Himmel priesen. Diejenigen, die solche Darbietungen noch erlebt haben, versichern, die Frauen hätten ihr Geld redlich verdient: Schreiend und wehklagend hätten sie am Grab gestanden, sich die Haare gerauft, Wangen und Brüste zerkratzt und frei improvisierend von den ruhmreichen Taten des Toten gesungen.

Konservativ, reaktionär waren die Manioten und sind es bis heute geblieben. Durch die weitgehende Isolation der Halbinsel konnte sich eine eigene Kultur mit ihren eigenen Spielregeln entwickeln. Erst um das Jahr 1000, später als andere Regionen des Landes, wurde auch die Máni zum «einzig wahren» Glauben bekehrt. Rauhen Sitten, Mord und Totschlag tat das keinen Abbruch. Im elften und zwölften Jahrhundert entstanden Kirchen und Kapellen in einer Dichte, wie kaum anderswo in Europa. Auf den rund dreißig Kilometern Luftlinie zwischen Areópolis und dem Kap dürften es mehr als hundert sein. Wer auf Entdeckungstour geht, wird einige Überraschungen erleben, denn in ihrer architektonischen und künstlerischen Bedeutung können sie mit denen in Mistrá mithalten, auch wenn die meisten kleiner und in einem schlechteren Zustand sind. Der Regierung fehlt das Geld selbst zur notdürftigsten Restaurierung. Wo Türen und Fenster fehlen und Dächer durchlöchert sind, spült der Regen in wenigen Jahrzehnten Fresken ab, die Jahrhunderte überdauert haben. Eines der traurigsten Beispiele ist die Trissákia-Kirche in Tsópakas (siehe Regionale Tips, S. 322).

## «Bettenburgen» an der Südspitze

Der letzte blutige Streit zweier Familien in Kítta wurde 1870 beendet, wenngleich es dazu des Eingreifens der griechischen Armee bedurft hatte. Grund für diese so lang anhaltenden mittelalterlichen Zustände waren der fehlende Anpassungswille und die reaktionäre Gesinnung der Manioten. Zwar ist es ihnen tatsächlich gelungen, im März 1821 in ihrem letzten großen Kampf den entscheidenden Anstoß zur Vertreibung der Türken aus Griechenland zu geben, doch war ihnen nur zehn Jahre später die rigide Herrschaftsform des ersten griechischen Präsidenten, Joánnis Kapodístria, dermaßen zuwider, daß sie ihn kurzerhand umbrachten. Sie wollten sich die von den Türken hart erkämpfte Freiheit nicht gleich wieder nehmen lassen, auch nicht vom bayerischen Otto, der 1833 seine Regentschaft in Griechenland antrat. Sein Plan, aus Gründen der friedlichen Einheit des Landes die Türme der Máni schleifen zu lassen, stachelte die Manioten von neuem auf. Drei Vorstöße wagte Otto, dann ließ er den Manioten ihren Willen: Die Türme blieben stehen.

Sie stehen noch heute; wenngleich größtenteils verfallen, vermitteln sie immer noch den Eindruck ihrer früheren Erhabenheit. Nach wie vor sind ihre demonstrativ zur Schau gestellte Stärke und der Wille der früheren Besitzer erkennbar, ihren Turm zumindest einen halben Meter höher als den des Nachbarn zu bauen.

Heute freilich ist der mittlere Finger der Peloponnes größtenteils verlassen, denn während des Zweiten Weltkriegs versagte die bislang so erfolgreiche maniotische Strategie. Der Versuch, sich nach vielen Jahrzehnten des Friedens wieder den Mantel des großen Befreiers umzuhängen, scheiterte. Statt angesichts der Gefahr von außen erneut Einheit zu praktizieren, spalteten sich die Manioten im anschließenden Bürgerkrieg in ein linkes und ein rechtes Lager und rotteten sich gegenseitig nahezu aus. Das spätere Fieber der Landflucht nahm der Máni das letzte junge Blut, zurück blieben die Alten. Streift man durch die Dörfer, erscheint es schier unglaublich, daß die Máni einmal dicht bevölkert war. Leere, gebrochene Fensteraugen starren den Besucher an, die wenigen Alten sitzen zu Füßen der einstmals so mächtigen Türme, die immer mehr verfallen.

Vielleicht beginnen sich die wenigen verbliebenen, in alle Winde verstreuten Manioten wieder zusammenzurotten, um doch noch eine neue Schlacht zu schlagen, die längst begonnen hat: der Kampf um die Touristen. Seit knapp zwanzig Jahren durchziehen zwei Asphaltstraßen die Innere Máni, eine erschließt die West-, die andere die Ostküste. Weil auf die alte touristische Regel gebaut wird, daß den mit Rucksack, Motorrad oder Auto ausgerüsteten «Individuellen» die Pauschalreisenden folgen, soll die Straße an der Westküste zwischen Kalamáta und Areópolis für Reisebusse ausgebaut werden. Größere Fahrzeuge, die von der westlichen Peloponnes anreisen, müssen in der Regel nach wie vor den Umweg über Spárti und Gýthion machen, wenn sie in den Süden vorstoßen wollen.

Populärstes Ziel sind die Höhlen von Pírgos Diroú, einige Kilometer südlich von Areópolis gelegen. In kleinen, schmalen Booten werden die Besucher eine Stunde lang durch eine märchenhafte Welt aus Stalaktiten und Stalagmiten gerudert. Weiter südlich, im malerischen Váthia, hat die griechische Zentrale für Fremdenverkehr (EOT) bewiesen, daß Visionen eines sanften Tourismus auch in Griechenland Realität werden können. Noch in den siebziger Jahren übertrafen sich Hotels der staatlichen Xenia-Kette dort an Geschmacklosigkeit, wo sich antike Architekten einst an Kunstfertigkeit übertroffen hatten. Aber in Váthia wurden die immer mehr verfallenden Türme eines fast verlassenen Dorfes so behutsam renoviert und zu «Bettenburgen» umgebaut, daß die touristischen Eingriffe selbst auf den zweiten Blick nicht auffallen. Das Panorama von der 200 Meter südlich des Dorfes gelegenen Parkbucht auf die «Skyline» von Váthia wird das bestätigen.

## Abstieg in die Unterwelt

Wer nach der Bootsfahrt durch die Höhlen von Pírgos Diroú noch nicht genug hat, kann sich auf die Suche nach der «Unterwelt» machen. Hunde sind in der Máni gefürchtet, denn der Teufel höchstpersönlich, so erzählt man sich, treibe sich in dunklen Nächten in ihrer Gestalt durch die Macchia. Es wird der Höllenhund Kerberos sein, der nachts die Manioten erschreckt und ansonsten im Reich der Toten wacht. Nahe der Südspitze der Halbinsel, in der Asómati-Bucht, liegt einer der wenigen Eingänge «zum modrigen Hause des Hades». Der dreiköpfige Kerberos sorgt dafür, daß keiner mehr zurückkommt, der vom Fährmann Charon gegen den berühmten Obolus über den Fluß

Griechenland ist das, was jedermann kennt, auch wenn er noch nie dort gewesen ist, auch wenn er ein Kind oder ein Idiot oder noch ungeboren ist. Griechenland ist so, wie man erwartet, daß die Erde – gäbe man ihr die Möglichkeit dazu – aussehen sollte. Es ist die erhabene Schwelle der Unschuld. Es steht da, nackt und völlig enthüllt, wie es von Geburt an dastand. Es ist nicht geheimnisvoll, nicht unergründlich, nicht furchterregend, nicht herausfordernd, nicht anmaßend. Es besteht aus Erde, Luft, Feuer und Wasser. Es verändert sich mit den Jahreszeiten in harmonischem, wellenförmigem Rhythmus. Es atmet, es ruft, es antwortet.

**Henry Miller:** *Der Koloß von Maroussi.*
Rowohlt Taschenbuch Verlag, Reinbek 1965

Styx gebracht worden war. Die Welt des Hades stellten sich die alten Griechen zwar nicht gerade als Hölle vor, aber dennoch als ein ewiges Gefängnis, in dem die Toten als Schatten ihrer früheren Gestalt wandeln, ohne Leid, aber auch ohne Freude. So schrecklich war es immerhin, daß der abgebrühte Abenteurer Odysseus «weinte», als er erfuhr, daß er mit einem der Toten Kontakt aufnehmen sollte. Er wollte «nicht mehr leben und nicht mehr sehen die Strahlen der Sonne».

Dreieinhalb Kilometer südlich von Váthia geht es rechts ab Richtung Mianés, kurz vor dieser Ortschaft muß man links fahren, kommt an einer Kirche vorbei und biegt 200 Meter danach wieder rechts ab. Noch einige hundert Meter, dann endet der Weg. Wer zum Kap will, hat eine gute halbe Stunde Fußweg vor sich. Der Pfad führt erst hinunter zur Bucht. Sie heißt nicht von ungefähr Porto Sternes, Zisternenbucht; Vorsicht vor ungesicherten Gruben! Am gegenüberliegenden Hügel kann man den Weg zum Kap ausmachen; in etwa verläuft er parallel zu den Telefonmasten.

Der Eingang zum Hades liegt östlich von dem Punkt, an dem die Straße endet. Die einschiffige, schon ziemlich verfallene Asómatoskirche ist nicht zu übersehen. Etwa hundert Meter nordöstlich führt ein schmaler, in den Fels gehauener Weg, der früher überdacht war, zur Vorhöhle, in der sich der eigentliche Eingang befindet.

Wer als Lebender weitere Kontakte aufnehmen möchte, halte sich beispielsweise an Homers *Odyssee*: Die Göttin Kirke empfiehlt dem Helden folgende Vorgehensweise: Er solle ein Loch graben, Tiefe und Durchmesser je eine Elle, in das er erst Honig, dann süßen Wein, schließlich Wasser gießen solle, gefolgt von heller Gerste. Anschließend müsse er ein männliches und ein weibliches Schaf (letzteres schwarz) opfern und gleichzeitig versprechen, ein noch nicht gedecktes Rind sowie ein weiteres schwarzes Schaf zu opfern, sobald er nach Hause komme. Weitere Details sind im zehnten Gesang der *Odyssee*, Vers 520 nachzulesen.

## Geheime Schulen: Dimitsána

Szenenwechsel ins arkadische Bergland. Hunde werden hier geduldet, als Hüter der vielen Schafe und Ziegen; dafür treibt ein ganz anderer Geist sein Unwesen: Pan, Sohn des Hermes und Gott des Weidelandes. Wer seine Mutter war, steht nicht fest, vielleicht Kallisto, ein arkadisches Mädchen. Sicher ist nur, daß sie heftig erschrocken ist, als sie ihren Sohn zum erstenmal sah, denn Pan hatte von Geburt an Bocksfüße und kleine Hörner auf dem Kopf. Trotzdem: Zu fürchten braucht man den lustigen Gott nicht, denn er gilt als ungefährlich, solange man ihn nur in seiner Mittagsruhe nicht stört. Dann stößt er seinen berüchtigten Schrei aus, der alle in *pani*schen Schrecken versetzt.

Diese Region hatte schon Goethe fasziniert, der *Auch ich war in Arkadien* schrieb, obwohl keine seiner Reisen ihn auf die Peloponnes führte. Aber so schnell wechselt die Szenerie gar nicht, denn das mitten auf der Peloponnes gelegene Dimitsána ist heute noch schwer zu erreichen. Von welcher Seite man auch kommt, die Fahrt zieht sich hin, ob mit dem Auto oder den eher selten verkehrenden Bussen. Von Kalamáta führt die Straße nach Me-

galópolis, weiter Richtung Karítena.
Nach Bássei, wo einer der besterhaltenen Apollontempel Griechenlands steht, scheint es nur ein Katzensprung zu sein, und doch ist es mehr als nur ein Ausflug. Kein Wunder, daß Goethe die Anreise zu aufwendig war, kein Wunder, daß türkische Vorgaben hier umgangen werden konnten. Die Manioten rebellierten mit Türmen und Musketen, in der Bergwelt um Dimitsána kämpfte man mit Papier und Feder – gegen das Vergessen. Selbst ohne die Antike gerechnet, ging es um die Kultur eines Reiches, das 395 n. Chr. mit der Einsetzung Konstantinopels als Hauptstadt begann und mit seinem Fall 1453 beendet wurde. Die griechische Kultur und Sprache waren unter der Flagge des Halbmondes verboten. Auch für die Künste gab es keinen Platz in diesem System, das die ihm unterworfenen Menschen wie Milchkühe behandelte. Auf die Milch kam es an, sprich: die Steuern. Die Kirche jedoch blieb als Institution verschont, der Patriarch von Konstantinopel, Oberhaupt der Orthodoxie, wurde in Amt und Würden bestätigt.

Mehr noch: Der Patriarch wurde zum Pascha, ausgezeichnet mit «drei Roßschweifen», wurde befördert, mit weiteren Privilegien ausgestattet. Die Türken mieden zu engen Kontakt mit der Bevölkerung, die Missionierung war kein Thema, und neben der Steuerfreiheit wurden der Kirche auch zivil- und familienrechtliche sowie Verwaltungsaufgaben übertragen. Diese Arbeitsteilung ging noch weiter: Zwar hatte der Sultan das gesamte Land an sich genommen und dann in einer Art Lehenssystem verteilt, das Gewerbe und vor allem der Handel blieben weitgehend unter der Selbstverwaltung der Unterdrückten, die «lediglich» einen Teil ihres Gewinns in Form der Steuern an den Sultan abzuführen hatten. Reeder durften ihre Schiffe sogar mit Kanonen bestücken, um sich gegen die Piraten – in diesem Zusammenhang auch gegen die Manioten – zur Wehr setzen zu können – ein Umstand, der während des Befreiungskampfes große Bedeutung erlangte.

Die Kirche wagte es, ihren Spielraum zu nutzen, und schuf sich dadurch das nationale Image, das sie bis heute pflegt. Als Grieche kein Mitglied der griechisch-orthodoxen Kirche zu sein wäre – mehr noch als bloße Ungläubigkeit – nationaler Verrat und offene Ablehnung der griechischen Kultur. Die Türken hatten nicht versucht, das kulturelle Erbe der Griechen durch ein ausgeklügeltes System zu verändern, es wurde schlichtweg ein Lehrverbot erlassen. Es gab keine Universitäten, keine Schulen, und das gesamte künstlerische und kulturelle Engagement kam weitgehend zum Erliegen. Dem widersetzte sich die Kirche und überlieferte Tradition und Kulturgut in geheimen Klosterschulen. Zu den berühmten Zentren orthodoxen Glaubens gehörten der Berg Áthos, Metéora oder auch das Kloster Philosóphou bei Dimitsána. Hinzu kommen eine ganze Reihe von geheimen Schulen, versteckt in der zerklüfteten, unzugänglichen Bergwelt des Landes.

## Bei Nacht und Nebel

Dimitsána ist als ein wichtiges Zentrum des Widerstands belegt. Der Geheimbund Philikí Etería, eine Organisation, die sich während der Besatzungszeit vor allem im Ausland für die griechische Sache einsetzte, hatte hier einen ihrer Sitze. Wer die Gegend um Dimitsána an einem wolkenverhangenen Tag oder am frühen Morgen besucht, könnte sich vorstellen, hier einen Film über Partisanen zu drehen, die verbissen um jeden Hügel kämpfen und wegen ihres Heimvorteils, trotz zahlenmäßiger Unterlegenheit, die Oberhand behalten.

Wie auf der Máni ist diese Handlung Realität gewesen. Westlich von Dimitsána, das auf einer Höhe von knapp tausend Metern liegt, kämpft sich der wilde Fluß Lúsios Richtung Süden und gräbt sich tiefer und tiefer in die gleichnamige Schlucht, in der eine Reihe von Klöstern Schutz vor fremden Besatzern suchten.

Moní Prodrómou (Kloster Johannis des Täufers) und Moní Philosóphou heißen die beiden wichtigsten. Die Lúsios-Schlucht gehört zu jenen Plätzen, an denen man die Welt und sich selbst vergessen und vielleicht auch Gott finden kann. In der antiken Stadt Gortís, unweit des Zusammenflusses von Lúsios und Alfiós, standen zwei dem Gott Asklepios geweihte Tempel aus dem vierten Jahrhundert v. Chr., inklusive Kuranlagen und Badehäusern, in denen Kranke mit dem Wasser des Lúsios geheilt wurden. Wo ein dem Heilgott geweihter Tempel steht, ist die Landschaft grandios, denn bei der Therapie kam es früher nicht nur auf die richtige Medizin, sondern auch auf eine besondere Umgebung an.

In die Abgeschiedenheit dieser Welt kann man noch heute eintauchen – im wahrsten Sinne des Wortes. Südlich von Dimitsána, kurz vor dem Ort Stemnítsa, der auf manchen Karten noch unter seinem früheren Namen Ipsoús eingezeichnet ist, weist ein Schild den Weg zum Kloster (siehe Regionale Tips, S. 315). Etwa acht Kilometer und 700 Höhenmeter windet sich der Schotterweg in die Schlucht hinunter, bei der Metamórphosis-Kirche läßt man das Auto stehen und geht die letzten zehn Minuten zu Fuß. Das Kloster krönt nicht die Bergkuppe, wie jene in Metéora, es schmiegt sich vielmehr an den Fels, hängt wie ein Taubenschlag an der senkrechten Wand und nutzt eine waagerechte Felsspalte als Versteck. Ein gutes Dutzend Mönche lebt hier noch in einer Atmosphäre, die einzigartig ist, nicht nur aufgrund der abenteuerlichen Lage, sondern auch wegen der kuriosen Konstruktion der Anlage. Der Ursprung der Stätte liegt im dunkeln, immer wieder mußte der Bau verändert werden, sei es, weil das Kloster an Bedeutung gewann oder weil ein herabstürzender Felsbrocken die Gebäude beschädigt hatte. Jüngst wurde der Teil eines Balkons in die Tiefe gerissen. Was man heute sieht, stammt aus dem 16. Jahrhundert – eine Mischung aus Höhle und fünfstöckigem Mietshaus, aus Kapelle und Baracke. Die Abwasserleitung, die unkaschiert auf dem nackten Felsen Richtung Schlucht führt, gehört ebenso dazu wie jahrhundertealte Fresken, wie der Fernseher im Gemeinschaftsraum oder die blechernen Ofenrohre, die aus den Fenstern ragen und den Stein darüber mit dem Rauch der Jahrhunderte geschwärzt haben.

### Letzte Ruhe im Regal

Im Hof, vor den schweren, eisenbewehrten Türen, hängen bunte Röcke, die sich Frauen überziehen müssen, sollten sie mit Hosen oder gar nur Shorts bekleidet sein. Ein in

*Kuriose Konstruktion: Kloster Prodromou*

den Fels gehauener Gang führt ins Innere des Klosters. Der Zellentrakt der Mönche ist nicht für die Öffentlichkeit zugänglich, dafür aber eine in den Fels gehauene Kapelle und, über eine schmale Holztreppe erreichbar, die Zelle des Ághios Nikólaos, die heute als Beinhaus genutzt wird. Fein säuberlich numeriert, ruhen hier die Schädel der Mönche in langen Regalen und demonstrieren die Bedeutung der Stätte. Grandios schließlich ist die Aussicht vom Balkon. Wenn einer der Mönche Zeit und Muße hat, werden einem Kaffee und die obligatorischen Süßigkeiten angeboten; wie in den meisten Klöstern sind es auch hier dick mit Zucker gepuderte Gelatinewürfel.

Wer gute Augen hat, entdeckt vom Balkon aus auf der gegenüberliegenden Seite der Schlucht etwas flußaufwärts vielleicht auch die krifó skolío, das Philosophenkloster, in dem die geheime Schule untergebracht war. Gut «getarnt» ist die Anlage, vor allem der alte Teil, weil sie aus demselben Fels gebaut wurde, auf dem sie steht. 964 wurde das Philosophenkloster erstmals erwähnt, so mancher Experte hegt jedoch Zweifel und schätzt die Mauern zweihundert Jahre jünger. Was einst wie eine Festung gebaut war, ist heute größtenteils verfallen, und nur die über zehn Meter hohen Außenmauern sind noch zu sehen. Bereits 1641 hatte sich die Kirche entschieden, eine neue Anlage zu bauen, anstatt die alte zu renovieren. So trutzig ist das nur wenige hundert Meter entfernte neue Philosophenkloster nicht mehr ausgefallen, dafür liegt es auf einem nach drei Seiten steil abfallenden Felsplateau. Kirche und Mönchszellen wurden 1992 generalüberholt.

Ein ganz anderes «Geheimnis» hat der benachbarte Ort Stemnítsa. Jahrhundertelang war er durch Goldschmuck und Glocken in aller Welt berühmt gewesen, zwei Handwerkskünste, die die Stemnioten mit solcher Fertigkeit ausgeübt hatten, daß sie eine Geheimsprache benutzten, wenn sie sich im Kafeníon oder auf der Platía über ihre Arbeit unterhielten. Die Gefahr, versehentlich technische Kniffe an Spione zu verraten, wäre ansonsten zu groß gewesen. Von tausend Familien, erzählt der alte Barbalábis, hätten früher hundert Gold geschmiedet und etwa hundertfünfzig hätten Glocken gegossen. Barbalábis heißt eigentlich Lábis Katsoúlis, wird aber von allen mit «Onkel Labis» angesprochen. Der alte Mann wird heute als Bewahrer des Handwerks gefeiert, denn er ist der einzige, der die alten Techniken der Goldschmiedekunst noch kennt. Wie so viele griechische Dörfer, war auch Stemnítsa nach dem Zweiten Weltkrieg aufgrund der Flucht in die Städte fast ausgeblutet, alte Handwerkstraditionen waren in Vergessenheit geraten. Barbalábis erinnerte sich, kam aus Athen zurück und gründete 1978 eine Gold- und Silberschmiedschule. Seitdem werden im alten Volksschulhaus wieder vierzig Schüler pro Jahr in die alten Lehren eingeweiht.

## Wo der Kampf begann: Aghía Lávra

Am 25. März 1821 eröffnete Bischof Germanós von Patras vor dem Kloster Aghía Lávra, im Schatten einer mächtigen Platane, die dort heute noch steht, mit einem heiligen Schwur den Befreiungskrieg gegen die Türken. Und wie so oft in der griechischen Geschichte, schließt sich der Kreis: Germanós war Schüler im Kloster Philosóphou bei Dimitsána. Auf der kämpferischen Seite dieser Aktion spielten auch die Manioten eine Rolle, die ihnen wie auf den Leib geschnitten war. Das offizielle Signal konnten die ungeduldigen Kämpfer nicht länger abwarten, und so schlugen sie bereits zwei Tage früher los. Weil auch ihre Nachkommen noch stolz und störrisch sind, feiern manche von ihnen den Nationalfeiertag bereits am 23. März.

Überall im Land flammten Kämpfe auf, aber trotz der Vorbereitungen, die die Kirche getroffen hatte, trotz der Reeder, die die Kanonen ihrer Handelsschiffe einsetzten, und trotz des Feuereifers der Bevölkerung hätten es die Griechen alleine nicht geschafft. Den Ausschlag, sich 1828 schließlich unabhängig nennen zu können, gab Hilfe aus dem europäischen Ausland (siehe S. 13). Nach dem sieben Jahre dauernden Kampf waren die dunklen Jahrhunderte der Besatzung vorbei – ein Trauma ist jedoch bis heute geblieben.

Das Kloster ist seitdem ein politischer Wallfahrtsort. Kein Wunder: Es hat Geschichte gemacht und erlebt. 961 gegründet, wurde es zweimal von den Türken zerstört, 1585 und nach seinem Wiederaufbau während des Befreiungskrieges 1826, und ein drittes Mal von den Deutschen. Denn Aghía Lávra liegt nur wenige Kilometer von der kleinen Ortschaft Kalávrita entfernt, unter dessen Bewohnern deutsche Soldaten im Dezember 1943 ein Blutbad angerichtet hatten (siehe S. 219).

SERVICE

# GRIECHENLAND

Durrës · Tirana

MAKEDONIEN

Elbasan

ALBANIEN

Fier · Vlorë

Korçë · Kastoria

Titov Veles · Štip

Strumica

Prilep

Ohrid · Bitola

Ohrid See · gr. Prespa See · kl. Prespa See · Psarádes · Prespa Seen Nat.Park · 1749 m

Aridéa · Edessa · Giannitsá · Thess Ioník

Flórina · Vévi · Arnissa · Alexándria · Pýrgos · Doirá · Kúki

Xynó Neró · Vegorítis See · Filótas · Véria · Egínio · Kalamaria · Kalikr

Agía Triáda · Methóni · Katerini · Thermaisc Golf

Ptolemaís · Neápolis · Kozáni · Livádi · Olymp 2917 m · Leptokariá

Argos Orestikón · Kastoria See · Néa Messánga

Eptachóri · Pentálofos · Aliákmonas See · Olýmpus Nat.Park · Elassónas

Kavássila · Konítsa · Gámila 2497 m · Vasilítsa 2249 m · Grevená · Kraniá Elassónas · Oros 1978 m

Vikos-Aóos Nat.Park · Vikos · Astráka 2436 m · Pindes/Vália Kálda Nat.Park · Elassón · Timavos · Lárissa · Agiókamp

Mavrópoulo · Monodéndri · Votonóssi · Métsovo · Kastráki · Metéora-Klöster · Kalambáka · Trikala

Kakaviá · Soulópoulo · Ioánnina · Ioánnina See · Peristéri 2295 m · Pertoúli · Mavrovoúni

Paleokastrítsa · Korfu · Igoumenitsa · Paramithiá · Kardítsa · Fársasala · Velestíno · Vólo

Korfu · Kávos · Párga · Kanalláki · Arta · Filipiáda · Menídi · Loutra Kaítsis · Domokós · Almirós · Néa Anchíalo · Trík

Paxi · Kastrossikiá · Préveza · Amfílochia · Kremastón See · Makrokómi · Othrys

Ionisches Meer · Lefkás · Kariá · Vónitsa · Karpenissi · Lamía · Oros Iti Nat.Park · Kaména Voúrla · Arki

Nidri · Mitikás · Agrinion · Thermo · Oros Iti 2152 m · Káto Tithoréa · Atalár

Lefkás · Kálamos · Trichonís See · Amfissa · Parnassós Nat.Park · 2457 m · Leváv

Fiskárdo · Itháko · Astakós · Aitolikó · Lidoríki · Delphi · Delphi · Dístomon · Aliárte

Kefalloniá · Itháko · Messolóngi · Návpaktos · Psathópyrgos · Itéa · Erátini

Lixoúri · Sámi · Antírrio · Pátras · Rion 1926 m · Égion · Golf von Korinth

Platýs Gialós · Póros · Golf von Pátras · Diakópto · Likoporiá

Zákynthos · Kalógria · Káto Achaía · Kalávrita · Akráta · Xylókastro

Alikés · Kyllíni · Várda · Andravída · 2224 m · Klitoría · Goúra · Psári · Korinth

Zákynthos · Agia Triáda · Lambía · Neméa

Kerí · Amaliás · Peloponnes · Pírgos · Vytína · Levídi · Mykene · Árgos

Olýmpia · Karkaloú

0 25 50 km

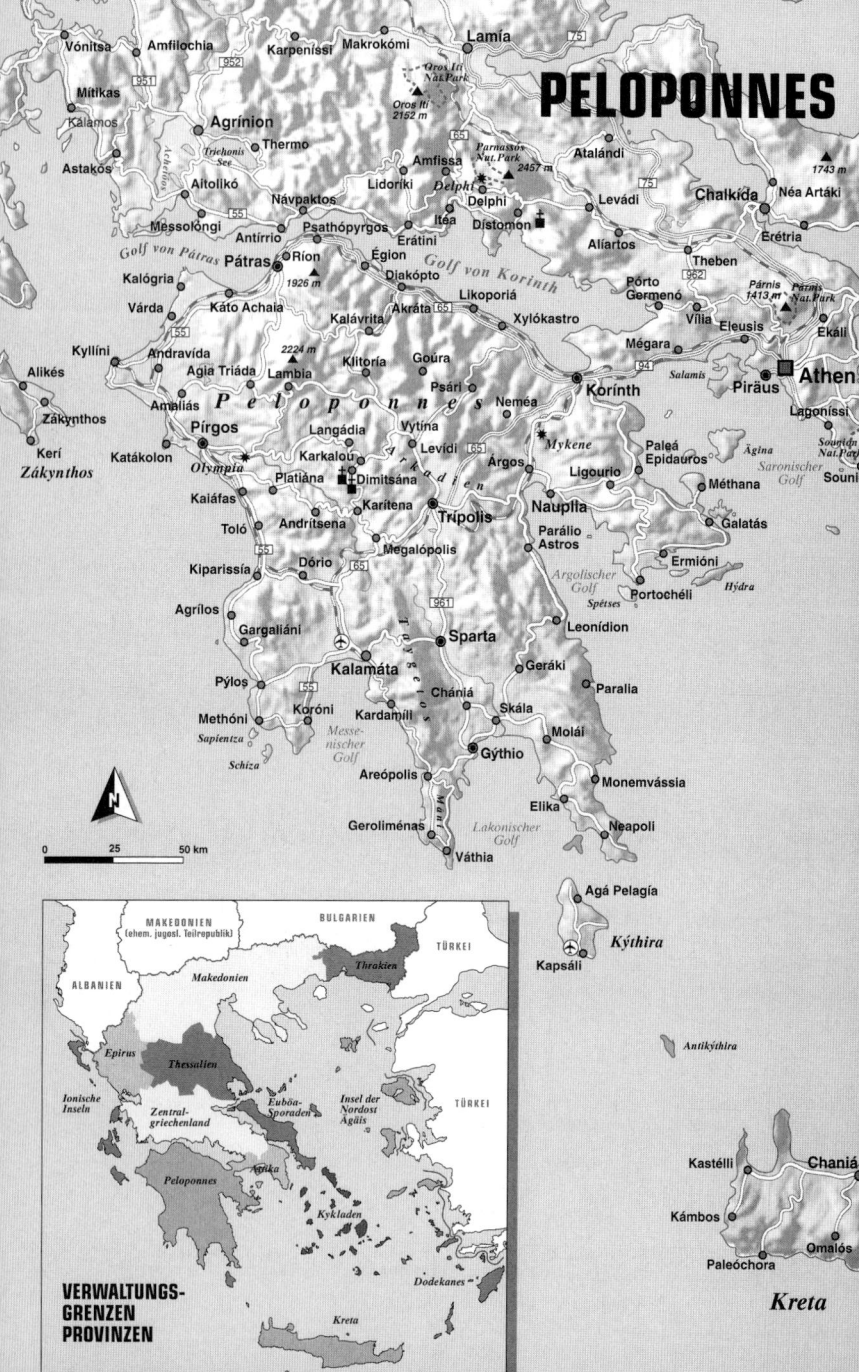

# REISEPLANUNG

## Informationsquellen

### In Deutschland:

**Griechische Botschaft**,
Koblenzer Straße 103,
53177 Bonn,
Tel.: 0228/83010

**Griechische Zentrale für Fremdenverkehr**, Neue Mainzer Straße 22, 60311 Frankfurt, Tel.:
069/236562; Fax: 236576.

– Abteistraße 33, 20149 Hamburg, Tel.: 040/454498.

– Parcellistraße 2, 80333 München, Tel.:
089/222035, Fax: 297058.

– Wittenbergplatz 3a, 10789 Berlin, Tel.:
030/2176262, Fax: 2177965.

### In Österreich:

**Griechische Botschaft**, Argentinierstraße 14, 1040 Wien, Tel.: 0222/655791.

**Griechische Zentrale für Fremdenverkehr**, Opernring 8, 1010 Wien, Tel.: 0222/515217, Fax: 5139189.

### In der Schweiz:

**Griechische Botschaft**, Jungfraustraße 3, 3005 Bern, Tel.: 031/441637

**Griechische Zentrale für Fremdenverkehr**, Löwenstraße 25, 8001 Zürich, Tel.: 01/2210105, Fax: 2120516

### In Griechenland:

Offizielle Anlaufstellen für Touristen sind die überall im Land verteilten Büros der Griechischen Zentrale für Fremdenverkehr EOT (gesprochen: *eót*) sowie fast jede Polizeidienststelle. Dort sind, je nach Größe, ein oder mehrere Beamte für touristische Fragen und Sorgen zuständig (tourist police = *touristicí astinomía*).
Das «EOT-Headquarter» hat seinen Sitz in Athen:

**Griechische Zentrale für Fremdenverkehr EOT**, Odos Amerikís 2, Athen, Tel.: 01/3223111-9.

## Botschaften

**Deutsche Botschaft**, Vassilíssis Sofías 3, 15124 Amaroússion/Athen. Tel.: 01/3694111

**Österreichische Botschaft**, Leofóros Alexándrou 26, Tel.: 01/8827520 oder 8211036

**Schweizer Botschaft**, Iasíou 2, Tel.: 01/7230364-6

## Verkehrsmittel

**Olympic Airways**, Zentralbüro in Athen, Tel.: 01/9269111 oder 9369111; Ost-Terminal, Tel.: 01/969443; West-Terminal, Tel.: 01/9363363.

**Griechische Staatsbahnen OSE**, Odós Karólou 1, Athen, Tel.: 01/5222491 oder 3624402.

**Staatliche Busgesellschaft KETL**, Zentralbüros in Athen in der Liosíon-Straße (Verbindungen nach Nordgriechenland), Tel.: 01/8317147 oder 8317150, und in der Kifissías-Straße (Verbindungen auf die Peloponnes), Tel.: 01/5124910 oder 5124914.

**Griechischer Automobilclub ELPA** (gesprochen: *élpa*): Messogeíon 2, Athen, Tel.: 01/7797401 oder 7791615

## Reisezeit/Klima

Von der griechischen Zentrale für Fremdenverkehr werden die Monate zwischen Mai und Oktober als die «beste» Reisezeit angegeben. Ansichtssache. Was in Griechenland Winter heißt, würden wir Frühling nennen, und außerhalb der Saison bietet das Land ganz andere Reize, wie Skifahren oder den Kult um die Olivenernte. Einmal abgesehen von meteorologischen Statistiken, wie den verlockenden 300 Sonnentagen pro Jahr (Zahlen, die den Kurzurlauber zum Wahnsinn treiben, wenn es gerade in seiner Ferienzeit regnet) und Niederschlagsmengen, die deutschen Werten erstaunlich nahe kommen: Lange Zeit hält sich das schlechte Wetter in Griechenland nie, aber unterschätzt wird es immer. Wenn es in Griechenland regnet, dann verwandeln sich Straßen in Bäche, und wenn es kühl wird, dann pfeift der naßkalte Wind durch alle Ritzen.

**April/Mai**
In den höheren Gebirgen schmilzt der letzte Schnee, an den Küsten wird es warm, Griechenland blüht, die Luft ist klar, das Licht einzigartig: die Zeit für Freunde der Klassik und für Wanderer. Wer etwas unternehmen will, wird nicht von der Hitze gebremst. Das Meer hat noch keine Badewannentemperaturen erreicht, und wer sich an den Strand legt, wird nicht sofort geröstet. Abends wird es (angenehm) kühl.

**Juni/Juli/August**
Der Juni ist die «letzte Chance»: Wer es irgendwie einrichten kann, sollte den Juli und August meiden. Temperaturen von über vierzig Grad im Schatten sind keine Seltenheit. Zudem ist Griechenland in der Hochsaison teurer und überlaufen. Allerdings kann es abends und nachts auch im August kühl werden – einen warmen Pulli und ein Paar Socken einpacken –, so komisch es klingen mag!

**September/Oktober**
Die Alternative zum Frühling mit den zwei Unterschieden, daß das Meer von der Hitze des Sommers noch aufgeheizt ist und die ausgedörrte Flora auf die ersten Regenfälle wartet. Grün sind zu dieser Zeit praktisch nur noch die Olivenbäume.

**November/Dezember**
Griechenland einmal ganz anders: In den Gebirgen fällt der erste Schnee

(siehe S. 188), viele Griechen ziehen sich an die Küste und in die Ebene zurück. Dort beginnt die Olivenernte, und wer sich im Sommer des Eindrucks nicht erwehren konnte, die Griechen würden den ganzen Tag nur im Kafeníon herumsitzen, sollte sich um diese Jahreszeit noch einmal im Land umsehen: Für die vielen Menschen, die im Sommer vom Tourismus leben, beginnt im Winter die eigentliche Hochsaison. Da wird gebaut und geerntet, und abends sitzen alle gemeinsam im Kafeníon. Von Mitte Dezember bis Mitte Januar hat Zeus übrigens den Griechen (bzw. seiner Geliebten Alkyóne, die um diese Zeit ein Kind von ihm gebar) dreißig sonnige Tage geschenkt – für Abgehärtete eine gute Gelegenheit, ins Meer zu hüpfen.

**Januar/Februar/März**
Die Olivenernte läuft auf Hochtouren, Zitrusfrüchte bekommt man nachgeschmissen; Orangen werden nur noch in fünf Kilo schweren Beuteln verkauft. Zwischen Mitte Januar und Mitte März ist die ungemütlichste Zeit in Griechenland, was nicht heißt, daß es ständig regnet oder stürmt. Immer wieder fallen ein paar sonnige Tage dazwischen. Wer keine Angst vor naßkaltem Wetter hat, kann das Land auf eine ganz andere Weise kennenlernen. Schwierig wird es nur mit der Unterkunft. Gerade an den Küsten, dort, wo es nicht so kalt wird, verzichten die

Griechen zu oft auf jegliche Heizung und leben nach dem archaischen Schema: Tagsüber wird gearbeitet, abends sitzt man um den Bullerofen im Kafeníon, und nachts geht's ab ins Bett. Wofür heizen?

## Kleidung

Eine Frage des Stils und des Ziels: Klosterbesuche ausgeklammert (bedeckte Schultern, dreiviertellange Röcke für Frauen und lange Hosen für Männer), gibt es für Besucher keine «Kleidervorschriften» in Griechenland, abgesehen davon, daß Männer und Frauen am Strand zumindest ein Höschen tragen müssen (ausgenommen sind die wenigen ausgewiesenen FKK-Zonen). Doch da geht es schon los. Am Strand zu liegen ist für viele Griechen auf dem Land, in Regionen, die abseits vom Massentourismus liegen, noch vor zumindest ungewöhnlich. In der berühmten einsamen Bucht, in der der alte Fischer sein Boot repariert, ist selbst im Bikini mit Oberteil alles andere als zurückhaltend.
Kleider machen Leute, ein feststehender Grundsatz in der Gesellschaftsordnung. Daß ein tiefes Dekolleté so manchen Griechen glauben macht, tiefe Einblicke in gewisse Einstellungen gewisser Frauen zu gewinnen, entspricht diesem Bild ebenso wie jene Tatsache, daß derjenige, der nicht als 08/15-Tourist auftreten möchte, auch dementsprechend anders gekleidet sein

sollte. Im Umgang mit Behörden zeigen Sakko und Schlips mehr Wirkung als Hawaii-Hemd und Strohhut. Mehr zum Thema Garderobe weiter unten unter dem Stichwort *Gepäck* (siehe S. 259).

## Gesundheit

E 111 heißt das Formblatt, das gesetzlich Versicherte vor einer Reise nach Griechenland bei ihrer Versicherungsstelle beantragen müssen. Im Falle eines Falles heißt es dann, mit diesem Formblatt zu einer Filiale der griechischen IKA, der staatlichen griechischen Versicherungsgesellschaft (Idryma Kinonikón Asfalísseon), zu gehen, um sich dort die nötigen Papiere ausstellen zu lassen, die eine kostenfreie Arztbehandlung ermöglichen. In der Regel akzeptieren deutsche Versicherungen auch den «einfacheren» Weg, vor allem dann, wenn es sich um einen Notfall handelt: Man geht zum Arzt, bezahlt bar und reicht die Rechnung bei der Versicherung ein. Ambulante Behandlungen in Krankenhäusern sind kostenlos.

## Papiere/Zoll/Aufenthalt

Ohne Reisepaß oder Personalausweis läuft trotz EU nach wie vor nichts. Wer nach Griechenland einreisen will, muß sich ausweisen können. Die maximale Aufenthaltsdauer beträgt drei Monate (für das Auto übrigens sechs).

Seit der Verwirklichung des EU-Binnenmarktes wurden die Zollbestimmungen dahingehend liberalisiert, daß Reisende Waren praktisch ohne Einschränkungen mit sich führen dürfen, sofern bei einer Kontrolle glaubhaft vertreten werden kann, daß die Gegenstände für den persönlichen Gebrauch bestimmt sind. Akzeptiert werden unter anderem bis zu zehn Liter hochprozentiger Alkoholika, rund einhundert Liter Wein oder vier Stangen Zigaretten. Jagdwaffen, Signalpistolen, Preßluftflaschen für den Unterwassersport, elektronische Geräte, wie Computer etc., müssen bei der Einfuhr gemeldet und in den Paß eingetragen werden (nicht vergessen: bei der Rückreise wieder austragen lassen!). Streng bestraft wird in Griechenland die Einfuhr sowie der Besitz (auch weicher) Drogen, sowie die Ausfuhr von Antiquitäten.

## Länger bleiben/Jobs

Bei EU-Bürgern wird das Einreisedatum seit dem 1. Januar 1994 nicht mehr in den Paß eingetragen; wer wo und wie lange in Griechenland bleibt, läßt sich also in der Praxis kaum nachvollziehen. Bei Nachfragen von Behörden oder der Polizei muß man – theoretisch – selbst das Datum der Einreise nachweisen (z. B. anhand von Tickets).
Wer sich länger als drei Monate im Land aufzuhalten beabsichtigt, benötigt eine Aufenthaltsgenehmi-

gung, die an jeder Polizeidienststelle beantragt werden kann. Dort werden auch Arbeitsgenehmigungen ausgestellt (siehe S. 266).

## Studium/Sprachkurse

Informationen zu den Aufnahmebedingungen ausländischer Studenten an griechischen Universitäten verschickt die **Griechische Botschaft in Bonn, Erziehungsabteilung für Bildung und Berufserfahrung**, Rheinallee 12, 53174 Bonn (Bad Godesberg), Tel.: 02 28/36 34 49.
Die Studiengebühren betragen pro Jahr umgerechnet rund 1000 DM und werden nur jenen erlassen, die in finanziellen Schwierigkeiten stecken und gleichzeitig hervorragende Leistungen vorweisen können.
Eine der wichtigsten Voraussetzungen für die Immatrikulation ist neben dem Abitur eine Bescheinigung über die Beherrschung der griechischen Sprache von den Universitäten in Athen oder Thessaloniki. Unter obiger Adresse kann man ein Informationsblatt anfordern, auf dem Bedingungen, Preise und Einrichtungen verzeichnet sind, in denen Sprachkurse belegt werden können (u. a. in Thessaloniki, Athen und auf Kreta). Anlaufstelle in Athen:

**Ministerium für Erziehung und Kultur**, Mitropóleos 15, 10185 Athen, Tel.: 01/32 38 9 40.

### Gepäck

Beim Thema Garderobe sei, neben leichter Sommerkleidung, Sonnenbrille und -hut (Sonnencreme!), auch in der heißen Jahreszeit ein warmer Pullover empfohlen; abends kann es mitunter unerwartet frisch werden. Wichtig sind auch ein Paar lange, feste Hosen und kräftiges Schuhwerk, nicht nur für Wanderer (Wasserflasche!), sondern auch für Spaziergänger. Griechenland ist steinig und dornig. Außerhalb der Saison, zwischen November und März, muß man an den Küsten mit Regen, Wind und Temperaturen bis zu null Grad rechnen, in den Gebirgen mit Schnee und Frost.
Eine Taschenlampe kann man wegen schlecht beleuchteter Gassen und häufiger Stromausfälle immer gebrauchen, und Film- und Fotomaterialien sind in Griechenland teurer als zu Hause. Auch wer auf wichtige Medikamente angewiesen ist, sollte sich schon daheim mit einem ausreichenden Vorrat eindecken; nicht, weil die Versorgung in Griechenland nicht ausreichend wäre, sondern um im Notfall Verständigungsprobleme in der Apotheke zu vermeiden.
Ein Thema am Rande: Mancher wird vielleicht Freundschaft mit einer griechischen Familie schließen. Wer ein persönliches Mitbringsel in seinem Koffer hat, wird nicht in Verlegenheit kommen, bei einer eventuellen Einladung im kargen Dorfladen nach einem passenden Geschenk suchen zu müssen.

### Reisekasse

Gängigstes Zahlungsmittel ist in Griechenland nach wie vor Bargeld. Kreditkarten werden nur in Banken sowie in besseren Geschäften und Hotels der Großstädte anerkannt. Reisende können in Banken (*trápesa*) auch Euroschecks (max: 60000 Drachmen) sowie Reiseschecks eintauschen, allerdings nur bei Vorlage eines Ausweises. Der Wechselkurs ist in Griechenland um einige Prozentpunkte günstiger als in der Bundesrepublik. Mehr zum Thema unter dem Stichwort *Geld* (siehe S. 270).

### Anreise

Aufgrund der Konflikte im ehemaligen Jugoslawien ist die Anreise per Auto, Bus oder Bahn (knapp vierzig Stunden Fahrzeit) auf dem Landweg praktisch ausgeschlossen. Aktuelle Informationen geben die Deutsche Bundesbahn (evtl. Umleitung über Ungarn), Automobilclubs sowie die Griechischen Zentralen für Fremdenverkehr.
Auch wenn die Fahrt über Jugoslawien auf dem Autoput (E 75) wieder möglich sein sollte, ist die Anreise über Italien vorzuziehen. München und Ancona beispielsweise liegen ca 800 Kilometer voneinander entfernt (München – Athen 2100 Kilometer), die schnelleren Fähren schaffen die Überfahrt nach Igoumenítsa innerhalb von 12 Stunden oder Pátras innerhalb von 24 Stunden – auf diese Weise kommt man ausgeruht in Griechenland an. Selbst wenn lediglich Benzinkosten und Autobahngebühren gerechnet und die Abnutzung des Autos außer acht gelassen werden, kommt diese Route kaum teurer.

### Mit der Fähre

Dadurch, daß Hellas vom Landweg abgeschnitten ist, haben die Fährverbindungen zwischen Italien und Griechenland seit Anfang der neunziger Jahre stark zugenommen. Auch außerhalb der Saison sind die beiden Länder täglich durch die verschiedensten Fährlinien miteinander verbunden. Die wichtigsten Häfen in Italien liegen in Venedig, Triest, Ancona, Bari, Brindisi und Otranto. Ancona und Brindisi wählen die meisten Urlauber, weil das Verhältnis von Anreise und Überfahrt von diesen Häfen aus relativ ausgewogen ist.
Auf dem griechischen Festland werden vor allem die Häfen in Igoumenítsa (Provinz Epírus) und Pátras (Peloponnes), seltener in Piräus (Athen) angelaufen. Für ein Rückfahrticket zwischen Ancona und Pátras (zwei Personen, Mittelklassewagen) muß man mit etwa 700 Mark rechnen, schläft man auf Deck oder den sogenannten Pullmansesseln (Zuschlag für eine Doppelkabine: 300 DM). Vor allem in der Hochsaison ist es wichtig,

rechtzeitig zu buchen. Mehr und mehr Gesellschaften bieten Campern die Möglichkeit an, mit ihrem Wohnwagen bzw. -mobil auf Deck zu stehen und während der Überfahrt im eigenen «Schneckenhaus» zu übernachten. Informationen und Prospektmaterial bietet nahezu jedes Reisebüro.

## Mit dem Flugzeug

Ein Katzensprung: In nur knapp drei Stunden ist man von jedem größeren Flughafen Deutschlands in Athen oder Thessaloniki (Österreich: von Wien mit der Austrian Airlines, Schweiz: von Genf und Zürich mit der Swissair). Zwischen Mai und Oktober werden zusätzlich von Charterfluggesellschaften auch kleinere Flughäfen auf dem griechischen Festland (u. a. Áraxos, westlich von Pátras, und Kalamáta auf der Peloponnes) angeflogen. Das Angebot wechselt von Jahr zu Jahr. Infos in jedem Reisebüro.
Laut neuester Bestimmungen ist es mittlerweile möglich, Charterflüge ohne sogenannte touristische Leistungen (Pauschalreisen, Übernachtungen) zu buchen. Ein Hin- und Rückflugticket während der Hochsaison kostet ca. 700 Mark pro Person.

## Mitfahrzentralen

Die preisgünstigste Variante, bei der sowohl der Fahrer als auch der oder die Mitfahrer sparen. Mitfahrzentralen gibt es mittlerweile in fast allen größeren Städten. Die Vermittlungsbüros fordern eine Gebühr, die von der Länge der Strecke abhängt und in der Regel eine Insassenversicherung beinhaltet. Auf den Fahrer kommen keine Kosten zu.

## Ankunft

*Kalós írthate* – «willkommen in Griechenland!» Für diejenigen, die nicht weiter wissen, sind die Büros der EOT sowie die Touristenpolizei die erste Anlaufstelle. Dort gibt es Auskünfte über Sehenswürdigkeiten, Unterkünfte und Verkehrsverbindungen. Allen anderen kann man nur empfehlen, sich ins nächste Kafeníon zu setzen, einen *kafedáki* (griechischer Kaffee) oder Ouzo zu trinken und alles andere in Ruhe auf sich zukommen zu lassen. Wer gerade erst in Griechenland angekommen ist, braucht Zeit, sich umzustellen. Erste und wichtigste Übung: den Augenblick zu genießen und nicht an morgen zu denken. Sollte das erste Problem schon aufgetaucht sein, wird sich sehr bald der erste Grieche finden, der es in der Touristensprache kommentiert: «No problem!»
Detaillierte Informationen zur Orientierung in den wichtigsten Ankunftsstädten in den *Regionalen Tips* und zum Thema *Weiterreise* unter dem folgenden Stichwort.

## Weiterreise

### Mit dem Bus

Wie häufig in Griechenland: Es hapert an Plänen. Zwar fahren die Überlandbusse *(leoforío)* der staatlichen Busgesellschaft KTEL durchaus nach ausgearbeiteten Plänen, doch sind diese in der Regel weder gedruckt noch dafür gedacht, von planenden Touristen durchschaut zu werden. Selbst an den Busbahnhöfen in größeren Städten scheint es am Dienstag unmöglich zu erfahren, wann und ob überhaupt am Donnerstag ein Bus hier- oder dorthin fährt. Fragt man gar – zur Sicherheit – zwei verschiedene Verantwortliche, erhält man mit hoher Wahrscheinlichkeit auch zwei unterschiedliche Antworten.
Im Prinzip jedoch sind die staatlichen Busse ein gutes Fortbewegungsmittel in Griechenland; auch die abgelegensten Orte werden zumindest zwei- bis dreimal pro Tag angesteuert. Städte haben oft einen zentralen Busbahnhof, in Dörfern hält der Bus meist an der *platía* oder vor dem Kafeníon. Tickets (Platzkarten!) können entweder dort oder im Bus selbst gekauft werden. Die Tagestour von Pátras nach Thessaloniki kostet als Beispiel umgerechnet gut 50 DM. Zu- und aussteigen kann man übrigens auch abseits der vorgesehenen Haltestellen. Die Fahrer sind flexibel, man muß nur Bescheid geben bzw. kräftig genug winken.

### Mit der Eisenbahn

zu fahren hat mehr mit «Erlebnisurlaub» als mit Fortbewegung zu tun. Der Zug ist zwar das billigste Verkehrsmittel, um von A nach B oder C zu gelangen, dafür auch das langsamste. Aber was dem nur knapp 2500 Kilometer langen Schienennetz, das seit einhundert Jahren fast unverändert blieb, an Flexibilität und den Waggons an Komfort fehlt, entschädigt die Bahn mit Atmosphäre. Die krummen, wackeligen Gleise führen oft durch mehr oder weniger unberührtes Land, manche Gegend, durch die der Zug mit einer Höchstgeschwindigkeit von 60 Stundenkilometern donnert, wären mit dem Auto nicht zu erreichen. Die Routen sind schnell beschrieben: Eine führt von Athen über Korínth auf die Peloponnes und dort auf dem «Handteller» einmal rundherum; Abstecher auf die «Finger» sind nicht möglich. Die andere Linie verbindet Athen mit Thessaloniki und teilt sich dort. Zwei Gleise gehen über Makedonien (ehemaliges Jugoslawien) Richtung Mitteleuropa, die dritte Strecke führt östlich über Alexandroúpoli in die Türkei.

### Mit dem Flugzeug

Um von Athen beispielsweise nach Thessaloniki zu gelangen, sitzt man einen ganzen Tag im Auto, Bus oder Zug – im Flugzeug gerade einmal eine Stunde; und das zum Preis von rund 110 DM (kein Preisnachlaß auf Returntickets). Die innergriechischen Flugverbindungen mit Olympic Airways zählen mit zu den billigsten Europas und sind vor allem für Inselbesucher (siehe weiter unten, Stichwort *Zu den Inseln*) eine echte Alternative zu den zwar romantischeren und preiswerteren, aber eben auch viel langsameren Fähren. Nur: Griechenland will größere, bessere und neue Flughäfen bauen. Da das Geld kostet, werden auf jeden Inlandsflug noch einmal 19 DM Steuern aufgeschlagen (auf jeden internationalen Flug 37 DM).

Auf dem Festland werden folgende Städte angeflogen (von Nord nach Süd): Thessaloniki, Alexandroúpoli, Kozáni, Kastoriá, Kaválla, Ioánina, Préveza, Lárissa, Athen und Kalamáta. Für nationale Flüge gewährt Olympic Airways für Jugendliche und Studenten keine Ermäßigungen; ob man sein Inlandsticket schon in Deutschland oder erst vor Ort bucht, macht keinen Preisunterschied.

### Mit dem Auto

Das Straßennetz wird in Griechenland zunehmend besser ausgebaut, fast zu gut, könnte man sagen: Europäische Gelder machen es möglich, mit riesigem Aufwand Schneisen durch das bergige Land zu «fräsen», die sich dann auch dem- und allen Vorschriften entsprechend Europastraßen nennen dürfen. Musterbeispiel dafür ist die neue Autobahn auf der Peloponnes zwischen Korínth und Trípolis, die weiter bis Kalamáta ausgebaut werden soll.

Wer Griechenland entdecken will, muß sich darauf einstellen, mit seinem Wagen auch einmal über den einen oder anderen Feldweg zu hoppeln und darauf, daß man im Landesinneren viel langsamer vorankommt als man es sich vorher ausgerechnet hat. Durchschnittsgeschwindigkeiten von kaum mehr als 50 Kilometern pro Stunde sind auf den kurvigen Bergstraßen eher die Regel als die Ausnahme. Grundsätzlich kann man davon ausgehen, daß Straßen in Küstennähe breiter, weniger kurvig und besser ausgebaut sind – ein wichtiger Aspekt vor allem für jene, die einen Wohnwagen angehängt haben. Die Versorgung mit Treibstoff, auch mit bleifreiem Superbenzin (grün-weißes Schild mit der englischen Aufschrift *unleaded*), ist flächendeckend, bei einer Panne hilft der griechische Automobilclub ELPA (Tel.: 104). Wenn Reparaturen am Auto oder Motorrad anstehen, braucht keiner zu verzweifeln: Das Ersatzteilangebot ist breit, und zudem sind griechische Kfz-Mechaniker wahre Meister der Findigkeit – irgendwie kriegen sie die Kiste auf jeden Fall wieder zum Laufen, auch ohne originale Ersatzteile.

Ein Unfall ist in Griechenland noch unangenehmer als in der Heimat. Mehrere Faktoren kommen zusammen: das Desinteresse der Polizei, bei Bagatellschäden anzutreten, das Unverständnis der meisten Griechen, daß bei einer kleinen Schramme eine Welt zusammenbrechen kann, die mäßigen Leistungen griechischer Versicherungen und die schlechtere medizinische Versorgung bei Personenschäden.

### Mietwagen

sind teuer. Wer schon einmal auf den griechischen Inseln ein Fahrzeug gemietet hat, wird angesichts der Preise auf dem Festland (dort ist der Konkurrenzdruck bei weitem nicht so groß) schlucken: Die kleinsten (z. B. Fiat Panda, Opel Corsa) kosten ohne Kilometerbegrenzung rund 100 DM pro Tag. Als Voraussetzung fordern die meisten nationalen und internationalen Agenturen ein Mindestalter des Fahrers von 23 Jahren und einen gültigen Führerschein. Leihwagen sowie Mopeds (ab 15 DM / Tag) und Motorräder (je nach Hubraum) werden in allen größeren Städten und in touristisch etablierten Regionen vermietet. Eine oft übersehene Alternative zum teuren Mietwagen ist das:

### Taxi

Für 100 DM pro Tag (siehe unter dem obigen Stichwort *Mietwagen*) kommt man weit herum: Von Athen nach Delphi beispielsweise wird die Fahrt etwas teurer sein, nach Korínth etwas billiger. Bei längeren Strecken wird das Taxameter (Grundgebühr:

240 Drachmen, rund 1,50 DM) nicht eingeschaltet, der Preis ist Verhandlungssache. Für denjenigen, der viel mit seinem Mietwagen unterwegs ist, würden die Taxifahrten jeweils nicht teurer kommen. Mehr zum Thema Taxifahren in Städten in den *Regionalen Tips* unter dem Stichwort *Athen*.

### Zu den Inseln

Zwei Möglichkeiten: mit dem Flugzeug oder per Schiff, wobei man zwischen den schnellen und dafür teuren Flying Dolphins (Tragflächenboote, ca. 60 km / h, äußerst pünktlich) und den gemächlichen Fähren wählen kann. Zu den wichtigsten Häfen gehören auf dem Peloponnes Pátras, Kilíni, Kalamáta, Gýthion, Monemvasiá, Náfplion, Ermióni, dann natürlich Piräus (Athen) und im Norden Igoumenítsa, Vólos und Thessaloniki.
Folgende Inseln werden angeflogen: Lémnos, Lésbos, Chíos, Skiathos, Skyros, Sámos, Léros, Kos, Rhódos, Kásos, Kastelórizo, Kárpatos, Kreta (Iráklion, Chaniá, Sitía), Santorín, Astypálea, Milos, Páros, Náxos, Mýkonos, Sýros, Kithira, Zákynthos, Kephaloniá, Korfú. Der teuerste Flug zwischen Athen und Rhódos kostet einfach etwa 140 DM (plus 19 DM Steuern).

### Übernachten

Alle Hotels, Pensionen, Ferienwohnungen, Privatzim-

mer, Campingplätze und Jugendherbergen werden von der Griechischen Zentrale für Fremdenverkehr EOT kontrolliert und in Kategorien eingeteilt: L (Luxus) und A bis E. An der Rezeption, in Hotels und Pensionen auch an jeder Zimmertüre, muß das Zertifikat der EOT aushängen, auf dem detailliert (je nach Saison) auch die einzelnen Übernachtungspreise aufgeführt sind.

### Hotels

Ob Hotel oder Privatzimmer, die Ausstattung ist meist dürftig. Bett, Tisch, Stuhl, ein Bad im Zimmer, was will man mehr. Behaglichkeit ist aus griechischer Sicht kein Kriterium, das man unbedingt investieren müßte. Der Bettenbetrieb ist in Griechenland größtenteils in privater Hand, große Tourismuskonzerne haben auf dem Festland vergleichsweise noch wenig investiert. Viele Familien betreiben das Geschäft mit dem Tourismus nebenbei, mit dem schnelles Geld verdient werden soll. Der Service ist dementsprechend unprofessionell (dafür mitunter familiär), Bauweise und Ausstattung sind billig. Akzeptabel sind mittlerweile die sanitären Einrichtungen, das gefürchtete «Hockklo» gehört mit wenigen Ausnahmen der Vergangenheit an.
Übernachten ist in Griechenland relativ preisgünstig. Für ein sauberes Doppelzimmer mit Bad in der unteren Mittelklasse muß man mit etwa 50 DM rechnen.

## Campingplätze

sind der große Renner. In den letzten Jahren sind vor allem in Küstennähe zahlreiche Anlagen entstanden, ihr Niveau wird zunehmend besser. Zwar kann man bei weitem nicht überall mit Münzwaschmaschinen oder absperrbaren Kühlfächern rechnen, die sanitären Anlagen sind aber in der Regel sauber und die Warmwasserversorgung einigermaßen sichergestellt.

## Jugendherbergen

Kein Thema in Griechenland: Im Katalog des Deutschen Jugendherbergswerkes von 1995 ist nur eine einzige Jugendherberge (in Athen) aufgeführt.

## Lesestoff

### Kultur- und Landeskunde

Gaitanides, Johannes: *Griechenland ohne Säulen*, List-Verlag. Veraltet (1955) und nur oberflächlich überarbeitet (1992), aber nach wie vor ein wunderschönes Buch über Politik, neuere Geschichte und vor allem die Menschen.

Heuser, Harro: *Als die Götter lachen lernten*, Piper-Verlag. Wer in der Schule von Pythagoras' Ideen nur jene gelernt hat, daß im rechtwinkligen Dreieck die Summe der Kathetenquadrate gleich dem Hypotenusenquadrat ist (für diese Erkenntnis soll Pythagoras den Göt-

tern hundert Ochsen geopfert haben), sollte dieses Buch über die griechischen Denker lesen.

Kazantzákis, Níkos: *Im Zauber der griechischen Landschaft*, Herbig-Verlag. Teuer, aber sehr gut. Poetisch und sehr subjektiv beschreibt Kazantzákis in kurzen Texten die Stimmung der wichtigsten archäologischen Stätten vor allem auf der Peloponnes (illustriert).

Greenhalgh Peter und Eliópoulos, Edward: *Máni – Reise zur Südspitze Griechenlands*, Prestel Verlag. Die beiden Autoren entführen den Leser auf den «letzten Zipfel» Europas.

### Fremde über Griechenland

Henry Miller: *Der Koloß von Maroussi*, rororo Nr. 758. Kaum einer hat sich so auf Griechenland und die Griechen eingelassen wie Miller, der das Land 1939 für fünf Monate besuchte.

Fürst von Pückler-Muskau: *Südöstlicher Bildersaal*, Societäts Verlag, Frankfurt. Der Fürst war im Jahre 1840 auf der Peloponnes und den Ionischen Inseln unterwegs, zu einer Zeit, in der viele Ausgrabungsstätten noch unentdeckt waren.

Kästner, Erhart: *Ölberge, Weinberge*, Insel Verlag, Frankfurt am Main. Kästner war Mitte dieses Jahrhunderts in Griechenland unterwegs und beschreibt nahezu alle wichtigen Orte.

## Literatur

Fallaci, Oriana: *Ein Mann*, Fischer Verlag. Die italienische Journalistin beschreibt in diesem halbdokumentarischen Roman ihre Liebesgeschichte mit dem griechischen Widerstandskämpfer Alékos Panagoúlis, der nach dem Ende der Obristen-Diktatur 1974 unter noch immer ungeklärten Umständen ums Leben kam.

Kazantzákis, Níkos: *Aléxis Sorbás*, rororo Nr. 158. Der Bestseller griechischer Literatur.
– *Rechenschaft vor El Greco*, Ullstein Verlag Nr. 22301. Mehr als eine Autobiographie: Kazantzákis gibt Rechenschaft über sein Leben und schildert dabei viel Griechenland um die Jahrhundertwende.
– *Griechische Passion*, rororo Nr. 4747. In einem griechischen Dorf werden die Laiendarsteller eines Passionsspiels so sehr von ihren Rollen eingenommen, daß sie sich mit ihnen identifizieren.

Karkavítsas, Andréas: *Der Bettler*, Romiosíni Verlag. Der Roman, einer der ersten, der in der Volkssprache *dimotikí* geschrieben wurde, handelt von einem gerissenen Bettler, der durch Lug und Trug die Einwohner eines gesamten Dorfes auszunutzen versteht.

Vlámi, Eva: *Am Webstuhl des Mondes*, Romiosíni Verlag, Köln. Eine reiche Bäuerin ignoriert den Tod ihres Sohnes und verlobt ihn mit einem armen Mädchen aus der Nachbarschaft. Keiner der Dorfbewohner klärt die junge Frau über den Tod auf.

Rítsos, Jánnis: *Die Nachbarschaften der Welt*, Romiosíni Verlag, Köln.

Wolf, Christa: *Kassandra*, Luchterhand Verlag. Die Autorin überträgt griechische Mythologie auf die Gegenwart: Kassandra, die Seherin, wird von Agamemnon nach Mykene entführt. Obwohl sie weiß, daß sie sterben wird, wehrt sie sich.

Gage, Nicolas: *Eléni*, dtv, München. Der seit Jahren in Amerika lebende Journalist hat das Leben seiner griechischen Mutter nachrecherchiert, die im griechischen Bürgerkrieg auf grausamste Weise ums Leben kam. Daraus entstand ein spannender und gleichzeitig erschreckender Roman, der in Deutschland monatelang auf den Bestsellerlisten stand.

*Griechische Erzählungen*, hg. von Gaby Wurster, dtv. Ein Lesebuch der griechischen Literatur des 20. Jahrhunderts mit kurzen Lebensläufen der Autoren und einem Nachwort der Herausgeberin. Im selben Verlag und in gleicher Ausführung liegt vor: *Frauen in Griechenland*, hg. von Studentinnen der Universität Köln (Mittel- und Neugriechische Philologie).

### Reiseführer/Sonstiges

Spitzing, Günter: *Richtig wandern: Nordgriechenland*, DuMont Verlag, Köln. 36 Touren und Bergwanderungen.

Barndt, Carl A.: *Richtig wandern: Peloponnes*, DuMont Verlag, Köln. 44 Wanderungen und Spaziergänge auf der Halbinsel des Pelops.

Weiß, Günter: *Peloponnes*. Der 1994 im DuMont Verlag erschienene Kunstreiseführer ist der mit Abstand beste, den es derzeit auf dem Markt gibt. Einen vergleichbaren Band für den Norden des Landes gibt es nicht.

Fernau, Joachim: *Rosen für Apoll*, Herbig Verlag. Eine ungewöhnliche Erzählung der griechischen Altertumsgeschichte für diejenigen, die die «gewöhnliche» Geschichte Griechenlands schon kennen. Fröhlich, witzig, anders, phantasiereich, konservativ.

Gustav Schwab: *Die schönsten Sagen des klassischen Altertums*, Reclam-Verlag. 1035 Seiten Mythologie.

Peter und Ingrid Schönfelder: *Was blüht am Mittelmeer?*, Franckh-Kosmos-Verlag. Auch der Laie hat gute Chancen, den *Thymus vulgaris* (Thymian) als solchen zu bestimmen und sein Gewürzbord damit aufzustocken – die Blüten sind nach Farben geordnet.

### Klassisches

Die größte Auswahl klassischer griechischer Literatur zu akzeptablen Preisen bietet derzeit der Deutsche Taschenbuchverlag (siehe Verlagsprogramm). Wer den Einstieg scheut, kann ihn mit dem frühesten vollständig erhaltenen antiken Roman *Der goldene Esel* versuchen. Autor Apuleius (125 bis 180 n. Chr.) beschreibt in seinem Werk einen jungen Griechen, der, an Zauberei interessiert, plötzlich in einen Esel verwandelt und von da an als grauer Vierbeiner durch die Welt geprügelt wird.

### Griechische Inseln

Zirka 3000 griechische Inseln stehen zur Auswahl – zugegeben, «nur» etwa 150 sind bewohnt und erschlossen. In derselben Reihe liegen vor:

*Anders reisen: Kreta*, von Rainer Karbe und Ute Latermann (rororo Nr. 7569) sowie

*Anders reisen: Nördliche Ägäis* vom selben Autorenteam (Nr. 9067)

# ALLTAG VON A–Z

### Abkürzungen

werden in Griechenland nicht Buchstabe für Buchstabe, sondern – wenn möglich – gebunden ausgesprochen, z. B. die «Panhellenische Sozialistische Partei **PASOK**» (gesprochen: *pasók*) im Gegensatz zur konservativen «Nea Demokratia», mit **ND**. Wichtig für Touristen ist die Telefongesellschaft **OTE** (siehe: *Telefonieren*), die Griechische Zentrale für Fremdenverkehr **EOT**, die staatliche Busgesellschaft **KTEL** sowie die griechischen Staatsbahnen **OSE**.

### Arbeit

Eigentlich braucht man, um in Griechenland als Ausländer Geld zu verdienen, eine *ádia*, eine «Arbeitsgenehmigung». Eine *ádia* bekommt allerdings nur der, der sich davor eine Aufenthaltsgenehmigung besorgt hat. Beides erhält man in der Theorie problemlos bei der nächsten Polizeidienststelle, einen Grund, die Genehmigungen nicht zu bewilligen, gibt es nach neuem EU-Recht kaum. In der Praxis ist der bürokratische Weg jedoch sehr umständlich und langwierig, ohne «einflußreichen» Arbeitgeber kann sich die Geschichte über Wochen hinziehen.

### Autofahren

Im Prinzip ähneln die Verkehrsregeln den unsrigen, abgesehen davon, daß außerhalb von Ortschaften, wenn nicht anders angegeben, eine Höchstgeschwindigkeit von 80 km / h gilt. Grundsätzlich fährt man auch in Griechenland auf der rechten Straßenseite, hat sich an Verkehrszeichen zu halten und, gibt es keine Vorfahrtsschilder, muß die Regel rechts vor links beachtet werden, für Motorradfahrer besteht theoretisch Helmpflicht. In der Praxis sieht alles, wie so oft in Griechenland, ganz anders aus: Fast jeder fährt so, wie er will.

Vom korrekten Nordeuropäer ist deswegen Flexibilität gefordert. Die zweispurigen «Autobahnen» an den Küsten werden mindestens vierspurig genutzt, denn die beiden Seitenstreifen haben sich längst als Fahrbahnen etabliert. Gefährlich an diesem Prinzip ist die Tatsache, daß sich die Straße jederzeit, vor allem auf Brücken, plötzlich verengen kann. Auf solche und andere Überraschungen muß man gefaßt sein, auch auf den Esel beispielsweise, der nachts mitten auf der Fahrbahn steht.

Seit Anfang der neunziger Jahre rüstete die Polizei auf. Radarpistolen sind seitdem beliebtes Spielzeug, mit dem bislang allerdings noch selten auf Touristen gezielt wird. Alkoholkontrollen wurden erst 1994 eingeführt und fanden vorerst auch nur in Athen Verbreitung. Nach dreimonatiger Probezeit kam bei einer Zeitungsumfrage Erstaunliches heraus. Etwa dreißig Prozent der befragten Polizisten gaben zu, mit der Auswertung der Ergebnisse nicht zurechtzukommen, elf Prozent waren gar der Meinung, mit Alkohol sicherer zu fahren. Gnadenlos werden vor allem in Athen die Falschparker bestraft: Der «günstigste Tarif» liegt bei etwa 60 DM, Abschleppdienste sind rund um die Uhr im Einsatz. Faustregel: Parken ist in Athen immer und überall verboten.

Eine Warnung zum Schluß, die viele für übertrieben gehalten haben – aber doch in den Graben gerutscht sind: Wenn es nach vielen, staubigen Sommertagen erstmals wieder regnet, bilden Wasser und Staub eine fast unsichtbare, schlierige Schicht auf der Fahrbahn, die durchaus mit Schneematsch konkurrieren kann.

### Behinderte

genießen in Griechenland ebenso viele Erleichterungen wie Ausländische in der Bundesrepublik. Gehbehinderte und Rollstuhlfahrer werden sich in Städten mit zahllosen Stufen und Kanten konfrontiert sehen. Zumindest in der Provinz ist der Kontakt zu Behinderten enger als in unseren Breiten; viele leben hier in der Familie und im Dorf, auch weil es keine Pflegeeinrichtungen gibt. Der **Club der Behinderten und ihrer Freunde e. V.** verschickt auf Anfrage eine Liste mit behindertengerechten Hotels in Griechenland, kann aber für das Festland (ohne Gewähr) lediglich sieben Unterkünfte empfehlen (ferner auf den Inseln Sámos, Euböa, Korfú, Kreta und Rhódos). Kontaktadresse:

**BAG der Clubs Behinderter und ihrer Freunde e. V.**, Eupener Straße 5, 55131 Mainz, Tel.: 0 61 31/22 55 14, Fax: 23 88 34

## Ermäßigungen

Sonntags ist der Eintritt in Museen und archäologische Ausgrabungsstätten frei. Ansonsten wird ausschließlich der internationale Studentenausweis anerkannt (ebenfalls freier Eintritt).

## Essen und Trinken

Morgens wie ein Bettler, mittags wie ein König und abends wie ein Kaiser – in dieser Reihenfolge gilt die Regel. Am Morgen begnügt sich der Grieche mit einem *elinikós kafés*. Nur Touristen zuliebe wurde das Continental breakfast importiert, ein mageres Konglomerat, in der Regel bestehend aus löslichem Kaffee, einer Scheibe Brot, einem Stückchen Kuchen, Butter, Marmelade und vielleicht einer Scheibe Wurst. In der Mittagshitze gibt man sich freiwillig mit einem kleinen Imbiß, einem Salat oder auch griechischem Fast food (siehe weiter unten), zufrieden. Hauptmahlzeit ist das Abendessen, ausführlich im Kapitel *Brot in Körben*, *Wein im Napfe* (siehe S. 118) behandelt.

## Lokale

**Estiatórion:** entspricht einem Restaurant.
**Tavérna:** eine Art Weinlokal mit kleiner Küche. *Mesédes* gibt es dort auf jeden Fall, kleine Imbißtellerchen mit den verschiedensten Leckereien. Woraus ein *mesé* besteht, liegt am Einfallsreichtum des Wirts. Meist werden Schafskäse, Oliven, Gurken, Tomatenstückchen und Brot serviert, mitunter auch Gebratenes, Fisch, Eier, Würstchen.
**Ouzerí:** Der Name sagt, was hier getrunken wird: *Oúzo* (gespr.: úso), meist gibt es jedoch auch Bier, Wein und Erfrischungsgetränke. Am frühen Abend kann man sich dort *éna oúzo me mesé* (einen Ouzo mit mesé) bestellen, um die lange Wartezeit zum späten Abendessen zu überbrücken.
**Kafeníon:** Eine griechische Institution, es gibt Getränke, Nüßchen, Fernseher und viel Griechenland.
**Sacharoplastíon:** Die Griechen sind ehrlich. «Zuckerladen» heißt diese Art von Café übersetzt, in der es Zucker als Törtchen «getarnt» zu kaufen gibt.

## Fast food

**tirópitta, spanakópitta, lukanikópitta:** Blätterteiggebäck, gefüllt mit (in der Reihenfolge) Schafskäse, Spinat, Würstchen;
**awgá mátia** = Spiegeleier;
**gíros** = Spießfleisch, auch in Form der *píta*, in der es zusammen mit Zwiebeln, Tomaten, Pommes und tsatsíki in ein Stück Fladenbrot eingewickelt ist.

## Vorspeisen und Beilagen

werden nicht unterschieden, weil das Essen gleichzeitig serviert wird. Eine Auswahl:
**bámies** = Okragemüse
**briám** = Mischgemüse
**chórta** = spinatähnliches Blattgemüse
**dolmadákia** = Weinblätter, gefüllt mit Reis
**eliés** = Oliven
**fasolákia** = grüne Bohnen
**féta** = Schafskäse
**gígantes** = große, weiße Bohnen
**kokorétsi** = gegrillte Innereien
**kolokídia** = Zucchini
**kunupídi** = Blumenkohl
**lukánika** = Würste
**melitsánes** = Auberginen
**patátes** = Kartoffeln, oft Pommes frites
**piláfi** = Reis
**psomí** = Brot (obligatorisch)
**saganáki** = gebackener Schafskäse
**súpa** = Suppe
**tsatsíki** = Yoghurt mit Knoblauch, Gurke und Olivenöl

Gemüse wird übrigens nicht in Wasser gekocht. Standardrezept: Zwiebeln und Knoblauch in viel Olivenöl andünsten, geschälte Tomaten hinzugeben und Gemüse in dieser «Suppe» auf niedriger Flamme weichkochen; würzen nach Geschmack.

## Hauptgerichte

Fleisch (**kréas**) gegrillt (**psitó**) oder geschmort (**rú fúrnu**) gibt es vom:
**arní** (Lamm/Hammel), der **katsíki** (Ziege), dem **chirinó** (Schwein) oder **mos-**

267

**schári** (Kalb/Rind), **kotópulo** (Huhn) oder **kunéli** (Kaninchen)
**biftéki** = gebratene Hackfleischbällchen
**jemistés** = gefüllte Tomaten oder Paprika
**keftédes** = gekochte Hackfleischbällchen mit Sauce
**musakás** = Hackfleisch-Auberginen-Auflauf
**pastítsio** = lasagneähnlicher Nudelauflauf
**sikóti** = Leber
**stifádo** = geschmortes Fleisch (eigentlich Kaninchen) mit Zwiebelgemüse
**suvláki** = gegrillte Schweinefleisch-Spießchen

### Fisch (psári)

**astakós** = Languste
**bakaliáros** = Stockfisch
**barbúnia** = rote Barbe
**garídes** = Krabben
**glóssa** = Seezunge
**kalamári** = Tintenfischringe
**marídes** = Sardellen
**mídia** = Muscheln
**skumbrí** = Makrele
**tónnos** = Thunfisch
**xifías** = Schwertfisch

### Salat (saláta)

**choriátiki** = griechischer Salat mit Tomate, Gurke, Oliven, Zwiebeln, Schafskäse
**láchano** = Krautsalat
**marúli** = Blattsalat
**melitsanosaláta** = kaltes Auberginenpürree
**skordaliá** = kalter Kartoffelbrei mit Knoblauch und Olivenöl
**taramosaláta** = Fischrogenpürree (mit Kartoffel- oder Brotbrei gestreckt)

### Nachspeisen

**frúta** = Obst, je nach Saison Äpfel (mit Honig und Zimt), Wasser- oder Honigmelonen, Orangen
**gliká** = Süßspeisen (allgemein)
**jaúrti me méli** = Yoghurt mit Honig
**pagotó** = Eiscreme
**túrta** = Torte

### Getränke

**Neró** steht an erster Stelle, denn mit etwas anderem als «Wasser» kann man seinen hohen Flüssigkeitsbedarf im Sommer kaum decken. Das Glas oder die Karaffe mit Wasser gibt es in jedem Lokal, Restaurant oder Café – unaufgefordert und kostenlos. Außerhalb Athens ist Wasser grundsätzlich aus der Leitung genießbar, es sei denn, es wird ausdrücklich davor gewarnt.
Das «Nationalgetränk» der Griechen ist Wasser (neró), ihr Lieblingsgetränk dürfte der Kaffee sein, traditionell der **elinikós kafés**, der «griechische Kaffee» in den kleinen Mokkatassen, immer öfter auch schon löslicher Kaffee, der **neskafé** heißt, auch wenn er von Jacobs hergestellt wurde, selten Filterkaffee. Die Variationen (gleich bleibt nur das Glas Wasser, das es dazugibt): **elinikós kafés** (griechischer Kaffee): **skéto** (pur), **métrio** (mittelsüß), **glikó** (süß), jedoch niemals mit Milch, **dipló** (doppelt); **neskafé** in den gleichen Süßigkeitsgraden, allerdings auf Wunsch auch **me gála** (mit Milch); **frapé** ist (löslicher) Eiskaffee, geschüttelt, bis er schäumt, und je nach Vorliebe mit Milch und/oder Zucker getrunken.

**Ouzo** rangiert auf der Beliebtheitsskala gleich nach dem Kaffee und wird grundsätzlich mit einem Glas Wasser serviert. Verdünnt man den klaren Anisschnaps mit dem Wasser, wird er sehr viel milder und färbt sich milchig weiß. Ähnlich: **ráki**.
**Retsína** nennen Griechen mit Harz versetzten Weißwein, ein Gemisch, an das sich ausländische Gaumen erst gewöhnen müssen. Wein heißt **krasí** und wird in den Farben **áspro** (weiß), **kokinélli** (rosé) und **mávro** (rot, wörtlich: schwarz) serviert.
**Bíra** heißt Bier, wird viel getrunken, aber meist nur in zwei (holländischen) Sorten angeboten: Amstel oder Heineken.

### Feiertage

*6. Januar:* Die **Taufe Christi** wird gefeiert (früher das orthodoxe Weihnachten). Kinder ziehen von Haus zu Haus und sammeln «Klebriges» und «Klingendes».
*25. März:* (erster) **Nationalfeiertag.** Nachdem Griechenland fast 400 Jahre von den Türken besetzt war, rief Bischof Germanós 1821 im Kloster Aghia Lávra (Peloponnes, Kalávrita) zum Aufstand auf. Aufmärsche in Athen, Gottesdienste, Volksfeste auf dem Dorfplatz.
**Ostern:** Wichtigstes Fest der griechisch-orthodoxen Kirche, das im Kreis der Familie gefeiert wird. Gottesdienste in der Karwoche allabendlich ab Gründonnerstag, Höhepunkt ist die Auferstehungsfeier in der

Nacht von Samstag auf Ostersonntag. Das Datum wird nach dem Iulianischen und nicht nach dem Gregorianischen Kalender berechnet, fällt also meist auf einen anderen Termin als in Deutschland. Auskünfte gibt die Griechische Zentrale für Fremdenverkehr.
*15. August:* **Mariä Entschlafung** (nicht Himmelfahrt, denn nach orthodoxer Lehre fuhr Maria nicht leibhaftig gen Himmel). Ähnlich wie zu Ostern sind die Städte leer, wer irgendwie kann, nimmt sich Urlaub und fährt heim aufs Land zur Familie.
*28. Oktober:* (zweiter) **Nationalfeiertag.** *Ochi* (nein) soll der griechische General Metaxás am 28. Oktober 1940 um drei Uhr früh zum italienischen Botschafter gesagt haben. Mussolini wollte Teile seiner Truppen in Griechenland stationieren. Geholfen hatte das schlaftrunkene *ochi* wenig; zwei Tage später kamen die Italiener doch, und für die Griechen begann der Zweite Weltkrieg. Heute ist der *Ochi*-Tag Symbol gegen den Faschismus.
*25. und 26. Dezember:*
**Weihnachten**
*31. Dezember: Sylvester.*
Viel wichtiger: der 1. Januar, der Namenstag des **Heiligen Vasilisses.** Er steht im Ruf, Geschenke zu bringen, nur jedoch demjenigen, der nichts in den Taschen hat. Vielen Griechen bleibt deswegen nichts anderes übrig, als sich am Tag zuvor an die Spieltische zu setzen.

## Fernsehen

Im Kafeníon läuft der Kasten praktisch ununterbrochen, aber er «brüllt» nicht, zumindest dann nicht, wenn ausländische Spielfilme gesendet werden; sie sind selten synchronisiert und werden statt dessen mit Untertiteln ausgestrahlt. Zum Mittelpunkt wird der Fernseher, wenn es um Nachrichten und Politik geht. Beides nimmt viel Raum im Programm ein, wird mit großem Interesse verfolgt und von intensiven Diskussionen begleitet. Neben den beiden staatlichen Sendern ERT 1 und ERT 2 gibt es seit Ende der achtziger Jahre mehr und mehr private Fernsehstationen, die gnadenlos um Zuschauer und Werbekunden buhlen. Typisch sind unzählige Game Shows, die eigentlich Werbesendungen sind, sowie sogenannte Werbeinseln, die einen neunzigminütigen Spielfilm mitunter fünfmal unterbrechen. Neuester Clou: Filme, die hohe Einschaltquoten garantieren, werden zehn Minuten vor dem Ende für einen einstündigen «Werbekontinent» gestoppt: Sechzig Minuten lang Werbung – Nachrichten – Werbung – Sportergebnisse – Werbung – ein kleines Gewinnspiel – Werbung.
Ein Tip oder eine Warnung zum Schluß: In vielen Gebieten Griechenlands kann man RTL empfangen.

## Festivals

Die beiden bekanntesten Festivals sind das Athener Festival im Herodes-Atticus-Theater und das Festival von Epidauros. Aufgeführt werden jeweils antike Dramen, klassische Musik und Ballettvorstellungen in den Monaten Juli, August und September. Informationen, Programme, Tickets:

**Athens Festival Box Office,** Odos Stadiou 4, täglich von 8.30 bis 14 und von 17 bis 19 Uhr (sonntags nur zwischen 10.30 und 13 Uhr). Tel.: 01/3221495 und 01/3223111-9.

**Theater von Epidauros,** freitags, samstags und sonntags von 9.30 bis 14 Uhr und von 18 bis 21 Uhr. Tel.: 0753/22006, Fax: 0753/22008.

**Bourtzi Tours** (Reiseagentur), 4 Sygrou, Náfplion, Tel.: 0752/22691 oder 25010, zu den üblichen Geschäftszeiten.

**Yannópoulos Travel,** 2 Bouboulinas Avenue, Náfplion, Tel.: 0752/27456 oder 28054, zu den üblichen Geschäftszeiten. Weitere Infos hierzu sowie zu kleineren Festivals siehe: *Regionale Tips.*

## Fotografieren

Es ist verboten, militärische Anlagen zu fotografieren. Ansonsten kann man alles knipsen und filmen, in Museen und archäologischen Ausgrabungsstätten wird für Blitz und Stativ oft eine kleine Gebühr verlangt. Filmmaterial für Fotos und Videokameras ist zwar auf dem Markt, aber teurer als in Deutschland.

### Frauen

Seit Anfang der fünfziger Jahre dürfen sie wählen, seit 1975 sind sie laut Gesetz gleichberechtigt, seit Mitte der achtziger Jahre brauchen sie nicht mehr schon mit vierzehn, sondern erst mit sechzehn Jahren zu heiraten, haben sechzehn, statt früher nur vierzehn Wochen Schwangerschaftsurlaub und behalten nach der Scheidung den Schutz der Krankenversicherung. Auf dem Lycéum (Gymnasium) bilden Mädchen mittlerweile sogar die Mehrheit. 1983 ist das Gesetz zur Mitgiftspflicht abgeschafft worden, und seit 1986 dürfen Frauen bis zum Ende der zwölften Schwangerschaftswoche ohne Angabe von Gründen und auf Kosten der gesetzlichen Krankenkassen abtreiben.

Dennoch: Ein – nach unseren Vorstellungen – einigermaßen emanzipiertes Leben können Frauen nur in den wenigen Großstädten führen. Auf dem Land dominieren Tradition und gesellschaftliche Wertvorstellungen früherer Jahrhunderte. Zwar geht auch in Griechenland die Geburtenrate zurück (1992: 1,47 Kinder pro Familie), Haushalt und Familie zu versorgen sind aber nach wie vor die Hauptaufgaben

einer Ehefrau (und Ehefrau zu werden das wichtigste Ziel einer Frau). Viel Freizeit bleibt da nicht, denn zur Familie gehören oft auch pflegebedürftige Eltern und zum Haushalt ein großer Nutzgarten sowie Hausvieh. Und als ob all das nicht schon genug wäre, ist es eine Selbstverständlichkeit, daß Frauen in der Landwirtschaft oder im Familienbetrieb mithelfen, wann immer sie können.

Die Nachwuchsgeneration versucht aus dem überkommenen Schema auszubrechen, «europäische» Entwicklungen können in Griechenland nicht verborgen bleiben. Beste Möglichkeit für einen anderen, moderneren Weg ist eine gute Schulbildung, evtl. kombiniert mit einem Studium – eine Alternative, die im Trend liegt und auch in konservativen Elternhäusern auf immer weniger Widerstand stößt.

Eine Faustregel für alleinreisende Frauen: Je tiefer in der Provinz, desto hochgeschlossener das Dekolleté. Sekundär geht es darum, möglichst wenig provozierend auf Männer zu wirken, primär, selbstverständliche Moralvorstellungen der Gastgeber zu respektieren. Wer als «Flittchen» angesehen wird, hat wenig Chancen, mehr von Land und Leuten zu erfahren. Eines gilt jedoch nach wie vor: Alleinreisende Frauen gelten von vornherein erst einmal als suspekt.

### Gastfreundschaft

Was will man erwarten, wenn Jahr für Jahr zehn Millionen Touristen auf zehn Millionen Griechen treffen? Wer sich die Zeit nimmt, Freundschaften zu schließen, wird auch Gastfreundschaft erfahren.

### Geld

Jahrelang ersehnt, war der 10000-Drachmen-Schein, als er 1995 endlich in Umlauf gebracht worden war, schon wieder überholt: Ein Wert von umgerechnet rund 64 Mark (1 DM = 160 Drachmen) für das wertvollste Papier, das Griechenland zu bieten hat, ist nicht nur lächerlich wenig, es bringt auch kaum Erleichterung in den umständlichen Zahlungsverkehr. Selbst größere Beträge lassen sich, wenn überhaupt, dann nur zu horrenden Gebühren von einem zum anderen Kreditinstitut überweisen, Girokonten nach deutschem Muster gibt es nicht, und (speziell griechische) Schecks werden nur ungern akzeptiert. Ein Koffer oder auch eine Plastiktüte voller Geld lassen sich also bei größeren Anschaffungen nach wie vor nicht vermeiden. Zwar war es Ministerpräsident Mitsotákis 1993 gelungen, den traditionell hohen Wertverlust (rund 20 Prozent) auf 12,1 Prozent und damit auf den niedrigsten Stand seit einundeinhalb Jahrzehnten zu senken, seit jedoch Papandréou wieder am Steuer steht, rechnet man mit einer erneuten Steigerung.

Weitere Noten: 5000, 1000, 500, 100 sowie 50 Drachmen; Münzgeld: 100, 50, 20, 10, 5, 2 und 1 Drachme. Gängigstes Zahlungsmittel ist in Griechenland nach wie vor Bargeld. Kreditkarten werden nur in Banken sowie in besseren Geschäften und Hotels anerkannt. Reisende können in Banken *(trápesa)* auch Euroschecks (max.: 60 000 Drachmen) sowie Reiseschecks eintauschen, allerdings nur bei Vorlage eines Ausweises.

Der Wechselkurs ist in Griechenland um einige Prozentpunkte günstiger als in der Bundesrepublik.

### Geschenke

Mühevoll gepflückte Wiesenblumen, in langer Arbeit zu einem dicken, farbenfrohen Strauß arrangiert, würden zwar mit einem freundlichen Lächeln entgegengenommen werden, dem Schenkenden jedoch ein Armutszeugnis ausstellen. Geschenke repräsentieren den Status des Gebers, dezente Zurückhaltung ist dabei in Griechenland nicht gefragt.

Wer als Reisender ein Souvenir aus der Heimat im Gepäck hat, ist natürlich aus dem Schneider, ganz egal zu welchem Anlaß er eingeladen ist. Ansonsten gibt es, geht es beispielsweise um ein Abendessen, auch in Griechenland übliche Verlegenheitslösungen: für den Herrn des Hauses Alkoholika (ausgenommen Ouzo), für sie Süßigkeiten aus der *Sacharoplastío* (Konditorei).

Bei offiziellen Festen (Taufe, Hochzeit etc.) ist es für den Fremden sehr schwierig, mit seinem Geschenk richtigzuliegen, denn es gibt sehr große Unterschiede im lokalen Brauchtum. In manchen Regionen beispielsweise ist es üblich, dem Brautpaar bei einer Hochzeit Geld, anderenorts ausschließlich Schmuck zu schenken. In diesem Fall treten bei der Geschenkübergabe die Gäste nacheinander vor das wartende Paar und behängen es eigenhändig mit den mitgebrachten Klunkern. Es ist dabei übrigens nicht peinlich, dem Bräutigam oder der Braut die fünfte oder sechste Armbanduhr um den Oberarm zu schnallen.

### Handeln

In den touristischen Hochburgen hat es kaum jemand nötig, einem im Preis entgegenzukommen. Auf dem Land und in den Städten ist eine kleine Feilscherei eher die Regel als die Ausnahme. Doch ist es schwierig, allgemeingültige Hinweise zu formulieren, denn es kommt auf enormes Fingerspitzengefühl an. Das beginnt schon damit, daß Geiz oder Knausrigkeit verabscheuungswürdige Züge sind, daß man aber gleichzeitig hinter vorgehaltener Hand als dumm verlacht würde, bezahlte man einen zu hohen Preis. Die Griechen sind Spieler, Feilschen ist deswegen ein sensibles Geschäft. Eher geht es darum, Intelligenz, Witz, Charme und Schlauheit auszuloten, als eine Ware für die Hälfte des Preises zu bekommen. Als Fremder und Tourist hat man freilich von vornherein schlechte Karten, da man als reich gilt, und warum soll nicht einer, der viel Geld hat, sogar mehr als üblich hinlegen – sollte das gelingen, gäbe es nachmittags im Kafeníon wieder eine heiße Geschichte zu erzählen. Praktisch unmöglich ist es zu erklären, wo man handeln kann und wo nicht. Im Supermarkt freilich nicht, in einem Schuh- oder Bekleidungsgeschäft mitunter schon, auch im Hotel, speziell außerhalb der Saison, keinesfalls in Museen, aber bei Taxis, wenn es um größere Touren geht.

### Kriminalität

Rechnet man sogenannte Kavaliersdelikte mit zum Bereich der Kriminalität, könnte man Seiten mit Aufzählungen diverser Vergehen füllen, ansonsten bliebe das Papier im Vergleich zu anderen europäischen Staaten weiß. In Griechenland ist offiziell eine Menge verboten, in der Praxis jedoch durch ein jahrzehntelanges Gewohnheitsrecht beinahe schon wieder vieles legal. Für die Griechen gelten andere Maßstäbe als für Staat und Behörden. Mag der Staat das Haus oder die Fabrik als «schwarz gebaut» einstufen – der Bauherr sieht es als sein gutes Recht an, auf eigenem Grund und Boden zu bauen, was er will; mag das Auto nach polizeilichen Vorschriften als verkehrsunsicher gelten – es wird schon nichts passieren; Alkohol am Steuer und Fahruntüchtigkeit sind eine Seite, ein Gläschen in Ehren, das niemand verwehren kann, die andere. Und ein letztes Beispiel: Wer tatsächlich den vollen Steuersatz bezahlt, ohne zumindest den Versuch zu unternehmen, das schwer verdiente Geld zu behalten, muß ein Idiot sein. Das System funktioniert, weil sich das Personal von Regierung und Behörden eben auch aus Griechen zusammensetzt.

### Maße und Gewichte

Lediglich eine Besonderheit: Seinen Wein, vor allem den offenen, bestellt man nicht liter-, sondern kiloweise. *Ena kílo krassí apo varéli, parakaló* – «einen Liter Wein vom Faß, bitte».

### Mautgebühren

sind nicht der Rede wert: Für rund dreißig Mark kann man mit dem Pkw alle in Griechenland mautpflichtigen Straßen abfahren. Bezahlt werden muß lediglich die Benutzung der großen Verbindungsstraßen an den Küsten (die wichtigsten: zwischen Thessaloniki und Athen, zwischen Athen und Korínth, zwischen Korínth und Pátras bzw. Trípolis). Fast überall besteht die Mög-

lichkeit, auf eine *No Toll Post Road* oder eine *Old National Road* (nicht gebührenpflichtig) auszuweichen.

### Minderheiten

Die jüngsten Zahlen stammen von 1983 (die letzte offizielle Erhebung von 1951). Nach den Schätzungen von 1983 sind 95,5 Prozent der Menschen, die in Griechenland leben, Griechen (Bundesrepublik: 92,7 Prozent Deutsche). Die übrigen 4,5 Prozent setzen sich vor allem aus Makedoniern (1,5 Prozent), Türken (0,9 Prozent) und Albanern (0,6 Prozent) zusammen. Objektiv sind demnach Minderheiten kein Problem, subjektiv waren sie für viele Streitigkeiten, besonders zwischen der Türkei und Griechenland, der (oft auch vorgeschobene) Anlaß. Während der vier Jahrhunderte dauernden Besatzung durch die Osmanen und auch darüber hinaus war die ethnische Struktur des Landes alles andere als homogen. In verschiedenen Regionen, besonders in Nordgriechenland, waren die Griechen sogar in der Minderheit. 1923, ein Jahr nach der Kleinasienkatastrophe, einem mißglückten Feldzug der Griechen nach Kleinasien (es ging dabei fast schon um griechische «Mehrheiten» auf türkischem Gebiet sowie territoriale Träume byzantinischen Ausmaßes), wurde im Vertrag von Lausanne ein umfassender Bevölkerungsaustausch zwischen

beiden Ländern vereinbart, von dem rund 500 000 Türken und 1,3 Millionen Griechen betroffen waren. In dem Papier wurde auch festgelegt, daß die auf griechischem Territorium verbliebenen osmanischen Türken (sowie Pomaken und Zigeuner) offiziell als Minderheit anerkannt werden.

### Nationalparks

Einige wenige Gebiete sind tatsächlich auf dem Papier als Nationalparks ausgewiesen, der älteste und bekannteste umfaßt die höheren Regionen des Berges Olymp (gegründet 1937) in der Provinz Makedonien. Konkrete Auswirkungen hat der Titel Nationalpark kaum, abgesehen davon, daß Schilder das Pflücken und Ausgraben wilder Pflanzen, das Hinterlassen von Abfall sowie wildes Campen verbieten.

### Notfall

Ambulante Hilfe in Krankenhäusern ist kostenlos. Vor der Behandlung durch einen niedergelassenen Arzt müssen sich gesetzlich versicherte Patienten eigentlich erst einen Krankenschein bei der griechischen IKA-Versicherung abholen. Kann man seine Behandlung jedoch als Notfall begründen, akzeptieren auch gesetzliche Versicherungen die «private» Methode: Man geht zum Arzt, läßt sich behandeln und reicht die Rechnung bei seiner Versicherung ein (siehe S. 258).

## Wichtige Wörter

Hilfe = **woíthia**
Polizei = **astinomía**
Arzt = **jatrós**
Krankenhaus = **nosso-
komío, klinikí** (Klinik)

## Wichtige Telefonnum-
mern

Polizei: 100

Touristenpolizei in Athen:
(01)171

Feuerwehr: (01)199

Rettungsdienst in Athen:
(01)166

Deutsche Botschaft in
Athen: (01)3694111

## Öffnungszeiten

An relativ einheitliche Zeiten halten sich Geschäfte in
Städten: montags, mitt-
wochs und samstags von
8.30 Uhr bis ca. 14 Uhr,
dienstags, donnerstags und
freitags zusätzlich noch
zwischen 17 und ca. 20 Uhr.
Wann der kleine Laden am
Dorfplatz geöffnet hat,
richtet sich nach den Ge-
wohnheiten des Besitzers
und seiner Familie, und wie
lange man in Hochburgen
des Tourismus einkaufen
kann, nach dem Engage-
ment des Kaufmanns:
meist täglich zwischen 9
und 23 Uhr. Postämter und
Banken haben grundsätz-
lich nur werktags geöffnet,
in der Regel von 9 bis
13 Uhr.

## Olivenöl

Da sind sich die Griechen
ausnahmsweise einmal
einig: Das beste Olivenöl
soll es südlich von Ka-
lamáta geben. Dort werden
die Bäume kleiner gehal-
ten, die Oliven per Hand
geerntet und dann mög-
lichst rasch zu Öl gepreßt.
Auf Kreta beispielsweise
werden riesige Planen un-
ter die ungestutzten und
deswegen viel größeren
Bäume gelegt, und die
Bauern warten darauf, daß
die reifen (und deswegen
manchmal schon überrei-
fen) Oliven von alleine her-
unterfallen. Wer das grüne
Öl kauft, sollte darauf achten, daß *extra vergine* auf
der Flasche oder dem Ka-
nister steht. Nur dann kann
man sicher sein, sogenanntes kaltgepreßtes Öl aus
dem ersten Verarbeitungs-
gang erhalten zu haben,
das ernährungsphysiolo-
gisch als das wertvollste
gilt.
Für die Griechen ist Öl
mehr noch als nur ein Fett.
Olivenöl ist Grundnah-
rungsmittel und unver-
zichtbarer Bestandteil jeder Küche. Keine Hausfrau
würde auf die Idee kom-
men, Gemüse in Wasser zu
kochen, wo es doch die
ölige Alternative gibt.
Viele Besucher fürchten,
der überreichliche Ge-
brauch des Öls in der griechischen Küche, könnte
sich auf Magen und Stuhl-
gang schlagen. Aber keine
Angst: Olivenöl zählt zu
den verträglichsten Fetten
überhaupt und regt den
Stoffwechsel derart an, daß
man sich über den Kalori-
engehalt triefender Ge-

richte keine allzu großen
Gedanken machen muß.
Wer zwischen Oktober und
Februar im Lande ist, kann
mit leeren Flaschen eine
Mühle besuchen und sich
das frisch gepreßte Öl direkt aus dem Faß abzapfen.
Dann bekommt man auch
ein bißchen von dem Kult
mit, den die Griechen ums
«grüne Gold» machen,
wenn die Bauern abends
mit der ganzen Familie um
die großen, kreisenden
Mühlsteine versammelt
stehen und mit einem
Stück frischem Weißbrot
ihr «Heuriges» testen. Ein
großer Bordeaux dürfte
keine intensivere Würdi-
gung erfahren.

## Post

Wo es keine *tachidromío*
gibt (Öffnungszeiten
Mo.– Do. 7.30 Uhr bis
13.30, freitags bis
14.30 Uhr), muß man das
«inoffizielle» Postamt ausfindig machen. Meist ist es
der Dorfladen oder das
Kafeníon, in dem Post ab-
gegeben oder auch emp-
fangen werden kann. Dort
werden oft auch Briefmar-
ken *(grammatósimo)* ver-
kauft. Sollten sie ausgegangen sein, ist es üblich, den
entsprechenden Betrag zu-
sammen mit der Sendung
zu hinterlegen. 1995 koste-
ten Standardbrief und
Postkarte innerhalb Euro-
pas 90 Drachmen, auf ei-
nen Expreß-Brief bzw.
-päckchen *(expréss)* werden zum regulären Preis
noch einmal 450 Drachmen
aufgeschlagen; Einschrei-
ben *(sistiméno)* nehmen
ausschließlich Postämter –

und zwar nur im geöffne-
ten Zustand – entgegen;
der Postbeamte will sehen,
was drinnen ist.

### Provinzen

Das griechische Festland
ist administrativ in sieben
Regionen unterteilt, die
sich ihrerseits wiederum in
Verwaltungsbezirke *(nomí)*
gliedern. Die sieben Pro-
vinzen von Norden nach
Süden: Thrakien, Makedo-
nien, Epirus, Thessalien,
Zentralgriechenland,
Groß-Athen, Peloponnes.
Nach diesem Schema sind
auch die folgenden *Regionalen Tips* aufgebaut.

Die Inseln werden in die
drei Regionen Ionische Inseln, Ägäische Inseln und
Kreta unterteilt.

### Schrift

Wie so oft in Griechenland
gibt es für Griechisches
keine Patentlösung. Was
Altphilologen auch immer
behaupten mögen: Eine
korrekte Transkription der
griechischen in die lateini-
sche Schrift ist unmöglich.
Die Griechen selbst versuchen es immer wieder, die
meisten Straßenschilder
sind mittlerweile zweispra-
chig, aber nur zu leicht
wird dabei aus dem hüb-

schen Städtchen Ναύπλιον
ein «Nauplion», obwohl es
doch eigentlich «Náfplion»
heißt, wird aus dem grie-
chischen Ministerpräsidenten Παπαντρεου ein «Pa-
pandréou», der sich selbst
jedoch «Papandréu»
nennt. Ούζο, der griechi-
sche Anisschnaps, wird als
«Oúso» transkribiert,
«Uso» wird er jedoch ge-
sprochen.

### Das griechische Alphabet

| Buchstabe | | Name | Lautzeichen | Beispiel zur Aussprache |
|---|---|---|---|---|
| A | α | álfa | a | **A**nton |
| B | β | víta | v | **W**olfgang |
| Γ | γ | gáma | g / j | Mittellaut zw. g und j |
| Δ | δ | délta | d(h) | engl. **th**ese (weiches th) |
| E | ε | épsilon | e | **F**est |
| Z | ζ | síta | s | Ba**s**e (stimmhaftes s) |
| H | η | íta | i | **M**ist |
| Θ | ϑ | thíĪta | th | engl.: **th**is |
| I | ι | ióta | i, j | **j**a |
| K | κ | kápa | k | **K**asten |
| Λ | λ | lámda | l | **L**eonard |
| M | μ | mí | m | **M**artin |
| N | ν | ní | n | **N**adel |
| Ξ | ξ | ksí | x | He**x**e |
| O | o | ómikron | o | **P**ost (kurzes, offenes o) |
| Π | π | pí | p | **P**aket |
| P | ρ | ró | r | **P**reis («Zungen-r») |
| Σ | σ ς | sígma | s | ta**s**ten (stimmloses s) |
| T | τ | táf | t | **T**at |
| Y | υ | ípsilon | i | **K**iste |
| Φ | φ | fí | f | **F**aß |
| X | χ | chí | ch | Si**ch**t (nicht: Nacht) |
| Ψ | ψ | psí | ps | **Ps**alm |
| Ω | ω | oméga | o | **R**ost (kurzes, offenes o) |

Für Individualreisende ist es wichtig, die griechische Schrift lesen zu können, denn in Regionen, in denen mit Tourismus nicht gerechnet wird, sind auch die Wegweiser meist nur griechisch beschriftet. Aber was auf den ersten Blick recht schwierig aussieht, ist es auf den zweiten gar nicht. Die Ähnlichkeit mit unserem lateinischen Alphabet, das sich aus dem griechischen entwickelte, ist nicht zu übersehen. Und die wenigen Buchstaben, die abweichen, kennen die meisten noch aus dem Mathematik- und Physikunterricht. Wer sich bemüht, kann bereits nach einem zweieinhalbstündigen Flug von München nach Athen griechisch lesen – trotz der halbstündigen Unterbrechung durch das Mittagessen.

### Die wichtigsten Lautverbindungen

| Lautverbindung | buchstabengetreue Übersetzung | Aussprache | deutsch |
|---|---|---|---|
| αι | **nai** | **ne** | ja |
| αν | **Nau**plion | **Náf**plion | |
| ει | **ei**nai | **í**ne | sein |
| οι | **oi**konomia | **i**konomía | Ökonomie |
| ον | Papantre**ou** | Papandré**u** | |
| γι | **gi**asu | **j**ásu | Hallo |
| γχ | **gk**arson | **g**arsón | Kellner |
| μφ | **mp**ala | **b**ála | Ball |
| ντ | **nt**ama | **d**áma | Dame (Schach) |

Erste Notizen machten sich die Griechen, genaugenommen die Kreter, bereits um 2000 v. Chr. mit Hilfe einer Bilderschrift, die sie wohl von den Ägyptern abgeschaut hatten. Sie entwickelten daraus die sogenannte Linear-A-Schrift, die sie im Laufe der Jahrhunderte verbesserten (Linear B). Die beiden Strichschriften mochten zum Beschriften – es wurden vorwiegend Etiketten gefunden – genügen, zum Schreiben erwiesen sich die Begriffs- und Silbenzeichen zu einengend; die Griechen sahen sich nach einem flexibleren Medium um und wurden etwa 1100 v. Chr. bei den Phöniziern fündig. Diese hatten bereits das erfunden, was die Griechen später *Alphabet* (alpha-beta) nannten, eine Folge aus 22 Buchstaben. Doch die Phönizier stotterten noch auf dem Papyrus, es fehlten die Vokale. Was sich nun so einfach liest, dauerte noch einmal etwa 300 Jahre: Die Griechen ersetzten fünf für ihre Sprache unwichtige Konsonanten durch fünf Vokale. Was dabei herauskam, war eine Weltsensation: Erstmals ließ sich jedem einzelnen Sprachlaut auch ein eigener Buchstabe zuordnen. Wer Schreiben lernen wollte, brauchte von nun an nicht mehr abstrahierte Bilder und hunderte von Wortzeichen zu lernen, sondern lediglich 22 Buchstaben.

Daß «unser» lateinisches Alphabet aus dem griechischen entstanden ist, läßt sich unschwer erkennen; wohl die Etrusker brachten es nach Rom, durch das Christentum wurde es schließlich in Nord- und Mitteleuropa populär. Im Osten dagegen faßten die orthodoxen Christen Fuß und ließen ihre Schäflein in kyrillischen Buchstaben schreiben, was Russen, Serben und Ukrainer in leicht abgewandelter Form noch heute tun.

275

### Souvenirs

Da bleibt kein Auge trocken: Vom Wagenlenker aus Delphi als Bronzeminiatur bis zum Parthenon aus Marzipan gibt es nichts, was es an mehr oder weniger kitschigen Nachbildungen kykladischer, minoischer, mykenischer, klassischer, hellenistischer oder byzantinischer Kunst nicht gibt; in jeglicher Größe, aus allen nur erdenklichen Materialien, maschinell oder per Hand gefertigt und der Dicke der verschiedensten Geldbörsen angepaßt. Die Chance, dabei an eine echte Antiquität zu geraten, ist nicht besonders groß, jedoch kann man leicht im Gefängnis landen. Nachdem Griechenland jahrhundertelang geplündert worden war, stehen mittlerweile auf die Ausfuhr antiker Stücke drastische Strafen. In Zweifelsfällen gibt jedes Zollamt (eine andere) Auskunft, und da die Beamten dort freilich nicht dementsprechend ausgebildet sind, müssen Gutachter, Prüfer, Kontrolleure, Oberprüfer und Sachverständige eingeschaltet werden. Bis eine Entscheidung fällt, kann ein modernes Kunstwerk bereits zur Antiquität mutiert sein.

Ansonsten kann man in Griechenland relativ preisgünstig Gold- und Silberschmuck sowie Lederwaren erstehen, gehäkelte oder bestickte Deckchen, Strickwaren oder gewebte Läufer; und dann natürlich die Leckereien aus regionaler Erzeugung: Honig, Nudeln, Käse, getrocknete Kräuter, Oliven, Olivenöl und Wein.

### Sport

Die Griechen kennen in den neunziger Jahren nur eine Jahreszahl: 1996, das Jahr, in denen die «Golden Olympics» ausgerichtet wurden, das Jubiläum, an dem das einhundertjährige Bestehen der neuen olympischen Spiele gefeiert wurde. Für dieses denkwürdige Ereignis wurde Griechenland nicht als Austragungsort gewählt – eine wahre Tragödie. Als 1896 die ersten Spiele der Neuzeit unter der Beteiligung von dreizehn Staaten in Athen ausgerichtet worden waren, schnitt Griechenland als beste Nation ab; jetzt wird das Land übergangen.

Heute machen die Griechen – sie haben den höchsten Zigarettenkonsum pro Kopf in Europa – sportlich wenig von sich reden, abgesehen vom Basketball. Seitdem das griechische Team 1987 in Athen Europameister geworden war (im Finale gegen die UdSSR), steht der orangene Ball kurz davor, als Symbol im Staatswappen aufgenommen zu werden. Und sollte bei einer Olympiade beispielsweise ein Grieche Gold beim Kugelstoßen holen, müßte die Kirche um ihre Glocken bangen. Geht es um ihr nationales Ansehen, kennt die Begeisterungsfähigkeit der Griechen keine Grenzen.

### Sprache

Schwarzmalende Germanisten haben vielleicht recht: Anglizismen durchsetzen die deutsche Sprache. Die Geschichte beweist, daß so etwas tatsächlich eskalieren kann: Wer im Römischen Reich etwas auf sich hielt, sprach griechisch, hielt sich einen griechischen Sklaven als Lehrer und schrieb mitunter, wie auch Cäsar, griechisch. Eines von vielen Beispielen. Wer auf die vielen Anglizismen – übrigens wie die Berufsbezeichnung «Germanist» auch ein (lateinisches) Fremdwort – schimpft, hat in seinem Erste-Hilfe-Kasten *pharmazeutische* Präparate, läßt sich abends in den Nachrichten über das aktuelle *politische* Geschehen informieren und ist nebenbei womöglich noch Hobby-*Ornithologe*. Drei Fremdworte, die jedem geläufig über die Lippen kommen, von solchen, mit zur scheinbar deutschen Begriffen wie *Sklave, Lampe* oder *Kino, Radio, Auto* oder *Papier* ganz abgesehen. Gräzismen, die als solche nur schwer zu erkennen sind, die in neuen Wortzusammensetzungen sogar weiterleben: *Elektro-chirurgie, Ideo-logie* oder *Auto-hypnose* – es gibt unzählige Beispiele.

Fließend Griechisch kann deswegen noch keiner sprechen, aber der Weg zur Verständigung sieht vielleicht nicht mehr ganz so steinig aus. Wer das Wort *aftokínito* (αυτοκίνι♦το) hört und weiß, daß die Lautverbindung *af* als *au* geschrieben wird (autokinito), der braucht kein Wörterbuch zur Übersetzung: *auto* müßte klar sein, und von *kinito* bewegt man sich doch praktisch automatisch («selbstbewegend») zur *kinetischen* Energie (Bewegungsenergie). Für das Wort Energie, freilich auch aus dem Griechischen stammend, ist es schon sehr schwer, ein deutsches Synonym zu finden. Der Duden-Redaktion ist «Tatkraft» und «Wirkung» eingefallen, auf Neugriechisch heißt es ganz banal *energía*.

In die Griechischkurse der Volkshochschulen bewegt sich trotzdem kaum ein Deutscher. 1990 waren es, einer Langenscheidt-Studie zufolge, etwa ein Prozent derer, die sich für Fremdsprachenkurse eingetragen hatten. Wer zu diesem geringen Anteil gehört, hat den Vorteil der positiven Überraschung, die er mit seinen Sprachkenntnissen, mögen sie auch bescheiden sein, bei den Griechen auslöst. Die Masse derjenigen, die sich allenfalls *mía bíra parakaló* («ein Bier bitte») bestellen können und bei der Nachfrage des Kellners *prásino i Amstel?* (ein «Grünes» – steht für Heineken – oder ein Amstel?) sprachlos passen müssen, können sich bei der jüngeren Generation auf die englische Alternative verlassen und mit vielen Älteren sogar auf deutsch kommunizieren. Vor allem in den sechziger und frühen siebziger Jahren verließen etwa zehn Prozent der Griechen, immerhin eine knappe Million, ihre Heimat, um als Gastarbeiter in Deutschland ein besseres Auskommen zu finden. Ein Großteil von ihnen ist mittlerweile wieder nach Griechenland zurückgekehrt und freut sich, sein Deutsch bei einer Unterhaltung wieder auffrischen zu können.

Was die Griechen heute sprechen, hat nicht mehr viel mit dem zu tun, was ihre Vorfahren von sich gaben; ab der siebten Klasse lernen Kinder in der Schule Altgriechisch und schwitzen dabei mindestens so wie Germanistikstudenten über dem Alt- oder Mittelhochdeutschen. Obwohl: Zwar heißt der griechische Wein heute *krasí*, auf der Flasche jedoch steht oft nach wie vor das altgriechische Wort *oínos*, was übrigens jeder Weinkenner (Önologe = Weinbaufachmann), ob Altphilologe oder nicht, verstehen müßte.

Schon in der Antike gaben sich elitäre Kreise mit der *Koiné* (in der unter anderem das Neue Testament geschrieben worden ist), der gemeinsamen (und damit wohl gemeinen) Sprache, nicht zufrieden und artikulierten sich *attisch*, drückten sich also in den wichtigsten der damaligen Dialekte aus (Homer beispielsweise reimte ionisch, die Dichterin Sappho äolisch). Und in neuerer Zeit versuchte man sogar eine Kunstsprache als Volkssprache zu etablieren und die gewachsene Volkssprache abzuschaffen. Diese Idee kam Anfang des neunzehnten Jahrhunderts auf, kaum daß die Griechen sich von der 400 Jahre dauernden Türkenherrschaft befreit hatten. Die *Dimotikí* (Volkssprache), argumentierten Patrioten, sei durch jahrhundertelangen türkischen Einfluß so verfälscht worden, daß man einen Weg zur reinen Sprache zurück finden müsse. Den glaubte man dann in der künstlichen *Katharéwussa* (Reinsprache) gefunden zu haben. Das Experiment hatte einen Sprachdualismus zur Folge, der für weite Teile der Bevölkerung zur sozialen Schranke wurde. Zwar lernten die Kinder in der Schule Katharéwussa, geläufig wurde die Kunstsprache jedoch lediglich intellektuellen Schichten, was darauf hinauslief, daß die Dimotikí sprechende *dímos* (Volk) nicht einmal Zeitung lesen konnte. Das Experiment scheiterte. Seit 1975, kurz nach dem Ende des reaktionären Obristenregimes, dürfen die Griechen offiziell wieder so reden, wie ihnen der Schnabel gewachsen ist.

### Steckbrief Griechenland

*Staatsname:* Griechische Republik

*Lage:* 20°–28° östlicher Länge, 35°–42° nördlicher Breite

*Fläche:* 131957 Quadratkilometer

*Bevölkerung:* 10,2 Millionen

*Lebenserwartung:* Frauen 80 Jahre, Männer 75 Jahre (in Deutschland 79 und 73 Jahre)

*Alphabetisierung:* 93 Prozent

*Religionen:* Griechisch-Orthodox: 97,6 Prozent, Katholiken: 0,4 Prozent, Protestanten: 0,1 Prozent, Moslems: 1,5 Prozent, Sonstige: 0,4 Prozent.

*Staatsform:* Parlamentarische Republik

*Staatspräsident:* Kostas Stephanópulos (seit 1995)

*Regierungschef:* Ministerpräsident Andréas Papandréou (seit 1993)

*Regierungspartei:* PASOK (sozialistisch)

*Volksvertretung:* Nationalversammlung, Einkammerparlament mit 300 Abgeordneten

*Verwaltung:* 10 Regionen (Provinzen), 53 Verwaltungsbezirke, 147 Gemeinden; autonomer Status der Mönchsrepublik Athos

*Hauptstadt:* Athen, rund vier Millionen Einwohner

*Internationale Mitgliedschaften:* Vereinte Nationen und UN-Sonderorganisationen; Organisation für wirtschaftliche Zusammenarbeit und Entwicklung OECD; Europarat; Europäische Union; Balkanpakt; NATO, KSZE, WEU

*Arbeitslosenquote:* 9,6 Prozent, Tendenz steigend

*Bruttosozialprodukt pro Kopf:* 7180 US-$ (Deutschland: rund 20000 US-$)

*Tourismus:* knapp 11 Millionen Besucher pro Jahr, davon rund 22 Prozent aus Großbritannien / Nordirland, 17 Prozent aus der Bundesrepublik, 6 Prozent aus Frankreich und 4 Prozent aus Österreich.

### Steuern

Das Thema Steuern läßt jeden Wirtschaftspolitiker verzweifeln. Nur etwa fünfzig Prozent der Einnahmen, so offizielle Schätzungen, werden versteuert, und Griechenland steht kurz vor dem Bankrott. Immer neue Tricks läßt sich der Staat einfallen, um abzukassieren. 1992 appellierte die konservative Regierung an die Vernunft ihrer Landsleute und versuchte es gleichzeitig mit einem großzügigen Angebot: Der Spitzensteuersatz wurde von fünfzig auf vierzig Prozent gesenkt, die Freibeträge erhöht und allen schwarzen Schafen, die freiwillig weiße werden wollten, Straffreiheit garantiert. 1993 rechnete die Regierung daraufhin mit dreißig Prozent mehr Einnahmen; tatsächlich waren es jedoch nur acht. 1995 hatte die mittlerweile wieder sozialistische Regierung einen neuen Anlauf gestartet. Im Rahmen verschiedenster Aktionen wurden unter anderem alle Kleinunternehmer schriftlich aufgefordert, jeweils pauschal drei Millionen Drachmen (damals etwa 20000 DM) an Steuern nachzuzahlen; ansonsten drohe eine Revision ihrer Rechnungsbücher der vergangenen sechs Jahre. Diesmal war die Rechnung aufgegangen: Mehr als 95 Prozent der Betriebe überwiesen die geforderte Summe. Fristgerecht und ohne Kommentar.

### Strom

220 V Wechselspannung; Eurostecker und -steckdosen; mit Schukosteckern kann es Probleme geben.

### Telefonieren

In jeder größeren Stadt und in den Touristenzentren gibt es Filialen der griechischen Telefongesellschaft OTE mit sehr unterschiedlichen Öffnungszeiten (mitunter bis 23 Uhr). Münzfernsprecher und/oder Kartentelefone sind auf dem Lande selten, oft genug noch dazu defekt. Internationale Zellen erkennt man an dem orangen Streifen. Die Alternative ist das *períptero*, der Kiosk, dessen Telefon meist mit einem Zähler ausgestattet ist.

**Landesvorwahlen:**
Deutschland: 0049, Österreich: 0043, Schweiz: 0041, Griechenland: 0030. Nach der Landesvorwahl wählt man die Ortskennzahl des betreffenden Ortes ohne die Null, anschließend die Rufnummer. Für Auslandsgespräche gibt es in Griechenland übrigens keine Billigtarife.
Die griechische **Telefonauskunft** erreicht man unter der Nummer 131, für Athen: 132.

### Touristenpolizei

heißt *astinomía turisticí* auf Griechisch. Praktisch in jeder Polizeidienststelle haben einer oder mehrere Beamte den Status eines Touristenbetreuers, der nicht nur Beschwerden oder Anzeigen entgegennimmt, sondern auch als Auskunftsdienst zur Verfügung steht. Das Niveau reicht dabei vom Dorfpolizisten («Mädchen für alles»), der in seiner unter-

sten Schreibtischschublade nach langwieriger Suche einige vergilbte Prospekte findet und keine Fremdsprache beherrscht, bis hin zu ganzen Abteilungen, in denen sich Dutzende von Polizisten um touristische Belange und deren Verwaltung kümmern.

### Trampen

Trampen im eigentlichen Sinne, d. h. als Mitfahrer ein ganzes Land zu bereisen, ist in Griechenland eher schwierig. Vor allem auf Autobahnen oder Schnellstraßen halten, wenn überhaupt, dann meist nur motorisierte Touristen. Anders in der Provinz: Auf einer einsamen Landstraße bleibt selten jemand lange stehen, von einem ins nächste Dorf mitgenommen zu werden ist kaum ein Problem. Oder man setzt sich erst einmal ins Kafeníon, bestellt sich etwas zu trinken und fragt, ob nicht einer der Anwesenden demnächst in die gewünschte Richtung fahre. Diese Methode ist nicht nur griechisch, sondern auch wesentlich geruhsamer.

### Trinkgeld

Je touristischer die Gegend bzw. das Lokal, desto internationaler sollte das Trinkgeld ausfallen (knapp zehn Prozent sind angemessen). In einem griechischen Kafeníon auf dem Land sind Trinkgelder nicht üblich, manchmal werden sie aber von Touristen erwartet.

### Umweltschutz

Nach Glascontainern oder Altbatterieboxen braucht in Griechenland keiner Ausschau zu halten. Stößt man doch einmal auf Sammelbehälter, handelt es sich um ein Pilotprojekt, für das die Bevölkerung im allgemeinen kein Interesse hat. Da die Zerstörung der Umwelt von der breiten Masse noch nicht als Problem erkannt worden ist, macht sich auch kaum jemand um ihre Bewahrung Gedanken. Umweltschutz als Mentalitätsproblem (siehe *Kühlschrank im Straßengraben*, S. 95).

### Zeit

Es gilt die osteuropäische Zeitzone OEZ, die Griechen sind uns also Sommer wie Winter eine Stunde voraus.

### Zeitungen/Zeitschriften

Überall, wo die Bevölkerung auf ausländischen Tourismus reagiert hat, werden auch die wichtigsten internationalen Zeitungen und Zeitschriften verkauft (mit einem Tag Verspätung und zum doppelten Preis). Unter den griechischen Zeitungen gibt es eine englisch- und eine deutschsprachige: die täglich außer montags erscheinende *Athens News* sowie die wöchentlich erscheinende *Athener Zeitung*.

**Preisklassen der Hotels**

Die Hotels und Pensionen in diesem Buch sind nach folgenden drei Preisklassen gegliedert. Die Preise beziehen sich jeweils auf ein Doppelzimmer mit Bad, wobei Einzelzimmer um ein Drittel billiger sind:

*Preiswert:*
*unter 40 DM*

*Mittlere Preisklasse:*
*unter 80 DM*

*Höhere Preisklasse:*
*über 80 DM*

# REGIONALE TIPS

# Attika

Attika ist Athen – Athen ist Attika. Aber in Athen allein hat knapp die Hälfte aller Griechen keinen Platz mehr. Die Hauptstadt hat sich über die ganze Provinz ausgebreitet, selbst die Insel Euböa ist fast schon Athen. Für Griechenland und die Griechen ist Attika die wichtigste Provinz des Landes. Alles, was Griechenland zu bieten hat, konzentriert sich auf die Hauptstadt. In Athen praktizieren die meisten Ärzte, dort haben sich 90 Prozent der größten Industriebetriebe niedergelassen, 70 Prozent aller Gewerbebetriebe, dort fahren über 60 Prozent aller in Griechenland zugelassenen Autos. Athen ist das Zentrum von Politik und Kultur, dort herrscht die höchste Bevölkerungsdichte, raubt einem die schlechteste Luft Griechenlands den Atem. Athen gilt als modern und fortschrittlich, als die Stadt, die Europa am nächsten kommt. Ihre Kapazitäten hat die Metropole schon längst überschritten. Heute leben etwa vier Millionen Griechen in und um Athen.
Attika hat schon seit jeher für Schlagzeilen gesorgt. In Marathón retteten die Athener 490 v. Chr. ihre Stadt vor den Persern, obwohl sie zahlenmäßig weit unterlegen waren; in der Seeschlacht in der Meerenge zwischen Attika und der Insel Salamís siegten sie einige Jahre später noch einmal, obwohl die Voraussetzungen dafür noch schlechter waren. Athen war neben Spartí die bedeutendste Polis. Hier entstanden die Grundzüge der Demokratie, hier lag schon damals das Zentrum für Kunst und Kultur.
Siehe auch die Kapitel *Am Puls der Griechen* (S.140), *Das rote Schlußlicht der EU* (S.34), *Last der Antike* (S.54), *Kafeníon im Himmel* (S.80).

## Athen

### Vorwahl

01

### Telefonauskunft für Athener Nummern

132

### Information

Direkt am Flughafen (East- sowie West-Terminal) befindet sich jeweils ein kleiner Stand der Griechischen Zentrale für Fremdenverkehr EOT.

**EOT-Büros** am Sýntagma-Platz im Gebäude der National Bank of Greece (Tel.: 3222545) sowie in der Hauptstelle (Odos Amerikis 2, Tel.: 3223111-9). Dort gibt es alles, was überhaupt unter der Regie der Griechischen Zentrale für Fremdenverkehr erschienen ist, nicht nur über Athen, sondern über ganz Griechenland; ferner kostenlose Stadtpläne und Landkarten, Hotellisten, Prospekte von Sehenswürdigkeiten sowie alle Infos zum Thema Transport innerhalb Athens, auf dem Festland und Richtung Inseln.

**Touristenpolizei:** Die Zentrale liegt in der Leofóros Sigroú 7 (Tel.: 4523670 und 4184815), Filialstellen am Flughafen und am Lárissa-Bahnhof.

**Botschaften:** siehe unter dem Stichwort *Reisevorbereitung.*

## Transportmittel

Viel kann man zu Fuß erledigen. Die Busse sind überfüllt, die Fahrpläne schwer zu durchschauen. Wer nicht weiterkommt, hält am besten ein Taxi an – die Tarife sind preiswert.

### Busse

Ab den beiden Flughafen-Terminals, die mit Expreßbussen (Nr. 19) miteinander verbunden sind, verkehren in kurzen Abständen Flughafenbusse Richtung Omónia- und Sýntagma-Platz. Nr. 19 fährt auch in den Hafen von Piräus direkt zu den Fähren.
Im EOT-Büro am Sýntagma-Platz werden Buspläne verteilt, die jedoch keine große Hilfe sind. Am besten erkundigt man sich an einem der Kioske, dort werden auch Tickets verkauft.
Die gelben elektrischen Trolleys verkehren vorwiegend im Innenstadtbereich, die blauen Busse verbinden auch die Vororte miteinander.

### U-Bahn

Noch ist das «Netz» der *Elektrikó* sehr beschränkt, es besteht eigentlich nur aus einer Linie, die Piräus mit Kifisiá verbindet (über die Plätze Monastiráki, Omónia und Victorías). Weitere Strecken werden seit 1992 gebaut.

### Taxi

Anleitung in sechs Schritten: 1) Ziel auf dem Stadtplan suchen. 2) Falls die Straße/das Hotel außerhalb des Stadtkerns liegt, Stadtviertel identifizieren; liegt es im Zentrum, aber abseits der großen Plätze oder Straßen, ein möglichst nahe gelegenes Ziel auswählen (wer in die Amerikís Straße will, merkt sich Sýntagmá-Platz). 3) Wichtig: Aussprache des Ziels einstudieren. Syntágma versteht kein Taxifahrer. Sýntagma ist korrekt! 4) Am Straßenrand nach einem der gelben Taxis Ausschau halten. Wer auf einen leeren Wagen wartet, wird stehenbleiben. 5) Ist ein Taxi in Sicht, kräftig winken; der Fahrer bremst ab (er bleibt selten stehen), nun schnell den korrekt ausgesprochenen Namen des Platzes/Viertels (nicht irgendeiner unbekannten Nebenstraße!) durchs Fenster rufen. Liegt das Ziel auf dem Weg, bleibt der Fahrer stehen, falls nicht, oder falls er nichts verstanden hat, fährt er weiter. 6) Hat man tatsächlich ein leeres Taxi erwischt, schaltet der Fahrer sein Taxameter auf die

Tarifzone 1, zwischen 0 und 6 Uhr früh auf Zone 2 (griechische Taxis sind preiswert und besser als ihr Ruf). Steigt man in ein besetztes Taxi, muß man sich selbst den Stand des Zählers merken.

### Weiterreise

### Überlandbusse

Sehr gute Verbindungen in alle Regionen des Landes (siehe: *Reiseplanung*). In Athen gibt es zwei Busbahnhöfe: Den ersten erreicht man vom Zentrum aus mit dem Bus Nr. 24 vom Sýntagma-Platz (Amalías Straße, vor dem Eingang zum Nationalgarten). Er liegt in der Liosíon Straße 260 (Tel.: 01/8317147 oder 8317150). Von ihm aus fahren Busse **Richtung Nordgriechenland**. Vom zweiten Busbahnhof in der Kifissoú Straße (Tel.: 01/5124910 oder 5124914) fahren die Busse **Richtung Peloponnes**. Von der City kommend, steigt man am Omónia-Platz in Bus Nr. 51.

### Züge

Auch für Zugfahrer gibt es in der Theodórou Deligiáni Straße zwei Bahnhöfe, die allerdings direkt nebeneinander liegen und gemeinsam **Stathmós Laríssis** heißen (vom Sýntagma- und Omónia-Platz mit Bus Nr. 57 zu erreichen). Von hier aus mehrmals täglich Verbindungen nach Nordgriechenland und auf die Peloponnes. Infos und Fahrpläne am Bahnhof, et-

was südlich im Hauptbüro in der Odos Karólou 1 (Tel.: 01/5222491, 3624402) oder bei der Griechischen Zentrale für Fremdenverkehr.

### Mietwagen

Für einen Mietwagen der kleinsten Kategorie muß man mit etwa 100 DM pro Tag rechnen (siehe: *Reiseplanung*). Anbieter in allen Teilen der Stadt, auch direkt am Flughafen. Da auch internationale Verleiher vertreten sind (Avis, Hertz), ist eine Vorbestellung aus Deutschland möglich.

### Schiff

Von Piräus (mit der *Elektrikó* vom Monastiráki- oder Omónia-Platz) aus Verbindungen unter anderem nach Gýthion, Monemvasiá, Náfplion, Ermióni, Vólos und Thessaloniki und auf fast alle Inseln. Aktuelle Fahrpläne für Fähren, Flying Dolphins und Flying Cats erhält man in den Büros der Griechischen Zentrale für Fremdenverkehr; Infos auch im Hafenamt in Piräus, Tel.: 4513 11 21.

### Flugzeug

Wer mit der griechischen **Olympic Airways** fliegt, landet in Athen auf dem West-Terminal («Olympic Airport»), internationale Fluggesellschaften fliegen den East-Terminal (International Airport) an. Die beiden Terminals gehören zu einem gemeinsamen Flughafen, sind aber nicht

miteinander verbunden.
Wer auf dem östlichen
Flughafen gelandet ist und
innerhalb Griechenlands
(nur mit Olympic Airways
möglich) weiterfliegen will,
muß auschecken, das Flug-
hafengelände verlassen
und mit Bus (alle 30 Minuten Expreßbus Nr. 19) oder
Taxi um das Gelände
herum zum West-Terminal
fahren und dort erneut ein-
checken.
Innergriechische Flughäfen
auf dem Festland und den
Inseln sowie Preisbeispiele
im Kapitel *Reiseplanung*,
Stichwort *Weiterreise*.

### Essen/Nachtleben

Von der Souvláki-Bude bis
hin zum internationalen
Restaurant ist in Athen alles vertreten. Wie man in
Griechenland essen geht,
ist in *Brot in Körben, Wein
im Napfe* beschrieben,
auch wo man essen geht,
soll's denn wirklich griechisch sein. Ein bißchen
Aufgeschlossenheit und
Fingerspitzengefühl helfen
mehr als ellenlange Listen,
wie sie beispielsweise in
*The Week in Athens*, einer
kleinen, grünen Broschüre,
die man an vielen Kiosken
vor allem am Sýntagma-
Platz kaufen kann, abge-
druckt sind.
Schöne Restaurants und
Tavernen aller Kategorien
finden sich vor allem in der
Pláka, im Kolonáki-Viertel
oder (mit herrlicher Aus-
sicht) auf dem Lykavitós-
Hügel. Dort kann man, je
nach Geschmack in ge-
dämpfter Atmosphäre oder
bei heißen Bousoúki-
Rhythmen den ganzen

Abend verbringen, später
vielleicht noch ins Stu-
dentenviertel Exárchia
weitermarschieren, oder –
etwas für Romantiker – eines der Cafés im Nationalgarten am Záppion besu-
chen.

**Plátanos** in der Diógenes
Straße, Pláka. Handfeste
griechische Küche in netter
Atmosphäre; gleich gegen-
über das gleichnamige
Café.

**Socrates Prison:** Eine Steigerung, sowohl in Atmo-
sphäre, als auch Niveau des
Essens. Die urige Taverne
liegt südlich der Akropolis
in der Mitséon Straße.

**Pane e Vino:** Es muß nicht
immer Kamelfleisch sein,
Athen ist eine internationale Stadt. Hervorragende
italienische Küche (selbstgemachte Nudeln) in ge-
diegener Atmosphäre; Ko-
lonáki-Viertel, Spefsípou
Straße 8, Tel.: 7225084.

**Bajazzo:** Wenn schon, denn
schon. Ausgezeichnetes
Restaurant internationalen
Niveaus, das von dem
Deutschen Klaus Feuer-
bach geführt wird und das
Abendessen zum Erlebnis
werden läßt. Das poly-
glotte Personal stellt dem
Gast jedes Gourmetgericht
einzeln vor, bringt die rohe
Ware an den Tisch, erläu-
tert die Zutaten und er-
klärt die Art und Weise,
wie die Speisen zubereitet
werden. Tischreservierung,
gepflegtes Äußeres und
mindestens ein «Hunder-
ter» pro Person sind die
Voraussetzungen. Ecke
Ploutarchou/Dinokrátous

Straße im Kolonáki-Vier-
tel, Tel.: 7291420.

**Gerofinikas**, Odos Pinda-
rou 10, Kolonáki, Tel.:
3636710. Große Auswahl
griechischer und auch
orientalischer Speisen.

**La Donerie**, Odos Spefsi-
pou, Kolonáki,
Tel.: 7212106. Der Name
verrät es schon: «Döner»
in allen Variationen.

**Okio**, Odos Haritos 20,
Kolonáki, Tel.: 7224731.
Leckere *meσédes* (Kleinig-
keiten) für den kleinen
Hunger.

**Zefiris**, Odos Thespidos 4,
Plaka, Tel.: 3226460. Gute
Küche, Retsina vom Faß.

### Übernachten

Als Weltstadt hat Athen
auch dementsprechende
Preise. Will man nicht in
einer Absteige übernach-
ten, muß man im Sommer
pro Nacht mindestens
70 DM für das Doppelzim-
mer auf den Tisch legen.
Zu den billigsten Unter-
künften (es gibt nur eine
offizielle Jugendherberge
in der Stadt) zählen sogenannte Student- oder
Guest-Houses, in denen
man neben klassischen
Doppelzimmern auch in
Schlafsälen (ab ca. 15 DM)
übernachten kann, u. a. im
**Student's Traveler Inn**, Ki-
dathinéon Straße 16, Pláka,
Tel.: 3244808, im **St.
Georges Guest House**,
Níkis Straße 46, Tel.:
3226474, im **Festos Guest
House**, Filellínon Straße
18, Tel.: 3232455, oder im

**Jokastis House** in der Nähe des Bahnhofs, Aristotélous Straße 65, Tel.: 8226647).
Wer mit dem Rucksack durch die Athener Straßen flaniert, wird oft von den Besitzern solcher Häuser direkt angesprochen.
Der Stand der Griechischen Zentrale für Fremdenverkehr am Sýntagma Platz in der Nationalbank verteilt Listen, auf denen Hunderte von Hotels, nach Kategorien geordnet, mit Adresse und Telefonnummer verzeichnet sind. Eine kleine Auswahl:

### Mittlere Preisklasse

**Hotel Carolína**, Kolokotróni Straße 55, Tel.: 3240944
**Hotel Áttalos**, Athinás Straße 29, nahe Monastiráki, Tel.: 3212801
**Hotel Byron**, Víronos Straße in der Pláka, Tel.: 3253554
**Hotel Imperial**, Mitropóleos Straße 46, Tel.: 3227617
**Hotel Cleo**, Patróou Straße 3, nahe Sýntagma, Tel.: 3229053

### Höhere Preisklasse

(Zwischen 80 und 120 DM für das «Doppel»)
**Athenian Inn**, 22 Háritos im Kolonáki-Viertel, Tel.: 7238097 oder 7239552/6
**Hotel Oskar**, gegenüber vom Bahnhof gelegen, Sámou Straße 25, Tel.: 8834215
**Hotel Adonis**, Kódrou 3, Pláka, Tel.: 3249737 oder 3249741; direkt gegenüber liegt das etwas teurere
**Akropolis House**, Tel.: 3222344

**Hotel Plaka**, Ecke Mitropóleos / Kapnikaréas Straße, von der Dachterrasse schöner Blick auf die Akropolis, Tel.: 3222096-8.
Einige Hotels der Mittelklasse (trotzdem höhere Preisklasse) liegen auch in der parallel zur Mitropóleos verlaufenden Appólonos Straße; alle zwischen 80 und 120 DM pro Doppelzimmer.

### Camping

Es gibt in Griechenland wahrlich angenehmere Campingplätze als die in Athen.
**Camping Voúla**, ein staatlich verwalteter Platz, liegt direkt in der Einflugschneise des Flughafens im Glyfáda-Viertel an der Possidónos Straße, etwa fünf Autominuten südlich des Flughafens (Tel.: 8952712, 8953248).
**Camping Dafní**, etwa zehn Kilometer vor Athen gelegen, kommt man von Korínth (Tel.: 5811562/3).

### Jugendherbergen

Kein Thema in Griechenland: Laut Katalog des Deutschen Jugendherbergswerkes von 1995 gibt es nur eine in ganz Griechenland:
**Athens Youth Hostel**, Odos Dragatsaníou 4, Tel.: 8225840.

### Buchläden

Eine mehr oder weniger kleine Auswahl deutschsprachiger Bücher wird in folgenden Geschäften angeboten:
**Notos**, Omírou Straße 15, nahe der Universität
**Johannes**, Fidíou Straße 7.

### Athen damals

**Die Akropolis**, mit den Propyläen (Eingangstor), dem Nike-Tempel, dem Erechtheion und dem Parthenon, dem Tempel der Athene, dem Wahrzeichen Athens und ganz Griechenlands. Mo. bis Fr. 8 bis 19 Uhr, am Sa. und So. nur bis 15 Uhr. Der 2500 Jahre alte Parthenon gilt als das vollendetste Bauwerk der Antike. Seit 1974 kämpft das Archäologische Institut, die Bauwerke vor dem durch Umwelteinflüsse bedingten Zerfall zu retten. Die Arbeiten dauern an.

**Herodes-Atticus-Theater:** Der gleichnamige reiche Athener stiftete das Theater um 160 n. Chr. Es liegt auf der Südseite, gleich unterhalb der Akropolis, faßt 5000 Zuschauer und galt als eines der schönsten in ganz Griechenland. Seit es in der Mitte dieses Jahrhunderts restauriert wurde, richtete die Griechische Zentrale für Fremdenverkehr dort jeden Sommer die Athener Festspiele aus (siehe: *Veranstaltungen/ Festivals*)

**Agorá**, Di. bis So. 8.30 bis 15 Uhr. Der Marktplatz, das Zentrum Athens, heute zwischen Akropolis und Monastiráki gelegen, war der Mittelpunkt des politischen und kulturellen Lebens in der antiken Stadt.

**Römische Agorá,** Odos Eólou, Di. bis So. von 8.30 bis 15 Uhr. Der Markt wurde im 1. Jahrhundert v. Chr. angelegt. Wahrzeichen ist der sogenannte Turm der Winde, ein achteckiger, zwölf Meter hoher Marmorbau, in dessen Innerem sich früher eine Wasseruhr befand.

**Kerameikós,** Ermoú 148, Di. bis So. von 8.30 bis 15 Uhr. Riesiger Friedhof, auf dem ca. zwischen 12. Jahrhundert v. Chr. und dem 4. Jahrhundert n. Chr begraben wurde, wer in Athen Rang und Namen hatte.

**Olympeion:** Der dem olympischen Zeus geweihte Tempel (Baubeginn ca. 170 v. Chr.) war einer der größten des Landes. Von den 104 über siebzehn Meter hohen Säulen stehen heute nur noch 15. Das Olympeion liegt östlich der Akropolis an der Vassilíssis Ólgas Ave.

### Blickpunkte: Die Hügel Athens

**Areopag:** Der 115 Meter hohe Hügel nordwestlich der Akropolis war Sitz des höchsten Athener Gerichts, das sich aus Adeligen zusammensetzte, aber nach der Reform Solons mehr und mehr an Bedeutung verlor (siehe: *Last der Antike*). Grandioser Aussichtspunkt.

**Musen-Hügel:** 147 Meter hoch, «klassischer Blick» auf die Akropolis. Einst den Musen, den Göttinnen

der schönen Künste, geweiht, steht heute auf seinem Gipfel das 114 n. Chr. einem syrischen Fürsten und Mäzen Athens von den Römern errichtete Philoppápou-Denkmal.

**Pnyx** heißt übersetzt etwa: «Ort, an dem alle dicht beieinander gedrängt stehen». Gedrängt hatten sich hier einst die Athener, denn auf dem Hügel fanden die berühmten Volksversammlungen statt, in denen die Bürger Athens Politik gemacht haben. Heute wird dort im Sommer allabendlich eine Ton- und Lichtschau aufgeführt, die die Geschichte Athens erzählt.

**Lykavitós:** Mit einer Höhe von 278 Metern der höchste Berg Athens, der durch ein Ungeschick der Göttin Athene entstanden ist. Sie wollte die Akropolis befestigen, ließ aber den Felsbrocken – eben diesen Hügel –, den sie dafür auserkoren hatte, fallen. Wer die Aussicht genießen will, aber den Spaziergang vom Kolonáki-Viertel scheut, kann mit einer Schienen-Seilbahn (9 Uhr bis Mitternacht) regelmäßig von der Aristíppou Straße hinauffahren. In dem Freilichttheater auf der Rückseite des Hügels werden im Sommer moderne Konzerte aufgeführt.

### Athen heute

**Sýntagma-Platz,** neben dem Omónia-Platz, Zentrum Athens. An seiner oberen Seite sitzt im alten

Schloß das Parlament (Wachablösung alle zwei Stunden um 9, 11, 13 Uhr etc.). Von hier aus kann man die Highlights von Athen auch zu Fuß erreichen. Viele Restaurants, Cafés, Touristik-Büros und Lärm.

**Omónia-Platz,** etwas «griechischer» als der Sýntagma-Platz, aber ebenso zentral. Die bisher einzige Metro-Linie führt unter dem Platz der Eintracht (zwischen dem untereinander verfeindeten Volk nach dem Befreiungskrieg gegen die Türken) hindurch und verbindet Piráus mit Kifisía.

**Monastiráki:** Platz, an der Kreuzung der Athinás und der Ermoú Straße gelegen (frühmittelalterliche Kirche sowie türkische Moschee), und Eingang zum Flohmarkt.

**Die Pláka,** jenes Gewirr von engen Gassen und Treppchen am südöstlichen Fuß der Akropolis, ist die Altstadt Athens und die touristischste Region des gesamten griechischen Festlandes. Souvláki-Buden, Bars, Kneipen, Tavernen, Restaurants, Souvenirläden, Musik, Lärm, Gedränge, Geschiebe in engen Gäßchen und zwischen neoklassizistischen Häusern. In der Pláka ließen sich nach dem Abzug der Türken die reicheren Athener nieder, unglücklicherweise auf den Fundamenten des antiken Athens. Der Plan zu Zeiten König Ottos, das gesamte Viertel abzureißen, wurde nie realisiert. Heute steht die Pláka unter Denkmalschutz.

**Flohmarkt:** Von der verkratzten Schallplatte über gebrauchte Springerstiefel, Messinggerät, Lampen und Möbel, alles, was zwischen Gerümpel und Antiquität anzusiedeln ist. Zugang vom Monastiráki; täglich.

**Altes Schloß:** Papa Ludwig ließ die Anlage am Sýntagma-Platz, seit 1935 griechisches **Parlament**, 1835 für seinen Sohn Otto bauen. Vor dem Ehrenmal des Unbekannten Soldaten findet zu jeder ungeraden Stunde eine Wachablösung statt (große Parade sonntags um 11 Uhr). Hinter dem Parlamentsgebäude beginnt der

**Nationalgarten:** Eine – eigentlich die einzige – grüne Oase Athens, gleich hinter dem Sýntagma-Platz gelegen. Der Park, eher ein botanischer Garten, wurde 1836 auf Drängen von Ottos Gemahlin Amalia angelegt und ist seit 1923 der Öffentlichkeit zugänglich. Im Süden des Parks steht das sogenannte

**Záppion**, ein von Záppos (reicher Freiheitskämpfer) gestifteter repräsentativer Bau, in dem damals wie heute Ausstellungen gezeigt werden; draußen ein schönes Café.

**Panthenäisches Stadion:** Der erste «Sportplatz» soll an dieser Stelle (südöstlich des Nationalgartens) bereits um 330 v. Chr. entstanden sein. Die heutige

Anlage bietet Platz für 70000 Zuschauer und wurde aus sogenanntem pantelesischem Marmor erbaut, demselben, aus dem die Akropolis besteht. Hier wurden 1896 die ersten Olympischen Spiele der Neuzeit ausgetragen; unter den dreizehn teilnehmenden Nationen schnitten die Griechen als die beste ab.

**Große Metrópolis Kirche**, griechisch orthodoxe Bischofskirche, 1855 vollendet, in der gleichnamigen Straße zwischen Sýntagma und Monastiráki gelegen; prächtige Innenausstattung.

## Museen

**Archäologisches Nationalmuseum**, Patissíon Str. 44, Tel.: 8217717. Weltweit wichtigste und größte Sammlung antiker griechischer Kunst. Mo. 12.30 – 19 Uhr, Sa. und So. 8.30 bis 15 Uhr, ansonsten 8.30 bis 19 Uhr

**Akropolis-Museum**, gleich am Ausgrabungsgelände, 8.30 bis 15 Uhr, Eintritt frei.

**Benaki-Museum**, Odos Koumbari / Vasilissis Sofias. Große Privatsammlung griechischer Kunst aus allen Epochen (speziell Byzanz und griechische Volkskunst) des gleichnamigen Baumwollhändlers, seit 1930 der Öffentlichkeit zugänglich. Das Museum war während der Recherche aufgrund umfangreicher Umbauarbeiten geschlossen, Infos über die

Öffnungszeiten gibt die EOT.

**Karameikos Museum**, Odos Ermoú 148, Tel.: 3463552. Bestattungswesen in der Antike. Di. bis So. 8.30 bis 15 Uhr.

**Kykladen-Museum**, Odos Neofítou Doúka 4, Tel.: 7228321. Die Sammlung kykladischer Kunst geht bis ins 3. Jahrtausend v. Chr. zurück. Außer So. und Di. täglich zwischen 10 und 13 Uhr.

**Museum der Stadt Athen**, Odos Paparigopoúlou 7, Tel.: 3246164. Athen im 18. und 19. Jahrhundert, unter anderem auch ein Modell aus jener Zeit, in der bayerische Architekten unter König Otto I. die Hauptstadt geplant hatten.

**Byzantinisches Museum**, Vassilíssis Sofías Ave 22, Tel.: 7231570. Außergewöhnliche Sammlung christlicher Archäologie aus dem 5. bis 19. Jahrhundert. Di. bis So. 8.30 bis 15 Uhr. Teile des Museums sind wegen des U-Bahn-Baus voraussichtlich für mehrere Jahre nicht zugänglich.

**Kriegsmuseum**, Ecke Vassilíssis Sofías Ave / Odos Rizári, Tel.: 7290543. Geschichte des Krieges und der Kriegführung, der Waffen und Rüstungen von homerischer Zeit bis zum Zweiten Weltkrieg.

**Historisches Nationalmuseum**, Odos Stadíou 13, Tel.: 3237617. Schwerpunkt der Ausstellung ist der griechische Freiheitskampf gegen die Türken 1821 bis 1827. Di. bis Fr. 9 bis 13.30 Uhr, Sa. und So. nur bis 12.30 Uhr.

**Nationalgalerie**, Odos Vassiléos Konstandínou, Tel.: 7211010. Wechselnde Ausstellungen der Moderne.

**Volkskunstmuseum**, Odos Kidathincon 17, Tel.: 3213018, täglich außer montags zwischen 10 und 15 Uhr. Ausgelagert ist die Abteilung für Keramik, die in der Tzisdaraki-Moschee (Monastiráki, gleiche Öffnungszeiten) untergebracht ist.

**Numismatisches Museum**, Odos Tossitsa / Voumvoulinas, Tel.: 8226798. Knapp eine halbe Million Münzen von der mykenischen Zeit bis zur Moderne; von Dienstag bis Sonntag jeweils von 9 bis 15 Uhr.

## Veranstaltungen

Seit 1955 wird Jahr für Jahr in den Sommermonaten von Anfang Juni bis Ende September das **Athener Festival** von der Griechischen Zentrale für Fremdenverkehr im Herodes-Atticus-Theater ausgerichtet. Aufgeführt werden antike Dramen, klassische Musik und Ballettvorstellungen. Informationen, Programme, Tickets: **Athens Festival Box Office**, Odos Stadíou 4, täglich von 8.30 bis 14 und von 17 bis 19 Uhr (sonntags nur zwischen 10.30 und 13 Uhr), Tel.: 3221495 und 3223111-9, oder direkt am

unterhalb der Akropolis gelegenen **Herodes-Atticus-Theater** vor jeder Vorstellung zwischen 17 und 21 Uhr. Tel.: 3232771 und 3223111. Kartenvorverkauf maximal fünfzehn Tage vor Vorstellungsbeginn; Studenten mit internationalem Ausweis erhalten 50 Prozent Ermäßigung. Im Festivalbüro gibt es auch Programme für das **Nationaltheater** und das **Lykabethos-Theater**. Im **Filopápou-Theater** auf dem gleichnamigen Hügel präsentiert das Dóra-Strátou-Ensemble zwischen Mai und September Volkstanzaufführungen. Tel.: 3244395 und 9214650. Ab Juni wird auf dem **Hügel der Pnyx**, dort, wo in der Antike die Volksversammlungen stattgefunden haben, allabendlich eine Ton- und Lichtschau aufgeführt (Di. und Fr. ab 22 Uhr in deutscher Sprache), in der die Geschichte der Stadt erzählt wird. Karten und Infos im Athens Festival Box Office.

## Kino

Etwa vierzig Freiluftkinos im Stadtkern, einmalige Atmosphäre. Die Filme (Programme und Adressen in der täglich außer montags erscheinenden englischsprachigen **Athens News**) werden im Originalton mit griechischen Untertiteln gezeigt.

## Feiertage

**6. Januar:** Glück oder Pech für das kommende Jahr? Der Erzbischof wirft ein Kreuz in den Hafen von Piräus (Platía Dexamení); ein gutes Zeichen, wenn es die Schwimmer finden.

**25. März:** Nationalfeiertag. Die Befreiung von den Türken wird gefeiert. Große Aufmärsche am Sýntagma-Platz.

**Ostern:** Große Karfreitagsprozession. In der Nacht vom Samstag auf den Ostersonntag (ca. 20 Uhr bis nach Mitternacht) Festgottesdienst in der Mitrópolis-Kirche in der gleichnamigen Straße.

**April:** Blumenmarkt auf der Platía Plataníou. Über den genauen Termin gibt die EOT Auskunft, ebenso über die jährlich stattfindende Akropolis-Rallye. Das dreitägige Autorennen wird vom griechischen Automobilclub ELPA veranstaltet.

**September:** Weinfest mit Tanz und Musik vor dem Kloster Dafní.

**Oktober:** Der legendäre, 42,195 Kilometer lange Lauf von Marathon nach Athen. Zweiter griechischer Nationalfeiertag ist der 28. Oktober (siehe *Feste und Feiertage*). Große Parade am Sýntagma-Platz.

### Piräus

Wenig ist übriggeblieben von der verrucht-romantischen Atmosphäre aus dem Film *Sonntags ... nie!*, den viele mit der Hafenstadt verbinden. Melina Mercouri († 1994), die spätere Kulturministerin Griechenlands, spielte die Hauptrolle in dem Streifen. Wo früher bunte Fischerboote und Dampfschiffe und noch früher die Flotte des Themistokles standen, haben sich heute riesige Fähr- und Frachtschiffe breitgemacht. Damals wie heute ist Piräus, mittlerweile mit der Hauptstadt zusammengewachsen, der wichtigste Hafen Griechenlands und einer der wichtigsten im Mittelmeer – mit allen negativen Begleiterscheinungen: Man möchte nicht einmal seinen Finger ins Wasser tauchen.

### Transportmittel

Vom Zentrum mit der U-Bahn Elektrikó ab Monastiráki oder Omónia oder mit dem Bus Nr. 49.

**Häfen auf dem Festland:** Gýthion, Monemvasiá, Náfplion, Ermióni, Vólos und Thessaloniki.

**Richtung Inseln:** Vom Zéa Marina Hafen mit den Flying Dolphins (Tragflächenboote) oder per Fähre vom Haupthafen Kantharos. Tickets gibt es in den unzähligen Büros der verschiedensten Reedereien. Achtung: Es handelt sich dabei fast ausschließlich um Vertragsbüros, die mit einer bestimmten Gesellschaft zusammenarbeiten. Zwar sind die Preise relativ einheitlich, auf der Suche nach der günstigsten Abfahrtszeit lohnt es sich jedoch in verschiedenen Büros nachzufragen. Aktuelle Fahrpläne für Fähren, Flying Dolphins und Flying Cats erhält man in den Büros der Griechischen Zentrale für Fremdenverkehr; Infos auch im **Hafenamt** in Piräus, Tel.: 4 51 13 11 21.

### Yachthafen

Marinas unterschiedlicher Größe westlich des Hafens. Das Zentrum ist der runde Mikrolímano (übersetzt: «kleiner Hafen»).

### Sehenswertes

**Archäologisches Museum,** Trikoúpi Straße 31, montags geschlossen, an den übrigen Tagen zwischen 8.30 und 15 Uhr geöffnet. Große Sammlung; bedeutendste Ausstellungsstücke sind eine Bronzestatue Apollons aus dem Jahr 520 v. Chr., die älteste, die bislang gefunden wurde, sowie das prächtige Grabmal von Kallithéa aus dem 4. Jahrhundert v. Chr.

### Ausflüge in Attika

**Kap Súnion:** Viele Segler, die mit ihrer Yacht von einer der Athener Marinas Richtung Kykladen aufgebrochen sind, werfen vor dem **Apollon-Tempel** (5. Jahrhundert v. Chr.) am Kap Attikas zum erstenmal Anker (auf der Straße ca. 70 Kilometer südöstlich von Athen). «Die Tempelsäulen von Súnion stehen auf bräunlichem Fels, eine weiße Zackenkrone des Lands. Jede der griechischen Tempelruinen hat ihre eigene, unvergeßliche Farbe. Die Burg von Athen: honigfarben. Olympia hat ein uralt silbernes Grau. Korinth hat sein heimliches Braun. Bassai ist bläulich fahl, der Tempel von Aigina hat die Farbe von eichenem Holz: zwischen Grau und rötlichem Braun. Súnion allein ist schneeweiß», schreibt Erhart Kästner. Das Ausgrabungsgelände hat übrigens täglich von etwa 9 Uhr bis zum Sonnenuntergang geöffnet – er soll der schönste Griechenlands sein.

**Ághios Geórgios Kouvarás:** Bedeutende Kirche (südöstlich von Athen nahe Markópoulo) mit Bauelementen ab dem 5. Jahrhundert n. Chr. Sehenswert vor allem die Fresken (Jüngstes Gericht) aus dem 13. Jahrhundert.

**Marathon** liegt an der Ostküste, jene berühmten 42,195 Kilometer von Athen entfernt. Hier fand am 12. September 490 v. Chr. eine der berühmtesten Schlachten überhaupt statt. Unter der Führung von Miltíades schlugen die Griechen, obwohl zahlenmäßig weit unterlegen, das angreifende persische Heer in die Flucht. Kaum einer glaubte damals an den

Sieg, weswegen der legendäre Marathonläufer die gesamten 42 Kilometer nach Athen durchrannte, um die Niederlage der Perser möglichst rasch zu verkünden. Indirekt war der Läufer, der, kaum hatte er die frohe Botschaft verkündet, an einem Herzschlag starb, der 193. Grieche, der bei dieser Schlacht ums Leben kam. Besichtigt werden können mehrere Grabhügel und ein Museum mit Funden aus der Region. Ein Denkmal am südlichsten Ortseingang ist der Start für den jährlich im Oktober stattfindenden «originalen» Marathonlauf.

**Kloster Dafní**, eines der bedeutendsten und sehenswertesten Klöster Griechenlands; zehn Kilometer westlich von Athen, an der Straße nach Korínth gelegen. Das Kloster steht an der Stelle eines früheren Apollonheiligtums. Fundamente des ersten Baus aus dem 6. Jahrhundert wurden mittlerweile freigelegt. Die heute zu besichtigende Kirche stammt aus dem Jahre 1080 n. Chr. und ist mit dem in Griechenland einzig vollständig erhaltenen sogenannten byzantinischen Mosaikensemble geschmückt. Nahe dem Kloster wird jedes Jahr im September das **Weinfest von Dafní** ausgerichtet. Abgesehen vom Eintrittsgeld können Freunde des Weins ihren Geldbeutel in der Tasche lassen – *jámas* (Prost)!

**Eleusís:** Wer von der Straße Athen–Korínth abzweigt und durch das (schreckliche) Industriestädtchen Eleusís fährt, wird nicht glauben wollen, daß der Ort früher eines der wichtigsten religiösen Zentren Griechenlands war. Auf der Heiligen Straße pilgerten jährlich Tausende von Athen nach Eleusís, um sich in die Eleusinischen Mysterien zu Ehren Demeters einweihen zu lassen. Worum es dabei ging, ist nach wie vor unklar, denn der Kult war streng geheim. Wer in die höchsten Stufen der Mysterien eingeweiht worden war, so wird es in der antiken Literatur mehrmals angedeutet, bräuchte sich vor dem Tod nicht mehr zu fürchten. Das große Ausgrabungsgelände und das Museum können, außer montags, täglich von 8.30 bis 15 Uhr besichtigt werden.

# Thrakien

Als ein «Bindeglied zwischen Orient und Okzident» beschreibt ein Prospekt der Griechischen Zentrale für Fremdenverkehr die Provinz und lobt das «harmonische Nebeneinander von östlicher und westlicher Kultur». Aber wer mit der griechischen Geschichte vertraut ist, wird solche Behauptungen allenfalls damit entschuldigen, daß Touristen jahrtausendealte Reibereien an der Grenze zweier Kulturkreise erspart werden sollen.
Die nordöstlichste und kleinste Provinz Griechenlands, an der Grenze Bulgariens und der Türkei gelegen, wurde 1923 vom großen Bevölkerungsaustausch zwischen der Türkei und Griechenland ausgenommen, der Anteil an Minderheiten ist dementsprechend der größte im Land. Die jüngsten Zahlen, die vorliegen, stammen aus dem Jahr 1951. Demnach – große Abweichungen sind unwahrscheinlich – machen Türken in Thrakien knapp dreißig Prozent der Bevölkerung aus, die Pomaken, eine slavischsprachige islamisierte Volksgruppe, rund fünf. Beide ethnischen Gruppen genießen offiziell Minderheitenschutz, leben in eigenen Dörfern oder Stadtvierteln, haben eigene Schulen, Kirchen (Moscheen) und in Komotiní eine Hochschule für Theologie. Kontakte zur griechischen Bevölkerung sind selten.
Touristisch tut sich in Thrakien wenig, die meisten Fremden, die man trifft, sind auf der Durchreise und fahren von Thessaloniki auf der alten Handelsstraße Via Egnatia über Xánthi (Hauptstadt), Komotiní und Alexandroúpoli in die Türkei. Landschaftlich reizvoll ist vor allem das Evros-Tal. Der gleichnamige Fluß, der an der Grenze zur Türkei verläuft und östlich von Alexandroúpoli ins Meer mündet, ist mit einer Länge von über 500 Kilometern der größte auf dem südlichen Balkan. Sein Tal und vor allem sein Delta gelten als eines der wichtigsten Winterquartiere für Vögel in Europa.

291

### Transportmittel

Mit dem **Auto** oder **Bus** (mehrmals täglich) von Thessaloniki über Kavála, Xánthi, Komotiní nach Alexandroúpoli (auf der alten Via Egnatia) und von dort aus zum Grenzübergang Kipi / Ipsala in die Türkei.

**Bahn:** Viermal täglich von Thessaloniki über Dráma nach Alexandroúpoli, von dort aus zweimal täglich in die Türkei Richtung Istanbul.

**Flugzeug:** Der kleine Flughafen (Tel.: 0551 / 28598) liegt östlich von Alexandroúpoli, das Olympic Büro in der Elis Straße Nr. 6, Tel.: 0551 / 26207.

**Fährverbindungen** von Alexandroúpoli nach Kavála und auf die kleine Insel Samothráki.

### Alexandroúpoli

Die Hafenstadt mit heute rund 30000 Einwohnern, einst von den Türken unter dem Namen Dedeagatsch gegründet und 1919 auf den Namen des Königs Alexander umgetauft, erwachte erst 1871 aus ihrem Dornröschenschlaf, als sie einen eigenen Bahnhof bekam. Heute legen hier Touristen, ob sie mit dem Zug oder dem Auto kommen, häufig einen letzten Stopp vor der Weiterfahrt in die Türkei ein. Es gibt viele Hotels und eine Reihe von Tavernen. Zum Grenzübergang Kipi / Ipsala sind es von Alexandroúpoli noch etwa fünfzig Kilometer.

### Vorwahl

0551

### Transportmittel

siehe oben

### Übernachten

#### Preiswert

**Hotel Aktaion**, am Bahnhof gelegen, Tel.: 28078
**Hotel Olympion**, Tel.: 28091

#### Mittlere Preisklasse

**Hotel Hera**, Géfiras Straße 179, Tel.: 23941
**Hotel Alexander Beach**, Alexandroúpolos Straße, Tel.: 29250
**Motel Egnatia**, Makris Straße, Tel.: 28661

### Camping

**Camping Alexandroúpolis**, direkt am Meer, Tel.: 26055

### Essen

Tavernen im Zentrum oder an der Uferpromenade (Fisch!)

### Ausflüge

**Komotiní**: Ab Xánthi schon wird es türkisch, in Komotiní ist der islamische Einfluß nicht zu übersehen: Moscheen, Minarette, Bazare, türkische Kneipen und Imbißstuben. Der mit 40000 Einwohnern größte Ort Thrakiens ist ein Handelszentrum für landwirtschaftliche Produkte, vor allem für Tabak. **Sehenswert**: Neben viel morgenländischem Flair Ruinen einer byzantinischen Festung und ein archäologisches Museum (Tel.: 0535 / 31270) mit Funden aus der Region.

**Insel Samothráki:** Mit der Fähre von Alexandroúpoli in dreieinhalb Stunden zu erreichen; wenig Touristen. Auf der Insel wurde das sogenannte Heiligtum der Großen Götter gefunden, eine mystische Kultstätte aus dem 3. Jahrhundert v. Chr. Das Ausgrabungsgelände (Di. bis So., 9 bis 15 Uhr) nahe des Hafenorts Kamariótissa und das Museum können täglich außer montags zwischen 9 und 15 Uhr besichtigt werden.

# Makedonien

Die größte Provinz, im Norden Griechenlands gelegen, lockt mit Vielseitigkeit. Sandstrände auf den beiden westlichen Halbinseln von Chalkidikí sowie an der gesamten Ostküste der Region, die autonome Mönchsrepublik Athos mit ihren einzigartigen byzantinischen Klöstern, der Olymp, der höchste Berg Griechenlands und Sitz der antiken Götter, die Orte Pélla, Vergína oder Díon mit ihren archäologischen Funden aus einer Zeit, in der Makedonien unter Philipp II. und seinem Sohn Alexander dem Großen die Hegemonie über Hellas hatte, oder der Westen der Provinz mit tiefen Wäldern und seiner unberührten Natur, wo die letzten Bären Griechenlands ihr Refugium gefunden haben. Hauptstadt Makedoniens ist die nach einer Tochter Philipps benannte Stadt Thessaloniki (Saloniki), mit einer Million Einwohnern der gepflegte Gegenpol zu dem wuchernden Athen.
Siehe auch Artikel in der Rubrik *Unterwegs*: *Bonbons ohne Goldpapier* (S. 161), *Auf zu den Göttern* (S. 181), *Hirten und Flüchtlinge* (S. 188).

## Thessaloniki

Die Hauptstadt Makedoniens ist mit rund einer Million Einwohnern die zweitgrößte Stadt Griechenlands.
Am Ufer modern, teuer und großzügig, mit gepflegten Parks, vornehmen Cafés und stilvollen Restaurants; in der Oberstadt «griechisch» und ein bißchen türkisch, ruhig, romantisch und fast ländlich. Wer Zeit hat, kann sich mit dem Bus (Nr. 23) oder Taxi hinauf in die Altstadt chauffieren lassen und dann zu Fuß langsam wieder bergab schlendern, die gegensätzlichen Reize so auf die gemächlichste Art und Weise genießen und dabei besichtigen, was nach einem verheerenden Großbrand im Jahre 1917 von der Stadt noch übriggeblieben bzw. wiederaufgebaut worden ist.

### Vorwahl

031

## Information

### Griechische Zentrale für Fremdenverkehr EOT,
Platia Arestotélous 8, Tel.: 271888 oder 222935 oder direkt am Flughafen, Tel.: 425011.

**Touristenpolizei**, Via Egnatía 10, Tel.: 522587; Bahnhof, Tel.: 517000.

## Transportmittel

**Flugzeug:** Der Airport liegt gut zehn Kilometer südlich des Ortszentrums (gut beschildert) und wird von internationalen Fluglinien aus aller Welt angeflogen; mit Olympic Airways auch gute innergriechische Verbindungen (Direktflüge nach Athen und Ioánnina sowie auf die Inseln Kréta, Límnos, Lésbos, Rhódos und Skiáthos).

**Olympic Airways Büros** in der Koundouriotozu Straße (nahe des Hafens), Tel.: 281880 oder 230240

sowie direkt am Flughafen, Tel.: 473720.

**Bahn:** Täglich mehrmals nach Athen und zu den wichtigsten Bahnhöfen im Norden des Landes. Informationen im Bahnbüro in der Aristotélous Straße 18, Tel.: 276382 oder direkt am Bahnhof, Tel.: 517517-8

**Bus:** Gute Verbindungen in alle Teile des Landes, die Fahrt nach Athen dauert rund acht Stunden. Busse Richtung Chalkidikí und auf den Berg Athos fahren vom Busbahnhof in der Krakássi Straße 68 ab, Tel.: 924444-5; alle anderen starten vom Vorplatz des Bahnhofs.

**Schiff:** Fährverbindungen zu den wichtigsten östlichen Inseln Griechenlands. Informationen am Hafenamt, Tel.: 531505.

293

## Übernachten

### Preiswert

Eine **Mädchenherberge**
(Y.W.C.A.) liegt in der
Aghías Sofías Straße, Tel.:
276144, eine Art **Jugendherberge** in der Alexán-
drou Svólou Straße 44,
Tel.: 225945-6.

### Mittlere Preisklasse

Große Auswahl von Mit-
telklassehotels an allen
Ecken und Enden der
Stadt, unter anderem:
**Hotel Tourist**, Mitropóleos
Straße 21, Tel.: 276335
**Hotel Amalia**, Ermoú
Straße 33 (am Bazar), Tel.:
268321
**Hotel Okeanis**, Nikou Pla-
stíra / Platía Skrá, Tel.:
418870
**Hotel Ariston**, Dikitríou
Straße 5, Tel.: 519630
**Hotel Mandrino**, Ecke An-
tigonidon Straße / Via Eg-
natía, Tel.: 526321

### Höhere Preisklasse

In Thessalonikis Betten ruhen nicht nur Touristen,
sondern, wegen der jähr-
lichen Messe (siehe weiter
unten), auch Geschäftsrei-
sende aus aller Welt. Wer
gepflegt übernachten will,
ist in der Hauptstadt Ma-
kedoniens an der richtigen
Adresse. Das beste und
teuerste Hotel ist das **Ma-
cedonia Palace** in der
Megálou Alexándrou
Straße, Tel.: 837520.

### Camping

Keine Plätze im Stadtge-
biet. Südöstlich Thessalonikis Richtung Chalkidikí

liegt der staatliche **Camping Epanomí** (am Rande
des gleichnamigen Ortes),
Tel.: 0392/41378-9. Wei-
tere Plätze vor allem auf
den ersten beiden Fingern
der Halbinsel Chalkidikí
(siehe weiter unten) sowie
östlich der Hauptstadt (90
Kilometer) an der Küste in
den beiden Orten **Aktí
Thermaikoú**, Tel.:
0392/51360, und **Aktí
Asproválta** (beides große,
öffentliche Strandbäder
mit Sportanlagen), Tel.:
0397/22249.

## Restaurants / Nachtleben

Zahlreiche Restaurants
und Tavernen verschiede-
ner Preisklassen an der
Uferpromenade, der paral-
lel laufenden Via Egnatía
und in der Nähe der
Markthallen. Nachtleben
(Clubs, Diskotheken, sowie
mehrere Bouzuki-Knei-
pen) auf dem Weg zum
Flughafen.

## Kultur

**Messe:** Jedes Jahr findet
auf dem Messegelände ge-
genüber dem Nationalmu-
seum zwischen dem 1. und
20. September eine große
internationale Handels-
messe statt. In dieser Zeit
ist es sehr schwierig, Betten
zu finden.

**Griechisches Filmfestival:**
Die einwöchige Veranstal-
tung schließt sich der internationalen Handelsmesse
an. Aktuelle Informationen
gibt die Griechische Zen-
trale für Fremdenverkehr.

Mehr zum Thema Kultur
in Makedonien (Internationales Festival des Olymp)
weiter unten unter der
Überschrift: *Ostküste:
Zwischen Kateríni und
Tembi-Tal.* (Siehe S. 298.)

## Sehenswertes

Dreißig Meter hohes Wahr-
zeichen der Stadt ist der
am Ufer gelegene soge-
nannte **Weiße Turm**, Überbleibsel einer starken Befe-
stigungsanlage, die erst-
mals im vierten Jahrhun-
dert n. Chr. fertiggestellt
und im 15. Jahrhundert von
den Türken verbessert worden war. In die Geschichte
ist er unter dem Namen
«Blutturm» eingegangen,
weil er unter der Türken-
herrschaft lange Zeit als
Gefängnis genutzt wurde.

**Galerius-Bogen:** Triumph-
bogen des gleichnamigen
Kaisers, der 303 n. Chr. an-
läßlich seiner Siege über
die Perser errichtet wurde;
Via Egnatía.

**Markt:** Täglich bis etwa
14 Uhr; westlich des Ari-
stoteles-Platzes gelegen.

## Kirchen

Die meisten sind täglich
zwischen 8 und 18 Uhr
geöffnet, unterbrochen oft
von einer Mittagspause
zwischen 13 und 15 Uhr;
mitunter werden Eintritts-
gelder kassiert. Sieben Kirchen zur Auswahl:

**Ághios Geórgios**, Angeláki
Straße. Geplant war der
Rundbau (auch «Rotónda»

genannt), 311 n. Chr. er-
baut, als Mausoleum für
den Kaiser Galerius,
wurde jedoch noch im sel-
ben Jahrhundert in eine
Kirche umgewandelt.

**Kloster Vlatádon** liegt ganz
oben in der Altstadt an der
Stadtmauer in der Ká-
storos Straße. Das Kloster
wurde in der ersten Hälfte
des 14. Jahrhunderts von
zwei kretischen Mönchen
gegründet, um 1800 dann
grundlegend umgebaut.
Aus der Gründungszeit
stammen noch zwei Kapel-
len sowie die gut erhaltenen Fresken.

**Ághios Dimítrios:** Die
fünfschiffige Basilika steht
südwestlich des Klosters an
der gleichnamigen Straße,
nach der Überlieferung exakt an dem Ort, an dem
Dimitrios, der Schutzhei-
lige Thessalonikis, seinen
Märtyrertod erlitten haben
soll. Mit dem Bau wurde
Anfang des 4. Jahrhunderts
n. Chr. begonnen.

**Aghía Ekateríni:** Kreuzkuppelbau aus dem späten
13. Jahrhundert. Von den
Fresken sind nur noch Re-
ste erhalten; viele wurden
zerstört, als das Gebäude
um 1510, wie so viele an-
dere, als Moschee genutzt
wurde. Die Kirche liegt wenig westlich der Ághios
Dimítrios und der Olim-
biádos Straße.

**Dódeka Apóstoli,** am westlichen Ende der Dimítrios
Straße, Ecke Langáda
Straße, gelegen. Der äußerlich schlichte Ziegelbau
hält mehr, als er verspricht.
Im Inneren ist die Kirche

mit prächtigen Fresken und
Mosaiken aus ihrer Grün-
dungszeit (frühes 14. Jahrhundert) ausgestattet.

**Panajía Chalkéon** wurde
an der berühmten Via Eg-
natía erbaut und im Jahr
1028 vollendet. Im Inneren
kaum ein unbemaltes
Fleckchen.

**Aghía Sofía,** an der gleichnamigen Straße gelegen.
Die dreischiffige Basilika
stammt aus dem achten
Jahrhundert und ist mit
Mosaiken aus dem achten
bis zehnten Jahrhundert
ausgeschmückt.

## Museen

**Archäologisches Museum,**
gegenüber dem Messe-
gelände gelegen. Tel.:
83 05 38, geöffnet 8.30 bis
17 Uhr, montags nur zwi-
schen 10 und 15 Uhr. Wichtigste Sammlung Griechen-
lands, nach dem National-
museum in Athen. Ausge-
stellt sind Stücke vom allen
aus archaischer, klassischer
und römischer Zeit, speziell natürlich aus jener Epoche, als das Makedonische
Reich die Hegemonie über
Hellas hatte. Besonders sehenswert sind die Funde
aus dem Grab des makedo-
nischen Königs Philipp II.
(u. a. seine Gebeine), das
in Vergína (siehe: *Aus-
flüge*) gefunden wurde.

**Byzantinisches Museum,**
gleiche Öffnungszeiten.
Die Ausstellung ist im
Weißen Turm unterge-
bracht.

**Ethnologisches und Volks-
kundemuseum,** Vass. Ólgas
Straße 68. Schmuck, Waf-
fen, Hausgerät und Trach-
ten aus den vergangenen
250 Jahren. Montags ge-
schlossen, ansonsten zwi-
schen 8.30 und 17 Uhr
geöffnet.

**Pinakothek,** im Gebäude
des Staatlichen Theaters,
Nikol. Germanoú Straße 1.
8.30 bis 17 Uhr, montags
geschlossen.

## Ausflüge

**Pélla/Vergína:** Die beiden
Orte gehören zusammen
wie Leben und Tod – im
wahrsten Sinne des Wortes.
Pélla, rund 40 Kilometer
westlich von Thessaloniki
gelegen, war ab dem 5. Jh.
v. Chr. die Hauptstadt Makedoniens. Philipp II. hatte
hier einen Palast, in dem
auch Alexander der Große
geboren sein soll. Gegen-
über der Ausgrabungs-
stätte liegt ein kleines Museum (täglich 8.30 bis
15 Uhr), in dem vor allem
die großartigen Mosaiken,
u. a. die berühmte Löwen-
jagd, ausgestellt sind. Weitere 40 Kilometer südwestlich von Pélla liegt der
kleine Ort Vergína, dessen
Bedeutung erst Anfang der
achtziger Jahre bekannt
wurde, als dort das unge-
plünderte Grab Philipps II.
entdeckt worden war. Bis
dahin waren die Archäolo-
gen davon ausgegangen,
die altmakedonische
Hauptstadt Aigaí (vor
Pélla) läge bei Édessa, nun
sind sie sicher, daß Vergína
die Ehre gebührt. Zu be-
sichtigen sind die Überre-

ste einer Sommerresidenz Philipps II. sowie mehrere unterirdische, aufwendig präsentierte Gräber (dem Wegweiser mit der Aufschrift «Tomb» folgen); täglich 9 bis 15 Uhr, dienstags geschlossen.

## Chalkidikí

Griechenland, wie man es sich vorstellt: weißer Sand und blaues Meer, rote Erde und dunkelgrüne Pinienwälder. Die Halbinsel Chalkidikí mit ihren drei schmalen Landzungen, die Freunde der Mythologie immer wieder mit dem Dreizack des Meeresgottes Poseidon vergleichen, ist das Ferienparadies Nordgriechenlands. Weil sich aber paradiesische Zustände schnell herumsprechen, drängen sich in der Hochsaison «Pauschale» neben «Individuellen», allerdings nur auf den ersten beiden Landzungen Kassándra und Sithonía. Der östliche Finger, der Heilige Berg Áthos, ist für Gott und die Jungfrau Maria reserviert (Infos dazu weiter unten).

## Information

Das nächste Büro der **Griechischen Zentrale für Fremdenverkehr** ist in **Thessaloniki**: Platía Arestotélous 8, Tel.: 031/271888 oder 222935.

**Touristenpolizei:** Via Egnatía 10, Thessaloniki, Tel.: 031/522587.

## Transportmittel

**Bus:** Regelmäßige Verbindungen zur Verwaltungshauptstadt Polígiros sowie zu den Küstenorten der drei Halbinseln. Die Busse landen in Thessaloniki am «Chalkidikí-Busbahnhof», Krakassi Straße 68, Tel.: 031/924444-5.

**Auto:** Klassische Konstellation: Die Straßen an den touristisch erschlossenen Küsten der beiden Halbinseln Kassándra und Sithonía sind ausgebaut, im schmalen Landesinneren sind sie (unternehmungslustigen Tagesausflüglern auf der Suche nach dem unverfälschten Griechenland entsprechend) eng und kurvig.

## Übernachten

Das Angebot auf den beiden Halbinseln ist riesig, vor allem größere Hotelanlagen findet man hier häufiger als anderswo auf dem griechischen Festland. Durch die Zusammenarbeit mit großen, ausländischen Reiseveranstaltern ist der Tourismus auf Chalkidikí professioneller, an den Stränden ist für viel Abwechslung (Wassersport) gesorgt. Es gibt zahlreiche Campingplätze höheren Niveaus, gehäuft auf Sithonía sowie an der Ostküste Chalkidikís.

## Sehenswertes

**Die Tropfsteinhöhle von Petrálona** liegt zwischen Thessaloniki und der Halb-

insel Kassándra nahe der Ortschaft Eleochóra (ab dort ist der Weg ausgeschildert). Die Führung (täglich zwischen 9 und 17 Uhr) dauert eine halbe Stunde. Berühmt wurde die Höhle durch die prähistorischen Funde, die in ihr gemacht wurden, vor allem durch einen menschlichen Schädel, der mindestens 500000 Jahre alt sein soll. Die Entdeckungen sind in einem Museum gleich neben der Höhle ausgestellt.

## Mönchsrepublik Áthos

Männliches Geschlecht, ein Mindestalter von achtzehn Jahren, religiöses oder zumindest künstlerisches oder wissenschaftliches Interesse sind die Voraussetzungen, die einen höchstens viertägigen Besuch der halbautonomen Mönchsrepublik Áthos eventuell ermöglichen – eine endgültige Erlaubnis erhalten maximal zehn Mann pro Tag nach persönlicher Vorsprache im Ministerium für Makedonien und Thrakien in Thessaloniki (Einreiseformalitäten siehe unten). Seit über 1000 Jahren leben (heute rund 2000) Mönche nach strengen Vorschriften in (heute 20) Klöstern auf dem Heiligen Berg und bewachen dort nicht nur architektonische und kunsthistorische Schätze, sondern auch die Tradition des orthodoxen Glaubens an sich.

### Literatur

*Áthos – der Heilige Berg des östlichen Christentums*, Günter Spitzing, DuMont Verlag.

*Die Stundentrommel vom Heiligen Berg Áthos*, Erhart Kästner, Insel Verlag.

*Áthos, Heiliger Berg*, Bildband von Gerhard Trumler, Linz Verlag.

### Einreiseformalitäten

Interessenten müssen sich mit ihrem Terminwunsch (und einem Ausweichtermin) zunächst an das **Ministerium für Makedonien und Thrakien** wenden, Direktion für politische Angelegenheiten, Aghios Dimítrios Straße, Tel.: 031/270092 (Frau Moutafi spricht deutsch).
Hat das Ministerium eine vorläufige Zustimmung erteilt und den Termin festgelegt, muß der Bewerber *persönlich* im Ministerium vorsprechen (geöffnet bis 14 Uhr) und ein Empfehlungsschreiben seiner Kirchengemeinde vorlegen. Kann er ein solches Schreiben nicht vorweisen, kann er beim Generalkonsulat der Bundesrepublik Deutschland (Anschrift siehe weiter unten) – ebenfalls persönlich – um ein Empfehlungsschreiben bitten. Stimmt das Ministerium schließlich dem Besuch zu, stellt es dem Interessenten einen Besuchsschein aus.
Ein aktuelles vierseitiges (!) Merkblatt über die Voraussetzungen für einen Be-

such auf dem Heiligen Berg Áthos versendet auf Wunsch das **Generalkonsulat der Bundesrepublik Deutschland** in Thessaloniki, Odos Karólou 4a, Tel.: 031/236315.

### Transportmittel

Die Anreise auf dem Landweg ist verboten, die Straße endet in Ouranoúpolis. Mauern und Stacheldraht schirmen den heiligen Berg vom weltlichen Teil Chalkidikís ab, dahinter schließt sich ein zwanzig Kilometer breiter dichter Buschwaldstreifen an, in dem abrupt endende labyrinthartige Hohlwege angelegt sind. Eine Durchquerung könne lebensgefährlich sein, warnt das deutsche Generalkonsulat. Ouranoúpolis ist per Bus täglich mehrmals mit Thessaloniki verbunden (Informationen in Thessaloniki, Tel.: 031/924444 oder 924445; Entfernung knapp 150 Kilometer). In Ouranoúpolis erhält man nach Vorlage eines Ausweises, der Besuchserlaubnis sowie Entrichtung einer Gebühr von 5000 Drachmen das sogenannte *Diamonitírion*, das eigentliche Visum. Von Ouranoúpolis fährt täglich um 12 Uhr ein kleines Schiff zum Haupthafen Dáphni.

### Kavála

Mit etwa 60000 Einwohnern zweitgrößte Stadt Makedoniens, am nordöstlichen Ende der Provinz gelegen. Apostel Paulus

gründete nahe des hübschen Städtchens (im Dorf Krinídes) 49 n. Chr. die erste christliche Kirche auf europäischem Boden. Sehenswert sind das gut erhaltene Kástro tis Panagías, eine byzantinische Burg aus dem 14. Jahrhundert, ein zweistöckiges, von den Türken im 16. Jahrhundert nach römischem Vorbild erbautes Aquädukt, das Geburtshaus des 1769 geborenen Muhammed Ali, des Begründers des ägyptischen Herrschaftshauses, sowie ein archäologisches Museum.

### Vorwahl

051

### Information

**Griechische Zentrale für Fremdenverkehr**, Filellínon Straße 2, Tel.: 228762.

**Touristenpolizei**, Tel.: 222905.

### Transportmittel

**Bus:** Mehrmals täglich nach Thessaloniki sowie Richtung Alexandroúpoli.

**Zug:** Nächster Bahnhof im nördlich der Stadt gelegenen Dráma.

**Schiff:** Mehrmals täglich auf die Insel Thássos und zweimal wöchentlich über Límnos, Lésbos und Sámos nach Rhódos. Auf die Insel Samothráki verkehren Fähren ausschließlich von Alexandroúpoli (siehe

*Thrakien*). Informationen im Hafenamt, Tel.: 223716.

**Flugzeug:** Der nächste Flughafen liegt etwa dreißig Kilometer östlich von Kavála; regelmäßiger Pendelverkehr per Bus. Information: Tel.: 225577.

## Übernachten

### Preiswert

**Hotel Europa**, Tel.: 241227
**Hotel Acropolis**, Tel.: 223543

### Mittlere Preisklasse

**Hotel Filoxenía**, Tel.: 230828

## Ausflüge

**Philíppi:** Die nach ihrem makedonischen König benannten Philipper steckten den Apostel Paulus ins Gefängnis. In dem zwanzig Kilometer nordwestlich von Kavála gelegenen Ort (auf der Straße nach Dráma) erschlug übrigens Marcus Antonius Octavian in der sogenannten Schlacht bei Philíppi die Cäsarmörder Brutus und Cassius.

## Sehenswertes

**Römisches Forum**, Ende des 2. Jahrhunderts n. Chr. von Kaiser Marc Aurel gegründet, daneben die Überreste der beiden sogenannten **Basiliken A** (5. Jahrhundert) und **B** (6. Jahrhundert) sowie oberhalb des Forums auf einem Hügel die **Akropolis**.

## Ostküste: Zwischen Kateríni und Tembi-Tal

Jubel, Trubel, Heiterkeit: Strandleben und Wasserplantschen wie aus dem Prospekt, die Küste am Fuße des Olymp ist ein beliebtes Erholungsgebiet vor allem für Camper.

### Litóchoro

Siehe unter dem folgenden Stichwort *Olymp*

### Díon

Der Ort am Fuße des Olymps war einst wegen seines Zeusheiligtums berühmt, das König Achélaos Anfang des 4. Jahrhunderts dort gründete. Heute kommen die vielen – auch griechischen – Touristen in diese Region nicht nur wegen Sonne und Strand oder weil sie das Berg der Götter bezwingen wollen, sondern auch wegen des jährlich stattfindenden Internationalen Festivals des Olymp.

## Information

**Touristenpolizei:** Kateríni, Tel.: 0351/23440 oder bei der

**Griechischen Zentrale für Fremdenverkehr EOT**, an der Hauptstraße in Litóchoro, Tel.: 0352/83100.

## Transportmittel

Die Orte zwischen Kateríni und Platamónas liegen an der Hauptverbindung zwischen Athen und Thessaloniki. Busse (Infos in Kateríni unter der Tel.: 0351/23313) fahren etwa stündlich in beide Richtungen, Züge mehrmals am Tag (Bahnhöfe an der Küste in Limáni Litóchoro sowie in Platamónas und Kateríni). Infos in Kateríni unter der Tel.: 0351/23709.

## Übernachten in Díon und Umgebung

*Kateríni (Vorwahl: 0351):*

### Preiswert

**Hotel Lido**, Tel.: 25300

### Mittlere Preisklasse

**Hotel Olympion**, Tel.: 29892-3
**Hotel Park**, Tel.: 25103 oder 25105

*Díon (Vorwahl: 0351):*

### Mittlere Preisklasse

**Hotel Díon**, Tel.: 53336

*Litóchoro:*
**Hotels/Information/Verbindung** siehe: *Olymp*.

### Camping

(Vorwahl: 0352)

Zahlreiche Plätze an der Küste, rund fünf Kilometer von Litóchoro entfernt, die sich auf drei Strände verteilen:

*Varikos Beach:*
**Camping Elisabeth**, Tel.: 612 64, **Camping Stáni**, Tel.: 612 77, **Camping Makedonía**, Tel.: 612 14.

*Gritsa Beach:*
**Camping Mytikas**, Tel.: 612 75-6, **Camping Grítsa**, Tel.: 612 96, **Camping Kalipsó**, Tel.: 612 70.

*Plaka Beach:*
**Camping Apóllon**, Tel.: 221 09, **Camping Ólympos Beach**, Tel.: 221 12, **Camping Ólympos Zeus**, Tel.: 221 15, **Camping Helena**, Tel.: 221 46, **Camping Minérva**, Tel.: 221 76 – und andere.

*Platamónas (Vorwahl: 0352):*

### Mittlere Preisklasse

**Hotel Alkyonís**, Tel.: 414 16
**Hotel Ártemis**, Tel.: 414 06
**Hotel Ólympos**, Tel.: 413 80
sowie einige **Privatzimmer.**

### Camping

Alle Plätze haben Zugang zum Strand:
**Camping Platamón**, Tel.: 413 01, **Camping Poseidon Beach**, Tel.: 416 54, **Camping Kalamáki**, Tel.: 416 76. Weitere Übernachtungsmöglichkeiten im benachbarten Panteleímonas.

## Sehenswertes

Viel aus der Glanzzeit Díons ist nicht erhalten. Neben der Ausgrabungsstätte kann man das Theater (siehe *Kultur*) besichtigen. In Díon gibt es auch ein kleines *Museum*, täglich 8.30 bis 15 Uhr, deutsch beschriftete Vitrinen, aber keine Prospekte.

## Kultur

**Internationales Festival des Olymp:** Jahr für Jahr wird im Juli und August seit 1972 Theater, Tanz und Musik der verschiedensten Stilrichtungen abwechselnd im antiken Theater von Díon und zwischen den Mauern der mittelalterlichen Burg von Platamónas aufgeführt. Tickets an der Abendkasse (Vorstellungsbeginn: 21 Uhr) oder an einem Kiosk in Kateríni, in der Irínis Straße 69, Tel.: 0351 / 760 41.

## Olymp

Sitz der Götter, höchster Berg Griechenlands. Sein Sockel bedeckt eine Fläche von 30 auf 40 Kilometer, 62 Gipfel soll der Gebirgsstock haben. Zu den höchsten zählen der Mýtikas (2917 m), der Skolío (2911 m), der Stefáni (2905 m), die Skála (2866 m) und der Profítis Elías (2786 m). Für eine Besteigung sollte man mindestens zwei Tage einplanen und entsprechend ausgerüstet sein. Passionierte Bergsteiger mögen den Aufstieg zwar einen «besseren Spaziergang» nennen, immerhin aber geht es auf eine Höhe von knapp 3000 Metern. Jahr für Jahr scheitern Hunderte von Touristen an der fehlenden Ausrüstung. Zur Grundausstattung sollten nicht nur feste, knöchelhohe Wanderstiefel mit Profil, eine Kopfbedeckung und die obligatorische Wasserflasche (mindestens ein Liter) gehören, sondern auch Notproviant und warme, regenfeste Kleidung. Der Olymp mag als Göttersitz berühmt geworden sein, berüchtigt wurde er durch seine plötzlichen Wetterumstürze, die einen auch im Hochsommer überraschen können.
Bester Ausgangspunkt ist die kleine Ortschaft Litóchoro an der Ostseite, etwa neunzig Kilometer südlich von Thessaloniki. Rund 25 000 Besucher pro Jahr decken sich hier mit den nötigen Informationen ein und können gegebenenfalls auch ihre Ausrüstung vervollständigen. Ein Großteil der Gipfelstürmer kommt im Hochsommer, vorzugsweise im Juli und August (Wochenenden meiden!), den heißesten Monaten, die dafür aber ein relativ beständiges Wetter garantieren.

### Vorwahl

0352

### Information

Die aufgeführten Institutionen versorgen Wanderer

mit Prospekten, Kartenmaterial, erläutern die verschiedenen Routen und vermitteln auf Wunsch auch Bergführer und Lasttiere. Wichtig: Vor einem Aufstieg mit geplanter Übernachtung Bett in der ausgewählten Schutzhütte reservieren lassen. Nicht alle Hütten sind durchgehend bewirtschaftet, mitunter muß man auch einen Schlafsack mitführen.

**Griechische Zentrale für Fremdenverkehr EOT**, Hauptstraße, Litóchoro, 9 bis 20 Uhr, Tel.: 83100.

**Griechischer Alpenverein EOS**, Hauptplatz, Litóchoro, ungeregelte Öffnungszeiten, Tel.: 81944

**Griechischer Bergsteigerverband EOOS**, Milióni 5, Athen, Tel.: 01/3644687 oder 3645904

**Bergführer** Cóstas Zolótas, Tel.: 81329 (siehe auch: Hütte A)

### Transportmittel

Litóchoro liegt 90 Kilometer südlich von Thessaloniki und etwa 60 Kilometer nördlich von Lárissa (Athen: 400 Kilometer) an der Autobahn Thessaloniki – Athen. Von dieser führt eine Stichstraße (5 km, gut beschildert) in den Ort. Gute Busverbindungen (etwa stündlich) sowohl vom Norden (Thessaloniki, Kateríni) als auch vom Süden (Platamónas, Lárissa). Der Busbahnhof liegt im Zentrum Litóchoros, der Bahnhof an der Küste nahe der Ortschaft Limáni Litóchoro.

### Übernachten

Zahlreiche Hotels und Pensionen im Ort, doch die nur wenige Kilometer entfernte Küste ist attraktiver. **Hotels** und **Campingplätze** siehe unter der Überschrift *Ostküste: Zwischen Kateríni und Témbi-Tal*. In Litóchoro gibt es eine Art **Jugendherberge** (24 Betten, Tel.: 82176 oder 81311). Der Weg ist von der Platía aus beschildert.

### Aufstieg

#### *Etappe 1*

**Litóchoro – Priónia (1100 m):** Priónia ist der beste Ausgangspunkt für die Besteigung des Olymp. Zwei Möglichkeiten, dorthin zu gelangen: 1) mit dem Pkw auf der Straße (später Forstweg) Richtung Osten, dann über die Berghütte Stávros (Refuge D, 990 m) nach Priónia; 2) zu Fuß auf schmalen Waldpfaden am Flußbett des Enípeas entlang. Für den Aufstieg sollte man mindestens vier Stunden einplanen, der Weg ist als «E 4» ausgezeichnet (Europawanderweg). In Priónia (übersetzt: Sägen) werden in einem früheren Sägewerk Getränke und kleine Snacks verkauft, am Parkplatz befindet sich eine eingefaßte Quelle.

#### *Etappe 2*

**Priónia – Hütte A (2100 m):** Wanderzeit: zweieinhalb Stunden. Hüttenwirt Cóstas Zolótas gibt alle Informationen für weitere Aufstiegsmöglichkeiten zu den Gipfeln. Drei Beispiele:

#### *Route 1*

**Hütte A (2100 m) – Skála (2866 m) – Mýtikas (2917 m):** Die klassische Tour, die zum Mýtikas, dem höchsten Gipfel des Olymp, führt. Etwa eineinhalb Stunden ist man zur Skála (übersetzt: Leiter) unterwegs, von dort aus noch einmal sechzig Minuten, mitunter auf allen vieren, zum Mýtikas (rote Markierung). Der alternative Weg zum Gipfel: siehe Route 3.

#### *Route 2*

**Hütte A – Skála – Skolío (2911 m).** Sechs Meter niedriger als der Mýtikas ist er zwar nur der zweithöchste Gipfel des Olymp, dafür aber leichter zu erwandern (Markierung: E 4). Zweieinhalb Stunden sollte man für den Aufstieg einrechnen, belohnt wird man mit dem schönsten Panoramablick, den der Olymp zu bieten hat.

#### *Route 3*

**Hütte A – Zonária – Hütte C/Hütte SEO:** Aufstieg etwa viereinhalb Stunden. Von den beiden Hütten aus kann man jeweils in Tagesausflügen die wichtigsten Gipfel des Olymp besteigen: den Profítis Elías (2786 m), den Mýtikas, die Skála und den Skolío. Von der Zonária (Geröllebene) führt eine Abkürzung zum Mýtikas (siehe: *Route 1*) durch eine Loúki genannte Geröllschneise. Vorsicht: Steinschlag.

## Schutzhütten

**A – Spílios Agapitós**, Tel.: 81800, bester und relativ komfortabler (Ein-, Zwei- und Vierbettzimmer) Ausgangspunkt für Gipfelstürmer; der Wirt und Bergführer Cóstas Zolótas ist mit einer Deutschen verheiratet, spricht ausgezeichnet deutsch und kann aktuelle Tips geben. Die Hütte (2100 m) ist etwa von Mai bis Oktober geöffnet, bietet neunzig Schlafplätze und wird bewirtschaftet. Übernachtung ca. 12 DM / Person.

**C – Chrístos Kákalos**, nur teilweise bewirtschaftet, achtzehn Schlafplätze, Wassertank, 2650 m. Nähere Infos geben Cóstas Zolótas (Hütte A) sowie die Büros der EOT und des EOOS in Litóchoro.

**SEO – Jóssos Apostílides**, auf einer Höhe von 2760 m, nur etwa zwanzig Minuten von der Hütte C entfernt, bietet das Haus Schlafplätze für etwa achtzig Personen. Nur im Sommer geöffnet. Auskünfte in Litóchoro.

**D – Stávros**, Tel.: 81687, an der Straße Richtung Pr



ia (950 m) gelegen, ganzjährig geöffnet.

## Sehenswertes

Die Region oberhalb von Priónia ist seit 1937 Nationalpark. Offenes Feuer, wildes Campen, das Pflücken oder Ausgraben von Pflanzen sowie das Wegwerfen von Abfall sind streng verboten. Während der Sommermonate herrscht Brandgefahr! Auslöser für einen Brand, das wird oft nicht bedacht, können auch leere Flaschen oder Glasscherben sein.

**Kloster Aghíous Dionysíou:** Fährt man den Forstweg von Litóchoro nach Priónia (siehe: Etappe 1), zweigt kurz vor Priónia links ein befahrbarer Feldweg zum Kloster ab (von Priónia aus sind es zu Fuß etwa 45 Minuten). Im 15. Jahrhundert vom Heiligen Diónysos vom Athos gegründet, werden die Überreste der Anlage zur Zeit renoviert und wiederaufgebaut. Während des Unabhängigkeitskrieges gegen die Türken galt das Kloster als ein Zentrum des Widerstands und wurde bereits 1828 von den Türken teilweise beschädigt. Ein übriges vollbrachten deutsche Soldaten 1943: Sie sprengten die Anlage, in der mehr als 250 Mönche lebten, in die Luft.

### Grevená

Siehe auch das Kapitel *Hirten und Flüchtlinge* (S. 188)

## Vorwahl

0462

## Information

Englischsprachige Schilder weisen den Weg zum Rathaus im Zentrum (**dimarchíon**, Tel.: 22402), auf ausländische Touristen ist man dort jedoch nicht eingestellt, ebensowenig wie beim benachbarten Verein zur Förderung des Alpinismus (**chionodromikós oriwatikós síllogos**). Man muß auf englischsprachiges Personal hoffen, Prospekte und Hotellisten gibt es ausschließlich in griechischer Sprache.

## Transportmittel

Siehe auch im Kapitel *Hirten und Flüchtlinge* (S. 188)

## Übernachten

### Mittlere Preisklasse

**Hotel Miliónis**, bestes Hotel vor Ort, 2 km außerhalb Richtung Kalambáka, Tel.: 23223, 28058
**Hotel Ägli**, an der Platía, etwas preiswerter, Tel.: 22471

**Campingplätze** gibt es keine, es ist allerdings erlaubt, am Rande des Píndos-Nationalparks (s. «Ausflüge») sein Lager aufzuschlagen. Informationen in Grevená.

## Ausflüge

Das Gebiet westlich von Grevená eignet sich hervorragend für ausgedehnte Wanderungen. Der **Europa-Fernwanderweg Nr. 6**, ein alter Karawanenpfad, führt von Kavássila, nahe der albanischen Grenze, am Skigebiet bei Vassilítsa (2249 Meter) vorbei Richtung Westen, ist aber auf weiten Strecken noch nicht fertiggestellt. Eine Alternative ist der weiter nördlich bei Flórina beginnende **Europa-Fernwanderweg Nr. 4**. Die ungefähre Route führt von Flórina erst Richtung Westen, per Boot über den Vegorítis-See, über den Olymp, Kalambáka (Metéora-Klöster) nach Delphí, über den Korinthischen Golf (Fähre) nach Égion und über Kalávrita (s. Kap. *Auf den Spuren des Widerstands*), Trípolis und Spárta nach Gýthion. Genaue Infos gibt der Griechische Bergverein EOS, ebenso der Verein zur Förderung des Alpinismus in Grevená.

**Skifahren** ist je nach Schneelage auch noch zu Ostern möglich. Die gut 40 Kilometer von Grevená Richtung Smíxi sind gut beschildert, von dort sind es nur noch wenige Kilometer zum Skigebiet; ein Sessellift, drei Schlepplifte. Ausrüstung kann man sich vor Ort für knapp 20 DM pro Tag mieten, die Tageskarte kostet 12 DM.

## Winter-Tips

Bei den durchaus üblichen schweren Schneefällen hat man im Winter mit dem Auto in dieser Gegend oft kaum eine Chance. Viele Straßen sind nur mit Schneeketten für den Verkehr freigegeben, manche Dörfer können für Tage oder Wochen völlig abgeschnitten sein. Der Katáras-Paß (1705 m) zwischen Ioánnina und Kalambáka ist mitunter gesperrt; Hinweisschilder beachten. Schneeketten werden in Grevená in jedem zweiten Laden verkauft. Bei Neuschnee ist ein Weiterkommen von Grevená Richtung Westen praktisch unmöglich. Der Pindós-Nationalpark und das Valia kálda sind grundsätzlich nicht zugänglich, viele Dörfer sind oft Tage und Wochen völlig abgeschnitten. Welche Straßen zumindest einigermaßen geräumt sind, weiß in Grevená jeder.

## Übernachten außerhalb

In Grevená und der westlichen Umgebung gibt es etwa 400 Betten in Hotels und Pensionen. Voranmeldungen sind nur während der Wochenenden in der Skisaison nötig.

### Mittlere und preiswerte Kategorie

unter anderem in:

*Smíxi*
**Kostúlis Cháris**, Tel.: 9 72 07
**Bunítsis Spíros**, Tel.: 9 72 80
**Karamuslís Jórgos**, Tel.: 9 72 30

*Aletópetra*
**Gúlas Leftéris**, Tel.: 9 32 10

*Polivéri*
**Líplas Jórgos**, Tel.: 9 32 27
**Dragútas Aléxis:** Tel.: 9 32 26

*Philipéi*
«**To stéki tu bélga**», Tel.: 9 33 79

# Epirus

Viele kennen von Epirus nur Igoumenítsa, neben Pátras (Peloponnes) der wichtigste (touristische) Hafen Griechenlands mit Verbindungen nach Italien und zu den Ionischen Inseln. Epirus ist das Land der Berge. Das Píndos-Gebirge mit über zweihundert Gipfeln trennt die Provinz im Westen von Makedonien und Thessalien. Das unwegsame Epirus hatten die Türken nie so richtig in ihre Hand bekommen, die ungewöhnliche Situation der Hauptstadt Ioánnina tat ein übriges, daß sich die Provinz eigenständig entwickelte, was man heute vor allem an der Architektur

nachempfinden kann. Berühmt sind die sogenannten
Zagóriadörfer mit ihren herrschaftlichen Patrizierhäusern
geworden. Viele türkische Spuren findet man in Ioánnina.
An die Regierungszeit des berüchtigten türkischen Statt-
halters Ali Pascha erinnern die Festung sowie mehrere
Moscheen. Auf der kleinen Insel im Pámbotis-See kann
man einige orthodoxe Klöster aus dem 13. und 14. Jahrhundert besichtigen. Nahe bei Ioánnina liegen die Überreste
der wohl ältesten Kultstätte Griechenlands in dem kleinen
Ort Dodóní. Zeus wurde hier seit dem 14. Jahrhundert
v. Chr. verehrt.
Achtung, die Provinz Epirus ist nicht an das Bahnnetz angeschlossen.

## Ioánnina

Die Hauptstadt Epirus',
Anfang des 6. Jahrhunderts
von Kaiser Justinian ge-
gründet, hatte während der
Türkenherrschaft bis 1913
eine zwiespältige Rolle. Einerseits hatte sie 1788 das
Pech, vom berüchtigten Ali
Pascha regiert zu werden,
andererseits gewann sie gerade durch diesen Umstand
eine gewisse Unabhängig-
keit vom Osmanischen
Reich, denn der Statthalter
setzte alles daran, einen
unabhängigen Staat zu
gründen – erfolglos. 1822
wurde er im Kloster
Ághios Panteleímon auf
der Insel im See von Ioánnina erschossen. Die Kugel
steckt heute noch im Bo-
den. Trotz blutiger inner-
türkischer Auseinandersetzungen erlebte die Stadt
eine wirtschaftliche Blüte.

### Vorwahl

0651

### Information

**Griechische Zentrale für
Fremdenverkehr**, direkt an
der Platía im Zentrum,
Tel.: 25086

**Touristenpolizei,** Tel.:
25673

### Transportmittel

Ioánnina ist der Verkehrsknotenpunkt Epirus'. Praktisch stündlich fahren
**Busse** in alle Richtungen
des Landes.

**Flugzeug:** Vom drei Kilometer nordöstlich der Stadt
liegenden Flughafen täglich
ein Flug nach Athen und
Thessaloniki. Infos unter
Tel.: 23120 oder 26218.

### Übernachten

#### Preiswert

**Hotel Astória**, Tel.: 20755
**Hotel Ioánnina House,**
Tel.: 20762
**Hotel Mitrópolis,** Tel.:
26207

#### Mittlere Preisklasse

**Hotel Palládion,** Tel.:
25856
**Hotel Aléxios**, Tel.: 24003
**Hotel Olýmpic,** Tel.: 25888

### Sehenswertes

**Aslan Pascha Moschee:**
1618 erbaut, seit 1933
**Volkskundemuseum**; be-
sichtigt werden können täglich außer dienstags von 9
bis 17 Uhr auch die Kata-
komben und Gefängnis-
räume unter der Moschee.

**Fetiche Pascha Moschee**
mit dem Grab des Ali
Pascha im Innenhof.

**Insel Nissí:** Fünf Klöster
aus dem 11. bis 14. Jahrhundert.

**Archäologisches Museum:**
Funde aus der Provinz
Epirus, vor allem aus Do-
dóní (siehe unter der Ru-
brik *Ausflüge*); täglich
außer dienstags von 9 bis
13 und 15 bis 17 Uhr.

### Einkaufen

Silber, Leder und Flokati-
teppiche in zahlreichen Geschäften der Altstadt.

### Ausflüge

**Tropfsteinhöhle von Pa-
rama:** Die eindrucksvolle
Höhle liegt etwa fünf Kilometer nordöstlich von
Ioánnina hinter dem Flug-
hafen (Busverbindung).
Die Führung dauert knapp
eine Stunde. Täglich geöffnet, in der Hochsaison oft
bis nach 19 Uhr.

**Dodóní:** Das älteste und
einst sehr bedeutende Heiligtum Griechenlands liegt
etwa zwanzig Kilometer
südlich von Ioánnina. Erste

Kultspuren lassen sich bis ins zweite Jahrtausend v. Chr. nachweisen; später wurde hier Zeus verehrt und mit einem wichtigen Orakel um Rat gefragt. Zu besichtigen sind die Überreste der Tempelanlagen, ein Stadion und vor allem das in den sechziger Jahren renovierte große Theater. Im Sommer werden dort diverse Aufführungen inszeniert, Informationen gibt die Griechische Zentrale für Fremdenverkehr in Ioánnina. Öffnungszeiten: täglich von 8 bis 17 Uhr.

**Zagorochória:** Hinter dem Berg Metsekéli, also nördlich von Ioánnina, liegen über vierzig Dörfer, die auch so heißen: «Hinter dem Berg liegende Dörfer». Durch Vereinbarungen – sprich: regelmäßige Tributzahlungen – mit dem Sohn Ali Paschas, blieben die Dörfer von türkischen Ausschreitungen verschont. Es entwickelte sich eine eigenständige Kultur, die sich noch heute in der Architektur der oft reich verzierten herrschaftlichen Häuser widerspiegelt. Mit dem eigenen Auto (schlechte Busverbindungen) oder zu Fuß läßt sich in jedem Dorf die eine oder andere Besonderheit entdecken. Besonders sehenswert sind Monodéndrion, Vítsa oder Tsepélovon. Überall gibt es einfache Pensionen. Sehr häufig besteht die Möglichkeit, in einem der meist von der Griechischen Zentrale für Fremdenverkehr renovierten und als Hotel umgebauten Herrschaftshäuser

zu übernachten – eine romantische, aber nicht ganz billige Alternative.

## Igoumenítsa

Die Hafenstadt ist neben Pátras (Peloponnes) der wichtigste Hafen für Fähren aus Italien (siehe *Reiseplanung*).

### Vorwahl

0665

### Information

**Griechische Zentrale für Fremdenverkehr**, Tel.: 25273

**Touristenpolizei**, Tel.: 22222

### Transportmittel

**Schiff:** Fähren nach Italien (Venedig, Triest, Ancona, Bari, Brindisi und Otranto) sowie nach Pátras und mehrmals täglich auf die Insel Korfu (von dort aus auf alle anderen Ionischen Inseln).

**Bus:** Mehrmals täglich Direktverbindungen nach Athen, Préveza und Árta; der nächste große Umsteigebahnhof mit Verbindungen in alle Regionen des Landes liegt in Ioánnina. Infos unter der Tel.: 22309.

### Weiterreise

**Richtung Thessaloniki:** über Ioánnina, dann die

nördliche Route über Kozáni.

**Richtung Athen:** über Ioánnina, Kalambáka, Lárissa und dort auf die Autobahn.

**Richtung Peloponnes:** über Árta, Agrínio und Messolóngi nach Antírion. Der kleine Ort ist etwa alle dreißig Minuten per Fähre mit Ríon (etwa zehn Kilometer östlich von Pátras) verbunden.

### Übernachten/Essen

Hotels und Tavernen liegen so, daß sie jeder Besucher – fast alle bleiben eine Nacht – sofort findet: direkt an der Hafenstraße oder in einer der Querstraßen.

### Camping

**Camping Sole Mare**, Tel.: 22105

### Ausflüge

**Árta:** Ein Stopp auf dem Weg in den Süden in Árta lohnt sich, speziell für Freunde des Mittelalters. Der Ort wurde im 12. Jahrhundert Hauptstadt des Despotats Epirus und erlebte eine große Blüte. Noch heute stehen eine Reihe von Kirchen aus dieser Zeit. Die bedeutendste ist die Panajía Parigorítissa aus dem 13. Jahrhundert. Das Gebäude, von außen ein rechteckiger Quader mit Kuppeln, ist innen mit einem Mosaik prächtig geschmückt. Sehenswert ist ferner die sogenannte Steinerne Brücke, die den Fluß Arachtos seit dem 17. Jahrhundert überspannt. Immer wieder, so wird er- zählt, stürzte nachts ein Teil der Brücke ein, bis der Baumeister auf die – erfolgreiche – Idee kam, seine Frau zu opfern.

# Thessalien

Die Provinz liegt in einem Gebirgskessel: Im Westen grenzt sie an das Píndos-Gebirge, im Norden an die Kamvúnia-Kette, im Osten vor allem an den Götterberg Olymp und im Süden an den Pílion und das Chalkodónion-Gebirge. Die fruchtbaren Ebenen im Inneren dieses Kessels zählen zu den größten ganz Griechenlands, viele Menschen leben hier von der Landwirtschaft, deren Erzeugnisse in den östlichen Städten Lárissa und Vólos, letztere ist die Hauptstadt der Provinz, teilweise gleich weiterverarbeitet werden. Dort, an der Hauptverbindung zwischen Athen und Thessaloniki, hat sich auch Industrie angesiedelt (Lebensmittel, Textilien, Papier, Zement, Chemie, Metall). Das Aushängeschild Thessaliens sind zweifellos die Metéora-Klöster nahe Kalambáka, auf denen in schwindelnder Höhe mehrere weltberühmte byzantinische Klöster errichtet wurden. Was bietet Thessalien ansonsten? Urlaubsvergnügen à la carte auf der Halbinsel Pílion sowie die Möglichkeit, im Kampf um Leben und Tod des *Achelóos contra Herakles* mitzuerleben (siehe dazu das gleichnamige Kapitel, S. 196).

## Vólos

Die Hauptstadt Thessaliens mit knapp 80 000 Einwohnern liegt im Südosten der Provinz am «Highway» Athen – Thessaloniki, Ecke Pílion-Halbinsel. Sehenswürdigkeiten gibt es kaum, da praktisch die gesamte Stadt 1955 von einem schweren Erdbeben verwüstet wurde. Vólos ist Verkehrsknotenpunkt und besitzt einen wichtigen Handelshafen.

## Vorwahl

0421

## Information

**Griechische Zentrale für Fremdenverkehr**, am Ríga Feraíou Platz (Nähe Hafen), Tel.: 2 35 00

**Touristenpolizei**, Koumoundoúrou Straße, Tel.: 2 70 94
In beiden Büros gibt es auch Auskünfte und Prospektmaterial zur Halbinsel Pílion.

## Transportmittel

**Zug:** Der Bahnhof liegt nahe des Hafens zwischen der Papadiamándi und der Ferón Straße. Sehr häufige Verbindungen zwischen Athen und Thessaloniki. Eine zweite Linie (Schmalspurbahn) führt westlich ins Landesinnere. Informationen am Bahnhof oder unter der Tel.: 2 40 56 oder 2 85 55.

**Bus:** Mehrmals täglich in alle Regionen, auch auf die Halbinsel Pílion. Der Busterminal liegt nahe des Bahnhofs in der Grigoríou Lambráki Straße. Tel.: 2 46 29 oder 2 55 73.

**Schiff:** Mit Fähren (Tel.: 2 88 88) oder Flying Dolphins (Tel.: 3 97 86-7) auf die Nördlichen Sporáden.

## Übernachten

Preiswerte Hotels in Hafennähe, unter anderem das **Aeali** (Tel.: 2 56 91), das **Admitós** (Tel.: 2 11 17), das **Kypséli** (Tel.: 2 44 20) oder das **Ioakós** (Tel.: 2 60 75). Für die Verbindung «Übernachtung + Urlaub» ist jedoch die Halbinsel Pílion vorzuziehen.

## Halbinsel Pílion

Sand, Wald, Wasser, Berge, Täler: Dort, wo einst die wilden Zentauren Bocksprünge vollführten, entspannen sich heute Badeurlauber – und auch Skifahrer. Der höchste Gipfel des Pílion ist 1618 Meter hoch. Hübsche Hafenorte und versteckte Bergdörfer charakterisieren die Halbinsel gleichermaßen. Ihre Bewohner erlangten vor allem im 17. und 18. Jahrhundert durch die Zucht von Seidenraupen und die Verarbeitung der Seide beachtlichen Wohlstand. Besonders sehenswert sind die feudalen Herrenhäuser, die sogenannten *Archontiká*, die das schwere Erdbeben von 1955 überstanden haben, vor allem in Vizítsa, Platania, Portariá oder Makrinitsa.

### Information

siehe unter *Vólos*.

### Transportmittel

**Busse** verbinden Vólos vor allem mit der Westküste, die Verbindungen ins Landesinnere der Halbinsel und an ihrer Ostküste sind eher schlecht. Für denjenigen, der nicht ausschließlich am Strand liegen, sondern die idyllischen Bergdörfer erkunden will, lohnt sich ein eigenes **Auto**. Mehrere Verleiher in Vólos (Hafennähe).

### Übernachten / Camping

Das Angebot ist riesig. Laut der Griechischen Zentrale für Fremdenverkehr EOT stehen auf der Halbinsel mehr als 10 000 Betten zur Verfügung. Das EOT-Büro in Vólos verteilt Prospekte mit Listen. Hier eine Auswahl preiswerter und Mittelklassehotels, am Meer gelegen:

#### Ostküste und Süden

*Chorefto (Vorwahl: 0426)*

**Dimítrios Appartements**, Tel.: 2 2444
**Chagáti Appartements**, Tel.: 2 2405
**Hotel Aegéus**, Tel.: 2 2778
**Camping Choreftó**, Tel.: 2 2180

*Mílina (Vorwahl: 0423)*
**Haris Appartements**, Tel.: 5 5428
**Mílina Beach Appartements**, Tel.: 6 5527
**Camping Olisón**, Tel.: 6 5286

*Platania (Vorwahl: 0423)*
**Hotel Drosseró Akrogali**, Tel.: 6 5552
**Camping Louísa**, Tel.: 7 1260
**Camping Kastrí Beach**, westl. von Platania gelegen, Tel.: 7 1210-1

#### Teuer – Übernachten in historischen Bürgerhäusern

*Vizítsa (Vorwahl: 0423)*
**Pension Archontikó Kontoú**, Tel.: 8 6793
**Pension Archontikó Katsanáki**, Tel.: 8 8250
**Pension Archontikó Cérghou**, Tel.: 8 6293
unter anderem auch in den Dörfern Platania, Portariá oder Makrinitsa, dem bekanntesten Ort.

### Metéora-Klöster / Kalambáka

Die zwischen Himmel und Erde schwebende Klosterstadt im Nordwesten Thessaliens gehört zu den beeindruckendsten Sehenswürdigkeiten Griechenlands. Ab dem 9. Jahrhundert haben sich hier Eremiten und Mönche auf die teils über 600 Meter hohen Felsen zurückgezogen und in Einsamkeit und Ruhe im Laufe der Zeit architektonische und künstlerische Meisterwerke geschaffen. Sechs Klöster sind heute zu besichtigen (siehe dazu auch das Kapitel *Zwischen Himmel und Erde*, S. 171).

### Vorwahl

0432

### Information

**Touristenpolizei**, etwas abgelegen in der Hatzipetrou Straße, Tel.: 2 2813; kein Büro der Griechischen Zentrale für Fremdenverkehr.

### Übernachten

#### Preiswert

**Hotel Odýssion**, Tel.: 2 2320
**Hotel Astória**, Tel.: 2 2213
**Pension Kóka Róka**, Tel.: 2 4554
sowie eine Reihe von Privatquartieren.

#### Mittlere Preisklasse

**Hotel Gálaxy**, Tel.: 2 3233
**Hotel Rex**, Tel.: 2 2372
**Hotel Olympía**, Tel.: 2 2792

#### Camping

Alle Plätze mit herrlichem Blick auf die Felsen:
**Camping Kalambáka**, Tel.: 2 2309
**Camping Boufídis**, Tel.: 2 2289

**Camping Vráchos**
**Kastráki**, Tel.: 231 34

### Transportmittel

**Zug:** Mehrmals täglich von
und nach Vólos.
**Bus:** Verbindungen in
alle Richtungen des Landes.

### Sehenswertes

Alle zieht es zu den Fels-
klöstern. Einen Besuch
lohnt jedoch auch die **Kímisis Theotókou Kirche**,
die im 10. Jahrhundert erbaut wurde.

### Die Klöster

**Kloster Varlaám**, 1517 erbaut, 9 bis 13 und 15.30 bis
18 Uhr, freitags geschlossen.

**Kloster Megálo Metéoro
(Metamórfossi)**, im
14. Jahrhundert gegründet,
ist das älteste und größte
Kloster. 9 bis 13 und 15 bis
18 Uhr, dienstags geschlossen.

**Kloster Ághios Stéfanos**,
ebenfalls aus dem 14. Jahrhundert. 9 bis 12 und 13 bis
18 Uhr, montags geschlos-
sen.

**Kloster Ághios Nikólaos
Anapavsás**, 1388 erbaut,
täglich von 9 bis 13 und 15
bis 18 Uhr.

**Kloster Rousánou**, Non-
nenkloster, 1639 erbaut,
täglich von 9 bis 13 und 15
bis 18 Uhr.

**Kloster Aghía Triáda**, 1438
gegründet, täglich von 9 bis
18 Uhr.

### Sport

Die Klöster können auch
erklettert werden. Infos
über Wanderungen und
Rock Climbing auf dem
Campingplatz Vrachos Ka-
stráki.

# Zentralgriechenland

Was die Metéora-Klöster für Thessalien sind, ist Delphí für
Zentralgriechenland. Das Orakel war so bedeutend, daß
man den Ort, an dem die Weissagungen getroffen wurden,
für den Mittelpunkt der Welt hielt. Die Provinz gehört zu
den gebirgigsten, und Geschichten kann man schier unend-
lich viele über den mittleren Teil Griechenlands erzählen,
nur zu sehen gibt es vergleichsweise wenig. Beispiel Thermophýlen: Leonídas hatte 480 v. Chr. an dem schmalen
Engpaß, für Athen von enormer strategischer Bedeutung,
in einer der berühmtesten Schlachten der Weltgeschichte
mehrere Tage lang die angreifenden Perser zurückgehalten
und der griechischen Flotte Zeit für einen geordneten
Rückzug gegeben. Er und seine 1000 Soldaten fielen bis auf
den letzten Mann, sollen vorher aber dem persischen Heer
so hohe Verluste zugefügt haben, daß Xérxes aus Angst vor
einer Meuterei mit allen Mitteln versuchte, die genaue Zahl
vor seinen Truppen geheimzuhalten. Nur: Die
Thermophýlen, etwa 15 Kilometer südöstlich von Lamía
gelegen, sind heute durch die Verlandung des Meeres gar
keine Engstelle mehr. Abgesehen von Delphí und einer ein-
drucksvollen Landschaft gibt es mehr Erinnerungs- als Sehenswertes in Zentralgriechenland. In den folgenden Tips
sind auch geschichtliche Schlaglichter aufgeführt, siehe
Stichwort *Reisen im Kopf.*

### Verbindung auf die Pelo-
ponnes

An der engsten Stelle zwischen Zentralgriechenland
und der Peloponnes (öst-
lich von Pátras) pendeln
etwa im Dreißig-Minuten-
Takt **Fähren** zwischen
Antírion und Ríon. Etwa
vierzig Kilometer östlich
gibt es eine weitere Verbindung zwischen Ághios Ni-
kólaos und Égio.

### Delphí

Seit spätestens dem 2. Jahrtausend v. Chr. besiedelt,
wurde Delphí ab dem
6. Jahrhundert v. Chr. die
wichtigste Kultstätte ganz
Griechenlands. Die Weis-

sagungen der Pythia bestimmten über Jahrhunderte hinweg das politische Geschehen im Land. 381 n. Chr. wurde das Heiligtum von Kaiser Theodosius geschlossen. 1892 begannen die Ausgrabungen unter französischer Regie. Vorher mußte allerdings das Dorf Kastrí, das sich direkt auf dem Gelände befand, abgetragen werden. Es wurde als Delphí drei Kilometer westlich des Ausgrabungsgeländes neu aufgebaut.

## Vorwahl

0265

## Information

**Touristenpolizei** in der Frideríki Straße, Tel.: 82220.

## Transportmittel

**Bus:** Gute Verbindungen in alle Regionen des Landes, mehrmals täglich auch zum Kloster Ósios Lukás (siehe weiter unten), nach Aráchova und Itéa.

## Übernachten

Kaum einer in Delphí lebt nicht vom Tourismus. An den beiden Durchgangsstraßen gibt es unzählige Tavernen (teurer als der Landesdurchschnitt), Souvenirgeschäfte, Hotels und Pensionen. Sehr schön sind die drei **Campingplätze Delphí** (Tel.: 82363), **Chríssa** (Tel.: 82050) und **Apóllon** (Tel.: 82762) an der Straße nach Itéa.

### Preiswert

**Pension Maniátis**, Tel.: 82134
**Hotel Odysseús**, Tel.: 82235
**Hotel Pan**, Tel.: 82294
**Hotel Varónos**, Tel.: 82345

### Mittlere Preisklasse

**Hotel Stadion**, Tel.: 82251
**Hotel Letó**, Tel.: 82302
**Hotel Orféas**, Tel.: 82077
**Hotel Zeus**, Tel.: 82691

*Übernachten in Arachova:*
Der zehn Kilometer östlich gelegene Ort ist die nicht ganz so überlaufene Alternative zu Delphí. Sehr schön ist das Hotel **Aráchova Inn**, mittlere Preisklasse, Tel.: 0267/31353.
**Villa Aráchova**, Tel.: 31024.

*Übernachten in Itéa*
Itéa liegt rund 25 Kilometer südwestlich von Delphí (regelmäßige Busverbindungen) am Meer.

### Preiswert

**Hotel Aktí**, Tel.: 32257

### Mittlere Preisklasse

**Hotel Galíni**, Tel.: 0265/32278
**Hotel Nafsiká**, Tel.: 0265/33300 oder 33304
**Camping Kírra Beach**, Tel.: 0265/32305

### Sehenswertes

Für die Besichtigung des **Museums** (Montag bis Freitag 8 bis 18 Uhr, samstags und sonntags nur bis 15 Uhr) sowie des **Heiligtums des Apollon und der Athena** (incl. der Kastalischen Quelle) kann man einen ganzen Tag einplanen.

### Ausflüge

**Kloster Óssios Lukás:** Das Kloster liegt etwa 40 Kilometer südöstlich von Delphí und zählt mit zu den sehenswertesten Griechenlands. Benannt ist es nach dem gleichnamigen Heiligen, der 942 n. Chr. eine erste Kapelle errichtet hatte. Die beiden heute zu besichtigenden Kirchen stammen aus dem 11. Jahrhundert und sind mit wertvollen Fresken und Mosaiken ausgestattet. Geöffnet täglich von etwa 8 bis 18 Uhr, regelmäßige Busverbindungen von und nach Delphí bzw. Levadiá.

## Messolóngi

12000-Einwohner-Städtchen im Südwesten der Provinz und guter Ausgangspunkt für Vogelfreunde, die im Delta des Flusses Achelóos auf Pirsch gehen wollen. Siehe dazu das Kapitel *Achelóos contra Herakles.*

## Vorwahl

0631

## Transportmittel

Verbindungen Richtung Árta, Pátras und Athen.

### Übernachten

Mehrere kleine, preisgünstige Hotels im Ort. Das größte ist das **Liberty**, Tel.: 2 80 50.

### Essen

Eine Spezialität dieser Region sind Aale, die im Delta gefangen werden.

### Reisen im Kopf

**Thermophýlen:** «Wanderer, kommst du nach Sparta, verkündige dorten, du habest uns hier liegen gesehn, wie das Gesetz es befahl.» Ein schlichtes Denkmal erinnert an den spartanischen Feldherren Leonídas am Rande der Straße (siehe auch die Einleitung zu dieser Provinz).

**Theben:** «Mythologische Hauptstadt» Griechenlands am südöstlichen Ende der Provinz an der Grenze zu Attika. In Theben wurden Dionysos und Herakles geboren, hier lebte der berühmte Ödipus, der – unwissentlich – seinen Vater erschlagen und seine Mutter geheiratet hatte. Lange Zeit stand die Stadt unter der Herrschaft einer Sphinx, die jedem Besucher eine Frage stellte und ihn bei einer falschen Antwort zerfetzte.

**Platää:** liegt südlich von Theben. Nach dem Sieg an den Thermophýlen stand das persische Heer unter Xerxes dem griechischen 479 v. Chr. erneut gegenüber. Wie genau sie es geschafft hatten, ist bis heute unklar: Aber bei Platää besiegten die Griechen die zahlenmäßig überlegenen Angreifer und befreiten Hellas damit endgültig von der «persischen Gefahr».

**Leúktra:** Theben wollte auf einmal die Vorherrschaft in Griechenland haben. Ein Heer der Spartaner rückte aus, um die aufmüpfige Polis in ihre Schranken zu weisen. Epaminóndas hatte sich jedoch bestens auf den Kampf (371 v. Chr.) bei Leúktra vorbereitet und schaffte es, die bis dahin für unbesiegbar gehaltene Schlachtordnung der Spartaner zu durchbrechen. Trotzdem: Es war nur ein Einzelsieg, die Vorherrschaft hielt nicht lange. Leúktra liegt westlich von Theben.

# Peloponnes

Ob sie eine Insel ist oder zum Festland gehört, kann jeder für sich entscheiden, wenn er von Attika durch Korínth und über den Isthmós fährt (siehe Titelbild). Früher war die Peloponnes mit Griechenland durch eine schmale Landbrücke verbunden, die vom Westen kommende und Piräus ansteuernde Schiffe zwang, die Halbinsel zu umrunden. Periander hatte im 6. Jahrhundert v. Chr. erste Pläne entwerfen lassen, um einen Durchbruch zu versuchen; Kaiser Nero nahm die Idee einige Jahrhunderte später wieder auf, fing auch an zu graben, mußte das Unterfangen jedoch aufgrund finanzieller Engpässe wieder abbrechen. 1881 machten sich dann französische und griechische Ingenieure wieder an die Arbeit und schafften 1893 den Durchbruch. Der Kanal ist gut sechs Kilometer lang, hat eine Wassertiefe von acht Metern und ist mit einer Breite von 23 Metern für einen Großteil der heutigen Schiffe schon wieder zu schmal.
Die Insel des Pelops ist das Stückchen Griechenland, auf dem sich die «Attraktionen» auf engstem Raum drängen. Abgesehen von Athen (Attika) und Delphí (Zentralgriechenland) kann der Studienreisende auf nur rund 21000 Quadratkilometern sein gesamtes Pflichtprogramm abhaken. Mykenisch: Mykéne, Thýrins, Árgos; antik: Korínth, Olympía, Bassei, Spartí, Epídauros; byzantinisch: Mistrá, Geráki, Monemvásia. Die Peloponnes steht aber auch für den Widerstand gegen die Türken. Auf der Máni, ganz im Süden der «Hand», befestigten die Bewohner ihre Häuser zu Burgen und kämpften jahrhundertelang erfolgreich gegen die Besatzer. Zwischen Dimitsána und Stemnítsa lehrten Mönche in versteckten Klöstern die verbotene griechische Kultur, und ganz im Norden bei Kalávrita, rief Bischof Germanós am 25. März 1821 zum großen Freiheits-

kampf auf. In Náfplion richtete der bayerische König Otto schließlich die erste, provisorische Hauptstadt des befreiten Griechenlands ein.
Siehe auch die Artikel *Ins Herz der Antike* (S. 206), *Vom Kafeníon auf die Piste* (S. 214), *Kranz oder Tod* (S. 220), *Wanderer kommst du nach Mistrá* (S. 229), *Auf den Spuren des Widerstands* (S. 234).

## Orientierung

Die Peloponnes ist, zur besseren Orientierung, in den *Regionalen Tips* in ihre Verwaltungsbezirke Korínth, Achaía, Elís, Arkadien, Argolís, Messenien und Lakónien gegliedert.

## Korínth

Der erste Verwaltungsbezirk auf der Halbinsel Peloponnes, Hauptstadt ist Korínth.

## Korínth

1858 und 1923 durch zwei Erdbeben stark zerstört, präsentiert die Verwaltungshauptstadt (25 000 Einwohner) des gleichnamigen Bezirks, am Eingang der Peloponnes gelegen, die Halbinsel alles andere als gekonnt: Korínth ist eine lärmende, gesichtslose, typisch südländische Kleinstadt; lebendig zwar, aber gleichzeitig auch hektisch und uninteressant. Aber: Korínth ist nicht gleich Korínth, dem Besucher stehen drei andere Korínths zur Alternative: Alt-Korínth, ein kleines Dorf vor den eigentlichen Sehenswürdigkeiten das antike Korínth und der Akrokorínth, der wuchtigen Felsklotz mit seiner mittelalterlichen Burg, der alle anderen Korínths überragt.

## Vorwahl

0741

## Information

**Touristenpolizei**, Ermoú Straße, Tel.: 2 32 82

## Transportmittel

**Bus:** Es gibt zwei Bahnhöfe. Busse Richtung Athen und Nordgriechenland fahren von der Ermoú Straße ab, Busse auf die Peloponnes von der Station in der Konstantínou Straße. Jeweils hervorragende Verbindungen. Infos unter der Tel.: 2 56 42.

**Zug:** Ebenfalls ausgezeichnete Verbindungen. Bahnhof in der Demokratías Straße.

## Übernachten

In Korínth (vor allem an der Uferpromenade) und Alt-Korínth zahlreiche Hotels.

*Korínth*

### Mittlere Preisklasse

**Hotel Kórinthos**, Tel.: 2 67 01
**Hotel Apollon**, Tel.: 2 59 20

*Alt-Korínth*
**Pension Acrocórinthos**, direkt unterhalb der Burg, Tel.: 3 10 99
**Pension Marínos**, Tel.: 3 10 15

### Camping

Beide auf dem Weg nach Pátras etwas außerhalb der Stadt.
**Camping Korinth Beach**, Tel.: 2 90 58
**Camping Blue Dolphin**, Tel.: 7 25 61

## Sehenswertes

**Isthmós von Korínth:** 1893 fertiggestellter Kanal, der die Peloponnes vom Festland trennt.

**Antikes Korínth:** Großes Ausgrabungsgelände, dessen Überreste vor allem aus römischer Zeit stammen. Höhepunkt und gleichzeitig Wahrzeichen von Korínth sind die sieben Säulen des Apollon-Tempels aus dem 6. Jahrhundert v. Chr.; täglich von 8.30 bis ca. 18 Uhr.

**Akrokorínth:** Seit altersher wegen seiner strategischen

Bedeutung heiß umkämpfter Burghügel; mittelalterliche Mauerreste und eine herrliche Aussicht.

### Achaía

Verwaltungsbezirk im Nordwesten der Peloponnes mit Pátras als Hauptstadt.

### Pátras

Kaum über 150 000 Einwohner – und trotzdem die drittgrößte Stadt Griechenlands, nach Athen und Thessaloniki. Pátras hat neben Igoumenítsa (Epirus) den wichtigsten Hafen für Fährschiffe aus Italien und ist Durchgangsort für Touristen aus aller Welt. Das Leben spielt sich an der Hafenstraße ab, die Atmosphäre ist hektisch und – zweigeteilt: weiß, nervös und neugierig diejenigen, die gerade angekommen sind, braungebrannt, erholt und wehmütig jene, die wieder nach Hause müssen.

### Vorwahl

061

### Information

**Griechische Zentrale für Fremdenverkehr EOT**, Hafenstraße, Tel.: 65 33 58 oder 65 33 61. Das Büro verteilt Prospekte und Informationen für die gesamte Peloponnes.

**Touristenpolizei**, Patréos Straße 53, 62 30 61-5

**Museum:** neben der Ausgrabungsstätte gelegen, täglich von 8.30 bis ca. 18 Uhr.

### Transportmittel

**Bus:** zwei Stationen. Richtung Nordgriechenland fahren die Busse vom Zugbahnhof ab, Ziele auf der Peloponnes werden von der Station in der Favírou Straße angesteuert; jeweils ausgezeichnete Verbindungen. Infos unter der Tel.: 62 38 66.

**Zug:** Der Bahnhof befindet sich direkt an der Hafenstraße. Gute Verbindungen auf der Peloponnes und über Athen nach Nordgriechenland.

**Mietwagen:** Viele Verleiher an der Hafenpromenade.

**Schiff:** Täglich mehrmals nach Italien (Venedig, Triest, Ancona, Bari, Brindisi, Otranto) sowie nach Igoumenítsa, auf die Insel Korfú und in der Hochsaison auch täglich auf die Inseln Ithaka, Kephalloniá und Zákynthos. An der Hafenstraße bieten viele Büros Tickets an. Infos auch am Hafenamt unter der Tel.: 34 10 02.

**Verbindungen nach Nordgriechenland:** Etwa zehn Kilometer östlich von Pá-

tras pendeln etwa alle dreißig Minuten Fähren von der kleinen Ortschaft Río über die Meerenge nach Nordgriechenland (Antiríon). Die Überfahrt dauert eine knappe halbe Stunde und ist sehr preiswert. Alternative: Pendelverkehr zwischen Égio und Ághios Nikólaos, etwa vierzig Kilometer östlich von Pátras.

### Übernachten

Viele Hotels und Pensionen an der Hafenstraße oder in der Aghíou Nikoláou Straße; man hat sich auf den Durchgangsverkehr eingestellt und sich die Frage an der Rezeption abgewöhnt, wie viele Nächte der Gast denn bleiben wolle.

#### Preiswert

**Hotel Olympic**, Aghíou Nikoláou Straße, Tel.: 22 41 03
**Hotel Ilion**, selbe Straße, Tel.: 22 57 03
**Hotel Marie**, Goúnari Straße 50, Tel.: 33 13 02

#### Mittlere Preisklasse

**Hotel Mediterranee**, Aghíou Nikoláou, Tel.: 27 96 24
**Hotel Galaxy**, selbe Straße, Tel.: 27 88 15

#### Camping

Zwei Plätze in Río, zehn Kilometer östlich von Pátras:
**Camping Rion**, Tel.: 99 15 85
**Camping Rio Mare**, Tel.: 99 22 63

Etwa zwanzig Kilometer westlich von Pátras, abseits der Hauptstraße an der Nordküste der Peloponnes, gibt es eine Reihe von Campingplätzen, die kaum von ausländischen Touristen besucht werden, beispielsweise in Niforéika oder Káto Alissós. Dazwischen stehen vereinzelt – und eigentlich kaum störend – einige Bettenburgen für Pauschaltouristen.

### Kultur

Jeweils im Juli und August findet in Pátras ein **Kulturfestival** statt. Informationen im EOT-Büro.

### Ausflüge

**Weingut Achaia Clauss:** Großes (25 Millionen Liter Wein pro Jahr), 1821 von dem Bayern Gustav Clauss gegründetes Weingut nahe der Ortschaft Kríni (ca. fünf Kilometer). Kostenlose Kurzführung, anschließende Weinprobe; täglich zwischen 9 und 19 Uhr, Tel.: 32 50 52.

**Diakoptó:** Das kleine Dorf liegt knapp 50 Kilometer westlich von Pátras an der Strecke nach Korínth (auch per Bus oder Bahn zu erreichen). Wie fast alle Orte an der Nordküste der Peloponnes ist auch Diakoptó ein beliebter Badeort, überwiegend von Einheimischen besucht. Touristische Attraktion ist – mit Recht – die kleine Schmalspurbahn, die von der Küste hinauf nach Kalávrita in die Bergwelt führt. Dort

oben erwarten die Besucher ein Skigebiet, mehrere Klöster und ein Mahnmal in Erinnerung an deutsche Greueltaten.

### Transportmittel

**Schmalspurbahn:** Der kleine Zug (zwei Waggons, in der Mitte eine kleine Diesellok) fährt etwa alle 90 Minuten nach Kalávrita (ein Zwischenstopp). Die 23 Kilometer lange Fahrt (700 Meter Höhenunterschied, bis zu 30 Prozent Steigung) dauert etwa eine Stunde. Infos am Bahnhof in Diakoptó unter der Tel.: 06 91 / 4 12 05

**Auto:** Zwei Kilometer westlich von Diakoptó führt eine kurvige Straße nach Kalávrita.

**Kalávrita:** Siehe dazu das Kapitel *Vom Kafeníon auf die Piste* (S. 214).

### Übernachten

Mehrere kleine Hotels in Diakoptó (u. a. das **Chris Paul**, Tel.: 06 91 / 4 17 15)

### Elis

Der «obere» Südwesten der Halbinsel mit der Hauptstadt Pírgos.

und in Kalávrita (**Filoxenia**, Tel.: 06 92 / 2 24 22, **Maria**, Tel.: 2 26 86).

### Sehenswertes

**Kloster Méga Spíleon** «klebt» auf halber Strecke zwischen Diakoptó und Kalávrita an einer Felswand (beschildert); gegründet im 8. Jahrhundert, wurde es 1400, 1640 und 1943 zerstört und immer wieder neu aufgebaut. Täglich 8 bis 14 und 16 bis 18 Uhr.

**Kloster Aghía Lávra**, sechs Kilometer südlich von Kalávrita, Öffnungszeiten wie das Méga Spíleon. 961 gegründet und ebenfalls mehrmals zerstört, ist das Kloster heute eine Art Nationalheiligtum. Bischof Germanós gab am 25. März 1821 hier das offizielle Signal zur Eröffnung des Freiheitskampfes gegen die türkischen Besatzer (siehe auch *Auf den Spuren des Widerstands*, S. 234).

### Pírgos

Früher einmal, als Zeus noch etwas zu sagen hatte und in Olympía verehrt wurde, war der Ort Elis die Hauptstadt dieser Region,

heute ist es eine gesichtslose Stadt mit 20 000 Einwohnern, Pírgos, aus touristischer Sicht allenfalls ein Verkehrsknotenpunkt. Wer dort übernachten will: Es gibt einige relativ preiswerte Hotels im Zentrum, eine Vorbestellung ist nirgends so überflüssig wie hier.

## Transportmittel

**Bahn:** Mehrmals täglich an der Küste entlang Richtung Pátras oder Kiparissía sowie nach Olympía.

**Bus:** Station in der Manolópoulou Straße, gute Verbindungen in alle Regionen des Landes.

## Olympía

Eine der schönsten und interessantesten Ausgrabungsstätten Griechenlands (siehe auch das Kapitel *Kranz oder Tod*, S. 220).

## Vorwahl

0624

## Information

Gut organisiertes **Fremdenbüro** an der Hauptstraße; Tel.: 23125

## Verbindung

**Bahn:** Mit dem Zug mehrmals täglich nur nach Pírgos; dort gelangt man auf die Hauptbahnlinie (siehe unter Pírgos).
**Bus:** Gute Verbindungen nicht nur nach Pírgos, sondern auch Richtung Trípolis.

## Übernachten

In der Hochsaison – und die geht in Olympía von Mai bis Oktober durchgehend – kann es mit Betten eng werden. Das Fremdenbüro (siehe *Information*) hilft weiter.

### Mittlere Preisklasse

**Hotel Pelops**, Tel.: 22543
**Hotel Phidias**, Tel.: 22667
**Hotel Ilis**, Tel.: 22547
**Hotel Olympia**, Tel.: 22506
**Hotel Hercules**, Tel.: 22697

### Höhere Preisklasse

**Hotel Altis**, Tel.: 23101
**Hotel Europa** (bestes Haus im Ort), Tel.: 22650

### Camping

Drei herrliche Plätze: **Camping Olympia** (Tel.: 22745), **Camping Alphiós** (Tel.: 22952) und **Camping Diána** (Tel.: 22425).

## Buchladen

Großes Geschäft im Erdgeschoß des Hotels Altis (Hauptstraße) mit einer relativ großen Auswahl deutschsprachiger Literatur zum Thema Griechenland.

## Einkaufen

Schmuck, dieses eine Wort soll genügen; drei Details noch: Gold ist in Griechenland billiger als in Deutschland, man kann dem Juwelieren vertrauen, und man kann handeln. Akzeptiert

werden neben Bargeld auch Euroschecks und Kreditkarten.

## Sehenswertes

Ausgrabungsgelände und Museum sind nur wenige hundert Meter vom Dorf Olympía entfernt. Öffnungszeiten: täglich von 7.30 bis 19 Uhr.

## Kilini

Der kleine Ort liegt nordwestlich von Amaliáda an der Küste, dort, wo der Bezirk Elis eine kleine «Beule» hat. Von hier aus fahren täglich mehrere Fähren von und nach Zákynthos und Kephalloniá.

## Vorwahl

0623

## Information

**Fähren nach Zákynthos**, Tel.: 92455 oder 92385.

**Fähren nach Kephalloniá**, Tel.: 92337 oder 92351. Tickets werden direkt am Hafen verkauft.

## Transportmittel

**Schiff**: siehe unter *Information*.

**Bus**: mäßige Verbindungen nach Amaliáda (von dort aus besser), Pírgos und Loutrá Killíni

**Zug:** nach Kavásilas auf die Hauptstrecke, kaum häufiger

**Taxi:** Die Wagen warten meistens am Hafen, die Fahrt nach Amaliáda (von dort aus bessere Bus- und Zugverbindungen) kostet knapp zehn Mark.

### Übernachten

siehe unter dem folgenden Stichwort: *Die Westküste.*

### Die Westküste

Der Westen des Verwaltungsbezirks Elis ist ein einziger Sandstrand, der,

abgesehen von seiner nördlichen Ausbuchtung (speziell in Kilíni und dem südlich davon gelegenen Loutrá Kilíni), touristisch kaum genutzt wird. Schilder an der Hauptstraße, vor allem zwischen Pírgos und Kiparissía (liegt schon in Messínien) verweisen auf Campingplätze und preiswerte Hotels bzw. Pensionen.

### Ausflüge

Zum Bassei-Tempel und nach Andrítsena unter dem Stichwort *Arkadien.*

Athen, Árgos, an die Westküste, nach Korínth, Dimitsána), die andere am Bahnhof (Pátras, Spárta, Kalamáta u. a.). Infos unter der Tel.: 22 25 60.

**Zug:** Der Bahnhof liegt am südlichen Stadtrand (Wegweiser nach Kalamáta).

### Übernachten

#### Mittlere Preisklasse

**Hotel Alex**, Vassiléou Georgíou Straße 26, Tel.: 22 34 65
**Hotel Artemis**, Dimitrakopoúlou Straße 1, Tel.: 22 52 21.
Weitere Hotels am Kolokotrónis-Platz.

### Sehenswertes

**Archäologisches Museum**, täglich 8.30 bis 15 Uhr, montags geschlossen. Funde aus Mantineía, Orchomenós und Tegéa.

## Arkadien

Das «Herz» der Peloponnes liegt zwischen der Elís und der Argolís; die Hauptstadt heißt Trípolis.

### Trípolis

*Tría* = drei, *pólis* = Stadt – der Name ist leicht übersetzt. Gemeint sind Mantíneia, Tegéa und Pallántion, drei Siedlungen mit antiker Geschichte, deren Bewohner sich im 15. Jahrhundert zusammengeschlossen hatten. Trípolis (gut 20 000 Einwohner) hatte Pech: Zwar wurde es zu Beginn des Befreiungskrieges 1821 von Theodor Kolokotrónis als eine der ersten Städte zurückerobert, aber 1828, kurz vor dem endgültigen Sieg der Griechen, doch noch von den Türken dem Erdboden gleichgemacht.

### Vorwahl

071

### Information

**Touristenpolizei**, Tel.: 22 30 39, 22 25 19

### Transportmittel

Trípolis ist der Verkehrsknotenpunkt der Peloponnes, hervorragende Verbindungen in alle Regionen des Landes.

**Bus:** Es gibt zwei Stationen. Die erste liegt am Kolokotrónis-Platz (nach

### Sehenswertes in der Umgebung

**Tegéa:** Die Reste eines großen **Athene-Tempels** aus dem 4. Jahrhundert v. Chr. liegen mitten im Dorf (acht Kilometer südlich von Trípolis). **Museum** und Ausgrabungsgelände sind täglich außer montags zwischen 8.30 und 15 Uhr geöffnet.

**Mantineía:** Von den Ruinen der antiken Stadt, einst Schauplatz bedeutender Schlachten, ist abgesehen vom Theater und den Fun-

damenten der großen, fast
vier Kilometer langen
Stadtmauer wenig erhalten.
Das Gelände liegt etwa
zwanzig Kilometer nörd-
lich von Trípolis.

**Levídi:** Hübscher Ort,
rund dreißig Kilometer
nördlich von Trípolis (gute
Busverbindungen). Wenig
außerhalb liegen die spär-
lichen Überreste der einst
bedeutenden antiken Stadt
**Orchomenós**.

## Die Ostküste Arkadiens

Der Küstenabschnitt zwi-
schen Náfplion (schon Ar-
golís) und Leonídion ist
der richtige für all jene, die
viel baden und viel unternehmen wollen. In den
Bergen liegen versteckt
einige interessante Klöster,
und wer seinen Standort
nicht zu weit im Süden
wählt, kann alle Sehens-
würdigkeiten der Argolís
mit Bus oder Auto in Ta-
gesausflügen besichtigen.

### Information

In Trípolis oder Náfplion
(Verwaltungsbezirk Ar-
golís)

### Übernachten

#### Preiswert und mittlere Preisklasse

*Paralía Ástros (Vorwahl: 0755):*
**Hotel Paradise Inn**, Tel.:
51186
**Hotel Crystall**, Tel.: 51313
oder 51765

*Tiros (Vorwahl: 0757):*
**Hotel Apollon**, Tel.: 41268
**Hotel Okeanís**, Tel.: 41244

*Pláka (bei Leonídion, Vorwahl: 0757):*
**Hotel Diónysos**, Tel.:
22379, sowie mehrere Pri-
vatquartiere.

### Camping

Mehrere sehr schöne
Plätze bei Ástros, Tíros
und Ághios Andréas.

### Transportmittel

Verbindungen zwischen
Paralía Ástros und Leoní-
dion / Pláka:

**Bus:** Mehrmals täglich
nach Árgos und mitunter
über Geráki nach Gýthion.

**Schiff:** Flying Dolphins
nach Náfplion sowie zu den
Saronischen Inseln. Infos
in Pláka am Hafen und un-
ter der Tel.: 0757/22294
sowie in Paralía Ástros im
Reisebüro Mountsoúris
Tours, Tel.: 0755/51722
oder 51062.

### Sehenswertes

Einen Besuch lohnen die
beiden **Klöster Lúkus**
(12. Jahrhundert, bei
Ástros an der Straße Richtung Trípolis) und **Eleonís**
(bei Leonídion, auf der
Straße Richtung Geráki).
Die Anfahrt ist jeweils beschildert.

## Dimitsána

Der idyllische Ort (siehe
*Auf den Spuren des Wider-
stands,* S. 234) liegt westlich
von Trípolis.

### Anfahrt

Von Trípolis (es bestehen
auch Busverbindungen)
westlich über Megalópolis
Richtung Karítena, kurz
vor dem Ort rechts ab über
Stemnítsa (auf älteren Karten noch unter dem Namen
Ipsoús eingezeichnet) nach
Dimitsána.

### Übernachten

#### Mittlere Preisklasse

**Hotel Dimitsána**, Tel.:
0795/31518-9
**Hotel Trikolónion**, Stemnítsa, Tel.: 0795/81297

### Einkaufen

Goldschmuck in einem
kleinen Laden an der
Platía.

### Sehenswertes

**Volkskundemuseum in
Stemnítsa**, unregelmäßige
Öffnungszeiten (im Kafe-
níon an der Platía fragen).
Geschichte der Glocken-
gießerei und des Gold-
schmiedens.
Zahlreiche byzantinische
Kirchen und Kapellen im
Ort.

**Kloster Prodrómou:** Am
Ortseingang von Stem-
nítsa (von Dimitsána kom-

mend) führt ein Feldweg (acht Kilometer) zum Kloster. Alternative: Die Anfahrt von der Ortschaft Ellinikó (südlich von Stemnítsa, Einfahrt beschildert) ist weniger abenteuerlich.

**Kloster Philosóphou:** Entweder zu Fuß (etwa eine Stunde) vom Prodrómou-Kloster aus oder mit dem Wagen über einen Feldweg, der am nördlichsten Ortsausgang von Dimitsána beginnt.

### Andrítsena

Der malerische Bergort (kleinere Hotels und Pensionen vorhanden) liegt westlich von Megalópolis und ist ein guter Ausgangspunkt für einen:

### Ausflug

Der **Apollon-Tempel von Bassei**, einer der besterhaltenen ganz Griechenlands, liegt auf einer Höhe von über 1100 Metern (ca. 15 Kilometer südlich von Andrítsena). Um das Bauwerk vor Umwelteinflüssen zu schützen, ist es zur Zeit von einem riesigen Zeltdach überspannt – an sich schon eine «Sehenswürdigkeit». Das Gelände ist nicht abgesperrt.

herrscht in den gepflegten Altstadtgassen Jubel, Trubel, Heiterkeit. Trotz des großen Ansturms ist die Atmosphäre angenehm.

### Vorwahl

0752

### Information

**Griechische Zentrale für Fremdenverkehr,** Platía Aghiou Anastasíou, Tel.: 24444

**Touristenpolizei,** Tel.: 27776

**Fremdenverkehrsbüros,** Boúrtzi Tours, Tel.: 22691, Fax: 22060, am Rande der Altstadt am Kolokotrónis-Platz, an dem die Busse halten.

### Transportmittel

**Bus:** Haltestelle am Kolokotrónis-Platz. Gute Verbindungen nach Osten, alle anderen Orte über Árgos (ca. alle dreißig Minuten).

**Fähre/Flying Dolphin:** Gute Verbindungen nach Leonídion, Monemvásia, Ermióni sowie auf die Saronischen Inseln.

### Übernachten

Große Auswahl teils sehr idyllischer Hotels:

### Preiswert

**Hotel King Otto,** Farmakópoulou Straße, Tel.: 27585

### Argolís

Hauptstadt des «Daumens» der peloponnesischen Hand ist Árgos; die Argolís ist *die* Region für historisch Interessierte schlechthin.

### Árgos

Angesichts der Fülle von Sehenswürdigkeiten und Erholungsgebieten in der Argolís lohnt Árgos (gut 20000 Einwohner) lediglich, als Verkehrsknotenpunkt erwähnt zu werden:

### Transportmittel

**Bus:** Hervorragende Verbindungen in alle Regionen des Landes von zwei Busbahnhöfen aus: Vom ersten (Fídanos Straße) gehen Busse nach Náfplion, Mykéne, Trípolis und über Korínth nach Athen, vom zweiten (gleich daneben) auf die südliche Hälfte der Peloponnes. Infos unter der Tel.: 0751/20145 und 21960.

**Bahn:** Gute Verbindungen in beide Richtungen.

### Náfplion

Daß Náfplion eines der schönsten griechischen Städtchen (10000 Einwohner) überhaupt ist, hat sich herumgesprochen. Den ganzen Sommer über

**Hotel Leto**, oberhalb von Otto, Tel.: 28093

### Mittlere Preisklasse

**Hotel Park**, vornehm aber vergleichsweise langweilig, Tel.: 27428
**Hotel Byron**, Tel.: 22351
**Hotel Athina**, Tel.: 27685
**Hotel Argolis**, etwas außerhalb, Tel.: 27721.

### Camping

Siehe unter *Die Südküste*

## Einkaufen

Alles, von dem man glaubt, Touristen könnten es gebrauchen: Schmuck, Leder, Souvenirs, Postkarten und «Antiquitäten».

## Essen

Vom Kafeníon und der Tavérne bis zum Pub und Restaurant gibt es alles.

## Sehenswertes

**Palamídi-Festung**, venezianische Burg aus dem 17. Jahrhundert, montags bis freitags 8.30 bis 18 Uhr, am Wochenende nur bis 15 Uhr. Es sind nicht genau 999 Stufen, aber in der Sommerhitze bekommt man den Eindruck, es wären 9999. Alternative: Vor Náfplion, kommt man von Árgos, führt eine Straße hinauf zur Festung.

**Insel Boúrtzi**: Kleine Festungsinsel vor der Stadt mit einem Bollwerk aus dem 17. Jahrhundert;

Bootsfahrten werden am Hafen angeboten.

**Katholische Kirche:** Ehemals türkische Moschee im oberen Teil der Altstadt gelegen (beschildert).

## Die Südküste

Eines der überlaufensten «Urlaubsparadiese» Griechenlands liegt zwischen Toló und Drépano. Gute Verbindungen nach Náfplion. Zahlreiche Hotels in beiden Orten; schön sind vor allem die vielen Campingplätze.

## Vorwahl

0752

## Übernachten

### Camping

*Toló:*
**Camping Lido**, Tel.: 59396
**Camping Sunset**, Tel.: 59566
**Camping Xéni**, Tel.: 59338
**Camping Kastráki**, Tel.: 59386

*Drépano:*
**Camping Assíni Beach**, Tel.: 92396
**Camping Argolic**, Tel.: 92376
**Camping Léfka Beach**, Tel.: 92334
**Camping Poseidon**, Tel.: 91366

## Mykéne

Mykéne, damit ist nicht nur der Ort, sondern eine

ganze Kultur gemeint (siehe: *Last der Antike*, S. 54). Tiryns liegt etwa vier Kilometer nordöstlich und Mykéne etwa zwanzig Kilometer nördlich von Náfplion.

## Vorwahl

0751

## Information

Informationsbüro in Náfplion.

## Transportmittel

**Zug:** In Mykéne stoppen täglich etwa fünf Züge aus beiden Richtungen.

**Bus:** Stündlich Verbindung mit Árgos.

## Übernachten

### Preiswert

Das **Hotel Belle Hélène** muß als erstes genannt werden, denn dort übernachtete einst jener, der die mykenische Burg ausgegraben hatte: der deutsche Archäologe Heinrich Schliemann (Zimmer Nr. 3). Seitdem scheint das Haus nicht mehr renoviert worden zu sein. Tel.: 66225
**Hotel Agamemnon**, Tel.: 66222

### Mittlere Preisklasse

**Hotel la Petite Planet**, Tel.: 66240

## Regionale Tips

### Camping

Zwei Plätze am
Ortseingang:
**Camping Mykene**, Tel.:
6 62 47
**Camping Atreus**, Tel.:
6 62 21

### Einkaufen

Zahlreiche Souvenirge-
schäfte; «Besonderheit» in
Mykéne sind die kleinen
Wollteppiche.

### Sehenswertes

**Mykenische Burg** mit sogenannten Zyklopenmauern
und Löwentor. **Schatzhaus
des Atreus**, auch «Grab des
Agamemnon» genannt, 300
Meter vor der Burg auf der
linken Seite. Die Eintritts-
karte gilt für beide Plätze.
Öffnungszeiten: täglich von
8 bis 19 Uhr.

### Epídauros

Für eine Kur ist es zu spät
(das Heilbad wurde 426
n. Chr. geschlossen), eine
Theateraufführung können
Besucher nach wie vor be-
suchen. Das antike Theater
von Epídauros ist das am
besten erhaltene in ganz
Griechenland. Jährlich zwischen Juli und September
wird dort das **Theaterfestival von Epídauros** ausgerichtet, eine der hochran-
gigsten Kulturveranstal-
tungen Griechenlands.

### Vorwahl

0753

### Transportmittel

**Bus:** Regelmäßige Verbindungen von Náfplion und
Paleá Epídauros.

### Übernachten

Direkt am Ausgrabungs-
gelände gibt es nur ein **Xe-
nia Hotel** (höhere Preisklasse), Tel.: 2 20 03, das
aber während der Fest-
spiele für das Ensemble reserviert ist.

*Paleá Epídauros:*
In dem kleinen Ort an der
Küste gibt es mehrere Ho-
tels:

### Preiswert

**Hotel Maik**, Tel.: 4 12 13
**Hotel Epidávria**, Tel.:
4 12 22

### Mittlere Preisklasse

**Hotel Christína**, Tel.:
4 14 51

### Camping

Sehr schöne, direkt am
Meer gelegene Anlagen:
**Camping Nicolas I** (Tel.:
4 12 97) und **Nicolas II** (Tel.:
4 15 83)
**Camping Bákas**, Tel.:
4 13 94

### Sehenswertes

Theater, Kuranlagen und
Heiligtümer. Öffnungszei-
ten täglich 8 bis 19 Uhr, an
den Wochenenden nur bis
15 Uhr.

### Kultur

**Das Theaterfestival von
Epídauros** findet seit 1954
jährlich von Anfang Juli
bis Anfang September
statt. Aufgeführt werden
vor allem Stücke antiker
Autoren.
Programme gibt es vor Ort
oder in jedem größeren
Büro der Griechischen
Zentrale für Fremdenver-
kehr. Tickets werden aus-
schließlich an den im folgenden aufgeführten Stel-
len verkauft:

**Athens Festival Box
Office**, Stadíou Straße 4,
Athen; täglich zwischen
8.30 und 14 sowie 17 und
19 Uhr, sonntags nur zwi-
schen 10.30 und 13 Uhr.
Tel.: 01 / 3 22 14 59 oder
3 23 11-9.

**Reiseagentur Boúrtzi
Tours**, Sygroú Straße 4,
Náfplion, Tel.: 07 52 / 2 26 91
oder 2 50 10.

**Reiseagentur Yannópoulos
Travel**, Bouboulínas Straße
2, Náfplion. Tel.:
07 25 / 2 74 56 oder 2 80 54

**An der Abendkasse**,
jeden Freitag, Samstag
und Sonntag von 18 bis
21 Uhr.

### Ermióni

Hübscher Ort, gegenüber
der Insel Póros gelegen;
einige Hotels, Privatzim-
mer und Campingplätze
sowie beste Verbindungen
mit den Flying Dolphins zu
den Saronischen Inseln. Infos unter der Tel.:
07 54 / 3 11 10.

## Messenien

Der südwestliche Teil («kleiner Finger») der Peloponnes mit Kalamáta als Hauptstadt.

### Kalamáta

1986 von einem schweren Erdbeben weitgehend zerstört, hat sich Kalamáta mittlerweile weitgehend erholt. Mehr noch: Kalamáta (rund 50 000 Einwohner) ist eine der aufstrebendsten Städte ganz Griechenlands.

### Vorwahl

07 21

### Information

**Touristenpolizei**, Aristoménou Straße 46, Tel.: 2 31 87

### Transportmittel

**Bus:** Der Busbahnhof befindet sich am nordwestlichen Stadtrand bei den Markthallen *(agorá)*, Tel.: 2 28 51. Gute Verbindungen in alle Regionen des Landes.

**Bahn:** Ebenfalls gute Verbindungen. Der Bahnhof liegt im Stadtzentrum in einer Seitenstraße der Aristoménou (Hauptstraße), Tel.: 2 25 55.

**Flugzeug:** Einmal täglich nach Athen. Infos im Olympic Büro gegenüber dem Bahnhof, Tel.: 2 23 76, oder direkt am Flughafen, der etwa zehn Kilometer nordwestlich der Stadt liegt. Während der Saison auch Charterflüge aus Deutschland oder Österreich.

**Schiff:** Zweimal wöchentlich nach Kreta. Infos am Hafenamt, Tel.: 2 22 18.

### Übernachten

Viele Hotels an der Uferpromenade.

#### Preiswert

**Hotel Alexandrion** (am östlichen Ende der Hafenstraße), Tel.: 2 68 21
**Hotel Byzantinó** (am Bahnhof), Tel.: 8 32 51

#### Mittlere Preisklasse

**Hotel Haikos**, Hafenstraße, Tel.: 8 28 88
**Hotel Plaza**, Tel.: 8 25 90
Alternative: Südlich von Kalamáta, in der Gegend um Avía, gibt es mehrere kleine Hotels und Pensionen in Strandnähe.

#### Camping

Schön sind die Plätze außerhalb Kalamátas.
**Camping Marias**, an der Straße nach Areópolis, Tel.: 4 13 14
**Camping Avia**, 15 Kilometer südlich von Kalamáta nahe dem gleichnamigen Ort, Tel.: 4 17 80 – 1.

### Essen

Das Nachtleben spielt sich an der Uferpromenade ab. Viele Restaurants, Tavernen und Cafés auch besseren Niveaus.

### Markt

Mittwochs und samstags großer Lebensmittelmarkt in den (häßlichen) Hallen neben dem Busbahnhof.

### Ausflüge

**Messene:** Die Stadt, 371 v. Chr. gegründet, liegt rund dreißig Kilometer nordwestlich von Kalamáta. Öffnungszeiten: Das Gelände ist frei zugänglich.

### Der «kleine Finger»

Ein kleiner aber feiner Finger, Hotels, Pensionen und Campingplätze gibt es an allen Küsten. Besonders sehenswert sind die Orte Koróni, Methóni und Pílos mit ihren mittelalterlichen Festungen. In der Bucht von Pílos (meist Navaríno) fand am 20. Oktober 1827 die entscheidende Seeschlacht gegen die Türkische Flotte statt (siehe: *Zurück in die Zukunft*, S. 19). Nördlich der Stadt liegt der berühmte **Palast des Néstor** (täglich außer montags von 9 bis 15 Uhr), eine weitläufige Anlage aus mykenischer Zeit, in der einst Telemach, der Sohn des Odysseus, eine Pause auf der Suche nach seinem Vater eingelegt haben soll.

319

## Regionale Tips

### Transportmittel

**Zug:** Bahnhöfe nur in Kalamáta und Kiparissía.

**Bus:** Mäßige Verbindungen zwischen den Küstenorten, am besten noch zwischen Kalamáta und Pílos.

### Übernachten/Camping

geordnet in der Reihenfolge Ost-, Süd- und Westküste.

#### Preiswert und mittlere Preisklasse

**Camping Zervas Beach**, Petalídi, Tel.: 0722/31223
**Camping Sun Beach**, Petalídi, Tel.: 0722/31200
**Villa Frágos**, Chraní, Tel.: 0725/31052
**Camping St. Andréas**, St. Andréas, Tel.: 0725/31882
**Hotel Diana**, Koróni, Tel.: 0725/22234
**Marinos Village**, Bungalowanlage, Koróni, Tel.: 0725/22522
**Camping Koróni**, im gleichnamigen Ort, Tel.: 0725/22119
**Hotel Finikoúndra**, im gleichnamigen Ort, Tel.: 0723/71208
**Camping Ámmos**, Finikoúndra, Tel.: 0723/71208
**Hotel Galíni**, Methóni, Tel.: 0723/31466
**Hotel Dionysos**, Methóni, Tel.: 0723/31317
**Hotel Iliodyssion**, Methóni, Tel.: 0723/31225
**Hotel Nilefs**, Pílos, Tel.: 0723/22575
**Hotel Avanti**, Pílos, Tel.: 0723/23050
**Camping Navaríno Beach**, Gialova bei Pílos, Tel.: 0723/22761

### Die Westküste zwischen Kalamáta und Areópolis

Die Region zählt eigentlich noch zu Messenien, ist aber

### Lakónien

Verwaltungsbezirk im Südosten der Peloponnes mit der Hauptstadt Spárta.

#### Spárta

Nomen est omen: Die Spartaner lebten zu spartanisch, um viel Sehenswertes zu hinterlassen (siehe: *Wanderer, kommst du nach Mistrá*, S. 229).

### Vorwahl

0731

### Information

**Touristenpolizei**, Ílonos Straße 8, Tel.: 28701

### Transportmittel

**Bus:** Gute Verbindungen in alle Regionen des Landes von der Vrasídou Straße aus. Busse ins benachbarte Mistrá fahren mehrmals täglich von der Likúrgou Straße ab. Infos unter der Tel.: 26441.

### Übernachten

Mehrere Hotels im Zentrum

unter dem Stichwort *Máni* im Verwaltungsbezirk Lakonien beschrieben.

#### Sehenswertes

**Archäologisches Museum**, täglich 8.30 bis 14.40 Uhr und 16 bis 18 Uhr, an Sonn- und Feiertagen nur vormittags geöffnet; dienstags geschlossen.

#### Ausflüge

**Profítis Elías:** mit 2407 Metern der höchste Gipfel des Taýgetos-Gebirges und der Peloponnes. Etwa zehn Kilometer südlich von Spárta (auf der Straße Richtung Gýthion) zweigt rechts eine Straße nach Anógia ab. Von dort aus führt ein befahrbarer Weg (beschildert) hinauf in die Berge bis kurz vor eine Schutzhütte des griechischen Alpinclubs EOS; der Fußweg zum Gipfel ist ausgeschildert. Für den Aufstieg sollte man etwa drei Stunden einplanen.

#### Mistrá

Die byzantinische Kirchenstadt, eine der bedeutendsten Sehenswürdigkeiten aus dieser Zeit (siehe: *Wanderer kommst du nach*

*Mistrá*, S. 229), liegt rund
zehn Kilometer westlich
von Spárta. Öffnungszeiten
täglich von 8 bis 18 Uhr. Regelmäßige Busverbindun-
gen nach Spárta.

## Gýthion

Hübsches Hafenstädtchen
(7000 Einwohner) am La-
konischen Golf.

### Vorwahl

0733

### Information

**Touristenpolizei** an der Hafenstraße, Tel.: 22100. Eine
Alternative ist das ebenfalls
an der Hafenstraße gelegene Büro von Theodor Ro-
zákis (siehe auch unter dem
folgenden Stichwort *Trans-
portmittel*), Tel.: 22207.

### Transportmittel

Gute **Busverbindungen** in
alle Regionen der Peloponnes; wichtige Umsteigesta-
tionen für größere Touren
sind Spárta, das kleine Ítilon (einige Kilometer nördlich von Areópolis) und
Kalamáta. Die Busstation
liegt am östlichen Ende des
Hafens am Rande eines
kleinen Parks, Tel.: 22228.
**Fähren** steuern von
Gýthion aus die Inseln
Kíthira und Kreta, ferner
Monemvásia und Piräus
(Athen) an. Informationen,
auch telefonische Buchun-
gen, im Büro Rozákis,
Tel.: 22207, direkt am Hafen.

### Übernachten

Viele Hotels an der Hafenpromenade.

#### Preiswert

**Hotel Aktaion**, Tel.: 22294

#### Mittlere Preisklasse

**Hotel Laryssion**,
Tel.: 22025
**Hotel Gythion**, Tel.: 23777
Schön und preiswert sind
die Appartementhäuser
südlich von Gýthion, bei-
spielsweise in Mavrovoúni:
**Aeolos Appartements**,
Tel.: 24391
**Diamond Appartements**,
Tel.: 24614-6

#### Camping

Alle Plätze liegen außer-
halb von Gýthion an der
Straße nach Areópolis.
**Camping Meltémi**,
Tel.: 22833
**Camping Máni**, Tel.: 23450
**Camping Krónos**,
Tel.: 93093
**Camping Gýthion Beach**,
Tel.: 22522

### Essen

In den Restaurants an der
Hafenpromenade gibt es
täglich frischen Fisch.

## Máni

So heißt der mittlere Finger der peloponnesischen
Hand, auf dem sich durch
die geographische Isolation
eine sehr eigenständige
Kultur gebildet hat (siehe
auch *Auf den Spuren des
Widerstands*, S. 234). Der

nördliche Teil des Fingers
zwischen Gýthion (bzw.
Kalamáta) und Areópolis
(eigentlich schon Verwal-
tungsbezirk Messenien)
heißt Éxo Máni (Äußere
Máni). Besonders die
Westküste besticht durch
ihre einzigartige Land-
schaft (Gegensatz: Berge –
Meer) und ihre reiche Ve-
getation. Tourismus hat
sich vor allem in Kardamíli,
Stoúpa und Ágios Ni-
kólaos entwickelt. Als die
«eigentliche» Máni gilt jedoch die Méssa Máni, die
Innere Máni, zwischen
Areópolis und dem Kap
Matapan, dem südlichsten
Punkt des griechischen
Festlandes. Hier findet
man all das, wofür die
Máni berühmt und berüch-
tigt geworden ist: Häuser,
die wie Burgtürme ausse-
hen, in denen sich die Manioten verschanzt hatten,
wenn sie eine Blutfehde
auszutragen hatten oder
sich gegen die Türken ver-
teidigten, mehr als hundert
byzantinische Kirchen und
Kapellen, die zu besichtigen eine spannende Ent-
deckungsreise werden
kann, und schließlich die
phantastischen Tropfstein-
höhlen von Pírgos Diroú,
durch die Besucher in kleinen Booten gefahren wer-
den.
**Wohntürme** muß man in
der Méssa Máni nicht su-
chen. Südlich von Areópo-
lis und vor allem in der Gegend um Kítta stehen sie
dicht an dicht. Ein Großteil
ist heute unbewohnt, viele
Türme verfallen langsam
und werden immer kürzer.
**Buchtip:** In den Souvenir-
geschäften der Ortschaft
Kardamíli wird gelegent-

lich der englischsprachige Bildband *The Architecture of Máni* (ca. 40 DM) angeboten.

## Vorwahl

0721

## Transportmittel

Mehrmals täglich **Busse** zu den Höhlen von Pírgos Diroú, nach Geroliménas sowie nach Ítilon; Haltestelle und Tickets an der *platía*. Anschluß nach Gýthion oder Kalamáta in Ítilon.

## Übernachten

### Wohnburgen

«Normale» Unterkünfte (Hotels, Pensionen und Privatzimmer) an der Westküste speziell in Kardamíli, Stoúpa (Information: **Sorbás Agentur**, Tel.: 77054 oder 77754) und Ághios Nikólaos, weiter südlich in Ítilon, Areópolis, Pírgos Diroú und Geroliménas, an der Ostküste in Gýthion (siehe oben) oder Mavrovoúni, weiter südlich nur vereinzelt.
Übernachten in traditionell restaurierten Wohntürmen ist nicht billig, für ein Doppelzimmer muß man mit mindestens 100 DM pro Nacht rechnen:
**Hotel Lóndas**, Areópolis, Tel.: 51360
**Kapetanàkou Tower**, Areópolis (staatlich), Tel.: 51233

**Hotel Váthia**, Váthia, Tel.: 54229

### Camping

Mehrere große Campingplätze besseren Niveaus liegen südlich von Gýthion direkt an der Küste (Sandstrand), unter anderem:
**Camping Meltémi,** Tel.: 22833
**Camping Máni**, Tel.: 23451
**Camping Gýthion**, Tel.: 22522
Plätze an der Westküste:
**Camping Melitsína**, Kardamíli, Tel.: 73461
**Camping Kalógria**, Stoúpa, Tel.: 77358

## Sehenswertes

**Die Kirchen:** Es gibt unzählige. Wer sich auf die Suche macht, kann künstlerische Arbeiten überwiegend aus dem 10. bis 14. Jahrhundert entdecken. Drei griechische Wörter zu beherrschen ist dafür Grundvoraussetzung: *pú* = wo, *klithí* = Schlüssel und *eklissía* = Kirche, denn jene Gotteshäuser, die noch nicht vollständig verfallen sind, sind versperrt. Die sorgfältig bewahrte Kirche **Ághios Taxiárchis** (St. Michael, Kreuzkuppelbau, 11. Jahrhundert, aufwendiges Ziegeldekor, eingearbeitete Marmorspolien, gut erhaltene Fresken, vorwiegend aus dem 18. und 19. Jahrhundert) liegt nahe der Ortschaft Charoúda. Drei Kilometer südlich von Pírgos Diroú geht in Trinadafyllía (kein Ortsschild) rechts ein Betonweg ab, der vorbei an der Ághios Sotíras Kirche

durch die Olivenhaine führt. Kurz hinter Charoúda liegt die von hohen Mauern umgebene Kirche. Schlüssel im Dorf.
500 Jahre älter (14. Jahrhundert) sind die Fresken der **Trissákia Kirche**, wenig südlich nahe der Ortschaft Tsókapas. Dennoch steht das Gebäude kurz vor dem Zusammenbruch; ein Besuch lohnt sich, denn die Fresken, mit denen das dreischiffige Tonnengewölbe ausgeschmückt wurde, sind trotz des durchlöcherten Dachs noch in erstaunlich gutem Zustand. Anfahrt: Direkt hinter Tsókapas rechts abbiegen (zwei Kilometer).

**Die Höhlen von Pírgos Diroú** liegen bei der gleichnamigen Ortschaft, wenige Kilometer südlich von Areópolis; täglich 8 bis 15 Uhr, in der Hochsaison auch bis 18 Uhr, ca. 12 DM, Tel.: 0733/52222. Die Glyfáda-Höhle besteht aus einem über drei Kilometer langen System aus Gängen, Kammern und Sälen, durch die ein unterirdischer Fluß fließt. Besucher werden in einer etwa 45 Minuten dauernden Fahrt in kleinen Booten durch ein etwa 800 Meter langes Teilstück gerudert und dabei in eine faszinierende Welt aus phantastischen Tropfsteinformationen entführt. Wissenschaftlich interessanter, aber wegen fortlaufender Forschungsarbeiten noch nicht für die Öffentlichkeit zugänglich, ist die benachbarte Alepótrypa-Höhle. Fuchsloch heißt ihr Name übersetzt, weil sie ein Hund während der Fuchsjagd entdeckt hatte. Erste prähistorische Funde aus der Steinzeit, unter anderem Schmuck, Keramik, Steinwerkzeuge und Knochen, sind in einem kleinen Museum am Eingang der Höhle ausgestellt.

## Monemvásia

Der gesamte Ort, an der Ostküste des «lakonischen Fingers» gelegen, steht unter Denkmalschutz und hat sich dadurch sein mittelalterliches Flair bewahrt. «Der einzige Zugang», so die wörtliche Übersetzung, zur Halbinsel führt über einen Damm.

## Vorwahl

07 32

## Information

**Touristenpolizei,**
Tel.: 6 12 10

## Transportmittel

**Bus:** Mehrmals täglich nach Gýthion und Neápoli.

**Fähren** und Flying Dolphins unter anderem nach Kreta, Neápoli, Gýthion und Piräus. Infos an der Tankstelle nahe dem Damm, auch unter der Tel.: 6 14 19.

## Übernachten

Viele Hotels der mittleren Preisklasse. Zu den schönsten und geschmackvollsten Hotels Griechenlands zählen die beiden folgenden Häuser in historischem Stil:

### Höhere Preisklasse

**Hotel Byzantinó,**
Tel.: 6 13 51 oder 6 12 54
**Hotel Malvásia,** Tel.: 6 13 23 oder 6 14 35

## Camping

**Camping Paradise,** vier Kilometer außerhalb, Tel.: 6 11 23.

## Sehenswertes

Jeder Winkel des Ortes mit seinen gepflegten, renovierten Häusern, den byzantinischen Kirchen sowie dem Kastell in der Oberstadt ist ein eigenes Fotomotiv.

### Der Autor

Wenige Monate nach seinem ersten Griechenlandurlaub packte Martin Pristl, 1968 in Bamberg geboren, seine Koffer und beschloß, länger zu bleiben. Aus dem geplanten halben Jahr sind schließlich vier Jahre geworden, in denen er Zeitungsbeiträge veröffentlichte und mehrere Bücher über Griechenland schrieb. Zusammen mit seiner Frau Claudia organisiert und leitet er landeskundliche Reisen.

### Bildnachweis

Markus Braunreuther  80/81, 94/95
Pressestelle der Griechischen Botschaft  28, 31, 33, 46, 51, 115, 151, 155
Hacky Hagemeyer/Transparent  16/17, 34/35, 52/53, 74, 92, 160/161, 165, 167
Oswald Ilten,  196/197, 199
Institut für Numismatik, Wien  69
Rainer Karbe  15, 18, 91, 134, 138/139, 173, 202, 213, 222, 224/225, 250/251
Thomas Kastura  226/227, 248
Ute Latermann  20
Martin Pristl  2/3, 23, 58/59, 72, 97, 136/137, 154, 163, 186, 188/189, 191, 193, 210, 215/216, 228/229, 234/235, 236/237
Staatliche Museen, Berlin  102/103, 104, 185
Marily Stroux  8/9, 38, 40/41, 44/45, 119, 143, 174/175
Ullstein Bilderdienst  22, 27, 30, 61, 57, 64, 65, 67, 146, 148/149, 180
Dagmar Weesbach  7, 12, 37, 78/79, 87, 88, 100/101, 121, 123, 124, 125, 133, 144, 179, 244
Wolfgang Wiese  4/5, 55, 68, 76, 110/111, 112, 128, 131, 140/141, 152, 170/171, 176, 206/207, 208/209, 220/221, 232, 240/241
S. 11, aus:  Peter Brent, Lord Byron, London 1974
S. 63, aus:  Herbert Bannert: Homer, Reinbek 1979
S. 107, aus:  R. und E. Boehringer: Homer, Bildnisse und Nachweise, Breslau 1939

# REGISTER

*Kursive Ziffern verweisen auf den Serviceteil*

# Register

Gunnar Köhne
**Baltische Länder** *Litauen,
Lettland, Estland*
(rororo sachbuch 9074)

Günter Liehr
**Frankreich** *Ein Reisebuch in
den Alltag*
(rororo sachbuch 9077)

Martin Priestl
**Griechenland (Festland)** *Ein
Reisebuch in den Alltag*
(rororo sachbuch 9081)

Michael Kadereit
**Großbritannien** *Ein Reisebuch
in den Alltag*
(rororo sachbuch 9064)

Christoph Potting / Annette
Weweler
**Irland** *Ein Reisebuch in den
Alltag*
(rororo sachbuch 9062)

Conrad Lay / Michaela
Wunderle
**Italien** *Ein Reisebuch in den
Alltag*
(rororo sachbuch 9084)

Gunnar Köhne
**Norwegen** *Ein Reisebuch in
den Alltag*
(rororo sachbuch 7593)

Ute Frings
**Polen** *Ein Reisebuch in den
Alltag*
(rororo sachbuch 9065)

Kirsten Wulf
**Portugal** *Ein Reisebuch in den
Alltag*
(rororo sachbuch 7573)

Helmut Steuer / Herbert
Neuwirth
**Schweden** *Ein Reisebuch in
den Alltag*
(rororo sachbuch 9071)

Helmuth Bischoff
**Spanien** *Ein Reisebuch in den
Alltag*
(rororo sachbuch 7567)

Hanne Straube
**Türkei** *Ein Reisebuch in den
Alltag*
(rororo sachbuch 7597)

*rororo anders reisen* wird
herausgegeben von Till
Bartels. Ein Gesamtverzeichnis der Reihe finden Sie in der
*Rowohlt Revue*. Vierteljährlich neu. Kostenlos. In Ihrer
Buchhandlung.

Günter Roland
**Amsterdam** *Ein Reisebuch in den Alltag*
(rororo sachbuch 7506)

Till Bartels/Ultike Wiebrecht
**Barcelona/Katalonien** *Ein Reisebuch in den Alltag*
(rororo sachbuch 9070)

Zitty /Hg.)
**Berlin** *Ein Reisebuch in den Alltag*
(rororo sachbuch 9061)

Jürgen Schaufer
**London** *Ein Reisebuch in den Alltag*
(rororo sachbuch 9075)

Hartwig Bögeholz
**Moskau/St. Petersburg** *Ein Reisebuch in den Alltag*
(rororo sachbuch 9073)

Günther Liehr
**Paris** *Ein Reisebuch in den Alltag*
(rororo sachbuch 9060)

Peter Kammerer/Henning Klüver
**Rom** *Ein Reisebuch in den Alltag*
(rororo sachbuch 7514)

Falter (Hg.)
**Wien** *Ein Reisebuch in den Alltag*
(rororo sachbuch 7563)

*Europa: Städte*

*rororo anders reisen*

rororo *anders reisen* wird herausgegeben von Till Bartels. Ein Gesamtverzeichnis der Reihe finden Sie in der *Rowohlt Revue*. Vierteljährlich neu. Kostenlos. In Ihrer Buchhandlung.

3441/5

Rolf Schwarz
**Ägypten** *Ein Reisebuch in den Alltag*
(rororo sachbuch 9068)

Christof Kehr
**Andalusien** *Ein Reisebuch in den Alltag*
(rororo sachbuch 7575)

Rainer Karbe /
Ute Latermann-Pröpper
**Griechische Inseln/Nördliche Ägäis**
*Ein Reisebuch in den Alltag*
(rororo sachbuch 9067)

Ute Frings / Rolly Rosen
**Israel/Palästina** *Ein Reisebuch in den Alltag*
(rororo sachbuch 7596)

Conrad Lay / Michaela
Wunderle
**Italien** *Ein Reisebuch in den Alltag*
(rororo sachbuch 9084)

Rainer Karbe /
Ute Latermann-Pröper
**Kreta** *Ein Reisebuch in den Alltag*
(rororo sachbuch 7569)

Roland Motz
**Mallorca** *Ein Reisebuch in den Alltag*
(rororo sachbuch 9086)

Henning Klüver (Hg.)
**Norditalien** *Ein Reisebuch in den Alltag*
(rororo sachbuch 9063)

Frida Bordon
**Sizilien** *Ein Reisebuch in den Alltag*
(rororo sachbuch 7595)

Günter Liehr
**Südfrankreich** *Ein Reisebuch in den Alltag*
(rororo sachbuch 7582)

Michaela Wunderle
**Süditalien** *Ein Reisebuch in den Alltag*
(rororo sachbuch 7592)

Michael Kadereit
**Toskana / Umbrien** *Ein Reisebuch in den Alltag*
(rororo sachbuch 7521)

Frida Bordon
**Venedig mit Venetien** *Ein Reisebuch in den Alltag*
(rororo sachbuch 7570)

*rororo anders reisen*

*rororo anders reisen* wird herausgegeben von Till Bartels. Ein Gesamtverzeichnis der Reihe finden Sie in der *Rowohlt Revue*. Vierteljährlich neu. Kostenlos. In Ihrer Buchhandlung.

*rororo anders reisen*

*rororo anders reisen* wird herausgegeben von Till Bartels. Ein Gesamtverzeichnis der Reihe finden Sie in der *Rowohlt Revue*. Jedes Viertel-jahr neu. Kostenlos. In Ihrer Buchhandlung.

Dirk Wegner
**Australien** *Ein Reisebuch in den Alltag*
(rororo sachbuch 7598)

Hartwig Bögeholz
**China** *Ein Reisebuch in den Alltag*
(rororo sachbuch 7580)

Erika Brettschneider
**Indonesien** *Ein Reisebuch in den Alltag*
(rororo sachbuch 9066)

Robert Haidinger
**Indien** *Ein Reisebuch in den Alltag*
(rororo sachbuch 9082)

Stefan Biedermann
**Japan** *Ein Reisebuch in den Alltag*
(rororo sachbuch 7591)

Dirk Wegner
**Neuseeland** *Ein Reisebuch in den Alltag*
(rororo sachbuch 9083)

Erika Brettschneider
**Singapur/Malaysia**
(rororo sachbuch 9078)

*rororo anders reisen* wird herausgegeben von Till Bartels. Ein Gesamtverzeichnis der Reihe finden Sie in der *Rowohlt Revue*. Vierteljährlich neu. Kostenlos. In Ihrer Buchhandlung.

«Überflieger» heißt die neue Taschenbuchreihe bei «rororo sprachen», mit der man schon in wenigen Tagen die notwendigen Grundkenntnisse erwerben kann, um sich in einem fremden Land zu verständigen. Damit Urlaub und Geschäftsreise nicht nur sprachlich ein voller Erfolg werden, gibt es außerdem praktische Tips zu Kultur und Alltag.

Hanne Schönig/Hatem Lahmar
**Arabisch in letzter Minute**
(Buch: rororo 9541, Buch mit Cassette: rororo 9542, Cassette: rororo 9700 )

Christof Kehr
**Spanisch in letzter Minute**
(Buch: rororo 9526, Buch mit Cassette: rororo 9527, Cassette: rororo 9701 )

Isabelle Jue/Nicole Zimmermann
**Französisch in letzter Minute**
(Buch: rororo 9628, Buch mit Cassette: rororo 9629, Cassette: rororo 9702)

Frida Bordon/Giuseppe Siciliano
**Italienisch in letzter Minute**
(Buch: rororo 9626, Buch mit Cassette: rororo 9627, Cassette: rororo 9703)

Iain Galbraith/Paul Krieger
**Englisch in letzter Minute**
(Buch: rororo 9630, Buch mit Cassette: rororo 9631, Cassette: rororo 9704)

UWE KREISEL • PAMELA ANN TABBERT
American Slang in letzter Minute
MIT WÖRTERBUCH

Uwe Kreisel/Pamela Ann Tabbert
**American Slang in letzter Minute**
(Buch: rororo 9623, Buch mit Cassette: rororo 9624, Cassette: rororo 9705)

Die «Überflieger» sind der Einstieg für alle, denen ein ganzes Lehrbuch zu langweilig und ein Sprachführer zu wörterbuchhaft ist. Wer diese Bände, wenn möglich mit der dazugehörigen Cassette, durcharbeitet, der erwirbt das Minimum, das im jeweiligen Sprachraum unverzichtbar ist. Das Wörterbuch im Anhang hilft immer dann, wenn Unverständliches zu entschlüsseln ist.

*rororo sprachen* wird herausgegeben von Ludwig Moos. Ein Gesamtverzeichnis der Reihe finden Sie in der *Rowohlt Revue*. Jedes Vierteljahr neu. Kostenlos in Ihrer Buchhandlung.

*Überflieger*

*rororo sprachen*

Französisch von Anfang an.
Ein Sprachkurs nah an der
Umgangssprache und dem
französischen Alltag.

Armelle Damblemont / Petra
Preßmar
**Français Un** *Französisch reden
und verstehen. Ein
Grundkurs*
(rororo sachbuch 9106)

**Français Un** *Toncassette
Zum Auffrischen, Vertiefen
und Ergänzen für mehr oder
minder Sprachgewandte*
(rororo sachbuch 9107)

Claire Bretécher / Isabelle Jue/
Nicole Zimmermannn
**Le Français avec les Frustrés** *Ein
Comic-Sprachhelfer*
(rororo sachbuch 8423)
**Plus de Français avec les Frustrés**
*Ein Comic-Srachhelfer*
(rororo sachbuch 8539)

Ahmed Haddedou
**Questions grammaticales de A à Z**
*Tout ce que vous avez
toujours voulu savoir sur la
grammaire sans jamais oser
le demander*
(rororo sachbuch 8445)

Robert Kleinschroth
**La Conversation en s'amusant**
*Sprechsituationen mit Witz
gemeistert*
(rororo sachbuch 8873)

Robert Kleinschroth / Dieter
Maupel
**La Grammaire en s'amusant**
*Wichige Regeln zum
Anlachen*
(rororo sachbuch 8714)

Marie-Thérèse Pignolo /
Hans-Georg Heuber
**Ne mâche pas tes mots** *Nimm
kein Blatt vor den Mund!
Französische
Redewendungen und ihre
deutschen Pendants*
(rororo sachbuch 7472)

Jacques Soussan
**Pouvez-vous Français?**
*Programm zum Verlernen
typisch deutscher
Französischfehler*
(rororo sachbuch 6940)

*rororo sprachen* wird heraus-
gegeben von Ludwig Moos.
Das Gesamtverzeichnis der
Reihe finden Sie in der
*Rowohlt Revue.* Jedes Viertel-
jahr neu. Kostenlos in Ihrer

*rororo sprachen*